A study on the basic principles of
Chinese economic law

中国经济法
基本原则研究

高桂林　杨雪婧　著

法律出版社 LAW PRESS · CHINA
北京

图书在版编目(CIP)数据

中国经济法基本原则研究 / 高桂林，杨雪婧著. --
北京：法律出版社，2022
ISBN 978-7-5197-6702-0

Ⅰ. ①中… Ⅱ. ①高… ②杨… Ⅲ. ①经济法-研究
-中国 Ⅳ. ①D922.290.4

中国版本图书馆 CIP 数据核字(2022)第 068848 号

中国经济法基本原则研究
ZHONGGUO JINGJIFA JIBEN YUANZE YANJIU

高桂林　杨雪婧 著

策划编辑 周丽君
责任编辑 周丽君　张　颖
装帧设计 汪奇峰

出版发行 法律出版社
编辑统筹 法律应用出版分社
责任校对 王晓萍　王语童
责任印制 刘晓伟
经　　销 新华书店

开本 A5
印张 10.375　**字数** 297 千
版本 2022 年 6 月第 1 版
印次 2022 年 6 月第 1 次印刷
印刷 北京虎彩文化传播有限公司

地址：北京市丰台区莲花池西里 7 号(100073)
网址：www.lawpress.com.cn
投稿邮箱：info@lawpress.com.cn
举报盗版邮箱：jbwq@lawpress.com.cn
销售电话：010-83938349
客服电话：010-83938350
咨询电话：010-63939796

书号：ISBN 978-7-5197-6702-0　　**定价**：48.00 元
凡购买本社图书，如有印装错误，我社负责退换。电话：010-83938349

谨以此书献给中国经济法学奠基人之一：

中国人民大学荣誉一级教授刘文华先生

序*

2021年9月3日，全国哲学社会科学工作办公室公布2021年国家社科基金年度项目(法学类)名单，有两位中标者第一时间通过发微信的方式向他们的老师刘文华报信，然而他们的老师永远不能回复微信了。2020年3月12日，88岁的刘文华先生在北京西苑医院离开了人间。

虽然刘文华先生去世一年多了，但他的弟子群里依然保留着他的微信，弟子的学术和事业的进步都在这里向他汇报。刘文华先生常说“这个世界对于有为者并不默然”，此言不虚，他的学术思想在他去世后还在指导着后辈们前行！

刘文华先生于1932年6月出生于河南省林县林淇镇荷花村，是中国著名的法学家、教育家、中国经济法学开拓者和奠基人，中国人民大学荣誉一级教授。

笔者于1997年考入中国人民大学法学院，有幸在刘文华先生门下读研。2001年，笔者又如愿以偿跟随刘文华先生继续攻读经济法理论。

在刘文华先生逝世后的一年多里，笔者时常回忆起他在课堂上的模样，身穿笔挺西服，手握厚厚的讲

---

* 序言刊载于《法制与新闻》2021年9月下期，原标题为《刘文华教授毕生的经济法探索》。

义，满脸认真的神态，口若悬河，纵横捭阖。其文人品格、法学家的才思深深地影响着笔者。

两法调查与经济法的创立

刘文华先生是新中国第一批法律本科生和研究生，1954 年从东北人民大学（吉林大学前身）法律系毕业考取中国人民大学法律系研究生，1956 年毕业后留校在中国人民大学法律系民法教研室工作。

刘文华先生在 1957 年被错划为右派，下放到钢铁厂劳动二十余年。正是这段艰难的岁月，让刘文华先生更加坚韧和豁达。

改革开放后，刘文华先生在 1979 年重新回到了人大讲台。彼时，我国经济领域的改革开放和人民群众对法制的期盼，使 20 世纪 80 年代成为法学繁荣的春天。

他不减当年对学术研究的热爱，投身于我国经济法学创建事业。刘文华先生认为，对于经济法的研究要深入实际，了解实际。他始终关注中国经济法治建设的进程，鼓励年轻教师和学生多到农村、基层、企业进行调查研究。他在繁忙的教学研究之余，参与国家立法的调查研究，深入研究改革开放的实践，为他日后提出经济法学理论积淀了丰厚的实践内容。

1980 年 10 月，由全国人民代表大会常务委员会组织的国营工厂法、经济法两法调查组，让刘文华先生有机会真正走到改革的前沿，从经济体制改革的角度了解和重新认识了一些主要的社会经济问题，对于刘文华先生的一些主要经济法理论观点起到了基础性的作用。

刘文华先生指出，在此前体制中的企业，没有独立的地位，没有自主的权利，无法发展。而企业是社会的基础，因此必须进行改革。企业也是经济法的基础，“经济法不能没有企业”，不能片面强调国家的绝对指导地位，企业不应当是完全被动的。

企业是代表最广大、最基本的生产力的，因此在 1988 年《全民所有制工业企业法》（已修正）公布后，刘文华教授提出企业改革也是在解放生产力。

刘文华先生认为，企业改革实质上是要调整国家与企业的关系问题，是要解决经济集中过度和经济民主不足的问题。这体现了经济集中与经济民主对立统一理论方面的思想基础。经济体制改革实质是一个在维持必要的经济集中的前提下,恢复和发展社会主义经济民主的过程。

经济体制改革和经济法治的确立必须以国家与企业的利益关系为切入点,这是调动企业积极性和责任心、搞活企业的关键。经济法必须在保证企业基本物质利益,正确处理国家与企业利益关系方面发挥作用,中国经济法的基本原则之一——责权利效相结合原则由此提炼出来。

“国家办企业,企业办社会”的错位使企业难以自主发展,负担沉重,刘文华先生认为我国应当充分认识到“两个错位”问题的严重性,没有企业的独立地位就不会有社会主义市场经济。

对于企业内部体制的改革,刘文华教授认识到既不能够进行集体决定、没有负责人的体制,也不能“一刀切”地实行一长负责制,应当找寻更加有利于中国企业管理的方式。

刘文华先生曾说,两法调查是改革过程中让其感受很深的一段学术与思维的完善过程。不深入改革前线,就没有发言权。

深入安徽小岗村调查

1981 年,刘文华先生奔赴安徽进行实践调研。当时,在安徽的小岗生产队最先推行“分田到户,联产承包”,先生在此处进行实地考察,进一步理解了我国经济体制改革对国家和民族的生存与发展的深远影响,是对农村与农民的第二次解放。

农业集体化是历史发展的方向,但作为上层建筑重要表现形式的经济法不能脱离我国生产力水平,否则其结果必然影响甚至破坏农村生产力。只有从法律上全面贯彻联产承包到户,切实保护农民的合法权益,才能适应农村生产力的解放和提高。

此次调查为刘文华先生的“分合论”观点的初步确立奠定了基础。刘文华先生从安徽的小岗生产队的联产承包制度中看到了“分、合”的辩证法思想:“分田到户”是分,这样可以调动农民的积极性,进而解放生产力;而“合”是农村将来发展的方向,农村必须保持必要的“合”的结构和形式,才能够实现联合协作、共同富裕,因此,有关农业和农村的立法必须实行有分有合、统分结合的体制。现在看来,其观点依然具有指导意义。

安徽小岗村的“小红本本”便是一种生产责任制合同,它确立了农户与国家,与集体组织等各方面的关系,核心是“交足国家的,交够集体的,剩下全是自己的”。这种合同及其调整的关系是传统法律部门所无法包容的,它是一种经济责任制,更是一种经济合同。这种与一定的责任制相联系的合同,其实就是与一般民事合同不同的经济合同,是经济合同中的经济管理合同。

在我国由血缘关系组织起来的“农户”,其基础仍是“个人”,我国的个人也可以成为经济法的主体,使我国经济法中的主体理论得到了充分发展。

创新经济法理论

刘文华先生是我国经济法学主要创立者之一。1981 年,刘文华先生与潘静成教授共同成立人大法律系经济法教研室,成为全国首批经济法学科点。

刘文华教授是我国经济法人才培养的开拓者。当时经济法方兴未艾,在国内并没有经济法学科的统编教材,他便亲自编写油印《经济法原理讲义》。1989 年,受国家教委委托,刘文华先生又与潘静成教授共同编写《经济法基础理论教学大纲》,为全国经济法教学提供示范教材。

同时,刘文华先生为了发展适用于不同教学层次的经济法人才分类培养的模式,主持编写了多种类型的经济法教材,并积极参与高校师资培训、干部专修、同等学力等教学活动。

1993 年,中国人民大学法学院在全国率先招收经济法博士生,刘文华先生成为全国最早一批经济法博士研究生导师,他为国家培养了 50 余名博士。

刘文华先生是我国经济法理论的创新者。在担任繁重的教学任务之余,刘文华先生潜心经济法学科理论研究。经济法自诞生以来,就命运多舛:与民法学界和行政法学界调整对象的论争,商法独立对经济法的挑战,经济审判庭的取消带来的危机等。

然而,刘老师始终坚持党的十一届三中全会路线、方针和政策,扎根中国大地做学问,从马克思主义原理出发,系统地创新具有中国特色的经济法理论。

他认为,中国经济法理论应当立足于中国改革开放的实践,既不能抄袭西方发达国家经济法理论,也要防止计划经济思想的干扰。

刘文华先生将其一生投入中国经济法研究探索的过程中，为我国经济法发展殚精竭虑、鞠躬尽瘁。结合中国的改革实践，刘文华先生提出了“纵横统一论”“分合论”“社会基本矛盾论”等理论观点，构建了独树一帜的中国特色经济法学理论体系。

经济法的理论基础

刘文华先生在《纵横统一说是经济法的理论基础》一文中阐述了他关于“纵横统一说”的观点。

纵横统一说认为，国家与企业是两类不同性质的关系，但又是有着共性和联系的关系，纵、横两类关系其实不只是指“关系”，而主要是指现代社会经济存在和运动的两种基本形态，即静态结构和动态运行的两种基本形式。

但就国民经济存在和运行的全面和全过程而言，二者相互联系、相互制约、相互转化、相辅相成。一个现代社会的结构，二者是缺一不可的，法律部门的划分也不能从根本上割裂这一客观状况和规律。

刘文华先生运用马克思主义有关对立统一的辩证法和矛盾论，力图在法律、法学中改变过去那种绝对的划分标准，适当地引入综合调整的观念和机制，以适应现代社会经济关系相互渗透、相互交融的客观需要。

同时，经济法也必须从整体利益出发调整一定的横向经济关系，但这是纵向经济指导下的横向经济关系的调整机制，绝非经济法要调整一切纵横经济关系的“大经济法”。

刘文华先生明确地指出“纵向关系为指导，横向关系为基础”。他将党的民主集中制的理论运用到纵横统一说中，而实践证明它符合社会主义市场经济法治的基本要求：国家调节的纵向经济关系居指导地位，市场调节的横向经济关系居基础地位。

他认为，一切有关经济管理、经济监督、经济集中、经济统一，计划与计划调节等有层次序列之别、有上下运动形态的经济活动和经济行为，均可列入纵向范畴；一切有关经济独立、经济自主、经济分权、经济民主、经济与市场调节等，均可列入横向范畴。我们的社会经济改革开放，无时无刻不是在这种纵横经济关系有分有合、对立统一中存在和运行的，经济法的纵横统一说反映了现代社会经济生活的客观进程，体现着党和国家在社会主义市场经济领域内的基本政策方针。

经济法理论的精髓

分合论，是刘文华先生经济法理论的精髓，其贯穿经济法理论的始终。

分或合、分与合属于哲学上的基本范畴和理论。大到国家发展，中到制度建设，小到个人与个人之间的关系，都脱离不了分久必合，合久必分的哲学规律。刘文华先生将分与合的哲学理论应用到我国的经济法基本理论研究中并结合"纵横统一说"，形成了经济法学中的"分合论"。

作为纵横统一的经济法，纵即为合，横即为分；国家调控即为合，市场调节即为分；计划即为合，市场即为分。在经济领域中，无论是静态还是动态，都离不开分与合，分中有合，合中有分，分合并存、分合并行。

刘文华先生认为，就一定程度上而言，在保持必要的社会的"合"的前提下，实现社会个体的"分"的要求，诸如企业扩权让利，农田承包到户等，都是经济体制的改革的内容。同时，一定程度的国家集中也是必需的，如国有企业的壮大，规模经济的发展，都能够通过经济体制的改革，使分与合相互结合、相互协调。他认为，"不分而合走老路，只分不合走歧路"。合是目的，分是动力，两者结合才能够为经济法理论的研究指明方向。

从经济法的产生、经济法律关系到法律责任都体现了刘文华先生所倡导的分合思想：从经济法产生的角度，经济法是公法与私法从分到合的产物，没有公法与私法的融合就不可能有经济法；从经济法律关系的角度看，主体上涉及个体、群体、公共部门之间的分与合的问题，客体上涉及私有财产、共有财产和公有财产的分与合问题，内容上涉及权利与权力的分与合问题；从法律责任的角度看，经济法中的法律责任条款一般会同时包含民事责任、行政责任和刑事责任，这三种责任既相互独立、又融合于一个条款之中，这是分合论的典型表现。

"整体"与"个体"的利益矛盾

刘文华先生认为，人类社会的基本矛盾除了生产力和生产关系的矛盾以外，但还存在另一种贯穿人类社会全部历史并始终支配着人类社会各项矛盾的基本矛盾——社会整体利益和社会个体利益的矛盾。

社会整体利益与社会个体利益的矛盾，包括企业组织和个人利益的矛盾。刘文华先生提到,诸如国家与民众、国家与企业、计划与市场、经济集中与经济民主、统与分、纵向经济关系与横向经济关系、秩序与自由、公平与效率、公与私、公法与私法等都属于该矛盾的不同层面的矛盾。

在这些矛盾中,前者更多体现着社会整体的意志和利益,后者更多体现着社会个体的意志和利益。社会主义国家注重前者,而忽视后者,其在法律上的表现就是,社会主义国家长期采用了单纯的行政法模式,其结果是"行政调节失灵",陷入了经济困境而不得不寻求新的出路。

从哲学理念上究其原因,就是只看到了矛盾两方面的对立而未看到统一,没有在它们共同利益目标的基础上寻求出平衡协调的发展道路。

现代经济法是在前述两大系列矛盾方面的对立统一中产生的,是两大系列矛盾方面相互联系、相互制约、平衡协调的产物。具体地说,经济法是市场调节之手和国家调节之手并用的产物,是公法和私法在一定程度上相互渗透、相互结合的产物,因而是"以公为主,公私兼顾"的法。

只有创新才能进步

刘文华先生在多次强调经济法学研究要"不唯外,不唯上,不唯书,只唯实"。他经常鼓励学生把自己研究经济法理论的心得写成论文发表,要勇于学术争鸣和创新,要敢于质疑权威(包括他的学术观点),只有创新才能进步。他认为经济法研究者要关注国家的路线方针政策,积极参加各类经济法学术研讨会,广泛阅读有关法律著作,潜心研究经济社会实践问题。

刘文华先生对学生的爱是一种真爱。很多报考人大经济法的学子写信求教,他都及时回复,多人受其鼓励成为他的弟子。每次节假日和弟子的相聚,都是一场学术课堂。

2012 年,中国法制出版社出版了笔者和弟子李帅博士撰写的 30 余万字的《经济法总论》,他亲自作序并建议作为经济法专业研究生的必读书。先生的序,既有对弟子的鼓励,还有他对经济法的总结与回顾。

他回顾改革开放以来,中国经济法从备受争议的部门法的独立性到中国特色社会主义法律体系重要组成部分,总结了中国经济法对传统法律部门有十个方面突破:如把法律、法学与经济直接、密切地结合起来;突破了公法与私法绝对划分的界限;正确解决了国家与市场的关系问题等。

最后，先生殷切希望："顺应历史潮流而生的中国经济法一定会为我国的法制建设贡献更多更好的法学智慧，与时俱进的中国经济法需要后人薪火相传。"

刘文华先生理论功底深厚、治学严谨、为人谦逊、光明磊落、淡泊名利。跟随刘文华先生研究经济法理论的二十年，使笔者获益良多。

高桂林
于首都经济贸易大学诚明楼
2021 年 9 月 3 日

右起杨雪婧、刘文华、高桂林

目录

第一章　经济法基本原则的理论基础

本章先从法律原则的基本问题谈起，从对法律原则的质疑中找寻法律原则存在的意义，从而将这些问题逐渐映射到经济法的基本原则上。经济法的基本原则是经济法领域中普遍性的存在，但要挖掘它的理念与精神就必须先从抽象的概念到相对具体的概念的分析，即要从法律原则为什么存在过渡到经济法基本原则是怎样存在的，挖掘它相对于法律原则的特殊与一般的关系，我们会在本章第一节中间歇性地讨论这个问题，但第一节的主要内容仍在于对经济法原则概念的梳理，包括对学界有关经济法原则的不同解释和理解，发掘经济法原则所体现的背景时代特征；而对经济法原则本身所反映的法律价值、所体现的基本理念，将放在本章第二节、第三节中讨论；在第四节中，我们将分析经济法原则和经济法规则之间的关系；在第五节中，我们试图找到经济法原则与其他部门法原则的联系和区别。目前在学界还没有学者将经济法的基本原则与其他部门法原则之间的关系单独拿出来做研究，原因也很简单，不同部门法的基本原则是该部门法领域调整规则的基本指导精神，将不同部门法的基本原则放在一起做比较似乎对促进某一领域的法律发展意义不大。但就法律原则本身而言，这种探寻不同部门法原则之间的联系，可以让我们看到不同部门法之间是如何通过对自身领域内容的调整来制约、影响其他部门法的施行效果的。经济法相较于其他部门法而言，出现的时间较晚，因而要理解为什么经济法会出现这样的或那样的原则，离不开对经济法存在时代的背景分析，也离不开对经济法与其他部门法之间关系的讨论。因此，在本章中，读者会发现无论是对经济法基本原则的梳理，还是对其背后所反映的价值、理念的讨论和总结，抑或是对经济法原则与规则之间的比较、经济法原则与其他部门法原则之间联系的探讨，都似乎存在同一个逻辑：先挖掘最一般的逻辑规律，再递进到经济法所处的特殊领域中去，从经济法所在的领域来观察经济法自我发展的过程，定位基本原则存在的意义，聚焦经济法的发展未来。

第一节　从法律原则到经济法基本原则

一、法律原则的基本问题

法律原则是整个法律体系或特定法律领域的基本价值表达。它是法律精神的集中凝聚，是法律适用中基本的，乃至最终的判断标准。[1]《英汉辞海》中对原则的定义是普遍的基本真理，行为的主导规律。[2]《布莱克法律词典》中对“原则”作出的解释是“法律的基本真理或者准则，一种构成其他规则的基础或根源的总括性原理或准则”。《法学大辞典》对法律原则的定义为“集中反映法的内容和基本精神的法的指导思想和准则”。[3] 从这一定义来看，法律原则在整个法学理论、制度中的地位非常高，它较之法律规范，更直接地反映出法的内容、法的本质，以及社会生活的趋势、要求和规律性，确认一定社会生活和国家活动的规律性要求，贯穿具体法律规范之中。法律原则以其在法的体系结构中所处的不同地位和所起的不同作用，可以分为法的基本原则和法的一般原则。法的基本原则在法的体系结构中居于核心地位，起到最根本的指导作用，社会主义

〔1〕 参见孔祥俊：《法官如何裁判》，中国法制出版社 2017 年版，第 308 页。
〔2〕 王同亿主编：《英汉辞海》，国防工业出版社 1988 年版，第 4155 页。
〔3〕 邹瑜、顾明主编：《法学大辞典》，中国政法大学出版社 1991 年版，第 1680 页。

法的基本原则是反映社会主义法的本质和内容的指导思想，它应是社会主义社会的政治、经济、文化等社会生活的规律性的反映。[1] Dworkin 认为，如果人们将自己限定于对规则的研究，那么就不能充分地理解法律系统，原因很简单，因为法律规则不可能规范到社会的方方面面，也很难做到每一时刻地与时俱进，并且当法律规则与法律原则冲突时，规则的合理性与合法性往往要受到质疑和审视，最终很有可能是受到质疑的法律规则被放在一边。这带给我们的启示是：法的原则也许被人们表达清楚，但将它同法的规则相比较，或可得到对法的原则的一般感知。但法的原则又是法的本质属性或价值目标的具体化，是在总体价值目标下统领某一完整法学体系中二级体系的最高价值目标。既然法律原则被喻为法律的灵魂，法律的制定、执行、适用、监督与遵守等各个方面就必须在灵魂的驱使下积极行动。

查士丁尼在《法学总论——法学阶梯》开篇中指出："法律的基本原则是：为人诚实，不损害别人，给予每个人他应得的部分。"[2] 查士丁尼在《法学概论》中概括法律原则包括：诚实地生活、不加害其他人、每个人各得其所。法治国家的法律原则往往有着相同的具体表现：民主、法治、人权、平等、正义、公正等。[3] 在本书中，我们较为认同这样的观点：法律的基本原则是指在特定的范围内处理各种关系应共同遵守的行为准则，是事物运动中的目的、任务、手段、方法各方面的综合反馈和高度概括。[4]

（一）法律原则应否存在

一般情况下，人们在提及法律原则时倾向于将之划向纯法理的部分，原因在于法律原则集中反映的是法律在应对各种法律现象时较为固定地反映某一价值倾向，在应用时往往用于指导具体规则的制定，因而多停留在立法和理论研究层面；而在司法实践中，司法部门和执法部门往往以具体的法律规则为依据，通过法律的演绎推理（涵摄）来应用于具体的案例。

---

[1] 参见孙国华主编：《中华法学大辞典 · 法理学卷》，中国检察出版社 1997 年版，第 548 页。

[2] ［罗马］查士丁尼：《法学总论——法学阶梯》，张企泰译，商务印书馆 1989 年版，第 5 页。

[3] 参见段秋关：《中国现代法治及其历史根基》，商务印书馆 2018 年版，第 196 页。

[4] 参见郭锐、张士元：《试论经济法的基本原则》，载《法学评论》1983 年第 2 期。

一些学者也因为法律原则的适用性问题而否认法律原则存在的意义。例如,Alexander 等学者认为,法律规则是立法权威产物,并能通过指引具体行为来实现特定的价值目标。但是,法律原则却缺失了这些价值,它既不属于道德上的“对的”,在适用上也不是无争议的,更不是由有权创造规范的权威机关所制定公布的可直接依据的规则。由此,他们得出了法律原则是这个世界上“最糟糕的东西”的结论。[1] 但显然,在论证过程中存在从应然命题推导出实然命题逻辑上的错误,Schauer 指出:“即使正规的法律规则,也可能因为内容过于抽象或模糊,以致令人无所适从。相反地,非正规性原则如果具有明确的规范内容与意旨,同样可以达到明确指导行为的效果。”[2] 事实上,比原则是否具备存在价值更重要的问题是原则是否存在的问题。但是 Frederick Schauer 认为,原则很难在“明定性、正规性、重量性”的三个向度中找到明确的一组特征,“足以作为原则的基本属性,而使其成为一种显著的规范类型”。[3] 但即便如此,人们也容易感知到原则存在其他特征,[4] 尤其是原则适用的普遍性特征,这是 Frederick Schauer“原则否定论”的最大疏漏。原则之所以存在,是因为规定性、普遍性和可证立性三个特征并存。法律原则当然有其存在的意义,它是指引法律和法律所规范的行为主体对如何去做或不做一件事的尺度的把握。任何立法都不可能离开法的价值追求的原则性指导。“无论是价值导向的法学,或体系性操作的法学都企图阐明‘内部体系’,该体系中心的基准点则在于‘开放的原则’以及原则中显现的评价基础。”[5]

(二)法律原则的表现形式

法律原则的表现形式可根据其是否直接出现在法律文件中分为三

---

[1] See Alexander & Ken Kres, *Against Legal Principles*, 82 Iowa Law Review 739 (1997).

[2] 庄世同:《论法律原则的地位:为消极的法律原则理论而辩》,载《辅仁法学》2000 年第 19 期。

[3] Frederick Schauer, *Prescriptions in Three Dimensions*, 82 Iowa Law Review 911 (1997).

[4] 参见李鑫:《法律原则适用的方法模式研究》,中国政法大学出版社 2014 年版,第 3 页。

[5] [德]卡尔·拉伦茨:《法学方法论》,陈爱娥译,商务印书馆 2003 年版,第 355 页。

类:法律明文规定的原则、从法律规定中提炼出来的原则和法理性原则。法律明文规定的原则比较常见,而且越来越多的后两种原则被明确写入法律文件中,所以后两种原则的数量就显得不如前者。但法律原则本身并不能以数量优势来作为自身重要性的判断依据,后两种法律原则在司法裁判和民间行为规则中有着非常重要的作用。尤其是第三种为法理所公认的指导性原则,虽然不是正式的法律规范,但对适用法律规范具有不同形式或者不同程度的影响。它往往是整个法律领域或特定领域的法理精华的凝结,是对特定法律精神的高度抽象概括,或是对一系列法律规则背后的理由的深刻说明,或是对特定利益冲突的平衡思路。[1] "在发生了新的情况又没有直接的权威时,从深层理由来发掘法律的真谛;在权威明确但相互间有所差异时,证实法律,并使法律得到人们的一致理解;若法律已被权威所澄清时,进一步表明判决和具体规定的理由,并由此而使他们在对更为复杂的案件进行判决时得到更广泛的适用。"[2]

法律原则相较于法律规则在适用上的模糊性意味着它拥有着开放性与包容性,可以吸收法律条文规定之外的新鲜血液,根据不同时代人们所追求的具体价值导向在无须朝令夕改的情况下而有所偏重。法律原则能填补法律规定的不足,丰富和完善法律规范的内容。"学者们创造了法律,但是他们确实是在无意这样做并且压根就不知情的情况下完成这一创举的。学理本能地希望自己成为法源,但它却惧怕为此给出一个特定的正当理由。"[3]

(三)法律原则是否具有规范效力

法律原则应是人类社会某种共同需要在这个方面的本质反映,它必须能够反映这方面的共同价值追求;否则,即使规定出来也可能是不适当的原则,无法正常发挥原则的效力。法律原则是否具有规范效力,这一问题可转化为法律原则是否能适用于个案。柔性法实证主义者认为鉴别法

---

〔1〕 孔祥俊:《法官如何裁判》,中国法制出版社 2017 年版,第 310 页。

〔2〕 [英]彼得·斯坦、[英]约翰·香德:《西方社会的法律价值》,王献平译,中国人民公安大学出版社 1990 年版,第 126 页。

〔3〕 [意]罗道尔夫·萨克:《比较法导论》,费安玲等译,商务印书馆 2014 年版,第 96~97页。

律体系成员资格的承认规则不仅仅是一个形式规则，还包含着实质性的道德准则。“经由实质性的道德判准，道德性的因素便可以安置于法律体系之中。于是，通过形式性的承认规则可以鉴别法律规则，通过实质性的道德判准可以鉴别法律原则。”他们认为法律原则是和法律规则一样有效的法律规范。德沃金认为，“法律原则才是整全法的主体，而不是实证法规，整全法的基础是其背后的实现平等自由等原则的政治道德信念。因此，法律原则具有当然的法律效力”。[1] 事实上，法律原则一旦拥有上述规范效力后其普遍性的特征就会逐渐被淡化，庄世同指出这两种观点都忽略了法律的普遍性特征。

概念法学认为，法律体系是一个封闭的而且逻辑自足的体系，但是，法律本身并不是逻辑自足的，而是存在着模糊、冲突、漏洞的人类理性的产物。[2] 哈特指出，法律规则在用语言表述时也会存在表达上的功能性障碍，这是由语言的开放性结构造成，因为所有的规则都使用的是一般术语，在清楚的中心区中，规则可以明确地适用，在有疑问的阴影区中情况就不同了，法官的自由裁量权在此时就可以发挥作用。法官的自由裁量权的依据不是现有的法律，而是法律之外的一些准则，比如社会效果或社会目标，尤其是法律原则。

（四）法律原则如何指导司法

就第三个问题，我们已经明确法律原则具备规范效力，但我们仍可以进一步提问：那它是怎样来指导司法的？也就是法律原则如何适用于具体案件的问题。在法理学教材中很容易找到一部分答案：比如，只有穷尽法律规则的前提下，才能适用法律原则。即使出现了法律规则的例外情况，如果没有非常强的理由，法律原则不能直接用来否定法律规则；在法律规则没有明确规定的情形下，法律原则可作为弥补漏洞的手段登场发挥作用。再如，为了实现个案正义不得不放弃法律规则而直接适用法律原则，不过这种情况非常罕见，也就是要求前一种情况下有非常强的理由

---

〔1〕 李鑫：《法律原则适用的方法模式研究》，中国政法大学出版社 2014 年版，第 6 页。

〔2〕 参见李鑫：《法律原则适用的方法模式研究》，中国政法大学出版社 2014 年版，第 7 页。

而不得不适用。

其实,上述的情况只是法律原则指导司法实践的一些特殊情形。法律原则在具体案件中的适用是普遍存在的。法官在对具体案件作出裁决前,必然会提炼案情来选择适用的法律规则,而他对法律规则的含义的选择和判断就是以他对法律原则的理解为基础的。法官在进行民事调解和其他案件的裁决过程中,都会受到法律原则潜移默化的影响。

法律原则因其自身的高度抽象化和宽泛的外延而导致它在司法实践中的适用性不如法律规则那样直观和直接,但它也因这些特点能发挥法律规则无法企及的功能。综合而言:法律原则对司法的指导是两个层次的,它以对司法主体的价值理念影响为第一个层次的主要表现,又在法律规则无法解决实际问题之时承担了第二个层次的主要作用。第二个层次虽不常出现,但却是在法学理论研究中理解法律原则如何作用于司法时经常被用来讨论的命题。

二、经济法基本原则的出处

经济法的基本原则是对经济法应对现象、调整经济社会关系的基本出发点的概括。基本原则的确立,是社会制度发展的客观需要和人们主观认识的统一,它出现于立法,是人类思维能力进步和立法技术高度发展的结晶[1]。认识源于实践,在法的实践中,要先从不同法律规范中去进行概括,找到调整国家干预本国经济运行时所发生的社会经济关系的法律和其中所贯穿的经济法原则。李君认为,确定经济法的基本原则应满足的标准条件有:一是它集中体现经济法的基本价值追求;二是它贯穿于经济法律制度的始终,而不是某一具体的制度;三是它应是行政法基本原则的体现,并且有其特殊性。[2] 笔者认为,至少存在五个能形成、抽象为经济法律原则的方面:经济法与客观经济规律的关系、制度习惯、经济法规的目标与社会生产目的、经济法所运用的手段、他法制度。

(一)经济法与客观经济规律的关系

经济法和客观经济规律之间,一个属于上层建筑范畴,另一个属于经济基础范畴。生产力决定生产关系,经济基础决定上层建筑,经济法的基

---

〔1〕 参见程宝山:《中国经济法基本理论》,郑州大学出版社 2013 年版,第 132 页。

〔2〕 李君:《本质的经济法与经济法的基本原则》,载《当代法学》2002 年第 4 期。

本原则必然从经济关系中来。经济关系是参与经济活动中的人与人之间的基本社会关系，统治阶级基于维护阶级利益的需要，将经济关系中的主要方面作为法律规范的内容，赋予其法律形式，运用国家强制力保障实施，使之在统治阶级的意志下存在和运行。[1] 作为经济法的上层建筑更多反映的是国家、政府对经济运行方式和效果的干预和基本态度，客观经济规律是经济内部运动的整体特征和趋势判断。历史经验让我们知道，凡事都要遵循客观经济规律。经济规律是经济现象和经济过程中普遍的、本质的、必然的内在联系。[2] 经济法是经济规律在法律上的反映，是人能动地认识规律、利用规律的结果。站在与民法相对立的角度来看，民法是在经济规律下对个人意志与产权保护的极力追求，意思自治是民法的核心；经济法也必须尊重经济发展规律，但它更多强调的是经济规律的主观能动性，它充分认识到了市场的无形引导不一定都是指向美好的结果，我们尊重经济发展规律，但也反思对它的认知。经济法体现的是国家意志对客观经济规律的利用和限制，[3] 防止市场自发性的弊端对社会经济带来的破坏，对公平竞争的市场秩序带来阻滞，对消费者福利造成损失。

（二）制度和习惯

制度和习惯是如何发挥作用的？制度能促进秩序的形成，原因在于制度可以使人们的行为更具备可预见性，对于解决、协调难题的帮助很大。例如，个人和厂商之间的交易大多基于重复性地运作，因而是可预见的，这就能减少交易过程中的摩擦和不确定性。现代经济制度的运行很大程度上依托的是大量不成文和成文的规则。[4] 如果这些规则得不到普遍的遵守，那么维持社会生活良好运行的人际交往活动就很难展开，人们就会将自己的信任范围放在自己所熟悉的圈子中，在这个封闭的圈子里进行交易和往来，不利于经济全球化的发展，是人类社会的倒退。因此，制度的建构需要有制裁的规则。在非正式制度中，这种制裁往往表现

---

[1] 参见程宝山：《中国经济法基本理论》，郑州大学出版社2013年版，第133页。

[2] 参见程宝山：《中国经济法基本理论》，郑州大学出版社2013年版，第133页。

[3] 参见郭锐、张士元：《试论经济法的基本原则》，载《法学评论》1983年第2期。

[4] 参见[澳]柯武刚、[德]史漫飞、[美]贝彼得：《制度经济学——财产、竞争、政策》，帕克、韩朝华译，商务印书馆2018年版，第5～6页。

为下次拒绝合作或者其他的行业内部惩罚措施。制度中的制裁,能使个人行为更可预见。制度可被定义为由人们制定的规则。柯武刚、史漫飞对制度的定义是“制度为一个共同体所共有,并总是通过对违反规则者施加已获不同程度认可的制裁而得以强制实施”。[1] 他们认为,没有制裁的制度是无用的,带有各种有效制裁的规则创立起一定程度的秩序,引导人们走上可合理预期之路。

制度、习惯是民商法基本原则的来源。制度和习惯对经济的运行效率能起到节省交易成本的作用。民商法的主要目的是保障市场上平等主体的权利,促进更多基于意思自治的交易的达成,因而它的原则大多源自在法律尚未正式颁布前的基本交易制度和习惯。经济法主要调整的是经济运行过程中的基本问题,因此它也不可避免地需要从已有的经济制度和习惯中汲取营养,保障经济的有效运行。

(三)经济法规的目标

经济法是调整经济管理关系、维护公平竞争关系、组织管理性的流转和协作关系的法。[2] 经济法部门由多个经济法规组成,几乎每一个具体的经济法规都有自己明确的任务。例如,我国《反不正当竞争法》的立法目的,就是通过对不正当竞争行为的规制来保障市场活力,来确保市场机制正常有效运行,促进社会主义市场经济长期健康发展。我国《反不正当竞争法》第1条就指出:“为了促进社会主义市场经济健康发展,鼓励和保护公平竞争,制止不正当竞争行为,保护经营者和消费者的合法权益,制定本法。”从世界范围来看,凡是实行市场经济的国家,都把反不正当竞争法方面的法律作为规范市场经济关系,促进市场经济发展的基本法律之一。[3]

国家干预、参与和管理经济生活的根本目的,是在有序的状态中保持和促进经济的活力,维持其生机,而不是单纯的管理和限制,更不能把经济管死。必须从这一基本点出发了解经济法的产生以及其与国家的关

---

〔1〕 参见[澳]柯武刚、[德]史漫飞、[美]贝彼得:《制度经济学——财产、竞争、政策》,帕克、韩朝华译,商务印书馆2018年版,第36页。

〔2〕 参见刘文华:《经济法》,中国人民大学出版社2017年版,第42页。

〔3〕 参见王瑞贺:《中华人民共和国反不正当竞争法释义》,法律出版社2018年版,第2页。

系,否则,就可能造成对经济法本质功能的扭曲和错误认识,从而将其与行政法甚至人治式的行政混为一谈。[1]

(四)经济法运用的手段

经济法在调整和处理市场经济关系时,通过运用法律政策手段、经济手段和行政手段来对违反经济法规的情况施以经济制裁,这些过程与行政权力、行政管理和行政体制密不可分,往往同步运行。[2] 经济手段和行政措施在经济法调整经济社会关系时紧密结合,而政策是国家或政党为了完成一定时期的经济任务而规定的活动准则,列宁指出:法律就是披着法律外衣的政治措施。经济法的基本原则往往也结合了一定时期内政策任务的因素。但是,法律政策并非总能起到积极作用,它一定不能偏离基本的经济规律(在第一点中我们已经明确),例如,通过法律或政府政策来改变利率产生的影响,远远超过人们当初改变利率的预期,并且会对整体经济产生影响。21 世纪初,美国面临国民产出和就业增长下跌的处境,美国联邦储备系统为了维持生产与就业而降低了利率,由此带来的影响包括房价的上升。低利率意味着低抵押贷款,从而使更多的人能够买得起更多、更大的房子。这反过来又会使租房子的人减少,因此导致租房需求减少,房租下降。人为的低利率,也不利于激励人们储蓄。[3] 经济学者和法学人都在担心很多时候一项限价或征税政策的出台也可能让情况变得更糟。20 世纪 70 年代,在华盛顿实施房租管制政策的 8 年时间里,这个城市的可租赁房屋存量显著下降,从超过 19.9 万套减少到不足 17.6 万套。美国加利福尼亚州的伯克利市在引入房租管制政策后,可用于租赁给加州大学伯克利分校学生的住房套数在 5 年内下降了 31%。本想让穷人住得起房屋的政策,最终结果却把建造住房的资源转移到了只有富人才能承担得起的住房上,因为高档住宅和办公楼等其他商业地产一样,不受房租管制约束。[4] 同样,困扰了我国十几年的房价居高不下问题应

---

[1] 参见刘文华主编:《经济法》,中国人民大学出版社 2017 年版,第 20 页。

[2] 参见郭锐、张士元:《试论经济法的基本原则》,载《法学评论》1983 年第 2 期。

[3] 参见[美]托马斯·索维尔:《经济学的思维方式》,吴建新译,四川人民出版社 2018 年版,第 465 页。

[4] 参见[美]托马斯·索维尔:《经济学的思维方式》,吴建新译,四川人民出版社 2018 年版,第 74~75 页。

如何采取经济措施,如何避免类似情况的发生,都值得我们思考。

经济手段主要是指经济调节方式,可通过财政政策与货币政策作用于宏观经济市场来间接地影响市场上的主体之间的关系,国家也可作为经济主体直接参与到经济活动中去。当然,在不同的社会经济时期,经济手段的运用是不一样的。19 世纪时,国家鲜有采用经济手段来调节市场关系,但是到了 20 世纪,随着经济学理论的发展深入,各国广泛地采用经济手段来进行调节。[1]

有学者指出,行政手段是指运用军队、警察、监狱等暴力组织进行强制管制的手段。事实上,我国和其他社会主义国家在革命后即建立通过行政体制、运用行政手段管理经济活动的模式。新中国成立伊始,我国就是依靠强有力的国家调控之手去组织和管理经济,另一只市场调节之手则处于自发并遭到人为限制的状态。改革开放的目的就是要改变过去那种同生产力不相适应的僵化模式,在社会主义公有制基础上实行市场经济,在全社会范围内努力自觉地运用价值规律,大力培育并有效运用另一只无形的市场调节之手,发挥其基础性调节作用。[2] 也就是说,国家通过行政手段对经济进行管制的范围和力度早已发生了变化,但是作为保障国家干预经济的手段,行政手段在我国仍发挥着一定作用。

(五)他法制度

他法制度也是滋养经济法基本原则形成的理论和实践基地。经济法未正式出台时,主要是通过民法、商法等制度规则来调整经济领域的相关民事权利义务关系。民法等确立的产权制度对经济法调整的财产关系是同样适用的。经济法是在其他法律制度的基础上为满足他法所无法调整的经济管理关系的需要而发展起来的。[3]

三、经济法基本原则

部门法的原则是其具体法律规则制定和实施的基础,经济法的基本原则是指导经济法具体制度、规范的基础准则,是一切经济法主体遵循的行为准则,是理解和解释经济法律其他条文的基准,对整个经济立法、执

---

〔1〕 参见蒋茜:《资本主义劳资关系与国家调节研究》,上海三联书店 2017 年版,第 85 页。

〔2〕 参见刘文华主编:《经济法》,中国人民大学出版社 2017 年版,第 20 页。

〔3〕 参见郭锐、张士元:《试论经济法的基本原则》,载《法学评论》1983 年第 2 期。

法、司法和守法都有指导和统率意义。[1] 虽然法律原则相对于法律规则而言经历的时间更久、受到的检验要更多,稳定性相对较强,但并不表示原则的内容是全然不变的。在不同的社会经济制度时期,经济法的基本原则侧重点可能完全不同。而在统一社会经济制度内的不同时间节点上,经济法原则本身也在积极地根据社会经济发展的现实状态和人民群众对经济生活的实际需求来进行自我的调整与发展,从这一角度来看,法律规则又成了相对"死的"——除非被修改或废弃,否则不能变通,而法律原则因其开放性和包容性而使自身做到稳定性持久的同时也具备了灵活性。这种动态的自我发展过程也许要经历很长时间,也许会因新科技的突飞猛进或非可控因素的爆发就在短时期内发生重心转移。

(一)经济法原则的研究综述

我国学者结合中国实际,对经济法原则进行了大量深入的研究,这些研究成果随着时间的推进在相互借鉴和理性批判中发展、丰富、完善,并带着深厚的当代经济发展特色。[2] 肖克瑾、刘家启(1981 年)提出,经济法的基本原则有计划原则、等价原则、兼顾国家、集体与个人三者的物质利益原则、经济核算制原则和法制原则。[3] 谢次昌、卞耀武(1982 年)认为,经济法基本原则应概括为 6 条:一是巩固和发展社会主义所有制,保护多种经济成分不受侵犯的原则;二是坚持计划经济为主,市场调节为辅的原则;三是提高经济效益,加强经济核算制的原则;四是坚持思想领先,兼顾国家、集体、劳动者个人三者利益的原则;五是发扬经济民主,实行集中领导与民主管理相结合的原则;六是坚持科学技术与国民经济协调发展的原则。[4] 刘文华(1989 年)指出经济法的五项基本原则应是:遵循

[1] 参见程宝山:《中国经济法基本理论》,郑州大学出版社 2013 年版,第 124 页。

[2] 漆多俊教授则指出在中国 20 世纪 80 年代,许多学者在著作中谈及经济法的原则问题都要罗列七八条,甚至十条,似乎越多越全面,很多时候将一些经济的客观规律、国家的政治制度和经济制度、经济政策等,统照搬过来,加以拼凑,并认为当时对经济法原则的基本特征其实尚需要准确把握。刘文华教授则指出,当时在起草经济法规时有时把四项基本原则都照搬进去,但这并不是经济法所特有的。

[3] 参见肖克瑾、刘家启:《经济法基本原则初探》,载《湖北财经学院学报》1981 年第 2 期。

[4] 参见谢次昌、卞耀武:《对经济法基本原则的探讨》,载《法学研究》1982 年第 5 期。

和综合运用客观经济规律的原则;巩固、发展社会主义公有制和保护多种经济形式合法发展的原则;国家统一领导和组织自主经营相结合的原则;计划调节和市场调节相结合的原则;责权利效相统一的原则。[1] 邱本(1995年)指出,经济法的基本原则应是计划原则和反垄断原则。[2] 王保树(1997年)先是提出了经济上的公平与公正原则和经济民主原则,[3]后总结为经济上的公平与公正原则、违法行为法定原则、经济管理权限和程序法定原则,他注意到了经济法作为国家权力介入经济关系的特点,提出了对国家经济权力的限制。徐孟洲(1997年)认为,经济法的基本原则有遵循和综合运用客观经济规律的原则,巩固、发展社会主义公有制和保证各种经济成分合法发展的原则,保障和促进市场机制与宏观调控相结合的原则,权责利效相统一的原则。[4] 史际春、邓峰(1998年)认为,经济法的基本原则包括平衡协调原则、维护公平竞争原则以及责权利相统一原则。[5] 漆多俊(1993年)认为,经济法的基本原则应立足于社会经济总体效率与社会经济总体公平。[6] 他提倡的维护社会总体效益兼顾各方经济利益原则体现了经济公平和经济效率的价值。他指出,中国经济法的特有原则是各国经济法普遍性原则在中国经济法中的具体体现是普遍性与中国特色的有机结合。[7] 刘水林(1998年)提出,经济法的基本原则有资源配置的帕累托有效(最优)原则和分配中的交叉公平原则。[8] 李昌麒(1995年)提出了七大经济法基本原则(资源优化配置原则、国家适度干预原则、社会本位原则、经济民主原则、经济公平原则、

---

〔1〕 参见刘文华、徐孟洲:《中国经济法学产生和发展的十年》,载《法律学习与研究》1989年第1期。

〔2〕 参见邱本:《论经济法的基本原则》,载《法制与社会发展》1995年第4期。

〔3〕 参见王保树:《经济体制转变中的经济法与经济法学的转变》,载《法律科学(西北政法学院学报)》1997年第6期。

〔4〕 参见徐孟洲:《经济法简明教程》,经济科学出版社1997年版,第5~8页。

〔5〕 参见史际春、邓峰:《经济法的价值和基本原则刍论》,载《法商研究(中南政法学院学报)》1998年第6期。

〔6〕 参见漆多俊:《经济法基础理论》(第3版),武汉大学出版社2000年版,第172页。

〔7〕 参见漆多俊:《经济法基础理论》(第2版),武汉大学出版社1996年版,第174页。

〔8〕 参见刘水林:《经济法基本原则的经济学及法哲学解释》,载《法商研究(中南政法学院学报)》1998年第5期。

经济效益原则、经济安全原则、可持续发展原则),他认为经济法基本原则是能够全面、充分反映经济法所调整的经济关系的各方面和全过程的客观要求,并对所有经济法律关系和经济法律、法规都具有普遍意义的指导思想和基本准则。[1] 鲁篱(2000年)[2]、张永清[3](2002年)、李庆[4](2004年)、刘光[5](2004年)认为,经济法基本原则是适当干预原则与合理竞争原则。程宝山(2003年)总结经济法基本原则应有社会本位原则、效率与公平兼顾原则。[6] 张守文(2003年)认为,经济法的基本原则有三:调制法定原则、调制适度原则和调制绩效原则。[7] 江帆(2005年)认为,经济法基本原则除了适当干预原则与合理竞争原则外,还有公共利益原则和弱者保护原则。[8] 杨紫烜(2006年)认为,经济法的基本原则是必须遵守的根本准则,是在国家协调本国经济运行过程中必须遵循的根本准则,是贯穿各种经济法律规范之中的根本准则。经济法的基本原则包括经济法主体利益协调原则、国家协调本国经济运行法定原则。[9] 王宏军、孙学华(2011年)认为,构成经济法的三大基本原则是国家适度干预原则、社会整体效益原则、实质公平原则。[10]

(二)经济法基本原则的标准

"原则"一词在现代汉语中是观察问题、处理问题的准绳的意思。在

---

[1] 参见李昌麒:《经济法——国家干预经济的基本法律形式》,四川人民出版社1995年版,第206页。

[2] 参见鲁篱:《经济法基本原则新论》,载《现代法学》2000年第5期。

[3] 参见张永清:《经济法基本原则刍议》,载《当代法学》2002年第5期。

[4] 参见李庆:《对经济法基本原则的再分析》,载《经济师》2004年第7期。

[5] 参见刘光:《经济法的调整对象及其基本原则探析》,载《山东社会科学》2004年第12期。

[6] 参见程宝山:《经济法基本理论研究》,郑州大学出版社2003年版,第123~128页。

[7] 参见张守文:《经济法基本原则的确立》,载《北京大学学报(哲学社会科学版)》2003年第2期。

[8] 参见江帆:《经济法的价值理念和基本原则》,载《现代法学》2005年第5期。

[9] 参见杨紫烜主编:《经济法》,北京大学出版社、高等教育出版社2006年版,第61~68页。

[10] 参见王宏军、孙学华:《从市场失灵的角度看经济法基本原则构成》,载《云南警官学院学报》2011年第3期。

古代汉语中,并无“原则”一词。从语义学的角度分析,“原”同“源”,它是古文中的会意字,从厂(山崖)、从泉,原意为水的源头之意,引申出根本、推求、察究、原来、起初之意;[1]“则”也是古文中的会意字,从鼎、从刀,因为我国古代曾将法条律令都铭刻在鼎上,因此为规则之意。在拉丁文中,“原则”的对应词为Principium,其原始含义为“开始、起源、基础、原则、原理、要素”等,[2]它同古汉语中“原”(源)的词义十分接近,二者的原始含义皆具有根本、起初之意。英语中的“原则”一词为Principle,它源于拉丁文的Principium,它包含如下含义:(1)被接受或公开声称的活动或行为准则;(2)根本的、原初的或一般的真理,为其他真理所凭借;(3)根本的教义或信条、特别的统治性意见;(4)行为的正确准则;(5)正确行为的要求和义务的指导感;(6)行为方式采用的固定规则。[3] 总之,在中外的语言中,“原则”的基本含义即根本准则的意思,它对人们观察问题、处理问题、解决问题具有指导作用。

法律原则是随着独立法律部门的出现而出现的。一个法律部门之所以能够独立存在,其中一个重要原因就是这个法律部门有区别于另一法律部门的原则。过去,我国学者对经济法的基本原则做过许多探讨,其中不乏真知灼见。但是,曾经存在高度集中的计划经济体制造成了早期的相关研究存在一定的思维定式,之后,学者拓宽了研究视角,试图对经济法的基本原则作出更一般性地阐释。但我国学界对经济法的基本原则的研究和解释,仍存在不尽如人意之处,如没有区分经济法的基本原则和具体原则、将经济法学的市场规律误认为是经济法的基本原则、将国家的经济政策直接表述为经济法的基本原则等。之所以会出现这种情况,主要是因为划分经济法基本原则的标准学界没有达成共识。学界对于经济法基本原则的确定标准存在“三标准说”和“四标准说”。张守文教授认为确立经济法的基本原则应遵循三个标准,即高度标准、普遍标准、特色标

[1] 辞海编辑委员会编:《辞海》(缩印本),上海辞书出版社1980年版,“原则”条,第409页。

[2] 参见彭泰尧主编:《拉汉词典》,贵州人民出版社1986年版。

[3] 参见《美国学院辞典》“原则”词条,兰登出版社1956年版。

准。[1] 肖顺武认为,经济法基本原则应遵循四项标准,即特征性标准、高度性标准、普适性标准、价值性标准。[2] 李昌麒教授认为,经济法的基本原则的抽象至少应遵循以下四个标准:"经济法基本原则必须能够体现经济法的特色",还需要具有基本性、实用性,同时必须遵循价值性标准。在总结众多经济法学者的观点的基础上,我们认为,经济法的基本原则必须具备区别性、稳定性、纲领性、实用性。

第一,区别性。所谓区别性,是指经济法的基本原则必须与其他法律部门的基本原则相区别,必须与其他社会科学的规律、国家的政策相区别。马克思主义认为,法律的发展是以经济为基础的,经济法自然也不例外,但是经济法虽然遵循这一规律,但这些规律并不是经济法的基本原则。一方面,经济规律缺乏法律原则的调整性属性,不属于法律的构成要件;另一方面,这些规律是所有的法都共同遵循的,并不是经济法所独有,不具有将经济法基本原则与其他法律的基本原则相区别的功能,因此"生产关系一定要适应生产力性质的原则""从实际出发、量力而行原则""遵循客观经济规律原则""提高经济效益原则""坚持科学技术与国民经济协调发展的原则"等将经济规律上升为经济法基本原则的说法是站不住脚的。

第二,稳定性。有些学者将国家的经济政策引入经济法基本原则中,认为经济法的基本原则包括"建立和健全社会主义市场经济体制原则""国家调节市场、市场引导企业原则""维护社会主义经济秩序原则""坚持计划经济与市场调节相结合原则""所有权与经营权相分离原则""贯彻改革开放原则"等,我们认为是不合适的,因为经济法虽然具有很强的政策性,但是法律与政策相比,政策更加多变,经常根据具体经济形势的不同制定不同的经济政策,但是经济法是相对稳定的,只要社会经济条件不发生重大变化,经济法就不会轻易地改动。经济法的基本原则,是经济法中最本质最核心的内容,是经济法的精神之所在,只要经济法的本质不发生变化,经济法的基本原则不该发生变化。由于经济法的基本原则对

---

〔1〕 参见张守文:《经济法基本原则的确立》,载《北京大学学报(哲学社会科学版)》2003 年第 2 期。

〔2〕 参见肖顺武:《论经济法的基本原则》,载《社会科学家》2007 年第 2 期。

经济法的立法、执法有着指导作用，这样的原则一旦像政策那样经常发生变动，对整个国家的法律体系也会产生不利的影响，因此经济法的基本原则必须是稳定的，它包含经济法的最终价值目标和追求，不随经济条件的变化、领导人意志的转变而改变。

第三，纲领性。经济法基本原则的纲领性包含两方面的含义。一方面，经济法的基本原则必须贯穿整个经济法的规范，对整个经济法的立法、执法、司法工作产生影响。也就是说，经济法的基本原则，必须是所有经济法共同遵循的原则，并不是某些经济法法律规范的单独原则。如固定资产投资法遵循的原则中包括“从实际出发，量力而行”的原则，这一原则对固定资产投资法具有纲领性的作用，但是对于经济法的其他法律规范，如反垄断法、消费者权益保护法就没有太多的关联，因此这样的原则不能作为经济法的基本原则。另一方面，经济法的基本原则，作为法律原则，并不处理或者说很少处理具体的法律纠纷，而是作为一种纲领对经济法的运行产生指导作用。而且，在实践中应当尽量避免经济法的基本原则在司法实践中得到运用，除非经济法法律规范没有规定，或者在适用成文的经济法法律规范会造成损害实质正义的结果时，才能使用经济法的基本原则。经济法的基本原则具有纲领性，还可以便于经济法基本原则与经济法具体原则相区分。经济法的基本原则体现的是经济法的总体指导思想、基本精神和价值取向的原则，其内容比经济法具体原则更抽象、更具体、更稳定，因此可以适用于整个经济法律部门。

第四，实用性。经济法的基本原则必须是可以对经济法的立法、执法、司法产生指导作用的法律原则。这种实用性是实实在在的，它区别于仅有倡导性的口号和建议，是经济法运行的抽象方案。在英美法系国家，法官可以凭借对正义的解读和对经济法基本原则的理解去审理具体案件、作出相应的法律裁判；在大陆法系国家，经济法的基本原则不仅仅可以指导经济法的立法、执法、司法，在某些特定的情况下，它也可以作为法官断案的依据。[1]

四、当代经济法的基本原则

前面我们总结了在中国经济法过去几十年来发展历程中不同学者对

---

〔1〕 参见黎艳阳、黄海鹰：《经济法实训教程》，东北财经大学出版社1970年版。

经济法基本原则的概念和内容的不同理解，可以看出，学界对经济法基本原则的认知也随着社会经济的发展而呈现出不同时期明显的时代特色。在社会主义市场经济已基本建立、成熟的今天，经济法所面临的时代任务和压力也自然与我国刚迈入市场经济时期有所不同。在本书中，我们提炼出了经济法的四项基本原则，并在本书的分论中将会逐一进行讨论。这四项基本原则分别是：经济发展的责权利效相统一原则、发展中国特色的公平竞争原则、经济与法治平衡协调原则和消费者福利最大化原则，我们认为对经济法基本原则的总结不能离开对当代经济发展特点的关注。

首先，责权利效相统一原则。经济效益和社会效益是一切经济工作的基本出发点和终极目的。在社会主义市场经济或在以公有制为核心的市场经济下，责权利效相统一原则是作为经济法灵魂的一项根本性原则，该原则是公有制和市场经济的契合和连接点。“责权利效”既是经济法保障的基本目标，也是经济法评判、检验经济法实施效果的标准。

其次，发展中国特色的公平竞争原则。发展中国特色的公平竞争原则给人的感觉乍一看像是公平竞争原则的扩展式，但实际上，该原则是站在当代中国经济发展的主要任务和经济法的本职功能发挥的角度上提出来的。我国在改革开放之后才打开了真正现代意义上的市场经济的大门，也就是说我国真正面临市场竞争问题是在改革开放之后，反不正当竞争法等法律法规的出台，为我国建立公平竞争的市场经济环境打下了基础，而这也是经济法直接背负的任务。简言之，建立公平竞争环境，就会涉及公平竞争原则，但是我国的公平竞争与国外的公平竞争还是有区别的，我国的反垄断法一直以来并不针对国企，只针对民营企业，这是我国经济法的特色之一。但是，在遇到类似新冠肺炎疫情等波及范围较广的特殊事件，很多民营企业都会难以为继，而民营企业又是保障我国充分就业和增加政府财税收入的重要手段和来源，因此当代的经济法需要在更大程度上来关注、保护国企和中小微企业的利益，通过扶持民营企业，来真正实现公平竞争的市场环境。

再次，经济与法治平衡协调原则。经济与法治平衡协调原则就是要通过经济法律制度、经济法的基本精神来实现特定阶段经济利益的平衡与协调，经济利益直接体现于经济主体之间的利益关系，经济法要做的就是如何将特定阶段的经济利益在这些经济主体之间进行一种既有利于未来经济发展,又能确保当前的经济主体能公平地享有社会经济发展所带来的经济利益的分配(分配问题)。但具体某一阶段的经济利益应如何分配必然会涉及发展效率与社会公平的问题,因此,经济法要实现其自身价值的关键在于如何保障法律制度为经济服务,经济与法治之间如何才能做到平衡协调。

最后,消费者福利最大化原则。社会生产的最终目的是满足人类需求,也就是满足市场上消费者的消费需求。消费者利益是否能得到满足是衡量生产、交换、分配三环节所能提供产品或服务是否充分的最终标准,也即,生产、交换和分配的最终目标是消费。我们所维护的企业之间公平而自由的竞争实质是消费者福利的竞争,市场上的主体,谁能带给消费者更多的经济福利,谁就掌握了市场上相对的竞争优势,获得了市场主动权。经济法为确保经济环节正常运行所设立的各个制度都直接或间接地以促进消费者福利为目标。消费者福利最大化原则是经济法的核心原则,它贯穿了责权利效相统一原则、发展中国特色的公平竞争原则和经济与法治平衡协调原则,也是其他三项原则设置的目标和制度检验的标准。

第二节　经济法基本原则的价值分析

在第一节中我们以法律原则为起点,讨论了经济法原则作为法律原则中的一种具体类型应如何确定,概括了学者较为经典的观点,如果说第一节是停留在经济法基本原则理论问题的表面上去看其范围和内容,那么在本节中,我们将从其追求的价值目标出发,用规范分析的方法来揭示经济法基本原则背后所追求和体现的价值(或者说经济法的基本原则是由这些价值来支配的)。

经济法作为社会经济制度的规范,它是国家强制力保障的一种外生性规则。要明确这种外生性规则的合理性,除了证明国家、政府等代理人(或者说是权利被让渡者)权力的合理性之外,还要明确一个问题:外生性规则是否能做到对内生性规则不足的补充?否则就不需要外生性规则,因为外生性规则往往伴随巨量的社会成本,还会对个体的权利自由发挥带来不便。从当前各国都普遍通过经济法对本国经济发展施加干预(存在程度上的不同)的实际情况来看,经济法确保了国家、政府对社会经济的发展方向和基本秩序的介入,在一定程度上减少了由市场自发性而产生问题的概率。但如果以经济法的存在和应用的事实直接回答上述问题,容易被误认为这是黑格尔存在即合理的唯心主义逻辑。经济法之所以被各国政府广泛应用并在法学学科中拥有自己独立的一席之地,与其在不同历史阶段所能发挥的作用有关,也就是它所能实现的社会功能、它所实现的社会价值,都是经济法存在和发展的最重要原因。有关经济法的作用和功能我们将在本章的第四节(经济法原则与经济法规则的不同)中讨论,在本节中,我们重点讨论经济法灵魂深处的事物——经济法所能实现的社会价值,即经济法基本原则的价值取向。

一、法的价值

无论是法的价值,还是法律价值,都以价值为核心。价值来源于拉丁语 valere,14 世纪进入英语,在 19 世纪之前都多指物品的价格。从 19 世纪末开始,以价值为研究对象的价值学研究开始。[1] 现在提到"价值"一词,一般存在多种理解:例如,马克思政治经济学中所指的凝结在商品中的一般的、无差别的人类劳动;又如,泛指某事物(或人)的积极作用,与存在意义相似;又如,佩里在《价值通论》中,则把价值定义为"与利益相关的对象";在人类学词典中,价值也被看作是一种选择取向,反映了人类的需求、欲望,以及实现这种需求、欲望的方式和态度。[2] 美国人类学家克拉克洪将价值看作关于个人或团体特有的、期望的、显性或隐性的概念,对于某一社会而言,所谓价值不只是采纳,而是该社会的人们根据认知的、道德的、情感的判断所选定的那种从被认为对社会有益的或正当的行为中抽象出来的概念。迈农认为,"凡是一个东西使我们喜欢,而且只要到使我们喜欢的程度,它便是有价值"。厄尔本和培里的欲望满足论和兴趣对象论,认为价值是欲望的对象或兴趣的对象。罗素认为"关于'价

---

[1] 参见穆虹:《经济法价值研究》,山东大学出版社 2009 年版,第 4 页。

[2] 参见石磊、崔晓天、王忠编著:《哲学新概念词典》,黑龙江人民出版社 1988 年版,第 371 页。

值'的问题完全在知识的范围之外。"[1]杜威的智慧行动后果论,认为价值是作为智慧行动后果的享受。任何对象当它被我们欢迎和留恋的时候,或引起我们厌恶和反对的时候,便产生了价值。柯武刚、史漫飞、贝彼得认为"绝大多数人都追求某些普世性基本价值,如自由、公正、安全、和平和繁荣,这些都是普世的高于一切的偏好。大多数文化中的大多数人都会赋予他们很高的优先地位,并使别的追求从属于这些价值,而在讨论是与非的问题,是他们起着'最终止步点'的作用"。[2] "价值"一词与古梵文和拉丁文中的"掩盖、保护、加固"词义有渊源关系,是在这一词义之下派生出"尊敬、敬仰、喜爱"之意,它的基本含义是"起掩护和保护作用的,可珍贵的、可尊重的、可重视的"。[3] 有学者认为,法的价值是以法与人的关系作为基础的,法基于自身的客观实际而对于人所具有的意义和人关于法的绝对超越指向。[4] 赫克在《利益法学》的演讲中指出:"作为利益法学出发点的一个根本真理是:法的每个命令都决定着一种利益冲突,法起源于对利益的斗争。法的最高任务是平衡利益。"[5]我们对价值的理解,倾向于把它作为某物对单个的人或群体的积极效用来看,价值是事物客观上具有的一种属性,但被人们通过主观的方式表述出来并加以评价。将价值引入法学的研究领域,是以人作为价值的主体,来对法律制度进行批判性认识,这有利于提高法律与人们生存、需要的关联度研究。[6]

法的价值在形式上指作为客体的法在与社会各种主体的相互关系中,其属性和功能满足和适应主体需要的表现(或效用);在社会内容和阶

---

〔1〕 李德顺:《"价值"与"人的价值"辨析——兼论两种不同的价值思维方式》,载《天津社会科学》1994 年第 6 期。

〔2〕 参见[澳]柯武刚、[德]史漫飞、[美]贝彼得:《制度经济法学——财产、竞争、政策》(第 2 版),商务印书馆 2018 年版,第 89 页。

〔3〕 卓泽渊:《法的价值总论》,中国社会科学院 2000 年博士学位论文,第 13 页。

〔4〕 参见卓泽渊:《法的价值的诠释》,载《苏州大学学报(哲学社会科学版)》2005 年第 5 期。

〔5〕 [美]庞德:《通过法律的社会控制——法律的任务》,沈宗灵、董世忠译,商务印书馆 1984 年版,第 41 页。

〔6〕 参见葛洪义:《法理学》,中国人民大学出版社 2003 年版,第 54 页。

级实质上,法的价值是法作为反映一定社会生产方式和社会秩序内在要求的规范体系,通过确定和保护占统治地位的阶级和社会集团的与责任(或义务)相统一的行为自由,有效地调整社会关系、维护社会秩序,从而满足和实现占统治地位的阶级、集团的社会需要和利益,促进社会的发展和进步的表现。[1] 英国《牛津法律大辞典》在解释"价值观"时,采用列举的方式指出:"价值因素包括:国家安全,公民的自由,共同的或者公共的利益,财产权利的坚持,法律面前的平等、公平,道德标准的维护等。另外还有一些较次要的价值,如便利,统一,实用性等。"[2] 作为一个法学经典的话题,美国法学家庞德指出,在法律史的各个经典时期,无论在古代或近代世界里,对价值准则的论证、批判或合乎逻辑的适用,都曾是法学家们的主要活动。[3] 在不同的历史阶段,法学家对法的价值的感受和认定也有所不同,常见的认为法的价值有秩序、正义、公平、效率、利益、安全、自由等,例如彼得·斯坦认为"作为法律的首要目的,恰是秩序、公平和个人自由这三个基本的价值"。[4] 查士丁尼在《法学总论——法学阶梯》的开篇也提到"正义是给予每个人他应得的部分的坚定而恒久的愿望"。[5] 日本学者川岛武宜认为,"法律所保障的或值得法律保障的(存在着这种必要性)价值,我们将其称之为'法律价值'……各种法律价值的总体,又被抽象为所谓的'正义'"。[6] 但该定义将法的价值抽象为正义,很显然是狭隘的。漆多俊认为,法同其他社会规范,如道德、宗教、纪律等一样,其基本价值都主要包括秩序、公平、效率、正义等选项。在诸种价值中,首先和处于第一层次的是秩序,其次是效率,最后是公平与正义,

---

[1] 参见孙国华主编:《中华法学大辞典·法理学卷》,中国检察出版社1997年版,第548页。

[2] [英]沃克:《牛津法律大辞典》,光明日报出版社1988年版,第920页。

[3] 参见[美]庞德:《通过法律的社会控制——法律的任务》,沈宗灵、董世忠译,商务印书馆1984年版,第55页。

[4] [英]彼得·斯坦、[英]约翰·香德:《西方社会的法律价值》,王献平译,中国人民公安大学出版社1989年版,第3页。

[5] [罗马]查士丁尼:《法学总论——法学阶梯》,张企泰译,商务印书馆1989年版,第5页。

[6] [日]川岛武宜:《现代化与法》,申政武等译,中国政法大学出版社1994年版,第246页。

并且这三个层次的价值之间是层层推进的关系。[1]

法律价值重要性凸显在，法学理论与法律实践在价值层次上的高低直接制约着法学理论和法律实践的层次；法学理论上与法律实践中的许多重大差异与分歧，往往都是由法的价值观分歧所导致。[2] 如果说法反映了社会制度的复杂性，那么法的价值则是一个社会制度所追求的精神的简单性概括，但这一概括具备了动态性特征，原因是法律价值在不同社会制度或者同一社会制度的不同发展阶段发生了变动。魏德士认为：法律共同体中价值观的内容与活力比有关法律条文的变化更加迅速，以致公民价值观与法律规范的价值标准之间常常出现紧张关系，[3] 法律价值会发生变迁。

二、经济法基本原则的价值观

经济法基本原则所反映的价值既是经济法本质的外在反映，也是经济法的目标和原则据以确立的基础。经济法基本原则的价值观与经济法的价值内容基本相等，经济法基本原则的价值问题是经济法的核心问题。至于经济法的价值是如何对经济制度发挥作用，可以将之理解为主观思想对客观现象的能动的反作用：基本价值观深深扎根于各文明的传统之中，而且不易改变，它们构成了一个共同体特性的一部分，甚至可能与坚定持有的宗教信仰联系在一起。当经济发展在一个迄今静止的社会中起飞时，这有可能对经济和文化变革带来巨大的阻碍，因此，市场经济中的种种制度就必须被嫁接到那个特定社会的基本价值上去。[4] 经济法有区别于他法的一个显著特征：因其调整的是社会的经济关系，因而其基本价值追求必然包含着对经济效率的向往，这是以经济关系为调整对象最基本的一个出发点，同时也将它与其他法进行了区分，尤其是法的基本精神多从公平正义出发，而经济法要在追求公平正义的同时考虑经济发展的效益，发挥制度对秩序的保障作用。经济法的"效益"是一种社会效益。

---

〔1〕 参见漆多俊：《经济法基础理论》，武汉大学出版社 2000 年版，第 152～153 页。

〔2〕 参见卓泽渊：《法的价值的诠释》，载《苏州大学学报（哲学社会科学版）》2005 年第 5 期。

〔3〕 参见魏德士：《法理学》，丁晓春、吴越译，法律出版社 2005 年版，第 22 页。

〔4〕 参见［澳］柯武刚、［德］史漫飞、［美］贝彼得：《制度经济法学——财产、竞争、政策》（第 2 版），商务印书馆 2018 年版，第 42 页。

社会效益相对于经济效益而言,其内涵更为深刻和广泛。经济法所追求的社会效益,不只是一般而言的经济成果最大化,同时更是宏观经济成果、长远经济利益以及社会福利、人文和自然环境、人的自由和自身价值等诸多因素的优化和发展,微观的成果只是社会效益的组成部分。[1]

有的学者认为,经济法的价值主要是社会经济福利价值和经济民主价值,[2]有的学者把经济法的价值定位于商品经济的普遍法和权利的规制,经济法的价值包括发展公平和经济安全。[3] 这些定位因缺乏一个居于统帅地位的价值或因几个价值之间缺乏内在的关联而显得有些零散。有的学者认为经济法的价值是实现实质正义、社会效益、经济自由和经济秩序的和谐。[4] 有的学者把经济法的价值划分为目的性价值与工具性价值,认为目的性价值居于主导地位,反映经济法所追求的社会目的与理想;工具性价值是经济法为实现其目的性价值(法的理想)应具备的基本属性或共性价值,[5]有的学者认为,形成经济法具有自己特色的价值观有很多,譬如自由观、秩序观、发展观、公平观、安全观、效率观、人权观等。[6] 还有的学者将经济法的价值划分为目标价值和功能价值,认为经济法的目标价值是社会整体效益的最大化,功能价值是实现实质公平、经济秩序和事实自由。[7] 也有学者认为,经济法可能构成了对自由价值的限制:在大多数现代民主国家中,政府的管制严重地束缚了公民的使用和处置其资产的自由,以及按他们看来适合其自身的方式塑造他们自己生活的自由。[8]

---

[1] 参见贾海燕:《经济法的价值分析》,载《法学论坛》2002年第6期。

[2] 参见鲁篱、苏明:《经济法价值新论》,载《西南民族学院学报(哲学社会科学版)》2001年第3期。

[3] 参见单飞跃:《经济法的法价值范畴研究》,载《现代法学》2000年第1期。

[4] 参见史际春、邓峰:《经济法的价值和基本原则刍论》,载《法商研究(中南政法学院学报)》1998年第6期。

[5] 参见吕忠梅、陈虹:《论经济法的工具性价值与目的性价值》,载《法商研究(中南政法学院学报)》2000年第6期。

[6] 参见冯果:《经济法的价值理念论纲》,载《经济法研究》2014年第2期。

[7] 参见贾海燕:《经济法的价值分析》,载《法学论坛》2002年第6期。

[8] 参见[澳]柯武刚、[德]史漫飞、[美]贝彼得:《制度经济学——财产、竞争、政策》,帕克、韩朝华译,商务印书馆2018年版,第256页。

其实，价值作为一个辩证的概念，不能以多寡来讨论。如果想通过高度提炼来获取经济法唯一的价值，则必然陷入绝对主义的错误。如果想试图面面俱到地罗列经济法所涉及的全部价值，则又是不可能的，因为经济法的价值体系一直处于动态的发展中，没有谁能预料到未来它可能发展出的新的社会态度。我们认为，目前经济法最主要的价值体系包含了秩序价值、公平价值、效率价值，其他价值例如社会效益、经济安全等都是在这些经济法的基础价值之上衍生出来的。

（一）经济法的秩序价值

秩序是经济法最根本的价值观，经济法追求秩序，因为秩序带来经济运行的稳定、安全、可持续发展。秩序“意指在自然进程和社会进程中都存在着某种程度的一致性、连续性和确定性”〔1〕。约翰·保罗二世在《百年通谕》中提道：“经济活动，尤其是市场经济中的活动，不可能在一个制度司法和政治真空里进行。相反，它以受切实保障的个人自由和私人产权，以及稳定的货币和有效的公共服务为前提条件。因此，国家的首要任务是保护这样的安全，从而使那些从事工作和生产的人们都能享有其劳动的成果，并因此而受到鼓励去诚实而高效率地工作。”秩序，在这时意味着市场主体所参与的市场环境的安全。可以说，经济法的全部制度都是围绕秩序展开，以维护经济秩序为基本目标，例如市场准入制度、公平竞争制度、信息公示制度、经济监督制度等。秩序是人类理想的构成要素，任何社会统治都意味着一定统治秩序的形成，法律的首要任务就是确保社会统治秩序的建立。秩序之所以在经济法的研究中被反复强调，是因为经济法产生于社会的主导价值观从个体本位向社会本位过渡期，法律价值系统中的很多其他价值要素都随之发生转变，于是社会处于一种失调的状态，强调法律的秩序价值就彰显了法律的正义。〔2〕孟德斯鸠说过：“一切有权力的人都容易滥用权力，这是万古不易的一条经验。有权

〔1〕［美］E. 博登海默：《法理学——法律哲学与法律方法》，邓正来译，中国政法大学出版社2004年版，第220页。转引自丁延龄：《社会公共利益的法理学探析》，南京师范大学2006年硕士学位论文，第4页。

〔2〕陶广峰等：《构建与创新经济法哲学研究》，中国检察出版社2017年版，第173页。

力的人们使用权力一直到遇到有界限的地方才休止。”[1]国家公权力介入社会经济生活，从而实现国家对社会经济生活秩序的控制和调节，但如果没有经济法，国家公权力必然会肆意扩张，或会吞噬整个市场经济的固有秩序，因此，经济法的秩序价值可以理解为国家干预社会经济生活的界限和限度。[2] 我们认同漆多俊教授将秩序放在经济法价值体系第一层次的看法。人类的社会性及其生存、发展都需要有秩序，有了秩序，社会经济生活能节约很多不必要的成本（虽然维护秩序本身也需要花费成本），法和其他制度规范通过规范人们的行为，来克服陌生人之间的沟槽，建立信任网络。人们希望有效率地生活、生产、劳动，良好的秩序是实现效率的保障，很多时候公平和效率都是寓于秩序背后又一层次的价值。

秩序是关于经济领域和经济生活的秩序，经济法也重在维护社会经济总体结构和运行。在经济秩序下，个体虽然自由，其权利的实现得到了秩序的充分保障，但他的自由却以不得违反这种秩序为前提——损害他人或者公共的自由和权利，都会使他受到来自秩序的惩罚。“要协调个体与团体、与社会之间的矛盾冲突，社会尊重个体，个体服从社会。”从这个角度来看，这体现了经济法不同于民商法的一个方面，它侧重于从社会整体角度来协调和处理个体与社会关系，经济法的秩序与民商法的秩序关注重点很是不同。[3]

（二）经济法的公平价值

公平，拆开来看就是公正和平等。公平最初表达的是等价交换的结果，也隐含着原始的平均主义。柏拉图在《理想国》中讨论了正义（公平）问题：“我们在建立我们这个国家的时候，曾经规定下一条总的原则。我想这条原则或者这一类的某条原则就是正义。”“这条原则就是，每个人必须在国家里执行一种最适合他天性的职务。”[4]在人类社会进入资本主

---

〔1〕［法］孟德斯鸠：《论法的精神》（上），张雁深译，商务印书馆1961年版，第154页。

〔2〕参见陶广峰等：《构建与创新经济法哲学研究》，中国检察出版社2017年版，第175页。

〔3〕参见漆多俊：《经济法基础理论》，武汉大学出版社2000年版，第157页。

〔4〕［古希腊］亚里士多德：《政治学》，吴寿彭译，商务印书馆1965年版，第234页。

义阶段,现代意义上的公平理念才确立起来。罗尔斯对用语制度的正义原则进行了阐述,第一个原则是最大的均等自由,是一种平等下的公平原则;第二个原则是差异原则,即在不平等下的公平:机会的平等,用于收入和财富的分配。公平价值于我国而言也并非"舶来品",《管子》中有载:"天公平而无私,故美恶莫不覆;地公平而无私,故小大莫不载。"《尚书》有"无偏无党,王道荡荡;无党无偏,王道平平;无反无侧,王道正直"。《说文解字》则释义"公"为"平分之,从八从厶。八犹背也。韩非曰:背厶为公"。

常言道,"法平如水"。法律对公平的追求,往往包含两层含义:一是法律面前人人平等,包括了主体地位、机会、分配平等;二是法律订立、运行和实施的结果必须体现着公平价值。法律强调公平;经济法的公平价值则与其他部门法所强调的公平有明显的区别,它既有经济生活的公平,又有社会总体的经济公平。而行政法则重视程序化的公平——追求程序形式正义,民法关注权利的初始分配公平,它要求的是一种资格和机会的平等。经济法将社会整体在市场中的共同利益作为自己的核心,努力实现的是一种结果或实质意义的公平和正义。[1] 社会总体公平并不要求所有的个体与团体之间的绝对公平。"绝对公平是不存在的,静止的公平意味着停滞和落后。"[2] 由于垄断经济造成了不公平,导致了效率的丧失,经济法才得以产生。在一定历史阶段下(当国家与社会的主要任务是恢复经济、发展经济时),政府干预经济实现效率的过程,必然包括对不公平的矫正和对公平的恢复,确保市场经济中的"效率优先,兼顾公平"。当社会经济发展到一定阶段时,人们对公平的注意力会相较于效率更高。

从经济活动的整个过程来看,首先,经济法重视机会公平。例如,它赋予不同性别、种族、地域层次等(不同情况、不同起点)的劳动者以平等就业的权利,也保护了新企业在进入市场时不受具有市场支配地位的大企业的威胁,从而实现了不同市场主体的起点公平。其次,过程公平,又称规则的公平。规则公平要求我们设置统一的竞争规则,通过规定竞争

---

〔1〕 参见穆虹:《经济法价值研究》,山东大学出版社2009年版,第105页。

〔2〕 漆多俊:《经济法基础理论》,武汉大学出版社2000年版,第158页。

的方法、框架,为市场竞争的各方提供胜出的可能性,使竞争行为摆脱无序状态,成为可预期、可信任、有理性的行为。[1] 规则公平往往也体现在机会公平,也就是市场准入规则的公平,但它还包含着公平竞争的市场经济基本要求,也包含着对弱势群体的保护,以不平等求公平结果的公平观尽显。例如,通过反垄断法干预非法垄断,通过消费者法对消费者群体进行倾斜保护。再次,资源的公平,资源是一个含义非常广的概念,人才、时间、智力活动、自然资源、市场信息等都是资源,只要它们满足有限性和可为人所利用性,就可以称为资源。资源公平意味着市场主体在占有、利用各种资源方面公平,资源公平要求资源分配公平,它与机会公平有着同等重要的意义。最后,经济法重视分配公平,即利用国家干预经济的能力,在调整产业结构、均衡收入分配和协调地区发展方面发挥积极作用。但分配公平不等于平均主义,是根据市场和社会发展的需要实行的社会财富的宏观调整。当然,经济法的公平也会出现为了社会总体的公平,允许个别分配不公现象的存在。它承认市场主体在资源、禀赋等方面的差异前提下追求的一种结果上的公平,即实质公平,它承认强势群体的存在,对其可能出现的滥用市场优势地位,限制竞争的行为进行规制,[2] 根据市场主体个人禀性和初始要素的差异,进行权利义务的倾斜性配置,缩小个体之间的差距。简言之,就是基于保护弱者权益的目的对强者的权利进行剥夺与限制,[3] 例如国家对税收杠杆的运用,通过某些不公平来达到社会总体的公平。

此外,我们一直都在讨论的是同代人之间的公平,经济法的公平除了当代人的公平,还包含着代际公平,因此经济法的公平观还存在着一种可持续发展的理念。

(三)经济法的效率价值

效率,是经济学中的一个概念,表示的是商品生产中投入与产出,或成本与收益之间的比例关系。经济法的效率价值主要围绕这两个问

---

〔1〕 参见曹森林、张婷婷:《经济法的公平价值观》,载《商》2013 年第 3 期。

〔2〕 参见曹森林、张婷婷:《经济法的公平价值观》,载《商》2013 年第 3 期。

〔3〕 参见袁波:《经济法实质公平观及其实现》,载《贵阳学院学报(社会科学版)》2013 年第 5 期。

题展开，一是经济法是如何促进经济发展的；二是经济法本身是否是有效率的，因经济法自身的效率会影响到第一个问题。经济因素是法律价值设定和实现的内在根据，而效率作为社会经济发展的目标价值，不仅对经济法的内容产生了影响，以效率为基本评价标准的竞争，虽然促进了社会经济的飞速发展和社会生产力水平的极大提高，但是也促进了竞争的必然结果——经济集中——的产生，经济集中使原有的价值判断标准失去了本应具有的意义，秩序、公平等价值基础被动摇，[1]于是经济法产生。

效率是经济的集中体现和反映，经济法的内在经济属性、经济机制和经济逻辑，都以效率为中心，效率作为社会资源配置的尺度，是经济法制度、功能的评价轴心。[2] 随着法律和经济相互影响的加深，效率作为一种法律价值被导入法学领域。科斯在《社会成本问题》中阐述了法律制度对资源配置的影响。随后发展的法律经济学揭示了效益原理在法律制度和法律安排中的作用：一是效益原理决定着国家是否运用法的手段干预经济生活；二是权利的保护方法也往往是根据效益原理确定的。[3] 穆虹认为，效率是经济法的核心价值追求。经济法是在市场失灵和政府失灵的历史背景下产生，它出现的直接目的就是恢复市场经济秩序、矫正竞争中的不公平，以实现市场的效率为主要目标。国家干预经济活动具有典型的经济性，因此经济法干预经济的行为具有效率的目标追求。另外，经济法的自身完善和发展都需要以效率作为自己的价值目标。效率价值在经济法中更多的是作为社会整体发展的效率来考虑。从国家干预经济的历史中，可以看到效率对经济法的指引作用：经济法一定程度上构成了对私人意思自治的约束，因为它片面地强调了个人效率，破坏了国家的效率。[4] 经济法效率价值的内容，是如何通过国家干预促使社会主体选择符合社会整体经济运行效率要求的效率模式作为其自身的效率模式，通

---

〔1〕 参见陶广峰等：《构建与创新经济法哲学研究》，中国检察出版社 2017 年版，第 151 页。

〔2〕 参见周萍：《经济法》，武汉大学出版社 2016 年版，第 127～128 页。

〔3〕 参见卓泽渊：《法的价值论》，法律出版社 1999 年版，第 203 页。

〔4〕 参见穆虹：《经济法价值研究》，山东大学出版社 2009 年版，第 92～94 页。

过经济法对市场主体行为模式的干预,使市场主体行为符合社会秩序预期。

(四)经济法的公平与效率价值之间的关系

从经济学的角度来看,市场经济最重要的是实现效率价值,因而作为保障市场经济正常运行的经济法似乎应将效率放在第一位。经济法作调节社会经济关系的法律部门,它虽然在保障社会经济秩序上,以实现社会经济效率为目标之一,而且效率与公平也并非总是冲突的,它们在多数时候也是协调一致(尤其是从宏观角度出发,公平往往有助于效率的实现,而不讲究效率的公平最终会走向公平的反面),但如果二者之间发生冲突(正如同某些关于公正和平等的解释,有可能削弱自由和安全),经济法很明显的态度是站在社会弱势主体的一方,如经济法部门中的《劳动法》《消费者权益保护法》《反不正当竞争法》等。以《反不正当竞争法》为例,该法通过给经营者提供公平竞争的基本规则,维护公平竞争的市场秩序,使经营者能够在公平的环境和条件下开展竞争,从而使竞争机制的功能得到有效充分地发挥。经济法的基本制度中绝大多数也体现着经济法的公平价值,例如,保护弱者制度、信息公示制度、社会责任制度等。经济法的社会法本质决定了当经济效率与公平发生冲突时,它首先要考虑的是公平,因为公平对于社会公众来说,是秩序得到保障的一种体现。如果我们认为一个社会是公平的,那么这一评价是相当高的,因为公平社会的实现难度相当大,但如果我们说一个社会经济体制是有效率的,则更多地体现的是相对于某一经济体制,它更利于经济发展。效率可以是一种客观事实,我们通过数字可以直接看到它的变化,这时的我们可能更多的是冷眼旁观,因为对制度保障的效率实现,个体很难拥有像对公平的感知那样,去带有某种情感、情绪地来试图评价。虽然个体这种评价对社会的进步起不了什么作用,但经济法却必须重视这种评价,这是公众对法律制定效果的看法,它会直接影响经济法的改进和发展方向。从客观角度来看,经济法在面临公平与效率的价值冲突问题时,法律的制定者往往会站在公平的角度出发,但这并不违反经济学的原理,也不是不尊重经济发展的客观规律,而是对于法律、政策的决策者而言,他们必须考虑在任期内社会公众对政策实施效果的反馈意见。

从现实角度来看,虽然过去的几十年,我们在市场经济发展中追求的是以效率为先,兼顾公平。通过充分发挥市场调节的基础性作用,允许一部分地区、一部分个人通过诚实劳动和合法经营先富起来;在此基础之上,通过国家宏观调控,通过分配政策和税收政策,依法保护合法收入,取缔非法收入,尽可能地实现社会公平,保持社会稳定。这是我国社会主义市场经济建立发展初期的必然选择,当我国的社会主义市场经济发展趋向成熟之时,经济发展的速度和步调可以适当放缓,同时有必要回过头来对经济飞速发展时期中的遗留问题进行审视和反思,关注经济发展的社会共享效果,将公平作为经济发展效果的检验标准。十九届四中全会指出了我国三大基本经济制度:除了以公有制为主体,多种所有制经济共同发展基本经济制度外,按劳分配为主体,多种分配方式并存和社会主义市场经济体制上升为我国的基本经济制度。[1] 这三项基本经济制度,既反映了我国社会主义市场经济的基本特征,也是新时代下经济与社会发展对经济法提出的基本要求,是经济法指引我国市场经济发展和经济法自身完善的主要任务。在过去的几十年,我国经济发展一直追求的是效率为先,经济法调节经济分配的方式也秉承着“效率优先,兼顾公平”的原则,十九届四中全会对基本经济制度的创新给我们发出了一个信号,我们应放慢追求经济全速高效发展的效率目标,逐渐将促进经济发展的重心放在公平(尤其是分配公平)的目标上。我们认为,公平与效率这一对曾经在历史长河中螺旋上升的此消彼长而又相互交融的价值,在市场经济已成熟的新时期,公平应逐渐放在效率之先。

从发展趋势来看,公平问题的价值权重在逐渐增加,中国经济法目前的效率与公平价值选择逐渐向公平倾斜,其发展趋势是“公平与效率的并重”,中国经济法将致力于谋求公平与效率的辩证统一。发展是硬道理,经济发展的效率仍然是我国经济改革中的重要价值选择,自然也是经济法治的核心价值追求之一。发展是硬道理,但社会的公平与和谐也是硬道理,在社会财富急剧增长的过程中,利益阶层与弱势群体同时出现,贫富分化严重,社会矛盾凸显,在这样的社会条件下,如何维护社会公平,照

---

〔1〕 参见《重要创新！十九届四中全会对基本经济制度做了新的部署》,载中国网,http://guoqing.china.com.cn/2019zgxg/2019-11/01/content_75363575.html2019-11-1/2020-9-21。

顾改革开放中受益不多甚至是牺牲者的利益,是维护社会安定,保证持续发展的重要现实课题。从经济法的角度来看,谋求效率与公平的统一,就是要发挥平衡协调原则的作用,在经济立法的立法目标、价值取向上深刻地贯彻效率与公平相统一的思想,在经济立法中,努力平衡协调城乡之间、地区之间、阶层之间等不同方面的利益关系。

总之,在面临效率与公平之间的冲突时,我们要以发展的眼光来客观看待这一问题,正如柯武刚与史漫飞、贝彼得所说:冲突是可以被缓和的,甚至还能被转化为互补性……各种基本价值之间存在复杂的相互依存关系,有时不同价值之间会具有互补性。在实现一种基本意愿的进步,也会促进另一种意愿的实现。[1]

另外,读者可能发现我们没有将正义放入经济法的基本价值体系中,因为我们认为经济法的正义直接体现在公平和效率的结果上。正义价值是对所有法的要求,一部法律被如何评价,通常以其是否代表正义有关。正义的内涵和层次很丰富,经济法偏重关注实质正义,因为经济法的产生、发展和发挥作用的历史原因和主客观因素决定了经济法只能在一定层面上实现正义。[2]

(五)我国经济法具备人民性

我国经济法具备人民性价值特征、属性,经济法的人民性是指我国的经济法律制度、法律规则能反映人民群众的基本利益、情感和愿望,满足人民群众的基本需求,它的基本要义是促进人民群众的福利。它以追求消费者福利最大化为目标,通过法律制度的形式保障我国社会主义市场经济在生产、分配、交换、消费的各个环节中可以有序、健康发展,以此来满足消费者需求,从而促进人民群众生活水平的提高,真正做到以人民群众的利益为经济发展的首要任务,实现人民群众对美好生活的向往。党的十九届六中全会指出,党坚持改革正确方向,以促进社会公平正义、增进人民福祉为出发点和落脚点,既是我国经济建设的宝贵经验,也是对经济法人民性的深刻总结。

---

〔1〕 参见[澳]柯武刚、[德]史漫飞、[美]贝彼得:《制度经济学——财产、竞争、政策》,帕克、韩朝华译,商务印书馆2018年版,第89~94页。

〔2〕 参见穆虹:《经济法价值研究》,山东大学出版社2009年版,第90页。

1. 人民性是我国经济法的特有属性

我国经济法与其他国家经济法最基本的区别在于属性不同，我国经济法具备人民属性，人民性是我国经济法所特有的，这一特性可以从我国经济法与其他国家的经济法的主要区别来感知：其一，在立法初衷上，我国经济法设立之初面临的首要问题是人民群众的温饱问题，在此基础上去保障人民群众正常的经济生活秩序，促进人民群众物质生活水平的提升；而西方国家经济法设立的最初目的是解决产品过剩，其实质旨在减少资产阶级的利益损失。马克思对法的解释是，法是国家统治阶级进行阶级统治的工具，因此包括经济法在内的所有法皆反映的是统治阶级的意志，中华人民共和国是人民民主专政的社会主义国家，人民是国家的主人，我国经济法体现的是人民的意志，反映的是人民的愿望和诉求。因此，人民性在我国经济法诞生之初就扎根其中，是我国经济法的特有属性，也是我国经济法区别于其他国家经济法的首要表现。

其二，在出台背景方面，我国经济法的诞生以十一届三中全会为背景，要解决的是当时我国面临的产品短缺问题，从而满足人民群众的基本物质生活需要，追求的是保障人民群众的基本利益。我国的改革开放全面深化于经济领域，对内的市场经济体制改革和对外的市场开放均以满足人民群众的需求为目的。国家以经济法的形式将经济改革成果法律化，因此我国经济法在诞生之时就契合了要解决社会主义初级阶段的基本矛盾的任务。1987 年中国共产党第十三次全国代表大会提出了一个中心，两个基本点的基本路线。坚持四项基本原则和坚持改革开放的两个基本点。对内，我们以经济建设为中心，坚持四项基本原则，全面深化改革；对外，积极扩大经济交往，但要注意的是开放是有限的开放，开放的目的是有利于我国民生。我国的改革开放旨在解决人民物质需求问题、提升 GDP，是人民性的充分体现；而其他国家，尤其是西方国家的经济法通常是因产品过剩、经济萧条而来的国家干预。经济法产生的背景决定了它的使命不同，我国经济法的人民性直接源于它诞生时所肩负的保障人民群众基本物质生活需要的重要使命。

2. 我国经济法人民性的核心是对消费者福利最大化的追求

在福利经济学中，消费者福利与消费者剩余是两个完全不同的概念，消费者福利包括了消费者剩余，是消费者能从商品（服务）中获得的满足。

纵观社会生产的全过程，可以发现社会生产的最终目的就是满足人的需求，人的需求表现在市场上就是消费者的消费需求。消费者的消费需求能得到满足是评价生产、交换、分配三环节所能提供产品（服务）质与量的准绳，生产、交换和分配的最终目标是消费。经济法要维护企业之间公平而自由的竞争秩序，消费者是最终的受益人，消费者福利最大化是经济法制度运行的衡量标准。

我国经济法人民性的核心表现是经济法要促进消费者福利最大化。人民是一个集体概念，带有政治属性，消费者则是相对于产品（服务）的生产者和销售者而言的个体概念。两个概念虽然处于不同的维度，但我国经济法却能通过保障消费者利益来促进人民群众福利，将这两个不同维度的概念糅合在一起。具体而言，我国经济法的制度、规则使得市场上的生产者和销售者在生产、销售产品（服务）时不得不去考虑消费者的利益，通过公平竞争的市场规则来自然淘汰不利于消费者利益的市场主体。我国经济法从社会经济的生产、交换、分配和消费的各个方面来确保消费者的基本需求得到满足，对产品（服务）的体验得到改善，所处的客观环境得到提升，并以此推动社会整体的进步，增进人民群众的福祉。

3. 人民性是贯穿我国经济法治的理论自觉

人民性贯穿我国经济法，我国经济法无论是纵向发展历程，还是横向整体组成均体现着促进人民福利的理论自觉。以纵向来看，其他国家经济法诞生的目的是帮助政府来协调竞争关系，减少资本家的经济损失，也间接减少消费者福利损失，消除经济危机下消费者的不满情绪。我国经济法则更侧重于对市场上处于相对弱势群体的扶持，以维护实质公平的竞争秩序。在平衡国家与消费者、商品或服务供应者与消费者的经济利益时，经济法的价值天秤明显向着消费者倾斜，这是因为最终为国家平衡协调行为与结果买单的是消费者，而人民是消费者的主体，国家的权力来源于人民，其行为与结果也必然以人民利益为先。从我国经济法发展历程来看，我国经济法面临的任务已从诞生之初的解决“人民日益增长的物质文化需要同落后的社会生产之间的矛盾”转变为解决“人民日益增长的美好生活需要和不平衡、不充分的发展之间的矛盾”。我国经济法在发展进程中始终保持着人民性的理论自觉，以确保人民群众能共享经济进步的成果。

以横向来看,我国经济法由宏观调控法和市场规制法两部分组成,其中宏观调控法是通过间接的方式来调控宏观层面的经济关系,市场规制法是通过相对直接的方式来调节微观层面的经济关系。从宏观调控的角度来看,宏观调控主要作用于财政、税收、金融等领域,目的在于稳定物价、保障就业、经济增长和国际收支平衡。例如,通过财政转移支付、加大预算投入的民生比例、发展农村普惠金融等方式保障经济公共利益。当经济公共利益有了经济法的保驾护航,也就意味着人民群众对美好生活的向往得到了法律制度的保障。人民能通过自己劳动换来合理的收入,而这份收入能购买到其需要的产品(服务),满足其消费需求——这是我国经济法所要实现我国市场经济有序运行的最基本局面。从微观规制的角度来看,我国经济法通过规制具体市场主体的行为来平衡市场主体之间的经济利益关系,协调市场主体当前和未来的长期利益。反垄断法和竞争法帮助中小企业解决发展难题、增强竞争活力,同时间接保证了人民群众的就业机会;消费者权益法、广告法、产品质量法、食品安全法等则是主要维护在市场上处于相对弱势的消费者利益。这些具体的市场规制法皆是在各自的领域通过对市场主体经济利益的调节来确保消费者当前的需求得到满足,同时兼顾人民未来消费的长远利益。

4. 人民性是当前及未来我国经济法应保持的基本属性

人民性是我国经济法的基本属性之一,也是我国经济法与其他国家经济法最本质的区别。经济法促进消费者福利,从根本上讲就是要在经济立法、执法、司法上都体现该原则,保障人民群众的基本利益,反映人民群众的基本意愿、满足人民群众的基本诉求。人民性是当前及未来我国经济法应保持的基本属性,是在我国共产党领导下的经济法治理论自觉、和制度自信,也是我国经济法自我更新和发展的动力来源。

2020 年,中央政治局会议提出"构建国内国际双循环相互促进的新发展格局",党的十九届五中全会通过的《中共中央关于制定国民经济和社会发展第十四个五年规划和二〇三五年远景目标的建议》中也指出要"促进国内国际双循环"。双循环要培育国内国外两方面市场,就必须尊重国内国际消费者的需求。我国的经济增长既要有"量"的表现,又要有"质"的突破。目前,我国确保经济增长"量"的侧重点在于拉动内需,即进一步刺激国内市场的深度开拓与发展。拉动内需的核心是拉动消费,消费问题的核心是确保人民有能力高质量地消费。何谓高质量的消费?人民群众对物质生活的要求在不断提升,这是消费质量提升的方向,而国际循环则是对经济增长的"质"的要求,通过将我国技术、产品放在国际市场上去参与竞争,倒逼国内企业不断学习、技术创新,进而提升我国产品的国际竞争力,这是人民消费质量提升的重要参照系。促进双循环体系就是对人民群众消费的"量"和"质"提出了新的要求,当前,我国的经济发展正处于"增长速度'换挡期'、结构调整'阵痛期'、前期刺激政策消化期",党的十九届六中全会将保护广大劳动者和消费者权益作为经济建设中的宝贵经验,劳动者和消费者是人民在经济领域最广泛的代表,保护劳动者和消费者的权益是我国经济法永恒的主题,是我国社会主义市场经济发展的基础性目标,也是激发人民首创精神的重要制度保障。我国经济法是我国社会主义市场经济发展的制度保障,因此,我国经济法在当前及未来的发展中应继续保持促进人民群众福利的优秀品质,以全面应对新时代下人民群众消费"量"与"质"的新要求。

第三节　经济法原则下的经济法理念

经济法的基本原则是在经济法的立法和具体适用中所应当遵循的准则。它是经济法精神和价值的反映,是经济法宗旨和本质的具体体现。[1] 从经济法原则的地位和意义来看,它与经济法的理念有很多相同之处,经济法原则可以说是经济法理念的具体表现。那么,应如何区分经济法理念与经济法原则呢?这个问题还是应回到法的理念与法的原则的关系中去探求。

一、经济法的理念

(一)法律理念

法律理念是什么?它排在法律规则、法律原则的顶端,含理想信仰之义,是人们对某种理想目标模式及其实现的基本途径和方式的一种信仰、期待和追求,[2] 是法理体系的最高范畴,是这些规则和原则最终指向的

---

[1] 参见刘文华:《经济法》,中国人民大学出版社2017年版,第56页。

[2] 参见漆多俊:《经济法基础理论》,武汉大学出版社2000年版,第158页。

东西,经济法的概念、本质、精神、原则等范畴都是在经济法理念的涵摄之下。[1] 一定程度上可以说是比抽象的原理更抽象的法的精神。

从词源看,理念原意是指见到的东西,即形象。目前学界普遍认为"理念"一词是由日本人引进的德语 Idee 经由翻译而来,意指观念或思想。柏拉图在其创立的理念论中剔除了该词的感性色彩,指理智的对象,理解到的东西。"他认为,善的理念是理念世界的顶峰、最高的本体,认识只不过是对理念的回忆。"[2] 康德认为,理念是指理性所产生的概念,是理性应当追求的东西。黑格尔将理念看作是世界的本质,是理性构成世界的元素。他将法与理念结合起来,提出了"法的理念"这一专门术语,并给它下了简单的定义:"法的理念,即法的概念及其现实化",[3] 更是直接指出"法的理念是自由。"[4] 英国法学家罗伊德(Dennis Lloy)在《法律的理念》中强调了法的理念的意义。[5] 杨紫烜认为法的理念是人们关于法的宗旨及其实现途径的基本观念。[6] 史尚宽认为,法律之理念,谓法律应如何者,[7] 即法律理念是用来对法的普遍原理、原则、方法、方案和模型指导法律实践。施塔姆勒(Eudof Atammler)认为,法律理念是正义的实现,正义要求所有法律努力都应指向实现当时当地条件下所有可能实现的有关社会生活的最完美的和谐。史际春认为法的理念是指对法的应然规定性的、理性的、基本的认识和追求:从学术角度看,是法及其适用的最高原理;从实践看,是社会成员及立法、执法或司法者对法的基本立场、

---

[1] 参见李昌麒主编:《经济法理念研究》,法律出版社 2009 年版,第 11 页。

[2] 李双元、徐国建:《国际民商新秩序的理论建构　国际私法的重新定位与功能转换》,武汉大学出版社 2016 年版,第 15 页。

[3] [德]黑格尔:《法哲学原理》,范扬、张企泰译,商务印书馆 1961 年版,第 1 页。

[4] 参见[德]黑格尔:《法哲学原理》,范扬、张企泰译,商务印书馆 1961 年版,第 36 页。

[5] 参见李双元等:《法律理念及其现代化取向》,载《湖南政法管理干部学院学报》1999 年第 1 期。

[6] 参见杨紫烜主编:《经济法》,北京大学出版社、高等教育出版社 2006 年版,第 52 页。

[7] 参见史尚宽:《法律之理念与经验主义法学之综合》,载刁荣华主编:《中西法律思想论集》,台北,汉林出版社 1984 年版,第 263 页。

态度、倾向和最高行为准则。[1] 李双元认为,法律理念是对法律的本质及其发展规律的宏观的、整体的理性认知、把握和建构。[2] 江山认为,法的理念是具体法形态的内在,同时也是法之本体的存在,[3]他将法的理念理解为法律所追求的价值目标。姚建宗认为,法的理念就是公平和正义,“法之存在与运行、法之意义与价值,都导源于公正这一法理念”。[4] 刘作翔认为,“法律理念乃是指对一种法律目标指向的实现”。[5] 杨洁认为,“理念”是指一种理想的、永恒的、精神性的普遍范型,它是从纯文化、纯精神的角度对事物本质所做的高度抽象和概括,是一种高度抽象的理性的认知或观念。[6]

法的理念是法追求的价值目标或者关于法应该是什么样的理想,它虽然不会直接明确地出现在法律条文中,但是却是全部法律内容所指向的总精神。实定法的制定和实施,往往包含有一定阶级关于法的理念,如正义、自由、平等就是代表反封建的资产阶级的古典自然法学派追求的法的理念,法的理念讲的是应然的法,它往往是针对现实法律制度的不合理性而提出的,是法学家心目中理想的法,是法学家用来评判实定法优劣的理想性标准。[7] 严存指出法律理念是人类把握法的最高形式,它凝聚着人们对法的全部知识和终极寄托。

可以看出,法律理念是一个具有多维度内涵的法学概念,李昌麒将法律理念表述为“是人们在法律实践中通过理性能力所把握到的法的内在精神和普遍范型……法的内在精神成为人们为自己的法律生活所确立的

[1] 参见史际春、李青山:《论经济法的理念》,载《华东政法学院学报》2003 年第 2 期。

[2] 参见李双元等:《法律理念及其现代化取向》,载《湖南政法管理干部学院学报》1999 年第 1 期。

[3] 参见江山:《中国法理念》,中国地质大学出版社 1989 年版,第 2 页。

[4] 姚建宗:《法哲学批判与批判的法哲学——对法哲学科学本性的一种理解》,载《吉林大学社会科学学报》1998 年第 1 期。

[5] 刘作翔:《法律的理想与法治理论》,西北工业大学出版社 1995 年版,第 27 ~ 28 页。

[6] 参见杨洁:《经济法的价值理念》,载《法制与社会》2015 年第 7 期。

[7] 参见孙国华:《中华法学大辞典 · 法理学卷》,中国检察出版社 1997 年版,第 548 页。

最高价值目标，法的普遍范型成为人们指导自身法律生活的基本原则。一言以蔽之，法律理念涵括了法律的本质、本源、运行、本位、精神、目的、价值、方法等多个要素”。[1]

（二）经济法的理念

我国学者对经济法的理念提出了不同角度的见解。程信和认为经济法已形成具有自己特色的一系列基本理念，如实质公平、社会整体利益、国家适度干预、经济安全等，但他也指出随着社会的进步和现实的需要，经济法的理念需要及时更新，将科学发展观作为其基本理念。[2] 杨紫烜认为，经济法理念可概括为经济法的宗旨及其实现途径，其基本内容是对本国经济运行依法进行国家协调（她认为协调的第一种含义是“配合适宜”），实现经济法主体利益的协调发展。[3] 徐孟洲认为，以人为本是经济法的核心理念，平衡协调则是经济法的标志性理念，社会责任本位是经济法的强制性理念。[4] 漆多俊认为，经济法的理念是人们关于借助于此法可以实现理想的社会经济生活目标模式的一种信念。[5] 李昌麒认为，经济法理念是现代国家在依法适度干预经济的基本法律形式，[6]同时他总结出经济法理念包括了经济法的人本主义理念、实质正义理念、社会本位理念、可持续发展理念、适度干预理念。史际春、李青山认为，经济法的理念是人们对经济法应然规定性的理性、基本的认识和追求，是经济法及其适用的最高原理。他们认为经济法的理念是经济社会化条件下的实质公平正义，核心内容是社会整体经济利益的实现。[7] 王保树认为，经济

---

〔1〕 李昌麒主编：《经济法理念研究》，法律出版社2009年版，第22页。

〔2〕 参见程信和、李挚萍：《可持续发展——经济法理念的更新和制度的创新》，载《学术研究》2001年第2期。

〔3〕 参见杨紫烜主编：《经济法》，北京大学出版社，高等教育出版社2006年版，第54页。

〔4〕 参见徐孟洲：《论中国经济法的客观基础和人文理念》，载《法学杂志》2004年第4期。

〔5〕 参见漆多俊：《经济法价值、理念与原则》，载《经济法论丛》1999年第2期。

〔6〕 参见李昌麒主编：《经济法理念研究》，法律出版社2009年版，第22页。

〔7〕 参见史际春、李青山：《论经济法的理念》，载《华东政法学院学报》2003年第2期。

法的理念是“关于经济法现象的全体的本质的和内在联系的抽象概括”。[1] 单飞跃则认为经济法的理念主要有自由（市场竞争自由和经济政策民主）、公平（规则公平、信息公平和分配公平）和安全（宏观经济安全和发展安全）、发展（持续发展、公平发展和快速发展）理念。[2] 王琦认为，经济法的理念是政府对经济的有限干预。[3] 昝淑珍将社会整体利益、政府有限干预、经济发展和经济安全作为经济法的基本理念。[4] 顾功耘认为，社会整体利益观是我国经济法的核心价值和基本理念。[5] 可以看出，经济学者在对经济法理念的具体内涵的认知上见仁见智。我们认为，经济法的理念是以社会为本位，立足于整体利益，促进社会经济稳定、协调发展。与其他国家相比，我国缺乏民法传统，私人财产权不发达，维护民法及其意思自治的存在和发展有着重要意义，然而离开了经济法的民法，就只能是脱离实际生活且无法实现其价值目标的。对于市场经济下的中国而言，理性地把握好自由与秩序、个别与整体的平衡度，具有重要的现实意义和理论价值。[6]

经济法理念比其他部门法的法律理念更突出地体现了整个法律理念的社会化新时代特征。人们通过经济法理念可实现经济生活的目标[7]。经济法理念具有三个特征：首先是经济法理念的理性。经济法理念是理性的产物，从康德对理念的论述中，可以得知理念是属于理性的范畴。经济法理念的理性，是认识经济法本质和发展的法则，它作为普遍的概念，“不是呈现在表面上的各种形态和偶然性，而是自然的永恒和谐，即自然界的内在规律和本质”。[8] 经济法理念的理性表现不是偶然的，是经济

---

[1] 王保树：《关于经济法概念的考察》，载《经济法论丛》1999 年第 2 期。

[2] 参见单飞跃：《经济法理念与范畴的解析》，中国检察出版社 2002 年版，第 3～22 页。

[3] 参见王琦：《中国经济法基础理论反思——兼论经济法基本理念的形成》，载《吉林大学社会科学学报》2000 年第 3 期。

[4] 参见昝淑珍：《论经济法理念缺失与对策》，载《政治与法律》2003 年第 5 期。

[5] 参见顾功耘：《略论经济法的理念、基本原则与和谐社会的构建》，载《法学》2007 年第 3 期。

[6] 参见刘文华：《经济法》，中国人民大学出版社 2017 年版，第 9 页。

[7] 参见漆多俊：《经济法基础理论》，武汉大学出版社 2000 年版，第 163 页。

[8] 张世英：《黑格尔辞典》，吉林人民出版社 1991 年版，第 639 页。

法管理经济事务的内在规律和本质。其次,经济法理念具有客观性特征。虽然"理念"一词偏于主观化,是人们对经济法存在形态和根本意图的本原性概括,是人类对人类活动(经济活动)和人与人之间关系(主要是经济关系)的总精神的把握,但是它仍然具有一定的客观性,我们对它的认知是基于对人类经济活动的客观存在的观察,在客观事实之上对如何实现效率和秩序进行思考。辩证唯物主义认为,世界的本源是物质的,物质是第一性,意识是第二性的;社会存在决定了社会意识,经济法理念是客观经济关系在法律上的反映。"如果经济法理念离开了客观经济关系,它的理性认识就成了无源之水、无本之木,成了纯粹主观自生的东西。"〔1〕最后,经济法的理念具有辩证发展性,发展是指事物由小到大、由简单到复杂、由低级到高级、由旧质到新质的变化过程。唯物辩证法认为世界上的事物都是发展的。事物发展的根本原因,在于事物内部矛盾双方的统一和斗争;事物的外部矛盾是事物发展的第二位的原因,通过内部矛盾而起作用。事物的发展表现为量变和质变的辩证统一。〔2〕经济法的理念是社会经济实践发展到一定历史阶段的产物,经济法的理念随着社会经济的发展和人们在不同历史阶段对经济社会价值追求的不同而变化、发展。

但是我国对法理念的探讨是最近20多年的事情,经济法的价值与理念的研究更晚,所以学者评价存在先天不足之症,我国在步入社会主义市场经济体制之后,立法理念备受西方法律思想的冲击,走进了一个立法大爆炸的时代,各项经济活动立法乱象纷呈,立法实践中的经济法理念杂乱不定,"精神游离"和"理念缺失"是当时经济法实践中暴露出的最直接的问题。〔3〕尽管如此,我国经济法却在这短短几十年中得到了突飞猛进的成长,经济法的价值与理念的研究在反思和批判中得到发展。

二、经济法理念与经济法原则的关系

社会主义市场经济之经济法学,既要维护整个社会范围内的经济秩序,实现整体社会效益的增加和国家对经济生活的意志,又要保障市场主

---

〔1〕 顾肖荣:《经济法的理念与运作》,上海人民出版社2005年版,第8页。

〔2〕 参见刘炳瑛主编:《马克思主义原理辞典》,浙江人民出版社1988年版,第847页。

〔3〕 参见冯果:《经济法的价值理念论纲》,载《经济法研究》2014年第2期。

体的交易行为及决策的独立和自由，即民法范围内的当事人意思自治。[1] 当我们把经济法的理念理解为指导经济法制定与运用的最高原理时，它实际上可等同于经济法原则，例如平衡协调原则是经济法的核心价值理念之一，也是经济法的重要原则；[2] 学者认为，维护公平竞争原则是经济法反映社会化市场经济之内在要求和理念的一项核心的、基础性的原则。[3] 但是经济法理念不仅仅是经济法原则，它还有本体论、认识论和价值论等方面的含义，[4] 在这些方面，经济法的理念与原则虽有明显可知的差别，但却有共通之处。就价值论而言，价值和理念的目标包含秩序、效率、公平和正义等内容，经济法原则的确立需要顾及这些方面。在法的价值体系链中，法尤为关注的是效率与公平这两个环节，因此经济法原则应抓住效率与公平两个中心环节，[5] 作为经济法实践中具有明确准则性或导向性地观察和处理经济法问题的准绳，经济法原则相对于经济法理念要更接近实际。

经济法的价值理念体现在社会经济活动的各个方面，在经济发展的过程中起着重要的引导作用，而基本原则渗透在经济活动的每个过程中，对经济的发展起着一定的规范约束作用。经济法的价值理念和基本原则是密切联系、相辅相成、彼此影响的两个经济法基础。经济法的价值理念较为抽象，不易理解和总结，而经济法的基本原则较为具体，是在经济法观念和经济法价值的指引下要求经济法主体在经济法关系中应该遵循的某一稳定的、抽象的准则，其中也能反映出经济法的价值理念。例如，可持续发展价值理念的实现，要求经济法平衡协调域内的、域际的实质正义，代内公平和代际公平；可持续发展价值理念的实现，要求经济法协调处理社会发展、经济发展、生态可持续发展和人的可持续发展之间的关系，要求协调人、社会与自然的冲突关系。[6] 经济法的基本原则是经济法在调整特定的经济社会关系时所应遵循的基本准则。由于经济法理念

---

[1] 参见刘文华：《经济法》，中国人民大学出版社2017年版，第10页。

[2] 参见黎艳阳、黄海鹰：《经济法实训教程》，东北财经大学出版社1970年版。

[3] 参见史际春、邓峰：《经济法总论》，法律出版社1998年版，第168页。

[4] 参见李昌麒主编：《经济法理念研究》，法律出版社2009年版，第25页。

[5] 参见漆多俊：《经济法基础理论》，武汉大学出版社2000年版，第172页。

[6] 参见黎艳阳、黄海鹰：《经济法实训教程》，东北财经大学出版社1970年版。

的最高统帅和终极指引作用，经济法的价值是在经济法理念的下一位阶的取向和追求，是经济法理念的第一次具体化，[1]经济法的价值理念和基本原则相互补充、相互发展，一同构成了经济法发展的主要内容，为我国经济的发展指明了方向和动力，促进经济法的不断完善和发展。[2]

三、经济法原则所指向的法的理念

我们认为经济法的四大原则——经济发展的责权利效相统一原则、发展中国特色的公平竞争原则、经济与法治平衡协调原则和消费者福利最大化原则均体现了经济民主、保障有序发展和经济公共利益的基本理念。

(一)经济法的基本理念之一是经济民主

"民主"源于公元前5世纪希腊的"Demokratia"一词，历史学家希罗多德最早使用。它由代表人民、地区的"Demos"和代表权力、统治的"Kratos"组成，意味着由人民掌握权力并实施统治的政治制度，简称人民主权。民主本是一个政治概念，用来表示一种政治思潮、制度或体制。然而在现代，民主意味着一个更为广阔的由所有公民参与社会力量的操作系统，社会力量的完整内涵还应包括经济力量，只有政治力量和经济力量都实现民主化，我们才真正拥有民主这一为人类而设计的社会结构。

经济民主是经济民主化的产物。所谓经济民主化是指民主由政治领域跨入经济领域，或者说经济领域引入政治领域的民主机制。民主之所以能够进入经济领域，是因为民主内含有促进经济增长的积极因素，即民主是一种有效的社会组织方式，是一种能发掘人的潜力的最好手段，其价值观具有鼓动自由和充分的交流，通过达成共识以解决冲突，尊重人的需求和个性等内容。但何为经济民主，人们很难给出一个简要的定义。《新帕尔格雷夫经济学大辞典》只有"经济自由""社会民主"的词条，而没有"经济民主"的词条，这也说明"经济民主"是一个至今尚无定论的概念。美国学者乔－萨托利认为，"经济民主所关心或反映的便是财富的平等"，"它的政策目标是重新分配财富并使经济机会与条件平等化"，"是政治

---

〔1〕参见姜方利：《经济法理念若干问题探讨》，载《湘潭师范学院学报（社会科学版）》2005年第4期。

〔2〕参见管仲：《经济法的价值理念和基本原则》，载《产业创新研究》2018年第8期。

民主的一个补充,也可以是政治民主的简单扩大"。有时经济民主也指"劳动者对经济的控制","是由经济生产过程控制权的平等构成的"。日本学者金泽良雄认为,经济民主"是谋求在构成市场的事业者之间实现经济机会均等和经济平等"。我国学者王慎之认为,"所谓经济民主,不过是人们在一定的经济关系中享有的某种自主的权利,是人处于主人的地位分享经济利益"。王保树认为,经济民主"是发生在经济领域的民主","是相对经济集中(包括经济管理的集中和市场上的集中)而言的,它所强调的是企业法人和自然人的合法权利的保护"。

鉴于经济民主是民主由政治领域向经济领域跨越的结果,笔者认为,要界定经济民主,必须首先明确民主在政治领域的基本理念。在政治领域,民主的基本内涵是:在同一共同体中,"少数服从多数,并保护少数"。其中,"少数服从多数"建立在自由表达意见的基础上;"保护少数"意味着平等对待;无论是"少数服从多数",还是"保护少数",都是为了实现共同体成员的共同利益和相互依存的各自利益。简言之,就是追求共生。因此,自由、平等和共生是民主的三大基本理念。

首先,自由是民主的积极方面,体现着民主化的程度。民主化程度越高,自由的享有就越充分。人们期望民主,是因为人们追求自由,民主是维护与获取自由的一种文明而有效率的途径。为了自由的维护和获取,人们应尽可能去建设民主;而为了民主的有效运作,人们又需以一定的自由为基础,并希冀更多的自由。其次,平等是民主的消极方面,它说明自由并不是不受限制的,在享受自由的时候不得牺牲他人的平等。政治民主主要局限于政治和法律上的平等,社会民主强调的是地位平等,经济民主所关心或反映的是财富的平等。"经济民主所可能带来的经济上的平等为集体的每一个成员在表达意愿和要求的机会和能力方面实现平等创造了条件,提供了保证。"最后,共生是民主的出发点和归宿,它统摄着自由和平等。生物学意义上的共生,是指不同种属按某种物质联系而生活在一起。而从一般意义上说,共生是指共生单元之间在一定的环境中按某种模式形成的相互依存关系。没有共生,就没有共同体,民主也就失去了前提。共同体中自由程度和平等程度的控制,以及自由与平等关系的处理,都应当以更有利于共生为准则。为了形成共生的环境,"民主化不应仅仅理解为权利的民主化,而且应理解为义务、责任和一切物质后果的承担方面的民主化”。

“垄断形式是不民主的,因为它们在冲击着较小的竞争者,冲击着它们所服务的人民。”这需要相应法律如反垄断法、反不正当竞争法、消费者权益保护法等予以规制,以维护自由、平等和共生。运用反垄断法来实现经济民主的设想,源于罗斯福1938年提交议会的反垄断咨文。该咨文强调:对经济力过度集中置之不顾,是对美国传统民主的破坏。为确保政治和经济两方面的民主,必须排除经济力的集中,活跃竞争。

基于民主的自由、平等和共生理念,经济民主的基本内涵至少应当包括以下要点:

第一,市场主体自主。市场主体包括投资者、经营者、劳动者、消费者。在现代市场经济中,它们处于主人的地位,享有自主的权利。所谓自主,指市场主体在市场上能够充分地表达自身的意愿、要求和行动指向,即各个市场主体相对于交易对象、竞争对手、规制主体和调控主体,能够根据市场信息和预期在法律允许的范围内作出自由选择而不受相关主体的限制,主要表现为投资自由、交易与竞争自由、就业自由和劳动参与、消费者主权。就实现企业的自主而言,一方面需要国家积极地为企业提供开业的平等权利,保障企业之间无论大小、强弱都平等地拥有参与经济活动的机会;另一方面需要国家尽可能减少行政权力对微观经济生活的不当控制,给企业以自由生存的空间。

第二,利益共享。在一定意义上,经济民主就是使各个利益主体都能从利益共同体中平等地享有经济发展的机会、财富、权力(利)的利益配置机制。利益共享关系既存在于当事人之间,也存在于当事人与相关人之间;既存在于当代人之间,也存在于当代人与后代人之间;既存在于一个企业、地区、产业内部,也存在于不同企业、地区、产业之间;等等。利益共享需要通过民主的利益配置机制来实现。在现代市场经济体制中,利益配置机制包括市场配置和政府配置两种层次。经济民主要求这两种配置机制以各利益主体平等地享有利益为目标,为追求共同富裕、共同发展而相互配合。

第三,合作参与。在现代市场经济体制中,利益相关主体之间一方面由于实力、地位等因素的差别而实际存在诸如劳资对立、区域冲突等利益矛盾;另一方面由于置身同一利益共同体而需要相互依存。这就要求各利益主体为缓解利益矛盾而合作。在很多场合,合作是通过共同参与,特别是弱势一方的参与来实现的。如劳动者对企业管理与利润分配的参与,消费者和经营者对政府定价行为的听证参与,消费者、债权人等利益相关者对公司治理结构的参与。正如美国学者路易斯·凯尔萨和帕特里西亚·凯尔萨所说,“民主意味着一个更为广阔的由所有公民参与社会力量操作的系统”。“如果政治民主规定并要求所有公民具有参与政治过程的权力,那样经济民主则授予所有个人与家庭(消费者单位)参与经济过程的权力,即生产物品及提供服务并且获取因此而挣得的收入。”

第四,结构均衡。经济领域的结构均衡,可以从所有制结构均衡、主体结构均衡、资源配置机制结构均衡等多个层面来理解,其实质是多元经济利益的协调、多元发展机会的均等、多元控制机制的并存。在一定意义上,经济民主是发展、公平与安全的均衡,市场机制与政府干预的均衡,国家利益、社会利益和个人利益的均衡,授权与控权的均衡,公权与私权的均衡,权利与义务(责任)的均衡,利润最大化与社会责任的均衡,等等。经济领域实现结构均衡,既是经济民主的内容和目标,也是经济民主实现的条件。

中国作为发展中大国,由于历史、自然等多方面原因,在国有经济与非国有经济之间、城乡之间、区域之间、产业之间、大中小企业之间、大中小股东之间等,存在严重的失衡现象。矫正这些失衡现象,并在它们之间保持必要的张力,才可能形成一个有助于实现市场主体自主、利益共享、合作参与的宏观环境。在现代市场经济中,民商法和经济法是经济民主赖以实现的主要法律部门,经济民主在这两个法律部门中内涵和要求各有不同的侧重点。民商法中的经济民主是单层次(主要是市场层次)的民主,是追求个体自由的民主,是代内范围的民主,是保护型民主;经济法中的经济民主是政府与市场互动关系中的民主,是追求总体自由的民主,是代际范围内的民主,是可治理型民主。

经济民主在经济法中作为一种理念、价值目标和原则而存在,贯彻于经济法体系中的各个组成部分。经济民主在市场规制法领域的要求和体现主要是:反对经营者经济力的过度集中和对市场支配地位的滥用,尤其反对经营者利用自身的优势对消费者进行各种限制和强制;同时,也反对来自政府的不适当强制,包括不适当地参与市场交易,破坏公平竞争,也包括在行使规制市场职能时不适当地限制市场主体的自主经营。

(二)经济法的基本理念之二是保障经济有序发展

保障经济有序发展是经济法设立的基本价值目标。有序,指的是经济发展的健康、自由、活跃、安全的秩序状态。市场经济确有无序的一面,因为各市场主体都是独立的利益主体,享有充分的自主权,各自决策,彼此竞争。[1] 海勒认为,秩序则需要法律,[2]凯尔森将法律秩序等同于规则,虽然失之偏颇,但具有勾连规则与法律秩序的重要意义。[3] 莫伊谢耶夫则指出:"自发势力和秩序,不受约束的个人主义和有目的集体行动的必要性——这是整个人类形成的历史进程中所要彻底研究的矛盾。"我们所说的秩序,既有市场经济自发形成的秩序,也有通过国家宏观调控而形成的经济秩序。[4] "市场并不存在于真空当中,绝非自我创造、自我监管和自我稳定,而是从一开始就存在于一系列制度和规则当中的。"[5]秩序是经济效率目标实现的基本保障,而经济法作为秩序的保障,实现经济效率任重道远。经济法律秩序主要是以民法和经济法为核心而建立起来的,包括私法秩序和公法秩序。民法之私法秩序以私人权利体系和市场交易秩序为核心,而经济法之公法秩序乃以宏观经济秩序和市场管理秩序为核心。私法秩序是公法秩序赖以建立和存在的基础,而公法秩序制约着私法秩序,是私法秩序存在的前提和条件,两者相互制约,互为补充。[6] 经济发展的责权利效相统一原则、发展中国特色的公平竞争原则、经济与法治平衡协调原则和消费者福利最大化原则,对市场经济主体

---

〔1〕 参见董辅礽:《用辩证的眼光看市场经济》,生活·读书·新知三联书店2002年版,第78页。

〔2〕 参见[加]大卫·戴岑豪斯:《合法性与正当性——魏玛时代的施米特、凯尔森与海勒》,刘毅译,商务印书馆2013年版,第251页。

〔3〕 参见杨力:《社会学视野下的法律秩序》,山东人民出版社2006年版,第33页。

〔4〕 参见莫伊谢耶夫:《人和控制论》,三联书店1987年版,第179页。

〔5〕 高旸:《新冠病毒、气候变化与可持续发展》,载经济观察网,http://www.eeo.com.cn/2020/0907/409065.shtml。

〔6〕 参见何文龙:《经济法理念简论》,载《法商研究(中南政法学院学报)》1998年第3期。

日常活动的公平正义的环境进行了有力地塑造。这四项原则皆体现了对经济有序发展的追求。

(三)经济法的基本理念之三是保障经济公共利益

利益问题是人的存在和发展的根本性问题。马克思曾指出:“人们奋斗所争取的一切,都同他们的利益有关。”[1]但是,人类社会中的利益远不止个体的私利那么简单。公共利益是利益体系中最直接反映人民整体需求的代表。在宪法中,公共利益是一项重要原则,但到了经济法领域,经济公共利益是经济法的基本理念。

但究竟何为公共利益,自19世纪后半叶起,随着国家与社会的融合,西方发达国家基于全能国家的理念,以公共利益的名义广泛干涉社会事务,曲解并泛化公共利益,出现了大量侵害公民权利的事件;我国也曾在计划经济体制下,把个人的自主活动与公共利益对立起来。[2] 这种认识的后果是,在开放市场经济很多年后,政府部门并没有认清自己在社会主义市场经济中的角色和职能,导致行政权力依旧过度地渗透到市场经济之中,甚至以保障“公共利益”为借口,侵犯市场主体的私人权利。近几年,国家一直强调政府职能部门要简政放权,很多市场资格由审批制变为备案制,处理好政府与市场之间的关系,是我国目前激发市场活力的一把钥匙。2019年6月25日,国务院召开全国深化“放管服”改革优化营商环境电视电话会议。会议中指出:简政放权、放管结合、优化服务是处理好政府与市场关系的重大改革之举,对近几年扩大就业、壮大新动能、经济稳中向好起到了重要支撑作用……把“放管服”改革、优化营商环境作为促进“六稳”的重要举措,更大激发市场主体活力、增强竞争力、释放国内市场巨大潜力,顶住下行压力,保持经济平稳运行,促进高质量发展。[3] 党的十九届五中全会通过了《中共中央关于制定国民经济和社会发展第十四个五年规划和二〇三五年远景目标的建议》,该建

---

[1] 《马克思恩格斯全集》第1卷,人民出版社1956年版,第82页。

[2] 参见褚江丽:《中国宪法公共利益原则研究》,中国社会科学出版社2013年版,第1~2页。

[3] 参见《简政放权、放管结合、优化服务,国务院要求用政府改革激发市场活力》,载中华人民共和国中央人民政府网,http://www.gov.cn/xinwen/2019-06/26/content_5403313.htm。

议指出:"加快构建以国内大循环为主体、国内国际'双循环'相互促进的新发展格局。"在这一背景下,就要求对公共利益有更深刻的认识,尤其是经济公共利益。

要处理好我国市场与政府之间的关系,厘清市场上各个主体之间的关系,激活市场能量,拉动国内市场经济,就必须符合经济法的经济公共利益的理念。但如何理解经济公共利益,仍需回到对公共利益的基本理论分析中去。公共利益涉及哲学、法学、政治学、社会学等多个学科领域,学界对其界定本身尚未达到统一的认知。博登海默认为,"一个时代的某种特定的历史偶然性或社会偶然性,可能会确定或强行设定社会利益之间的特定的位序安排"。

虽然公共利益一直是经济法所关注的重点,但何为公共利益,学界却一直没有盖棺论定。尽管公共利益一直是国家干预经济之正当性的缘由,学界也一直将公共利益视作经济法的基本理念,并因之强调经济法的社会本位,得出经济法追求的基本价值和目标都必以公共利益为先并且认为公共利益是经济法区别于其他部门法的重要特征之结论。但实际上,公共利益从来都是法理学和行政法学的研究热点,经济法关于公共利益的研究成果相对较少,公共利益理念在经济法的实践中也存在很多问题,其中较为有代表性的是:对经济法所保障的公共利益内涵存在不同理解,当公共利益内部的不同利益表现出现矛盾时,应如何作出取舍。例如,当公共利益中的经济利益表现与环境资源利益表现发生冲突,此时公共利益内部的选择不单单是经济法与资源环境法之间的协调问题,更反映出经济法自身对公共利益内涵中不同层次价值的利益内容存在认识混乱;经济法对公共利益的研究不足,会存在夸大公共利益功能从而导致公共利益效果虚化,有学者指出,公共利益保护可能出现"集体冷漠"或"搭便车"的问题。[1] 因此,明确经济法的公共利益内涵十分重要,但是有学者指出,我国经济法在对公共利益上的考量是存在缺失的:经济法中一些具体的法律法规没有涉及公共利益的规定,而提及公共利益的法律也只是将之作为目的性条款而象征性地存在。公共利益可行性差,浅尝辄止,

---

〔1〕 参见石英、王勇:《经济法视野下公共利益保护的法律限度》,载《当代法学》2012年第4期。

是立法的理念而非司法实践的原则。

笔者认为,经济公共利益理念在当代经济法中确有缺失,除了立法上存在的不足外,我国的司法、执法实践也不能使人满意。经济法多是通过国家政策来临时对不利于公共利益的情形进行矫正。公共利益在司法过程向现实利益转变的难度很大,裁判者对公共利益的界定存在分歧。政府部门对市场进行规制的程序流于形式,执法过程中对公共利益保护缺乏可行的依据。现实中众多公共利益事件或假借公共利益之名进行商业拆迁、权力寻租现象屡见不鲜,其背后凸显的是公共利益内涵不清、公权力使用者权力界限不明的问题。[1] 经济法在现实中缺失公共利益保护(或公共利益保护不到位),其最终后果必然是经济法的灭亡。但这种灭亡并不是经济法发展到最高阶段解决了所有经济问题从而不再被需要地自我消亡。相反,这是一种缺乏对经济法立足之本考量的半途夭折。

当前经济法公共利益缺失的原因在于经济法对它所能调节、维护的公共利益没有进行更深入和更细致的界定,当概括地说"经济法是以维护公共利益为基础"时,这种论述与经济法的实际情况是有偏差的:经济法的能力不足以覆盖公共利益的全部方面。虽然经济法的诞生和应用都以公共利益为中心,但在经济法不断发展、对经济社会关系调整不断深入的过程中,它的调整范畴在不断收敛。一个有趣的现象是,我国正处于经济转型期,经济法规在一时间大量涌现,但调整的范围却在缩小。经济法的专业化和精细化发展意味着它只能去尽可能地维护公共利益的某一具体方面,因此如果给经济法加以维护公共利益之冕而不去关注它的具体能力范围,那么经济法很难真正贯彻实现公共利益的理念。经济法只有将经济法的经济公共利益指向表达清楚,才能保障经济法的公共利益理念正确指导经济法实践,发挥经济法的功能。

第四节　经济法原则与经济法规则的关系

要分析经济法原则与经济法规则之间的关系,我们依然按照从前的

---

[1] 参见高志宏:《公共利益:界定、实现及规制》,东南大学出版社2015年版,第1页。

思路,回到法律原则与法律规则之间的关系的讨论中去,从而找出经济法原则与经济法规则之间的联系与区别。当然,在分析它们之间联系的过程中,有很多具体的规则是如何体现原则精神的例子,我们会挑选较为经典的进行列举。但在这一节重点内容开始之前,还是有必要对法律规则和经济法的规则的概念进行界定。

一、法律规则与经济法规则

(一)法律规则

规则是关于法律在各门类情况下对群体的人允许或要求什么行为的一般性陈述。[1] 博登海默认为,规则是规范性控制的方式,其特征是它具有很高程度的精确性、具体性和明确性。[2] 哈特则认为,规则的特殊之处,在于特定社区内的行为群体之中存在"对错看法"。波斯纳认为,规则使信息更为经济,法律标准相对于法律规则越少,法院处理信息的成本就越低。[3] 刘星认为,规则是社区群体内对行为模式有自觉的观念,而且,行为模式以及相应的自觉观念具有较为恒常的性质,规则具有微观性、可操作性和确定性,并且相对具体。[4]

法律规则是构成法律的基本单元,往往带有清晰、明确的特征。《新编常用法律词典》中对法律规则的定义是:法律规则指国家政权中的有权机关制定或认可的、规定社会主体的法定权利和义务的、旨在建立和维护法的秩序的特定的行为准则。[5] 刘平认为,法律规则是具体规定权利和义务以及具体法律后果的准则,或者说是对一个具体的实施状态赋予一种确定的具体后果的各种指示和规定,是对人们行为进行指引的准

---

〔1〕 参见[美]史蒂文·J.伯顿:《法律和法律推理导论》,张志铭、解兴权译,中国政法大学出版社2000年版,第16页。

〔2〕 参见[美]E.博登海默:《法理学——法律哲学与法律方法》,邓正来译,中国政法大学出版社1999年版,第236页。

〔3〕 参见[美]理查德·A.波斯纳:《法理学问题》,苏立译,中国政法大学出版社2002年版,第57~58页。

〔4〕 参见刘星:《法理学导论 时间的思维演绎》,中国法制出版社2016年版,第80~81页。

〔5〕 参见中国法制出版社编:《新编常用法律词典》,中国法制出版社2016年版,第9页。

则。[1] 凯尔森认为,叙述意义上的法律规则,是以对某些条件赋予某些后果的假设性判断。[2] 刘星认为,法律规则,从“内在性质”角度出发的解释是国家专门机构制定、认可、解释出来的行为规则。[3] 雷磊指出,法律规则的逻辑结构理论服务于法律推理的正确形式这一核心要旨,将法律规则在逻辑结构上构造为“构成要件 + 法律后果”合乎目的,因为涵摄意味着小前提满足了大前提之构成要件。[4] 谭志福认为,规则揭示了法的本质意义,属于法律调整生活中的每个片段,都有其特有的节奏,而这些节奏均是由法律规则来调节。[5] 沈宗灵认为,法律规则是一种社会规范,即特定社会群体中一般成员共有的行为规则和标准。[6] 张恒山认为,法律规则是国家以语言、文字等方式表述的、主要来自社会共同性意见的、对人的行为提出约束性要求的信息。[7] 张文显认为,法律规则是规定法律上的权利、义务与责任的准则、标准,或是赋予某种事实状态以法律意义的指示、规定。[8] 李清伟认为“法律规则”有两种理解方式。“从宏观意义上来讲,法律规则是一种特殊的社会规范,是由国家制定或认可的具有普遍效力并由国家强制力保障实施的一种行为规则。这种意义上的法律规则与法或广义的法律含义相当,在日常语言和有关论著中,当人们把法律规则或法律规范与其他社会规范相对而言时,常常在这种广义上使用法律规则,把法律规则作为不同法的要素的统称。在法的要素分析中,不同的法的要素应当被区别开来;从微观意义上来讲,法律规则是法的基本的、最主要的构成要素,是指具体规定权利义务和法律后果的行为准则。这种意义上的法律规则不包括法律概念、法律原则。它明

[1] 参见刘平:《立法原理、程序与技术》,台北,学林出版社 2017 年版,第 286 页。

[2] 参见[奥地利]凯尔森:《法与国家的一般理论》,商务印书馆 2017 年版,第 86 页。

[3] 参见刘星:《法理学导论 时间的思维演绎》,中国法制出版社 2016 年版,第 80 ~ 81 页。

[4] 参见雷磊:《法律规则的逻辑结构》,载《法学研究》2013 年第 1 期。

[5] 参见谭志福:《法理学》,山东人民出版社 2009 年版,第 40 页。

[6] 参见沈宗灵:《法理学》,北京大学出版社 2001 年版,第 32 页。

[7] 参见张恒山:《法理要论》,北京大学出版社 2006 年版,第 35 页。

[8] 参见张文显:《法理学》,高等教育出版社、北京大学出版社 2007 年版,第 117 页。

确赋予一种事实状态以法律意义。"[1]我们认为,法律规则的定义一般围绕着权利、义务和法律后果,是对具体行为具有指引性的行为规范。

法律规则由哪些元素构成,这是它明显区别于法律原则的特征:法律规则有严密的逻辑结构,以此来指引行为人明确地从事或不能从事具体行为。一般情况下,法律规则由假定条件、行为模式和后果三要素组成。从内容来看,法律规则清晰地指明了权利和义务的内容,通过权利和义务的规定来实现规范功能。

(二)经济法规则

我们将经济法规则界定为:以规定市场主体的具体经济权利和义务为内容的,明确市场主体行为规范和违反后果的行为规范。经济法规则继承了法律规则的一般特征,包括它的逻辑构成、适用、分类及缺陷。经济法规则同于法律规则的一般特征。例如,经济法规则也是由国家制定、认可,由国家强制力保障实施的规范,它规定了社会主体在法律上的权利和义务,它具有普遍适用性和反复适用性等,但它又不简简单单是普通的法律规则,它是主要针对经济领域的法律规则,它规定的主要是参与社会经济关系的主体的经济权利和义务关系,当然违反经济法规则的后果也往往与经济负担有关,比如财产罚、参与经济关系的资质罚等。

二、法律原则与法律规则之间的关系

法律原则和法律规则都是法律规范,法律规范是法律文件的承载和表达。[2] 事实上,法律原则和法律规则都不可能单独完成法律规范的全部任务,如果没有法律规则,仅靠法律原则,人们只能大致知道什么是法律所认可的,什么是法律所排斥的,但是人们并不知道自己的遵守或违反会有怎样的后果,他们无法预测行为后果,法官的判决因缺乏确切的规范而变得主观性极大,带给人们的是混乱无序感;如果只有法律规则而没有法律原则,那么法律必须时时刻刻制定在社会新现象、新问题的前面,做到面面俱到,并且不同的法律规则之间不能有冲突,否则没有什么依据可以处理这些问题。法律原则决定了法律规则的基本内容和精神,体现着

---

〔1〕 参见李清伟:《法理学》,上海人民出版社2013年版,第71页。

〔2〕 参见蔡晓青、刘丽英、向鹏:《法理学》,亿兰北京文化发展有限公司2017年版,第30页。

法律规则所构建的社会理想和总体意图。法律原则是一类法律规则的高度凝缩,它指引着法律规则的制定和调整,弥补着法律规则的缺陷,填补了法律规则的空白和漏洞。与此同时,法律规则也对法律原则起着类似的反作用。一般情况下,我们优先适用法律规则,在特殊情况下,才会抛弃规则选择适用法律原则。

（一）二者的联系

无论是法律规则,还是法律原则,它们都表达了对利益的应然看法。它们同应该作出什么样的判决理由,虽性质不同,但都属于法律规范。但是,“由于原则与强自由裁量的天然关联,基于原则的裁判具有非常强的任意性。如果不对这种自由裁量进行有效的限制,那么原则裁判很容易导向恣意裁判,尤其在同规则矛盾时适用原则的举动将会引发更大的问题”。[1] 因此,可以说原则的自身缺陷帮助了规则的发展,而规则则在一定程度上填补了原则的不足。

（二）二者的区别

一般认为,法律规则和法律原则的区别在于一个是偏于确定性的表述,另一个是模糊性的表达;这一差异出现的原因是法律规则针对的是具体行为,而法律原则面对的是抽象化的一类行为或事物;法律规则不具有价值维度,而法律原则具有明确的价值观;从适用方式来看,法律规则可直接适用,而法律原则在适用时却需经过权衡;从它们对案件应用效果来看,法律规则严格约束自由裁量权,而法律原则赋予了法官很大程度上的自由裁量权。

德沃金认为,法律原则与法律规则的区别在于三点:适用方式、例外可否被完全列举、是否具有重要性维度。[2] 首先,法律规则有“要么适用,要么不适用”的特点,法律原则却非如此;其次,原则具有分量的向度,而规则本身却不具有分量的特性;最后,规则在理论上可以将全部例外都列举出来,但是原则则不能。换句话说,也就是原则可以与例外并存,[3]

---

〔1〕 陈景辉:《原则、自由裁量与依法裁判》,载《法学研究》2006 年第 5 期。

〔2〕 参见刘叶深:《原则效力与法律的概念》,中国政法大学出版社 2018 年版,第 6 页。

〔3〕 参见陈景辉:《原则、自由裁量与依法裁判》,载《法学研究》2006 年第 5 期。

但规则太硬了,缺乏这种柔韧度。德沃金认为,法律原则与法律规则之间的区别是"硬的",而哈特则强调两者之间的差异是"软的",是程度上的区别而已,并指出了法律原则的三大特征。[1] 阿列克西认为,法律原则与法律规则的区别首先在于法律原则是最佳化命令,原则要求某事在相对于法律上与事实上可能的范围内可最大可能地被实现。法律原则的典型适用是衡量,而规则的适用方式是涵摄,能实现的程度就清晰地摆在那里。其次,法律原则与法律规则的初显性[2]特征的强度不同。最后,法律原则理论是建立在最佳化命题、碰撞法则和衡量公式三个命题之上,衡量公式是法律原则的具体适用方法,碰撞法则借规范冲突的解决说明了法律原则与法律规则的区别。[3]

我们认为,法律原则与法律规则之间的区别主要有:第一,法律原则是法的渊源的一种,它对一类社会关系具有普遍指导性;法律规则具有比较严密的逻辑结构,针对的是特定的对象。第二,法律原则在适用时比较灵活,它不指明符合规定的条件。我们也可以用适用范围的宽窄来衡量这个尺度。法律原则的适用范围要比规则宽泛很多,法律原则往往跨越不同部门法而存在,法律规则则很少出现两种部门法同时规定同一行为及后果的情况。这是由于法律原则对人的行为及其条件有更大的覆盖性和抽象性。第三,在精确性上,制定法律规则和法律原则对法律精确性的影响不同。主要体现在当事人对法律规定形式上的认知,当事人在他意识到法律原则和法律规则是两种不同的规范形式,会通过更精确的规范形式推导出精准的法律后果,并就此调整自己的行为;但是在法律原则中充斥着模糊性的词汇,具体如何适用需要依赖于法官的判断。[4] 精确性也导致了逻辑结构上的不同,法律规则因其语言表达方式相对明确而具有较为严谨的内部逻辑结构;法律原则不具备这样的逻辑结构,它不预先设定具体的假定条件,更没有明确法律后果,只是对人的行为设定一些概

---

〔1〕 参见王玉国、钱凯:《法理学》,吉林大学出版社 2014 年版,第 38 页。

〔2〕 初显性可被理解为最初具有可行性,但因其他理由后来可再被推翻。

〔3〕 参见李鑫:《法律原则适用的方法模式研究》,中国政法大学出版社 2014 年版,第 10~11 页。

〔4〕 参见汪沛、武阳:《程序正义均衡论》,武汉大学出版社 2017 年版,第 52 页。

括性的要求。第四,在内容稳定性上,由于法律规则是针对具体的行为,而法律原则主要是价值性的或者道德性的,在大多数情况下,法律原则往往就是法律道德,是人在长期社会生活中逐步形成和积淀下来的,是社会自发演化的结果,而不是某立法者主观设计和建构的结果。而法律规则的适用范围窄,容易受到社会生活条件变化的影响,因此法律规则的稳定性不如法律原则。第五,在适用方式上,法律规则像德沃金所说的,是以“全有或全无”的方式适用,它要么被遵守,要么被违反。而法律原则具有很大的伸缩性。第六,在冲突解决机制上,同一法律体系中如果法律规则之间有冲突,我们只能通过取舍来选择其中之一,其他则会无效。而当两个或以上的原则发生冲突时,我们则可以根据案件的具体情况来在不同分量的原则之间作出权衡:分量较重的原则可优先考虑,其他原则并不因此而无效。[1]

三、经济法原则与经济法规则的关系

在本节第二部分,我们重点讨论了法律原则与法律规则之间的联系和区别,经济法作为一个独立的法律部门,它的原则和规则之间的关系也基本等同上述,我们不再赘述。在此,我们仅就经济法原则与经济法规则关系中较为特别之处加以讨论。

我们认为,当前我国的经济法的四大基本原则分别是经济发展的责权利效相统一原则、发展中国特色的公平竞争原则、经济与法治平衡协调原则和消费者福利最大化原则。那么,根据前面的理论,我们需要去验证这些经济法原则是如何体现在经济法规则中的。由于经济法中的法律规则十分繁杂,在此我们仅列举《产品质量法》《反不正当竞争法》税法和《消费者权益保护法》,来探讨经济法原则和经济法规则之间的关系。

(一)《产品质量法》中的权责利效相统一原则与规则

《产品质量法》主要体现了经济与法治平衡协调原则、消费者利益最大化原则和权责利效相统一原则,消费者利益最大化原则主要表现在对一些产品生产者、经营者规定严格责任来保护消费者权益。权责利效相统一原则主要体现在《产品质量法》要求生产者、经营者所生产、提供的产

〔1〕 张军主编:《法理学》,中国民主法制出版社2014年版,第46~47页。

品符合质量安全特征的要求,如第 13 条规定"可能危及人体健康和人身、财产安全的工业产品,必须符合保障人体健康和人身、财产安全的国家标准、行业标准;未制定国家标准、行业标准的,必须符合保障人体健康和人身、财产安全的要求。禁止生产、销售不符合保障人体健康和人身、财产安全的标准和要求的工业产品。具体管理办法由国务院规定"。但在此处,我们要讨论的是《产品质量法》的权责利效相统一原则是如何体现在规则之中的。权责利效相统一原则是反映商品经济客观要求、全面体现党和国家在经济方面的主要方针政策的。就"权责利效"四字本身来看,该原则直接含有了法律规则的基本要素。权,是经济权力和经济权利,则指的是经济责任和经济义务。利是物质利益,效是社会的经济效益。《产品质量法》尤为突出地体现了权责利效四个字。《产品质量法》中的法律规则以"责"为主,存在大量的责,以责来保护消费者和公共的权,促进社会经济的良序发展,以实现社会物质利益的增长和社会经济效益的增加。

(二)《反不正当竞争法》中的发展中国特色的公平竞争原则与规则

我国的《反不正当竞争法》的立法宗旨是为了促进社会主义市场经济健康发展,鼓励和保护公平竞争,制止不正当竞争行为,保护经营者和消费者的合法权益,因而这部法律中最突出的一个基本原则是发展中国特色的公平竞争原则,通过促进市场主体之间公平竞争,可以间接促进经济正义原则、经济公共利益原则和经济发展的权责利效相统一原则。《反不正当竞争法》第 2 条规定了经营者在生产经营活动中的原则,其中提到遵循自愿、平等、公平和遵守法律和商业道德,是对经营者公平竞争原则的具体表述。《反不正当竞争法》第 2 条第 3 款规定了《反不正当竞争法》的假定条件,从第 6 条到第 12 条列举了混淆行为、商业贿赂、虚假宣传、侵犯商业秘密、特定方式的有奖销售、损毁他人商业声誉和网络妨碍他人的 7 种违背公平竞争的行为的具体表现——这些属于法律规则的逻辑构成中的行为模式。《反不正当竞争法》第 17 条到第 24 条则是对应了上述不同行为的法律后果。这些具体的法律规则以明确的行为主体、行为特征和行为结果来保障了经济法的发展中国特色的公平竞争原则,但《反不正当竞争法》所列举的 7 类不正当竞争方式就目前来看未必是全覆盖的,对将来而言也必定不是完全适用的,因此公平竞争原则就起到了调和补充的作用。

（三）税法中的经济与法治平衡协调原则

为了防范和化解居民收入差距较大所引发的社会不稳定风险，财税法以收入再分配公平为目的，一直在让经济发展成果惠及全体国民的道路上前进。就财税法而言，平衡协调经济与法治的实质在于平衡和协调社会成员的经济利益，让社会成员尽可能公平地享受到经济发展带来的福利。这种通过平衡与协调而带来的公平价值至少表现在四个方面："一是分税公平，即体制性公平，指政府间的税收分配公平；二是定税公平，即制度性公平，指课税制度设计上的公平，包括传统理论所说的横向公平和纵向公平；三是征税公平，即管理性公平，指税收征收管理上的公平；四是用税公平，即权益性公平，指纳税人在税款使用中的监督权利与平等受益。"[1]财税法的分配正义属于经济正义的一种。具体到《个人所得税法》，我国个人所得税法改革的目标是在逐步提高个人所得税收入规模的基础上，侧重于强化其调节收入分配的功能，选择综合与分类相结合的课税模式，[2]《个人所得税法》以经济正义为基本原则，从第 11 条到第 13 条和后附的个人所得税税率表是纳税的基本规则，通过基数差别税率来促进经济发展成果的分配公平。以刘剑文教授的话来说，在推动收入分配公平的进程中，财税法以公共财产法的视角切入，将分配正义视为其内在价值，具有组织社会财富、调整收入分配格局的突破性作用。[3]

（四）《消费者权益保护法》中的消费者福利最大化原则与规则

经济法追求的正义往往体现在实质正义上，因而公平的天平会向社会经济中的弱势群体倾斜。我国《消费者权益保护法》是以保护消费者的合法权益为基本内容的法律，对促进社会经济健康发展，维护社会经济秩序起到了关键作用。《消费者权益保护法》的一项原则是消费者合法权益不受侵害，这句话虽然很简单，但是在信息极其不对称的当代社会，要想

---

〔1〕 参见林晓：《税收公平的四种体现与重塑我国税收公平体制》，载《税务研究》2002 年第 4 期。

〔2〕 参见施正文：《分配正义与个人所得税法改革》，载《中国法学》2011 年第 5 期。

〔3〕 参见刘剑文：《收入分配正义的财税法路径》，载《中共中央党校学报》2013 年第 6 期。

落实保障消费者的合法权益,困难度不可小觑——消费者之所以成为弱势群体,其根源也在于信息的不对称,因而消费者存在着从发觉到维权,再到举证的各种困难。《消费者权益保护法》中明显利于消费者权益保护和对经营者过硬的违反义务来保障弱势群体,实现经济正义。《消费者权益保护法》从第7条至第15条列举了消费者在市场交易时享有的基本权利,第16条至第29条规定了经营者的主要义务,第48条至第56条规定了经营者违反各项义务后所应承担的责任。当然,《消费者权益保护法》的规则除了经济正义原则,还体现了其他经济法的基本原则,例如经济发展的权责利效相统一原则。

第五节　经济法与相关部门法原则比较研究

相较于宪法、民商法和刑法等法律部门,经济法的诞生最晚,是近现代资本主义经济在发展过程中不可调和矛盾下的产物,但是这并不意味着只有资本主义国家才需要经济法。事实上,经济法在社会主义国家中的应用和影响力可能更为广泛和深刻。由于经济法起步晚,很多制度或是从传统部门法中分离出来,或是在保证不与其他部门法的相关规则相冲突的前提下因自我内容需要而产生,它借鉴了其他相关部门法的一些制度内容,虽然经济法追求的目标价值可能与其他部门法有很大差异,但是它在生成独立的制度系统时保留了与其他法律部门衔接的触手,尊重其他部门法的价值选择,并坚守自己的基本原则和理念。本节的主要任务是通过将经济法原则与其他部门法的原则进行比较,找出它们之间的联系,对经济法基本原则进行溯源,研究经济法的哪些原则是从其他部门法中借鉴演化而来,哪些是经济法与生俱来所独有的,哪些是在考虑和其他部门法的协调问题妥协之下而出现的。但是本节在讨论经济法原则与其他部门法原则之间的关系时,出发的角度和方式各不相同。在讨论经济法原则与宪法原则、刑法之间关系时,由于宪法原则是指导经济法立法的基础原则,而刑法是保护经济权利的最后一道防线,因此先要对宪法、刑法的基本原则进行梳理,再讨论它们与经济法原则之间的关系;在讨论经济法原则与民商法原则的关系时,由于经济法与民商法、行政法之间渊源颇深,所以我们直接将民商法的原则、行政法的各项原则与经济法原则放在一起进行对比讨论。

一、经济法原则与宪法原则关系

(一)宪法原则

张翔教授有个很著名的观点,即“宪法是一个框架秩序,允许政治、经济以及其他部门法在这个框架内部进行形成和发展”。[1] 从这一观点中我们可以看出宪法对经济发展的保障和促进作用,经济法也素有“经济宪法”之称。也就是说,它与其他具体规定经济行为、平衡经济利益关系的法律相比,它规定的是经济的制度,划定了经济发展的框架。那么作为“经济宪法”的经济法和宪法之间究竟有着怎样的区别,我们仅试图从原则比较中去略窥一斑。

宪法的基本原则是指宪法所确认和包含的根本方针,是指导宪法制定、修改和实施的基本准则。宪法的基本原则贯彻宪法之中,并体现在宪法规定的具体制度中。[2] 一般而言,宪法原则主要有四项:人民主权原则、基本人权原则、法治原则和权力制约原则。

1. 人民主权原则

主权,是一国的权力所在,主权含有对内具有最高统治权,对外具有独立权这两方面的含义。16 世纪法国哲学家让·博丹最先将主权概念引入法学,他在《论共和国》中将主权描述为在一个国家中进行统治的绝对和永久的权力。1625 年荷兰的格劳秀斯在《战争与和平》中就提出国家主权的思想。1648 年《威斯伐利亚和约》第一次以多边条约的形式确认了所有参加国的独立和法律上平等。1758 年瑞士的法泰尔在《万国法》中阐述了国家主权的原理。主权概念在 18 世纪以后逐渐形成国际法上的一个最基本的原则。按照《国际法原则宣言》的解释,国家主权平等主要包括以下要素:(1)各国法律地位平等;(2)每一国均享有充分主权的固有权利;(3)每一国均有义务尊重其他国家的人格;(4)国家的领土完整及政治独立不得侵犯;(5)每一国均有权利自由选择并发展其政治、社会、经济及文化制度;(6)每一国均有责任充分并一秉诚意履行其国际义

[1] 参见程雪阳:《宪法和宪法学能为经济发展做什么》,载北大法宝网 2021 年 5 月 6 日,https://article.chinalawinfo.com/ArticleFullText.aspx?ArticleId=116635。

[2] 参见陈焱光、刘祎编:《宪法》,武汉大学出版社 2017 年版,第 16 页。

务,与其他国家和平相处。[1] 霍布斯认为主权应属于国家。

人民主权理论是17、18世纪启蒙思想家们倡导的,如卢梭的自然权利说和社会契约论,为人民主权理论奠定了一定基础。美国《独立宣言》在历史上第一次将人民主权确定为基本政治原则,它明确了保障生命自由和追求幸福的权利。法国《人权宣言》宣布国民是一切主权之源,任何个人或任何集团都不具有任何不是明确地从国民方面取得的权力。当今世界各国宪法一般都规定了人民主权原则,例如,《法国第五共和国宪法》(1958年)规定:"国家主权属于人民,由人民通过其代表和通过公民投票的方法行使国家主权。"[2]马克思主义认为,国家权力是统治阶级在激烈的阶级斗争中胜出而夺取的,所以社会主义国家宪法中的人民主权原则应被理解为国家最高权力属于人民范畴中的人们,而并非国家中的所有人。[3] 我国《宪法》第2条规定"中华人民共和国的一切权力属于人民",确定了我国人民主权原则。

2. 基本人权原则

人权说起源于洛克、卢梭等人的"天赋人权"。洛克在《政府论》中写道:"人类天生都是自由、平等和独立的","任何人都不得侵害他人的生命、健康、自由或财产"。[4] 卢梭在《社会契约论》中强调:"每个人都生而自由平等。"[5]1776年美国《独立宣言》中强调了人人生而平等,他们都从他们的造物主那里被赋予了某些不可转让的权利。1789年法国《人权宣言》宣告,在权利方面,人生来是而且始终是自由平等的……一切政治结合的目的都在于保护人的自然的和不可侵犯的权利,这些权利是自由、财产、安全以及反抗压迫。有学者认为,人权是道德意义上的权利和义务。[6] 马克思主义学者虽然并不赞同天赋人权理论,但并不否认人权是每个人应享有得到的权利,认为人权是社会历史发展的产物,

---

[1] 参见李浩培、王贵国等:《中华法学大辞典·国际法学卷》,中国检察出版社1996年版,第705页。

[2] 陈焱光、刘祎编:《宪法》,武汉大学出版社2017年版,第17页。

[3] 参见李其瑞主编:《法学原理》,知识产权出版社2018年版,第63页。

[4] [法]洛克:《政府论》(下篇),瞿菊农、叶启芳译,商务印书馆1982年版,第59页。

[5] [法]卢梭:《社会契约论》,何兆武译,商务印书馆1980年版,第9页。

[6] 参见沈宗灵:《比较宪法》,北京大学出版社2002年版。

是由社会生产方式所赋予的。马克思曾指出："权利永远不能超出社会的经济结构以及由经济结构所制约的社会的文化发展。"[1]西方的"天赋人权"观念仍起着掩盖人权实质内容的作用，但是在当时对抗"君权神授"，还是有很大的进步。[2] 其实，基本人权在我国并非"舶来品"，老子在《道德经》中有对"小国寡民"的论述，通篇71字却概括了人类三大基本权利诉求——生命权、生存权和人格权，并认为人权高于一切，"使民复结绳而用之"，即如果人类的基本人权受到践踏，连生命都保不住，那么人们宁愿回到结绳记事的原始时代，有尊严地在与野兽的搏斗中颐养天年。[3] 因此，我国历史文化对基本人权也有成熟的认知，只是在特定的时期缺少了法治作为滋养的土壤，但对人权理论内涵的丰富也发挥了作用。

基本人权是人权的核心部分。基本人权的内容在不断变化，从生存权、平等权、自由权和财产权等个体性和消极性权利发展到社会权利、发展权利等积极性和集体性权利。[4] 米尔恩认为，最低限度标准的人权是这样一种观念：有些权利，尊重它们，是普遍的最低限度的道德标准的要求。[5] 有学者认为，人权是作为一个人所应该享有的权利。人民主权原则经宪法确认之后，人民即国家的主权者，自认应该成为享有人权的主体。[6] 也有学者认为，人权是人依据其自身的本性所应当享有的权利。[7] 人权的本质是人之所以为人应享有的权利。

3. 法治原则

提到法治原则，我们可以先借用亚里士多德的话：要求法治的人是在要求上帝和神明，而不是别人来进行统治；而要求人治的人则是在引狼入

---

〔1〕《马克思恩格斯选集》第3卷，人民出版社1996年版，第12页。

〔2〕参见上官丕亮、陆永胜、朱中一：《宪法原理》，苏州大学出版社2013年版，第68页。

〔3〕参见蓝进：《道德经导论》，中国海洋大学出版社2016年版，第64～65页。

〔4〕参见秦前红主编：《新宪法学》(第3版)，武汉大学出版社2015年版，第32页。

〔5〕参见[英]A. J. M. 米尔恩：《人的权利与人的多样性》，夏勇、张志铭译，中国大百科全书出版社1995年版，第7页。

〔6〕参见何华辉：《比较宪法学》，武汉大学出版社1988年版。

〔7〕参见李步云：《人权法学》，高等教育出版社2005年版。

室，因为人的激情就像野兽，强烈的激情，甚至会使人中英杰也误入歧途，而在法律中人有理智没有激情。[1]

近代宪法的法治原则以西方的法治思想理论为基础。法国的《人权宣言》较集中地反映了自由、平等、保护人权、反对特权的要求，它宣称，法律是公共意志的表现。所有公民都有权亲自或者通过其代表参与制定法律；法律对一切人，无论是进行保护或者惩罚，都应当是一样的。一切公民在法律的眼中一律平等，都可以平等地按其能力，并且除他们的品德与才能的差别外不应当有其他差别，可以担任一切高管、公共职位或者职务。[2] 法治是一个保护个人自由和社会和平的宪法性概念，它规定人们和政府机构应当受法律约束并服从法律，法律应当是人们基本上能够和愿意接受法律的指导，更具体地讲，就是法律应保证防止个人放纵和无政府状态，政府被置于法律之下，法律是确定的、普遍的和非歧视性的，法律和社会价值观和内在制度总体上是和谐的，法律靠公正的受规则约束的强制措施来执行，并由一个独立的遵循正当程序的司法系统和法庭来进行判决，法律及其实践在整个共同体中鼓励一种守法意识。[3]

4. 权力制约原则

权力作为对包括人在内的公共资源的占有、支配的一种力量，从一定意义上看，是一种姓"公"的权利。其产生、存在是人类理性发展的结果，是人为了人而创造的，天然具备了向善的价值追求和坚实的道德基础。[4] 权力制约原则是资本主义国家分权制衡原则和社会主义国家权力监督原则的总称，指国家权力的各部分之间相互制约以保障公民权利的原则。在历史上，权力制约思想由来已久，可以追溯到古希腊著名学者亚里士多德。古罗马思想家波利比阿在继承亚里士多德议事、行政和审判职能三分的理论基础上，初步提出了分权制衡的主张。近现代的分权学说主要由洛克提出，孟德斯鸠加以发展完善，认为"一切有权力的人都

---

〔1〕 参见［澳］柯武刚、［德］史漫飞、［美］贝彼得：《制度经济学——财产、竞争、政策》，帕克、韩朝华译，商务印书馆2018年版，第206页。

〔2〕 参见陈焱光、刘祎编：《宪法》，武汉大学出版社2017年版，第18页。

〔3〕 参见［澳］柯武刚、［德］史漫飞、［美］贝彼得：《制度经济学——财产、竞争、政策》，帕克、韩朝华译，商务印书馆2018年版，第220页。

〔4〕 参见李其瑞主编：《法学原理》，知识产权出版社2018年版，第63页。

容易滥用权力,这是亘古不易的一条经验",在他看来"有权力的人们使用权力一直到遇有界限的地方才休止",他总结:"从事务的性质来说,要防止滥用权力,就必须以权力制约权力"。[1] 美国建国之父汉密尔顿等将这一理论运用于实践并添加了权力制衡的新要素。马克思主义经典作家在批判资产阶级分权原则的同时,肯定了权力必须接受制约的理念,并明确提出了权力监督的思想。[2]

我国《宪法》第3条第3款规定:"国家行政机关、监察机关、审判机关、检察机关都由人民代表大会产生,对它负责,受它监督。"第77条规定:"全国人民代表大会代表受原选举单位的监督。原选举单位有权依照法律规定的程序罢免本单位选出的代表。"第41条规定:"中华人民共和国公民对于任何国家机关和国家工作人员,有提出批评和建议的权利;对于任何国家机关和国家工作人员的违法失职行为,有向有关国家机关提出申诉、控告或者检举的权利。"第140条规定:"人民法院、人民检察院和公安机关办理刑事案件,应当分工负责,互相配合,互相制约,以保证准确有效地执行法律。"

(二)经济法原则与宪法原则之间的关系

虽然经济法的原则中没有哪一条是直接由宪法原则演化而来,但经济法各项原则的设立和实现都离不开宪法原则的保障。如宪法中的人民主权原则、法治原则和权力制约原则,为经济法法律法规朝着经济法基本原则方向制定、修改指明了基本规则。而具体来看,经济法的四项基本原则中的理念和思路与宪法原则有一脉相承之效。例如,经济发展的责权利效相统一原则,在追求市场主体的"利",保障市场主体的"权"之时,也要考察主体行为之"效",追究市场主体之"责",这与宪法权力制约原则看中谁被赋予权力,谁就应对权力来源方负责的思路有相似之处。再如,经济法的发展中国特色的公平竞争原则、经济正义原则和经济公共利益原则必须由法治原则作为保障,否则公平竞争、经济正义和经济公共利益都无从提起。另外,基本人权原则提倡的平等、自由也与发展中国特色的公平竞争原则、经济正义原则内容、所追求的价值在本质上是一致的。

---

[1] [法]孟德斯鸠:《论法的精神》(上册),张雁深译,商务印书馆1982年版,第154页。

[2] 参见秦前红主编:《新宪法学》(第2版),武汉大学出版社2009年版,第49页。

由此来看，经济法的基本原则虽在表面来看，与宪法原则没有什么直接联系，但是离不开宪法原则对其精神内容发挥的实质保障，而其各原则内容本身有相通之处，原则所指向的基本价值也基本相同。宪法是指导法律的根本大法，因而它的原则是其他部门法原则的基础，经济法基本原则也是如此。

二、经济法与民商法原则关系

研究经济法与民商法原则的关系，首先要从它们自身部门法之间的关系谈起，虽然相对于民商法而言，经济法是从社会整体的角度出发，以公法的形式来调节市场主体之间的利益关系，而民商法则尊重私人权利，强调个体意思自由，通过保护私人权利来平衡私人利益。但经济法与民商法关系密切，经济法是以垄断时代的经济周期性危机和民商等传统部门法难以调整社会利益公平而引发的一系列问题为背景应运而生的，〔1〕也可以认为经济法是从民商法中分离出来的。就民法与经济法之间的关系而言，甘重斗同志曾正确地指出："从实践中说，民法学和经济法学有着共同的服务对象，在许多情况下，某一经济关系，既有适用民法调整的部分，也有适用经济法调整的部分；有的以民法调整的部分为主，有的以经济法调整的部分为主，对于社会主义经济关系来说，两者都很重要，都是不可缺少的，不能只有民法而没有经济法，也不能只有经济法而没有民法。两者应当相互配合，彼此促进，共同繁荣，共同发展。"刘文华教授认为，民法与经济法在法学研究和立法实践方面的主旨思想、原则、制度等确有许多差别和不同，今后还会争论的，但是，作为社会主义的民法和社会主义经济法在总体上仍然是可以而且应该统一和协调的。在同一种社会形态内，在同一种法律体系中，它们应该是统一的，因为它们都反映一个统治阶级的意志，为同一经济基础服务，公法私法之间在资本主义国家中也不是一条断然不可逾越的鸿沟。民法与经济法也是一对矛盾，有对立也有统一。民法和经济法都是调整经济关系的。在经济法出现之前，民法作为调整经济关系的大法，确实占尽了风流，历史悠久，理论成套，为人类文化积累了法律法学的精华。经济法在短时间内很难与之相比。的

〔1〕　参见杨雪婧：《经济法公平分配功能的历史演进与现实选择》，载《新乡学院学报》2012年第6期。

确相形见绌,理论粗糙,甚至于幼稚。事物都是由对立统一的矛盾构成的。[1] 传统的市民社会以民事主体的经济自律为基础,追求的是平权社会,也试图构建的一种以"平位"机制为特征的社会秩序,这是民法调整平等主体之间的财产关系和人身关系所形成的"平位"秩序。[2] 与之对应的是,经济法产生于国家急需对现代市场经济社会关系进行干预的合理性需求之下,它带有政府行政手段的公共性,作用于宏观经济关系领域和微观经济关系领域。经济法包含了平权性和非平权性的两种社会关系在内,因此建立和维护的是一种"立体"秩序。[3] 德国的拉德布鲁赫曾指出:从私法角度出发所理解的经济关系,只是平等的私人主体之间的经济关系,但忽视了公众——这一存在于任何经济关系中,并且都是以最大的利害关系人的身份出场;当人们乐观地向往自由竞争,想象能在共同利用的方向上自行平衡各方私利时,这种对经济的纯私法阐述就可成立。然而,当世界大战将德国经济与世界经济隔绝,个人经济活动在极为狭小的德国经济空间内明显发生碰撞时,这一信条也随之打破。经济法是在此过程中诞生的。经济法产生于立法者不再满足于从公平调停经济参与人纠纷的角度考虑和处理经济关系,而侧重于从经济的共同利益的角度调整经济关系的时候。经济法产生于国家不再任由纯粹私法保护自由竞争,而寻求通过法律规范以其社会学的运动法则控制自由竞争的时候。[4]

既然民法与经济法在服务对象上有重叠之处,作为一国法律系统内部和谐的两个单元,民法和经济法在基本原则上就应当是具备互通性的。也就是说,民法原则和经济法原则不可能是完全对立与冲突的,它们之间有着某种共性,否则两个法学部门之间的不协调会演化成为法律系统的缺陷,也会对市场上的经济主体正常的经济行为造成阻滞。经济法产生

---

〔1〕 参见刘文华:《走协调结合之路》,法律出版社2012年版,第102~110页。

〔2〕 参见吴晓锋:《公序良俗的经济法分析——民法与经济法的契合》,载《西南民族大学学报(人文社会科学版)》2004年第10期。

〔3〕 参见李金泽、丁作提:《经济法定位理念的批判与超越》,载《法商研究(中南政法学院学报)》1996年第5期。

〔4〕 参见[德]拉德布鲁赫:《法学导论》,米健等译,中国大百科全书出版社1997年版,第77页。

于特定背景下,以解决民法调整市场经济的局限性。这里的逻辑是“出现问题—解决问题”,逻辑的前提是了解为什么出现了问题,问题是否是可控的。很明显,市场经济问题的出现很多源于市场自发,但民法作为解决这种市场自发带来问题的制度手段显然存在缺陷,而政府作为国民利益的代表人不可能置之不理。经济法出现的形式很直接,市场经济发展出现了什么问题,它就解决什么问题。尽管这种凯恩斯主义的经济调节效果被奥地利学派以干扰经济发展的长期效果加以否定,但作为人们对调节经济发展的一种尝试,政府所要努力研究的是如何把握其干预经济的度,如何避免适得其反的经济效果,[1] 如何确保让价格机制发挥充足的作用。美国著名经济学家托马斯·索维尔在其著作《经济学的思维方式》中的开端就提道:“抱有良好意愿是再容易不过了,但是倘若不能对经济的运行方式有正确的理解,再好的意愿也可能给整个国家带来灾难性后果。”经济政策的好坏应该根据它们带来的激励,而不是根据实施政策的愿望来评价。[2] 经济法的内容包含了国家调节经济的各项经济政策,相较于民法而言,人们更看重的是经济法的各种制度实施效果。也就是说,社会对经济法的评判,往往从结果主义出发;人们对民法的期待,则是某种主观价值的实现,这是目的主义的考量。结果主义论是目的主义的分支,对经济法而言,虽然社会评价看重的是市场在经济法的调节下的运行结果,但是在这一结果达成时,也间接实现了社会对公平、效率等的价值追求。这一点说明,经济法原则与民法原则在目标上是具有一致性的。这时,经济法的基本原则就在法律的规范思维上发挥着重要作用,它要在传承民法关于经济的原则基础之上作出带有自己特色的调整。民法中的原则是经济法基本原则所必须考虑的前提和基础,但经济法对之不是成套地抄袭或完整地继承,经济法产生的特殊历史背景和历史阶段给它的功能定位导致它与民法之间有共同的原则,但共同的原则却有不同的理

---

〔1〕 例如,托马斯·索维尔在评价美国的房租管制法案时,认为一项本想让穷人住得起房屋的政策,最终结果却把建造住房的资源转移到了只有富人才能承担得起的住房上,因为高档住宅和办公楼等其他商业地产一样,不受房租管制约束。在房租管制政策下,住房损坏得更快,而且当它破损时,却很少得到修缮。可供穷人租住的房子越来越少。

〔2〕 参见[美]托马斯·索维尔:《经济学的思维方式》,吴建新译,四川人民出版社2018年版,第74页。

解表达方式。在这里，我们仅列举两个部门法之间共同的原则，展示这些原则所体现的民法与经济法的关系，并找出这些原则在民法和经济法中的不同侧重，以此来对民法原则和经济法原则、民法与经济法之间的矛盾、互补、共生关系作出例证。

（一）民法的平等、自愿原则与经济法的公平原则

民法以保障经济主体的私人利益为出发点，因而平等、自愿构成了它的前两项基本原则。民法中的平等指的是主体的身份平等，没有人可以拥有特权，他们的法律资格，即权利能力是平等的，他们平等地参与经济关系、享有经济权利、接受法律的保护、平等地承担相应的民事义务。民法中的平等原则包含两方面的意义：一是当事人法律地位平等，二是当事人之间的权利义务对等。[1] 自愿原则也称作意思自治原则，表现为经济活动中的当事人可根据自己的意愿来决定是否参与经济活动，他在精神态度上是自由的。该原则主要适用于合同领域，经济主体可自由地决定和谁缔约，缔结什么约定。

民法上的平等有程序意义上的机会均等之意，但它是形式上的平等，而非实质平等，它不考虑每个人的实际交易能力差异，无论这种差异是源于个体自身的能力、健康状况还是偶然因素，无论这些差异将会给经济活动带来什么影响。如具有丰富市场交易经验的主体，就比缺乏经验的主体更能在经济交易活动中获取更多的利益。经济法的公平正义原则强调的是实质正义，因此正好与民法的平等原则有互补之意。

（二）民法的公平原则与经济法的公平原则

柏拉图和亚里士多德的公平理论，经西塞罗传入罗马，这一理论“坚决地将公平作为法的核心和本质”。[2] 公平是法律追求的最高价值目标。“公平”一词在各国的法律制定和法学理论中都有着十分重要的地位，但学者对公平的理解差异很大。例如，有学者认为公平是平等的另一种说法，也有学者认为公平就是正义，还有学者认为公平意味着分配正义。民法的公平原则是指在民事活动中以利益均衡作为价值判断标准，在民事主体之间发生利益关系冲突时，以权利和义务是否均衡来平衡双

---

〔1〕 参见李其瑞主编：《法学原理》，知识产权出版社2018年版，第162页。

〔2〕 参见张初霞：《现实公平制度研究》，中国社会科学出版社2016年版，第107页。

方的利益。[1] 梁慧星教授认为,民事法律行为内容的确定,应当遵循公平的原则。[2] 韩世远教授认为,公平原则是指法律确立的以公平理念确定民事主体的民事权利、民事义务乃至民事责任的基本原则。[3] 我国《民法典》第6条规定:“民事主体从事民事活动,应当遵循公平原则,合理确定各方的权利和义务。”从《民法典》对民事主体参与民事活动的公平原则要求可以看出,这种公平是站在个体的角度,去看自己和他人之间基于行为所产生的社会关系是否公正和对等,这种公平是个体对个体的态度,也是法官用来裁判的准则,个人可以同理于他人,因为每个人都希望自己能受到他人公平地对待,所以个人有能力将这种公平在自己与他人的行为中实现。但是,经济法所要调整的社会经济关系往往是作为集体代表的公司、合伙等同单个消费者之间的利益关系,它所要求的公平就不能仅仅关注是形式上的平等,而一定要侧重对势单力孤群体的保护,因为不能奢求实力相对庞大的企业去与单个的消费主体实现同理(古典经济学家认为理性主体的唯一的目标就是最大化自己的收益),通过法律来作有利于相对弱势群体利益的解释,以实现实质公平。

笔者认为,民法的公平原则针对的是个体与个体之间没有区别待遇,平等地享有权利、履行义务,强调的是个体之间在法律上的无差异;而经济法所展示的公平原则则突出的是社会整体的经济公平,它不仅有对个体平等参与经济能力的关注,还对代际主体之间经济利益是否公平提出要求。因此,经济法的公平原则的基础是社会正义、集体正义与实质正义,民法的公平原则的基础是个体正义和形式正义。而什么是正义,什么是公平,它们没有非常严格的客观标准,判断的依据只在于具体参考对象是谁。东方文化中的“舍小家为大家”的集体主义使命感与西方文明中的“并非所有东西都归国王所有”的以私有产权为核心的个体主义看似关系不大,但逃不出同一维度或不同维度的比较,在历史长河中两种相互矛盾思想的交织与融合。个体主义角度上和整体主义角度上的公平内涵有重合之处,但无论是个体主义还是整体主义,相对于何种对象而言,人们对

---

〔1〕 参见李其瑞主编:《法学原理》,知识产权出版社2018年版,第164页。
〔2〕 参见梁慧星:《民法总论》,法律出版社2001年版,第50页。
〔3〕 参见韩世远:《合同法总论》,法律出版社2001年版,第39页。

之的基本感知都离不开对平等、公正的正义感判断。

(三)民法自愿、等价有偿、诚实信用原则与经济法的公平原则

民法的自愿原则、等价有偿原则、诚实信用原则是经济法公平原则的不同的方面,它们代表的是一种形式公平。经济法虽然突出的是实质公平,但形式公平也是经济法的一项基础任务。

民法的自愿原则,又称为意思自治原则,其基本含义是民事主体可以按自己的意思自主决定自己的权利和义务,包括设立、变更和终止民事权利义务关系。[1] 我国《民法典》第5条规定:"民事主体从事民事活动,应当遵循自愿原则,按照自己的意思设立、变更、终止民事法律关系。"意思自治是私法的本质所在。意思自治原则保障了民事主体有权利按自己的真实意思表示去参与、中断、终止一段民事关系,而不受恐吓威胁、意思表示瑕疵等问题的干扰,是合同法的基本原则。我国经济法中也不乏对意思自治的保护,例如,《消费者权益保护法》第4条规定:"经营者与消费者进行交易,应当遵循自愿、平等、公平、诚实信用的原则。"第9条规定:"消费者享有自主选择商品和服务的权利。消费者有权自主选择提供商品或者服务的经营者,自主选择商品品种或者服务方式,自主决定购买或者不购买任何一种商品、接受或者不接受任何一项服务。消费者在自主选择商品或者服务时,有权进行比较、鉴别和挑选。"消费者的自主选择权就是对民法自愿原则从消费者群体利益保护上的深刻再现。又如,《反不正当竞争法》在第2条第1款中规定,经营者在生产经营活动中,应当遵循自愿、平等、公平、诚信的原则,遵守法律和商业道德。虽然在具体的法律规则内容中没有再提及自愿原则,但规定经营者不得实施混淆和虚假宣传行为以保障消费者的真实交易意思得以实现;规定经营者商业贿赂禁止和不得侵犯商业秘密的行为,保护其他竞争者自愿进入、退出市场,实现公平竞争。从《反垄断法》(通过对企业垄断市场进行限制来确保消费者可以自愿参与交易、中小企业可以自由进出市场)到《旅游法》(通过实现旅游者意思自治来维护旅游者权利),经济法的制度细节遵守了个人的意思自治原则。经济法通过自愿原则实现经济主体参与经济行为的公平和

---

[1] 参见李永军:《民法总则》,中国法制出版社2018年版,第65页。

自由。但是,经济法中的“自愿”权利往往给予的是市场中的弱势群体,从上文所列举的具体法律中,可以明显感受到经济法对弱势群体的关注。经济法的公平原则反映在消费者和其他弱势群体上,以保护他们的意思自由为主要内容,但对市场上的强者,例如垄断企业和合并企业,经济法对他们的意思自由施加了一种限制,当它们的势力足够对同行业的经济施加影响时,经济法需要对之进行审查,判断它们或它们的行为是否合法。这时虽然经济法违背了民法中的自愿原则,但更有利于实现社会的实质公平。

等价有偿原则是公平原则在财产性质的民事活动中的体现。[1] 原《民法通则》第4条规定:“民事活动应当遵循自愿、公平、等价有偿、诚实信用原则。”而在《民法典》中却并未直接规定这一原则,究其原因,笔者认为可能有三:第一个原因是等价有偿原则本身是公平原则的一部分。天下攘攘皆为利往,天下熙熙皆为利来,民法调节的经济关系是平等主体之间的平等交易关系,等价有偿是最早商品经济发展的基本保障。在合同交易时,商品的价值量是在进行等价值的交换,交易中的投入与产出是平衡的,没有人去巧取豪夺,也没有人会欺行霸市,敛取财物。等价有偿原则中包含有人们对传统交易方式的认可和对理想社会交易环境的向往。第二个原因是等价有偿不同于自愿、诚实信用等原则,虽然自愿、诚实信用与公平原则也有关系(公平原则的内涵十分丰富,自由、平等、正义、公正都包含在其中),但仅因为等价有偿是公平原则的一部分而放弃这一原则似乎有点说不过去,问题的关键在于其他原则除了体现公平内涵之外,还有涉及公平原则之外的价值领域。例如自愿原则,它是公平的一种表现,但它更多代表着一种对意思自由的价值追求。当将传统民法的原则进行价值理念的剖析,我们会发现类型化的东西,而解决问题的关键在于找出其内核是什么。等价有偿原则与我国《民法典》所直接保留的其他原则最大的不同,是在于公平原则的关系上,它是公平原则内的一种具体表现形式。第三个原因,是笔者在听首都经济贸易大学法学院院长张世君教授讲商法总论课程时得到的启示:传统的民法强调民事主体、

---

〔1〕 参见江必新等:《最高人民法院指导性案例裁判规则理解与适用(合同卷一:合同原则、履行、解除、违约责任)》,中国法制出版社2018年版,第52页。

民事关系的平等性，所以等价交换是可取的，但是从商法的角度来看，商事合同的订立主体是以营利为目的的商人，无论其是自然人、法人或是其他组织，他签订合同的目的就是在满足成本之上获取利润，因此不可能做到真正的等价交换，如果所有的商事交易都建立在等价交换的前提下，没有盈利，那么市场经济很难继续维持。我国《民法典》在总则和合同编中都不再提及等价有偿原则，很可能也是基于现实经济发展的一种考虑。

再来看诚实信用原则，它在民法界被称为帝王规则、君临法域，是市场经济的基石。诚实信用原则是两项道德准则在法律中的转化。诚实信用原则起源于罗马法，人们在订立契约时不仅要依照契约的条款去执行，更重要的是要依据其内心的诚实观念来完成契约所规定的给付。欧洲中世纪的教会法也规定，个人一旦作出允诺，便应当履行：谎言、伪证、虚假的誓言都是“言语上的罪过”，不遵守其话语和承诺的人就应当接受惩罚，违背誓言的行为构成不法的状态，应受到法律的制裁。1804 年的《法国民法典》第 1134 条规定，契约应依诚信方法履行。1863 年《撒克逊民法典》第 158 条规定：“契约之履行，除依特约、法规外，应遵守诚信。依诚实人之所应为者为之。”[1]1907 年《瑞士民法典》第 2 条规定：无论何人，行使权利、履行义务，均应依诚信为之。将诚实信用原则由债权债务关系扩展到一般权利和义务。《德国民法典》第 242 条一般性地规定，每个人都要在考虑到社会交易习惯的情况下，诚实信用地履行契约。《日本民法典》第 1 条规定：权利行使及义务履行必须遵守信义，以诚实为之。自 20 世纪以来，诚实信用原则在民法中得以普遍运用，是民法发展的重要标志。我国《民法典》第 7 条规定：“民事主体从事民事活动，应当遵循诚信原则，秉持诚实，恪守承诺。”就我国而言，诚实信用原则是最基本的商业精神和最低限度的商业道德。通过诚信原则，市场主体得以公平交易，各方的经济利益得以保障。经济法对诚信原则也有所涉及，例如，它要求产品的生产者、销售者不得欺瞒、诱导消费者去进行不利于消费者本身利益的交易，生产者、销售者需对产品的质量负有连带责任，食品加工者需对食品质量问题负责等。经济法通过借助民商法的诚实信用原则来实现市

[1] 张钧涛：《新时期我国民法研究》，中国商务出版社 2018 年版，第 46 页。

场的公平交易,促进市场的健康发展。除了保障市场交易有效率、有秩序地运行,还体现出社会主义核心价值观中的诚信价值。只有树立全社会诚实守信的道德观念,才能建立诚信社会。[1]

从上述分析可得出这样的结论,民法的自愿原则、等价有偿原则和诚实信用原则都直指经济公平,是经济公平实现的基础前提,它们是经济法所要实现公平原则的不同表现方面。但是,作为民法的原则,它们没有偏离对市场主体个人的考察,始终是站在个体利益公平的角度来平衡个体之间的经济利益关系,因此在方式上,它们表现出的是一种形式公平,而经济法的公平原则还表现为对弱势群体的保护,要实现的是实质公平。除此之外,经济法的公平强调的是社会某一类群体的内部与群体之间的公平,它的角度比民法要宏观,视野更开阔,要考虑的是经济社会发展的整体利益、长远利益。

(四)民法公序良俗原则与经济法的公共利益原则

公序良俗原则是指民事主体在进行民事活动时不得违反社会的一般道德准则和国家的一般利益。公序,字面拆开就是公共秩序,可以理解为社会公共利益、国家利益、社会经济秩序;良俗,也就是所谓的善良风俗,包括了社会公德、商业道德和社会良好风尚。[2] 民法的公序良俗原则要求民事主体在社会活动中不得损害社会的公共利益,不能违反传统的善良风俗。该原则是保障社会经济秩序,促进经济效率的底线原则。该原则虽是指导具体案例中的个人在签订合同、履行契约等具体行为准则,但以与社会和谐的整体同理心为存在基础,达到了保护、促进社会整体利益的效果。它和经济法所强调的公共利益有相同之处,因此我们将民法的公序良俗原则与经济法的公共利益放在一起探讨。

公序良俗的历史久远,一般认为公序良俗原则起源于罗马法。近现代的民法都普遍列入了该原则,例如《法国民法典》第6条、《德国民法典》第138条、《瑞士债务法》第20条、《日本民法典》第90条和《泰国民法典》第12条。我国古代虽没有明确将公序良俗纳入律法之中,但法律的制定却依据的是具体时期的公序良俗。周时有“周公制周礼”,指导君

---

〔1〕 参见张钧涛:《新时期我国民法研究》,中国商务出版社2018年版,第47页。

〔2〕 参见郭明瑞:《民法总则通义》,商务印书馆2018年版,第26~27页。

王百姓做事的基准就是当时的公序良俗。封建社会时期我国法律发展的特点是刑民合一,且以刑法为主,但仍未脱离公序良俗。从汉至清我国法律都引礼入刑,以礼为主,刑为辅。例如,有规定"亲亲相隐不为罪","留养"(留养为北魏创制,犯罪者家有老人,赡养老人再执行刑罚)等。公序良俗没有固定的模式,不同的时代、不同的文化背景下有不同的内容,我国的法律传统中带有必须遵守公序良俗的"血液",这是我国文化传统中不可或缺的部分。[1] 我国《民法典》第8条规定:"民事主体从事民事活动,不得违反法律,不得违背公序良俗。"第10条规定:"处理民事纠纷,应当依照法律;法律没有规定的,可以适用习惯,但是不得违背公序良俗。"第153条对民事行为效力进行规定时,认定违背公序良俗的民事法律行为无效。

民法的公序良俗原则与经济法的公共利益有着怎样的联系呢?由于民法并不能算是调整主体经济关系的专业法律。而它所尊崇的公共利益也区别于经济公共利益,民法中提倡的"公序良俗",较为偏向公共利益的伦理道德方面,是基于道德习惯的制度规范,尽管其中也有关于促进经济效率的因素,但多是基于对民间道德与风俗的保护,这样一来,民法的公序良俗调节的对象不只是民事主体的经济权利关系,还包括了民事主体的人身利益关系。例如,在规范自然人的姓名权和名称权时,我国《民法典》第1012条明确了自然人的这两项权利自由,但是又明确指出不得违背公序良俗,第1015条规范冠姓权时也提出了有不违背公序良俗的其他正当理由。

如果认为民商法所实现的交易安全属于微观经济领域,那么经济法则从宏观的角度,对国家的整体经济进行调节、引导。"民商法的救济功能表现为对相对人的一种事后权利救济,但对事先防范和对所破坏秩序的修复与弥补功能则显得局限与不足;经济法所建立的市场规制法律机制,通过对市场准入控制、竞争秩序维护、消费者权益保护等,适度限制了市场机制的弥散作用,修正和弥补了民商法的负面效应和不足,降低了私权主体依靠自身力量进行自我保护的高昂成本。经济法从国家视角建立

[1] 参见关保英主编:《简明中国法治文化辞典》,商务印书馆2016年版,第141页。

一种成本较低的监控和保护机制，维护了市场的基本秩序和交易安全。"[1]经济法的价值追求与民法有重合的内容，很多市场经济中违反公共秩序的现象和行为既是对经济法所追求的公共利益的违反，也违背了民法的公序良俗原则。在此，我们可以得出两个结论，首先，民法的公序良俗原则和经济法的公共利益都有站在国家、社会的本位上去考虑个体的行为，公序良俗中的公共秩序是经济法公共利益所追求的一种具体价值理念，而良俗则在一定程度对民事主体顺利达成契约发挥了作用，也为司法裁判、民间调解各种经济纠纷提供了一种参考准则。在这个层面上，我们认为民法的公序良俗原则与经济法的公共利益所追求的价值目标是有共同的部分的。其次，民法的公序良俗原则不同于经济法中的公共利益，原因之一在于它的出发点和基本思路不是基于有益于整体经济公共利益，只是将之作为一项规则未尽时的补充原则，它与经济公共利益有联系，但在关联度上却不如经济法直接。经济法的主要规则都是在经济公共利益指导下完成的，内容体现着国家对经济整体利益的维护，它强调的是一国之内整体经济的良好运行状态，也偏向于对弱势群体的特别照顾。《反不正当竞争法》《消费者保护法》《产品质量法》中列举了大量以经济公共利益为基础的规则。民法的公序良俗则是以社会、国家、集体的整体利益为标准来要求个体在与其他个体交往时所应确保的行为规范底线。两者的出发点有相似之处，但作用的基点不同。原因之二是民法的公序良俗范围十分宽广，它被用来指导的是人们之间的普遍关系，不仅是经济关系，还有人身关系和其他层面的关系，而经济法的公共利益虽然引用了公序良俗原则的部分内容，但是把全部精力放在了对社会经济关系的调整上。

习近平总书记在新时代下提出经济发展必须坚持以人民为中心，明确了发展为了人民、发展依靠人民、发展成果由人民共享的思想。[2] 经济法因此也被赋予实现人民对美好生活向往的光荣使命，经济法的公共

---

〔1〕 吴晓锋：《公序良俗的经济法分析——民法与经济法的契合》，载《西南民族大学学报（人文社会科学版）》2004 年第 10 期。

〔2〕 参见王子晖：《习近平新时代中国特色社会主义经济思想》，载新华网，http://www.xinhuanet.com/politics/2017-12/22/c_1122152985.htm，2020 年 9 月 22 日访问。

利益在经济法的基本原则中的地位也更加凸显,但是经济法公共利益的价值追求离不开民法的公序良俗原则对经济的指引。民法公序良俗原则和经济法公共秩序原则对自由坚持着同样的态度:自由必有界。天马行空而毫无限制的契约自由势必会引发对权利相对性的不解。公共利益、社会秩序、集体利益、善良风俗,看似是对契约自由的某种限制,却在更广泛的意义上确保了契约自由的极大程度地实现。

(五)我国民法的绿色原则与经济法的公共利益

2017 年实施的原《民法总则》首次出现了绿色原则,该法第 9 条规定:"民事主体从事民事活动,应当有利于节约资源、保护生态环境。"绿色原则是环境资源部门法的基本原则,环境资源法属于社会法,因而绿色原则之前一直出现在社会法领域。学者高度评价了我国民法中出现的绿色原则:"《民法总则》第 9 条属于限制性原则,具有在民法中确立绿色发展、生态安全、生态伦理价值理念,协调发展与环保、交易安全与生态安全、代内公平与代际公平之关系的功能,应贯彻到民法典各分则立法中。"[1]作为以私人关系为主要调节内容的民法,出现并加入对资源节约和环境保护方面的公法内容,是民法在新时代背景下所作出的适应性调整。绿色原则是民法现代化的要求,反映了新时代背景下的社会需求。党的十九大报告提出"为把我国建设成为富强民主文明和谐美丽的社会主义现代化强国而奋斗",[2]对以调节私权利为主的民法而言,绿色原则的加入不仅表现出了民法的私法公法化,还说明民法规范已受社会化的影响,以法律原则的方式回应了环境问题,所必须涉及的内容更加丰富,绿色原则可以作为民法的非核心原则(民法的传统原则多为体现民法核心理念和价值的本位性、基础性的核心原则,例如主体地位平等、意思自治、合法权益受法律保护等[3])成为指引民事行为的重要原则,与其他部门法律相协调,为"既要创造更多物质财富和精神财富以满足人民日益增长的美好生

---

[1] 吕忠梅等:《"绿色原则"在民法典中的贯彻论纲》,载《中国法学》2018 年第 1 期。

[2] 习近平:《决胜全面建成小康社会 夺取新时代中国特色社会主义伟大胜利——在中国共产党第十九次代表大会上的报告》,人民出版社 2017 年版,第 12 页。

[3] 参见吕忠梅等:《"绿色原则"在民法典中的贯彻论纲》,载《中国法学》2018 年第 1 期。

活的需要,也要提供更多优质生态产品以满足人民日益增长的优美生态环境需要"[1]奠定基础,是民法自身的与时俱进。虽然对民法的研究我们依然要尊重其研究传统,但更应将民法作为一种积极应对社会现实问题的工具,而不单单是某种意识形态,民法公法化不是被动的公法泛化的结果,而是以其自身的积极状态参与到特定社会关系的特定情境中去解决现实中的问题,这是自身的发展必然。

绿色原则反映的是保护环境,正确贯彻宪法、实现国家可持续发展战略的要求。坚持绿色原则,就要坚持人与自然的和谐相处。民法中的绿色原则要求民事主体在从事民事活动时,应从有利于资源节约、保护生态环境出发,以节约资源、保护生态环境为必需的考量。民事主体从事民事活动,造成资源浪费、生态环境破坏,应承担起相应的民事责任。[2] 国外的民法中亦出现了绿色条款,如《德国民法典》第 906 条第 1 项规定:"土地所有人不得禁止煤气、蒸汽、臭气、烟、煤烟子、热、噪声、震动以及从另一块土地发出的类似干涉的侵入但以该干涉不妨害或仅不显著地妨害其土地的使用为限。在通常情况下,法律或法令所确定的极限值或标准值不被依这些规定算出和评价的干涉所超出的,即为存在不显著的妨害。依《联邦公害防止法》第 48 条颁布所反映技术水平的一般行政规定中的数值,亦同。"《瑞士民法典》第 684 条规定:"经管工业的方式:1. 任何人,在行使其所有权时,特别是在其土地上经管工业时,对邻人的所有权有不造成过度侵害的注意义务。2. 因煤、烟、不洁气体音响或震动而造成的侵害,依土地的位置或性质,或依当地习惯属于为邻人所不能容忍的情况的,应严禁之。"

吕忠梅认为,世界上的民法典诞生于"风车水磨"时代,曾分别引领不同时代风骚的法国民法典、德国民法典,对环保着墨还是有限的。在当今人类迈向生态文明时代的进程中,中国民法典无论是"绿色原则"的创制,还是"绿色条款"的体系化设计,都是真正的世界首创的"中国方案",具有引领全球治理体系的重大意义。民法典的"绿色"可以从三方面体现:

---

[1] 参见吕忠梅等:《"绿色原则"在民法典中的贯彻论纲》,载《中国法学》2018 年第 1 期。

[2] 参见张钧涛:《新时期我国民法研究》,中国商务出版社 2018 年版,第 56 页。

第一,《民法典》总则第9条规定了"绿色原则",即民事主体从事民事活动,应当有利于节约资源、保护生态环境。"民法总则从总体上对所有民事活动要遵守的环保义务做了一个总括性的规定,为后面各分编围绕着'绿色原则'加以贯彻提供了基础。"第二,《民法典》三个分编分别对于"绿色"制度作出了规定。"例如物权编中,提出不得违反国家规定弃置固体废物,排放大气污染物、水污染物、噪声、光、电磁波辐射等有害物质;强调设立建设用地使用权应当符合节约资源保护生态环境的要求。在合同编中规定当事人在履行合同过程中应当避免浪费资源、污染环境和破坏生态。"第三,侵权责任编中,用专门章节对污染环境和破坏生态的侵权责任作出规定。[1]

马洪认为,民法将绿色原则作为民法基本原则,目的在于通过民法的固有特性特别是其自发、高效的实现机制,实现现代环境资源法可持续发展的法律目标。但民法仍以调整私人之间的权利关系为主,它能调节人类的资源和环境利益的社会公共利益能力范围是有限的,因此不可能直接将资源环境法的制度内容全部吸收进来,在环境资源法律关系中的众多关系中,只有能够通过分解予以特定化从而转化为民事关系的,才能纳入民法调整。[2]

笔者认为,绿色原则是我国民法典积极回应现代社会问题的体现,是对我国传统环保思想和法律文化的传承。它既传承了天地人和、人与自然和谐共生的我国优秀传统文化理念,又体现了党的十八大以来的新发展理念,与我国是人口大国、需要长期处理好人与资源生态的矛盾的国情是相适应的。[3]

与民法的绿色原则联系较大的是经济法中的公共利益。公共利益包含了很多方面的内容,其中就有公共的环境利益内容。在过去,环境资源问题也被纳入经济法的一部分进行规制,随着环境资源部门法的独立,人们对经济法公共利益保护的绿色功能及价值有所忽略。但实际上,经济

---

〔1〕 参见高志民:《民法典"绿色原则"的纳入意味着什么》,载微信公众号"人民政协报"2020年6月4日,https://mp.weixin.qq.com/S/4bavOhj75C0bpZtSZ3G_pQ。

〔2〕 参见马洪:《绿色原则何以入民法典》,载《学术月刊》2017年第10期。

〔3〕 参见张钧涛:《新时期我国民法研究》,中国商务出版社2018年版,第57页。

法仍是促进绿色经济发展的关键。试想,如果仅单纯在环境资源法中去规定市场主体对环境资源的社会责任,却没有给予他们相应的利益,那么法律就很难得到真正地贯彻和执行。仅通过环境法、资源法只能片面获得污染防治和节约资源的效果,市场主体以追求经济利益为主要目的,没有经济法对市场经济主体利益的保护与协调,市场主体的经济利益得不到保障。因为没有对应的激励措施来维护他们的利益,他们缺乏绿色技术创新的动力,或会选择规避法律适用,或会因此而退出市场,经济发展受到抑制,可持续发展就只剩下了“可持续”三个字,在缺乏发展的动力支撑下,这种可持续也将会是短暂的。可持续发展的动力来源仍在于发展及其所带来的利益。可持续发展要求发展方式发生转变,也可以这么理解:可持续发展要求在经济增长中逐渐以人力资源及人类制造的生产能力替代部分不清洁、不可循环利用的资源或能源,这需要经济法对技术创新能力的激励与保障,需要经济法平衡市场上各类主体的经济利益,需要经济法通过税费减免和财政手段等措施激励市场主体自觉绿色行为,需要经济法将绿色经济发展成果在全社会共享。从这个角度来看,经济法的经济公共利益也被赋予了不仅是要考虑当代社会的经济利益,还要为未来人获取经济利益能力负责的代际公平内涵。

新时代的绿色、共享的发展理念直接指向经济可持续发展的结果。经济可持续发展的根本问题是代际间的经济发展拥有同等的机会可能。谈及可持续发展,多数时候都与环境资源的可持续利用放在一起讨论,但可持续发展也包含经济本身保持健康、稳定的发展状态。理解可持续发展的关键有两点,一是把握“自然与社会之间动态的相互作用”,〔1〕减少工业生产带来的环境污染和资源掠夺性利用的经济增长;〔2〕二是维持良性的经济运行秩序,以保障公共利益不受破坏,确保经济的稳定、持续发展。

笔者认为,民法的绿色原则和经济法的公共利益均有通过对市场

〔1〕［美］伊恩·斯佩勒博格:《国际可持续发展百科全书》(第6卷),周伟丽、孙承兴、王文华译,上海交通大学出版社2017年版,第449页。

〔2〕参见尹伯成编著:《经济学基础教程》,格致出版社、上海人民出版社2017年版,第147页。

主体经济行为进行限制而实现促进社会经济可持续发展之目的。只不过,经济法在一开始就是通过限制市场主体的行为,对市场主体行为所带来的后果进行激励或惩戒来对市场主体施加影响来发挥对经济可持续发展的作用。而民法的初衷是维护民事主体的各项权利得到自由地表达与实现,因此在一定程度上可以说传统民法不仅没有对民事主体可能涉及的环境污染和资源浪费行为进行限制,还助长、推动了一些环境问题的形成。这不仅是传统民法制度本身的不足与缺陷,也是近代资本主义给民法打上的深深的印记、划下的框架。民法必须突破自我传统,否则在环境问题大规模爆发的今天,不仅民法的个性与特点会与其他部门法存在环境领域的冲突和问题,还会造成法官、执法工作者的迷茫。我国《民法典》纳入绿色原则,虽然不是民法适应环境保护要求的世界法律首创,但展现了我国民法在传统领域的自我创新和突破,民法通过绿色原则,将原则的不确定性和具体的民法规范一起,将绿色内容的模糊性与准确性融合在一起,既为法律解释留下弹性空间,又保障解释不会超出法律基本精神和内在属性范畴,“这是一种以立法技术方式表现出来的法律智慧”。[1] 也就是说,鉴于经济法和民法诞生的历史时代背景和承担使命的不同,它们对环境与资源问题的态度、能力范围和处理方式都有所不同,但时至今日,生态文明早已写入我国宪法,“绿水青山就是金山银山”已成为全民共识,即使有专门的环境资源部门法,经济法和民法也应及时调整自身,补充绿色发展法治之路的完整性,且不说经济法的公共利益与经济制度和民法的绿色原则和具体制度能在各自擅长的领域帮助实现环境资源的可持续发展,至少能做到整个法律系统内部的协调统一。

三、经济法与行政法原则关系

经济法与行政法虽是两大不同部门法领域,但经济法作为国家干预经济的方式和行政法之于经济领域的途径有某种相同之处。因此,在讨论经济法与行政法原则的关系之前,我们首先要厘清经济法和行政法的关系。日本学者金泽良雄指出,经济法中的规制,往往是通过行政权干预

---

〔1〕 吕忠梅、竺效等:《“绿色原则”在民法典中的贯彻论纲》,载《中国法学》2018年第1期。

经济的方法，属于这种情况的经济法，同时就具有作为行政法的特征。德国罗尔夫·斯特博认为经济行政法[1]的概念，由两个交叉的法律部门组成：经济法和行政法。其法律领域的重点在“济”，即对经济进行管理。[2]我国经济法学教授刘文华教授认为：经济法是经济集中与经济民主协调发展的产物，而不是什么经济集中法，也不是什么单纯的经济管理法；不是管死的法，而是管活的法。不这样认识和确立经济法的基本理论，经济法就很难独立地树立起来，到头来也不过是一种经济行政法，或者如苏联民法学者所主张的那种从属于行政法的亚系统、亚部门。可见，认识经济法之不同于行政法及其原则的重要性。通过研究经济法和行政法之间的关系可以加深我们对经济法独立性的认识，也能促进经济法和行政法之间的界限、经济法在法律体系中的地位的研究。经济法和行政法所调整的社会关系存在部分的重叠或者交叉，而这种调整对象的重叠或者交叉决定了经济法和行政法的密切联系。[3] 内容上的交叉导致它们的立法意义、立法目的乃至于法的价值一定是趋于一致或相互补充的，而它们之间的联系也就从更宽广的层面展开。例如，经济法和行政法同是公法属性，因此，经济法可自然而然地去借鉴行政法的调整手段、基本原则和制度，从而丰富和发展自身的制度建设。我们提取经济法与行政法关系这一逻辑思路的关键词，它们分别是：调整对象、立法意义、法的价值、法的属性、调整方式。这之中对经济法而言能区别于行政法最主要的还是调整对象上的区别，“经济法和行政法的区别主要是要理清行政法所调整的行政管理关系和经济法所调整的经济管理关系的区别所在”。[4] 在此，有学者提出问题：按经济法的干预说来看，国家干预经济所形成的经济管

---

〔1〕“经济行政法”这个概念是苏联法学界在20年代讨论经济法是否是独立的法律部门时系统地提出来的。

〔2〕参见[英]施米托夫：《国际贸易法文选》，赵秀文译，中国大百科全书出版社1993年版，第32页。

〔3〕参见刘剑文、魏建国：《也论经济法和行政法的关系》，载《华东政法学院学报》2003年第5期。

〔4〕刘剑文、魏建国：《也论经济法和行政法的关系》，载《华东政法学院学报》2003年第5期。

理关系是否都属于经济法调整对象的范围呢?[1]显然,这个问题的答案见仁见智,争论很多,但随着经济法的发展而逐渐清晰。薛克鹏认为:"对行政法的任何误读必然从理论上否认经济法独立存在的价值,从逻辑上将经济法归于行政法……不能仅看到行政机关执行经济法这一现象,从'行政机关执行的法律即行政法'这一错误观点出发,将经济法混入行政法中。"[2]"经济行政法与经济法泾渭分明,清晰可辨,不应被混淆。如果不是出于其他目的,不可能将其混同。而目前学界之所以出现误读现象,除学科利益之争外,根源仍是管理行政法的惯性思维。"[3]国家干预经济所形成的经济关系有很多方面,而其中产生的经济管理关系又包含了多个层次,其中有一部分确实是经济法与行政法重叠的内容。社会经济发展的复杂性决定了这一问题很难有干脆利落的答案,就如同我们当时通过国家干预论回应了经济法与民法的区别,但随着社会经济的发展,民法中也出现了公法的内容。这一发展历程演绎出的是事物本身背后的社会背景及规律。从经济关系的层面来看,费舍尔等学者指出,指令经济和自由市场经济都不符合市场现实,所有国家能建立起来的经济体制应是混合经济体制。混合经济的特征是产权结构公私并存,市场调节与国家调节并存,因而政府、市场与个人各司其职,市场在资源配置中起基础作用,国家对资源配置起调节作用,这不是仅仅通过单一的行政法、民法或经济法就能独自解决的问题,产权机制发挥作用需要民法,国家运行需要行政法,调整经济需要经济法,"市场主体的活动必然要依赖于国家权力的支撑,而国家的活动又必然要建立在对市场主体意思自治的充分尊重的基础之上。这种'自由'与'统治'之间的矛盾,单靠行政法和民法自身的作用是难以整合的"。[4]

但是,经济法与行政法的区别是明显的:第一,从两个部门法产生的背景和使命来看,行政法出现较早,"18 世纪末,法国首先出现了处理行

[1] 参见王克稳:《行政法学视野中的"经济法"——经济行政法之论》,载《中国法学》1999 年第 4 期。

[2] 薛克鹏:《误读行政法及其对经济法的危害》,载《现代法学》2009 年第 5 期。

[3] 薛克鹏:《经济行政法理论探源——经济法语境下的经济行政法》,载《当代法学》2013 年第 5 期。

[4] 李昌麒等:《论民法、行政法、经济法的互动机制》,载《法学》2001 年第 5 期。

政争议和救济公民权利的行政法制度。从产生的背景和功能看，法国行政法主要是为了限制行政权和救济公民权，是最早的控权法。”[1]因此，行政法出现的背景是对公民权利的救赎，也就是对国家权力的限制和监督。我们再来看学者对行政法的界定：“行政法是管理政府行政活动的部门法。它规定行政机关可以行使的权力，确定行使这些权力的原则。对受到行政行为损害者给予法律补偿。”[2]行政法与经济法的作用对象和立法目的显然是有区别的，行政法针对的是国家权力机关及代表其履行职权的公务人员，而经济法作用对象是市场中的经济主体，可能既有参与市场活动的普通民众和法人，也有国家机关。国家对社会经济活动的干预是针对市场体制的消极方面而言的，它产生的基础是存在市场经济体制；但行政法本身不是规范市场经济的有效手段。[3] 第二，从其功能来看，“近代行政法对行政权力进行限制，如果把这种限制也看成是‘控制’，那么今天我们仍然可以说行政法始终坚持控制行政权力”。[4] 经济法则是国家通过各种手段对经济关系进行调节，以使经济关系中的弱势群体的正义得以实现，社会经济秩序得以正常维系，经济得以稳定、健康、可持续发展。第三，从理论基础来看，行政法的理论基础是自然权利和法治理论，[5]当时资本主义处于上升时期，主流思想是自由主义，这就需要权力分立，相互制衡以免权力滥用。[6] 行政法学家哈特穆特·毛雷尔认为：“现代意义行政法的条件是在19世纪立法约束行政时才得以成就，动因是需要权限规则的分权，以及要求按照法律的观点干涉公民自由和财产的基本权利的确认。”[7]行政法“最初目的就是要保证政府权力在法律

[1] 薛克鹏：《误读行政法及其对经济法的危害》，载《现代法学》2009年第5期。

[2] [美]伯纳德·施瓦茨：《行政法》，徐炳译，群众出版社1986年版，第1页。

[3] 徐中起、王玄玮：《论经济法与行政法之区别》，载《云南学术探索》1997年第5期。

[4] 孙笑侠：《法律对行政的控制》，山东人民出版社1999年版，第3页。

[5] 参见方世荣：《行政法与行政诉讼法》，中国政法大学出版社1999年版，第16页。

[6] 参见刘水林、李永宁：《经济法与行政法关系之精神透视》，载《法律科学（西北政法学院学报）》2001年第5期。

[7] [德]哈特穆特·毛雷尔：《行政法总论》，高家伟译，法律出版社2000年版，第18页。

的范围内行使,防止政府滥用权力,以保护公民”。[1] 经济法的理论基础是政府干预经济的必要性,经济学理论的发展,尤其是凯恩斯主义的出现,奠定了经济法的基础。第四,从调整方式的区别来看,行政法侧重的是“控制”行政权力的滥用,而经济法采用的是间接调整的方式。行政法与经济法调整对象的不同属性决定了调整方式的不同。由于经济行政关系具有较强的行政隶属性,行政法必然主要依靠直接的调整方式,而国家干预经济所产生的社会关系几乎不会涉及行政隶属性,因此,经济法以间接调整方式为主。[2] 第五,从法本位来看,行政法是国家本位,而经济法是社会经济利益本位。在启蒙运动中,孟德斯鸠指出:“民法是以私人的利益为目的……政治法是以国家的利益与保全为目的的。”[3]19 世纪,大陆法系国家普遍认为公法的主要内容有行政法规。行政法的“国家本位”立场在西方思想界得到确认。[4] 而经济法最开始就是站在社会的角度,从国民经济发展的整体出发,处理个体营利性与社会公益性之间的矛盾,经济法所确保的“社会公益性”既不是单纯的国家利益,也不是市场主体的单个利益,而是“在个人与国家各自的领域之间,已经形成了以社会为过渡体的一个独立存在于其他法域的独特法域。这恰恰是属于经济法的领域”。[5] 第六,内容规范路径不同。如果认为行政法对国家参与和介入经济事务侧重于程序层面的规范和控制,那么经济法作为部门法则更关注内容层面的内容。这种区别涉及行政法和经济法作为部门法存在目的和使命的不同。从表面上来看,国家参与和介入经济事务及其行为和国家行政似乎是重合的,但行政法的根本目的和作用在于对行政组织及其权限进行监督和控制,因此,涉及经济法律关系的实体权利、义务无须以行政法调整。在这个层面上,经济法和行政法的调整对象也不矛盾,二

---

〔1〕［英］威廉·韦德:《行政法》,徐炳译,中国大百科全书出版社 1997 年版,第 5 页。

〔2〕徐中起、王玄玮:《论经济法与行政法之区别》,载《云南学术探索》1997 年第 5 期。

〔3〕［法］孟德斯鸠:《论法的精神》(下册),张雁深译,商务印书馆 1982 年版,第 191 页。

〔4〕参见徐中起、王玄玮:《论经济法与行政法之区别》,载《云南学术探索》1997 年第 5 期。

〔5〕［日］金泽良雄:《经济法概论》,满达人译,甘肃人民出版社 1985 年版,第 30 页。

者分别从不同的角度对政府参与和介入经济事务的经济法律关系予以规范和调整。[1] 第七，从形式上看，行政法主要是从行使国家权力人的具体程序上来对行政权力进行控制，并以此来救济行政相对人，因此行政法多是程序救济法，而非实体法。[2] 行政法关注的内容是如何控制行政权力滥用，而经济法关注的重点是如何防范经济影响力占优势的企业扰乱市场秩序，侵害其他经济主体的利益。“在经济管理领域，如果经济管理关系是依据行政命令而发生的，是一种直接的管理关系的话，那么，这种管理关系就是一种仅具经济外壳的行政关系，它应由行政法去调整；相反，如果经济管理关系的发生根据不是行政命令，而是普遍性的调控措施、间接的调节手段，那么，这种宏观的、间接的、非权力从属性的经济管理关系应由经济法调整，因为这种经济管理关系与一般的行政管理关系有着本质的不同。”[3]第八，从内容来看，经济法的研究对象以经济事务为限，不似行政法除经济行政外，还有警察治安行政、社会福利及救助行政、文化教育行政、卫生医疗行政等，经济法涉及范围没有行政法广泛，它不以行政为限；经济法关注社会整体经济层面的利益，凡对社会整体的经济形成、发展能够发生作用的行为，及其塑造的经济秩序皆可作为经济法的研究对象。[4]

行政法原则是指贯穿行政法中，指导行政法制定和实施的基本准则。行政法原则是整个行政法的理论基础，是贯穿整个行政法的主导思想和核心观念。行政法原则内容被学界归纳了很多种，多数学者认为行政法的基本原则包括实体性原则和程序性原则，实体性原则如依法行政原则、民主原则、尊重和保障人权原则、越权无效原则、信赖保护原则、比例原则、服务原则等；程序性原则有正当法律程序原则、行政公开原则、行政公正原则、行政公平原则、效率原则等。本书仅在教科书中对普遍公认的行政法原则中找出与经济法联系较为紧密的加以简介。

---

[1] 参见史际春主编：《经济法》（第3版），中国人民大学出版社2015年版，第21页。

[2] 美国行政法学家施瓦茨认为“行政法的要害不是实体法，而是程序法”。

[3] 王克稳：《行政法学视野中的“经济法”——经济行政法之论》，载《中国法学》1999年第4期。

[4] 参见胡丽文：《论国家权力的经济法维度：体系、规范及配置》，中国人民大学2021年博士学位论文。

（一）行政合法原则

行政合法原则又称为"行政法治原则"，行政合法原则可从法治的核心内容来理解：法治的核心是依法办事。英国对法治的解释是：一是法律至上，政府的一切活动必须遵守法律；二是法律平等地保护每一个人，所有人（包括政府机关活动）都受制于同一法律、法院；三是公民的权利和自由受法律的保护。行政合法原则的重要性在于国家"垄断着一个指定国家中所存在的强制权力。因此，国家才能而且必须确保对统治者以外其他人格所适用的法律规则并作出制裁。但公法是国家法，是统治者的法；因此，人们就不能想出反对国家行使的一种公法的直接制裁的方式"。[1] 德国行政法学之父奥托·迈耶认为，"法治由三部分构成：形成法律规范的能力，法律有限及法律保留。由此形成的法律的特别作用力，是法律与其一定表现形式普遍联系的能力"。[2] 因此，行政合法原则要求行政法律关系的主体必须严格依法办事，不得享有不受行政法调整的特权。英国法中两大原则——越权无效原则和自然公正原则均体现了行政合法的特征。罗豪才教授认为，行政合法原则的内容应包括三个方面：一是行政职权必须基于法律的授予才能存在；二是行政职权必须以法律为依据；三是行政授权、行政委托必须有法律依据，符合法律要旨。[3] 行政合法原则延伸出很多其他行政法原则，例如行政法规范创造力原则、法律优先原则和法律保留原则，它们都以行政合法原则为基础，在确保行政活动依法进行之上有其他方面的侧重。行政法的行政合法原则对维护市场的有序环境和主体之间的公平、自由的竞争关系至关重要。该原则的缺失会导致行政权力对市场经济的肆意干预，容易违背市场发展的一般规律。握有强制权力的行政机关必须尊重市场发展的一般规律，以体现人民意志的宪法以及尊重民意，[4] 保障市场主体经济自由、经济民主的权利的实现。因此，行政合法原则虽是行政法领域的重要原则，却通过约束行政权力使用者来限制其对经济和市场主体的干预程度和范围，间接保护了市

---

[1] [法]狄骥：《宪法论》，钱克新译，商务印书馆1962年版，第504页。

[2] [德]奥托·迈耶：《德国行政法》，刘飞译，商务印书馆2002年版，第67～68页。

[3] 参见罗豪才：《行政法学》，北京大学出版社2001年版，第22页。

[4] 参见王春业：《行政法学》，中国矿业大学出版社2012年版，第20页。

场主体的竞争自由和民主,为经济秩序的良性运转发挥作用。

(二)行政合理原则

行政合理原则相较于行政合法原则要求更高,[1]也就是除行政合法外,行政机关在作出具体行政行为时还要控制、把握行政自由裁量权的度。行政合理原则是指行政主体的行政行为在范围、方式、种类、幅度等方面要客观、适度、符合公平正义以及保护公民信赖利益的原则。与行政合法原则同样,行政合理原则也体现了法治的要求。[2] 前文已提到,法治要求对立法权进行限制,反对滥用行政权力,帮助和保护大量的和平等的机会,对个人和团体以及各种权利和自由的正当保护……它不是强调政府要维护和执行法律及秩序,而是说政府本身要服从法律制度而不能不顾法律和重新制定适应本身利益的法律。[3] 行政合理原则直指的内容是对行政自由裁量权的控制,它要求行政主体要合理地行使行政权,尤其不可以反复无常、刚愎自用、缺乏法律依据以及不完善地行使自由裁量权。英国行政法学家韦德认为,“合理原则已成为近年赋予行政法生命力最积极和最著名的理论之一”。[4]

在当代社会中,越来越多的新科技、新技术融入经济生活中,网络的普及、信息技术的发达不仅提高了市场经济的运作效率,还将给经济运行打开新的领域和方式。网络经济、信息经济迅速发展,从表象来看,网络世界为我们带来了诸多便利:比价网站比比皆是,搜寻成本降低,各种电商促销、手机应用程序降低了商品售价、提升了产品的质量,也丰富了消费者的选择。活跃的市场动态、新技术的不断涌现与初创企业的野蛮生长既为我们勾勒出一幅美好的景象,也暗藏着一些不可控也不可测的危机,个人信息泄露、算法歧视、大数据杀熟、算法共谋等等,一切问题似乎并非单独出现,而是彼此之间的边界十分模糊,甚至

---

〔1〕 参见黄瑶、林敏等:《行政法基本原则在行政案例中的运用》,四川大学出版社2016年版,第56页。

〔2〕 参见王春业:《行政法学》,中国矿业大学出版社2012年版,第23页。

〔3〕 参见[英]戴维·沃克:《牛津法律大辞典》,北京科技与社会研究所译,光明日报出版社1988年版,第790页。

〔4〕 [英]威廉·韦德:《行政法》,徐炳译,中国大百科全书出版社1997年版,第67页。

连互联网巨头与第三方应用程序的开发者之间也成了亦友亦敌的关系。面临许多新的经济业态和经济问题,法律也在积极地调整或者筹备中,此时不能仅依靠行政依法原则来约束行政机关行使权力,更多的是需要应用行政合理原则,来帮助行政执法机构在应对新问题时来把握住度,既不能放任新问题不管,也不能打击经济新发展方式的积极性。在这种状态下,行政合法原则对经济的平稳运行发挥了很大的作用,如果行政合理原则缺失,则行政力量容易渗透到国家干预经济的方式中去,造成与经济法作用领域的混淆。以干预经济关系为主要内容的经济法,需要行政法通过行政合理原则来对行政机关的具体行为进行约束,才能更好地发挥作用。

(三)行政效率原则

虽然据学者考证,效率概念最早适用于电学和机械学,但在当代社会,效率概念早已活跃于社会经济生活的各个领域。过去,衡量一个国家的能力往往是看它的征税能力和军事实力,但现代国家更看重的是能否成为一个有效、有为的国家。行政效率原则要求行政机关尽可能地减少行政成本获取最大限度的行政目标,它关注行政管理中行政机关所投入的成本和所实现的社会效果之间的比例关系。[1] "行政效率原则指行政权在运行时,要力争以尽可能快的时间,尽可能少的人员,尽可能低的经济耗费,办尽可能多的事,取得尽可能大的社会、经济效益。……它要求行政权运行时要按照客观规律的要求,以尽可能少的人、财、物等物质消耗,以及能力、技术、积极性、声誉等非物质消耗,去获取尽可能大的收效,或者在同样收效的情况下,花费尽可能少的物质和非物质消耗。"[2] 虽然从这一角度来看,行政效率原则涉及的是政府机关在处理行政事务时应考虑成本与产出效果之间的问题,但行政效率原则实质影响的是行政相对人的收益,行政相对人会根据行政主体的办事效率、效果来评价行政主体,因而行政效率原则不只是行政机关在行政权运行时的效率,还包括基

---

〔1〕 参见黄瑶、林敏等:《行政法基本原则在行政案例中的运用》,四川大学出版社2016年版,第239页。

〔2〕 胡建淼:《公权力研究:立法权、行政权、司法权》,浙江大学出版社2005年版,第277页。

于这一效率而导致的整个社会的实际收益问题。有学者指出，“行政法之效率概念应作层级式之理解：由最核心且最狭义之‘经济效率’依序向外扩张至最广义之‘公益效率’。换言之，在公益效率概念之下，成本考虑即不单纯以金钱或财物为限。举凡组织、人事、时间、风险等，皆可包含之”。[1] 因此，行政效率原则会影响到社会整体的收益，行政执法要符合效率精神，体现高效便民的特点。有学者认为，行政活动的主要目的就是实现公共利益，这是行政行为的实施特点和要求。[2] “市场经济体制作为一种对社会资源进行高效、合理配置的一种模式，客观上要求与之相匹配的法律制度能保持一定的运行效率，从而促进社会的全面发展。”[3] 有学者更是直接指出行政效率低下就是对当事人权益的损害，[4] 而事实上，正常情况下与行政机关打交道的相对人多是市场上的各种经济主体，他们进入市场的资质审查、市场行为的不当之处、发生纠纷的请求救济等，都需要相应行政机关去作出具体的行政行为，因而行政效率的高低也就决定了市场主体可正常参与市场经济活动的效率和质量。经济法所要保障的公平、有序等市场经济目标也是以有效的行政执法能力为基础保障的。

（四）信赖保护原则

信赖保护原则的核心是信赖利益，信赖利益是指行政相对人基于对行政机关先行行为而受有利益，得基于行政机关之信赖而保有该利益。该原则萌芽于第一次世界大战前后的德国，当时德国各邦行政法院在裁判有关撤销、废止行政处分的案件时会引用该项原则的内容。1976 年《德国行政程序法》的颁布标志着信赖保护作为行政法的一项基本原则在法典中得到了正式认可。差不多同一时期，英美法系的国家也确立了与之类似的“合法预期原则”。[5] 我国最高人民法院在 1999 年通过《关于执行〈中华人民共和国行政诉讼法〉若干问题的解释》（已废止），在第 59

[1] 杨彬权：《后民营化时代的国家担保责任研究》，中国法制出版社 2017 年版，第 171 页。

[2] 参见熊文钊：《现代行政法原理》，法律出版社 2000 年版，第 527 页。

[3] 章剑生：《论司法审查有限原则》，载《行政法学研究》1998 年第 2 期。

[4] 参见应松年主编：《行政法学新论》，中国方正出版社 2004 年版，第 337 页。

[5] 刘惠荣等编著：《海洋行政执法理论》，海洋出版社 2013 年版，第 133～134 页。

条中规定,根据《刑事诉讼法》第 54 条第 2 项规定判决撤销的被诉具体行政行为,将会给国家利益、公共利益或者他人合法权益造成损失的,人民法院在判决撤销的同时,可以责令被诉行政机关采取相应的补救措施。虽然在立法中未对行政信赖保护加以明文规定,但已从司法视角将行政信赖保护原则实际确定。信赖保护原则之所以被确立为当代行政法上的一项基本原则,原因在于它的社会基础是行政民主化潮流影响下的"政府—公民"关系结构。[1] 如果发生类似于许可证发放违法而被撤销的事件,行政相对人为此所付出的前期投入都将成空,因此,信赖保护原则强调行政行为违法虽应被撤销,但行政相对人因信赖政府机关而获得的利益应得到保障。当信赖保护问题被放大,其本质会涉及政府诚信的问题,朝令夕改的行政方式不仅影响政府的形象,还对整个社会的负面影响很大。信赖保护原则是市场经济体制及市场价值取向对政府的要求,是建立中国的诚信体系对政府的要求,更是推进行政法治建设对政府的要求。[2] 行政信赖保护原则的设置目的是维护法律秩序的安定性,保护市场主体的正当权益。如果在行政执法过程中隐藏着不稳定的因素,市场主体则会处于普遍的不安中,达成交易的各项成本都会随之增大,因为没有人愿意去承担这种由政府带来的不确定风险。尤其是对确权或法律利益的行政行为原则上是不可撤销的,这种情况下,"信赖保护"原则要高于"法律优先"原则。[3]

综上所述,虽然行政法原则适用的对象与经济法原则适用的对象是不同领域的主体,原则所体现的基本精神、内容、出发点都各不相同,但是行政法原则对行政具体行为的指引作用却可以间接影响市场经济的有效运行。笔者认为,可将行政法的相关原则理解为保障经济法正常实施的促进原则,当然,如果行政法原则运用得不好,造成了行政相对人进入市场、自由竞争的困难,带来市场经济效率低下,那么此时对经济法作用的

---

〔1〕 莫于川主编:《依法行政理论与实践》,中国工商出版社 2007 年版,第 47 ~ 48 页。

〔2〕 参见肖金明主编:《原则与制度——比较行政法的角度》,山东大学出版社 2004 年版,第 229 页。

〔3〕 参见肖金明主编:《原则与制度——比较行政法的角度》,山东大学出版社 2004 年版,第 232 页。

发挥无疑是一种滞碍。

四、经济法原则与刑法原则关系

提到经济法和刑法的关系,较为容易想到的是经济法也会涉及刑法中的经济类犯罪问题。因此,刑法原则也会渗透到经济领域。

(一)刑法的基本原则

刑法的基本原则是指刑法所特有的、贯穿全部刑事法律规范,确定犯罪、刑事责任与刑罚及其相互关系,并对刑事立法和刑事司法均具有指导意义的根本性准则。我国刑法的三大基本原则是罪刑法定原则、适用刑法人人平等原则和罪责刑相适应原则。[1]

1. 罪刑法定原则

罪刑法定原则是刑法致力于公正性和明确性的具体化表现。该原则是刑法规则一体化的基础:(1)宪法禁止事后法;(2)宪法规定模糊的指控无效;(3)刑法制定法的严格解释规则(又称为从宽解释准则);(4)根据习惯法的犯罪的法定废除;(5)法定禁止司法造法的犯罪;(6)这些规则的共同目标是禁止对不够清晰简洁的、缺乏明文规定的违法行为的刑事检控。[2] 我国《刑法》第3条规定:"法律明文规定为犯罪行为的,依照法律定罪处罚;法律没有明文规定为犯罪行为的,不得定罪处罚。"罪刑法定原则是现代社会的基本法治原则,由于刑法对犯罪主体的惩罚力度大,因而在刑法的诸原则中一直处于十分重要的地位。有学者考证,该原则最早在《英国人民自由大宪章》(1215年)中被阐述,《英国人民自由大宪章》第39条规定:"对任何自由人,不依同一身份的适当的裁判或国家的法律,不得逮捕、监禁、剥夺领地、剥夺领地、剥夺法的保护或放逐出境,不得采取任何方法使之破产,不得施加暴力,不得使之入狱。"[3] 罪刑法定原则在十七八世纪曾有过系统地阐述,在宪法性文件中,1628年的《权利请愿书》、1679年的《人身保护令》和1689年的《权利法案》均作出保护人身权利的"正当程序"规定。1776年美国在十三州殖民地中最早出台的

---

〔1〕 参见李其瑞主编:《法学原理》,知识产权出版社2018年版,第120页。

〔2〕 参见[美]保罗·罗宾逊、[美]迈克·卡希尔、谢杰:《失义的刑法》,上海人民出版社2018年版,第87页。

〔3〕 张明楷:《罪刑法定与刑法解释》,北京大学出版社2009年版,第1页。

《弗吉尼亚权利法案》第 8 条规定："除了国家法律或同等的公民的裁判外，任何人的自由不应受到剥夺。"[1] 1787 年《美国联邦宪法》第 1 条第 9 款第 3 项和第 10 款第 1 项规定了刑法溯及力。在欧洲大陆，罪刑法定思想最早由意大利刑法学家贝卡里亚提出，他在《论犯罪与刑罚》中论述到"只有法律才能为犯罪规定刑罚""只有法律才能确定一个人在什么情况下应受刑罚"。[2] 但其真正成为刑法的一项基本原则，归功于刑法学鼻祖费尔巴哈的倡导。费尔巴哈在《刑法教科书》中首先使用了"罪刑法定原则"，并对这一原则的精神内涵进行阐述。[3] 受该思想影响，1789 年，法国《人权宣言》第 8 条规定："法律只应规定确实需要和显然不可少的刑罚，而且除非根据在犯法前已经制定和公布的且系依法施行的法律以外，不得处罚任何人。"[4] 1810 年《法国刑法典》也以刑事立法确认了该原则。1871 年《德国刑法典》第 2 条、1889 年《意大利刑法典》第 1 条、第 2 条、1880 年《日本刑法典》第 1 条、1881 年《荷兰刑法》第 1 条、1903 年《俄国刑法》第 1 条、1909 年《奥地利刑法准备草案》第 1 条[5] 等均出现了罪刑法定原则。时至今日，罪刑法定原则已成为各国刑法适用的普遍原则，我国于清朝末年引入了该原则，并经过了一百多年的本土化历程。

2. 平等适用刑法原则

刑法面前人人平等，即刑法规范在根据其内容应当得到适用的所有场合，都予以严格使用。我国《刑法》第 4 条规定："对任何人犯罪，在适用法律上一律平等。不允许任何人有超越法律的特权。"适用刑法平等原则要求：(1) 对于一切犯罪人，不论民族、性别、职业、出身、宗教信仰、教育程度、财产状况、社会地位有何不同，在适用法律上一律平等，在定罪、处刑、行刑以及解决刑法适用范围和追诉时效等问题上一视同仁。(2) 适用法律平等意味着反对特权。任何人犯罪都要受到刑事追究，不能因其身份

[1] 刘雪梅：《罪刑法定论》，中国方正出版社 2005 年版，第 3 页。

[2] [意] 贝卡里亚：《论犯罪与刑罚》，黄风译，中国大百科全书出版社 1993 年版，第 11、17 页。

[3] 参见李其瑞：《法学原理》，知识产权出版社 2018 年版，第 120 页。

[4] 刘雪梅：《罪刑法定论》，中国方正出版社 2005 年版，第 4 页。

[5] 参见何佳馨、李明倩：《法的国际化与本土化》，商务印书馆 2018 年版，第 388 页。

特殊或拥有特权而有罪不判或重罪轻判,或者在行刑时给予特殊待遇。[1] 也就是说,适用刑法平等原则要在刑法定罪上一律平等、量刑上一律平等、行刑上一律平等。[2]

我国《宪法》第 33 条第 2 款规定:"中华人民共和国公民在法律面前人人平等。"适用刑法平等原则,是法律面前人人平等原则在刑法中的体现。平等适用刑法,是维护主体合法权益的要求,是人民自由的要求,是保护法益和保障自由的要求,既是市场经济的要求,也是预防犯罪的要求,是实现价值追求的要求,是作为规范的刑法本身的要求,更是法治的要求。平等适用刑法的具体要求是:对刑法所保护的合法权益予以平等地保护:对于事实犯的任何人,都必须严格依照法律认定犯罪:对于任何犯罪人,都必须根据其犯罪事实与法律规定量刑;对被判处刑罚的任何人,都必须严格按照法律的规定执行刑罚。[3] 我国的社会主义市场经济是在同一标准下的多元主体竞争经济。竞争必须平等。[4] 每一位竞争者在法律适用问题上是处于相同的地位,市场竞争平等的价值观念呼唤平等的执法观,平等适用刑法原则也可以说是对市场主体平等性在刑法适用领域上的一个特殊体现。

3. 罪责刑相适应原则

罪责刑相适应原则源起于原始社会的同态复仇。资产阶级革命胜利后,罪责刑相适应的思想有了新的表述。孟德斯鸠指出:刑罚应有程度之分,按罪大小,定惩罚轻重。贝卡里亚在《论犯罪与刑罚》一书中指出:"犯罪对公共利益的危害越大,促使人们犯罪的力量越强,制止人们犯罪的手段就应该越有力。这就需要刑罚与犯罪相对称。""刑法不但应该从程度上与犯罪相对称,也应从实施刑罚的方式上与犯罪相对称。""刑罚应尽量符合犯罪的本性,这条原则进一步密切了犯罪与刑罚之间的重要联结,这种相似性特别有助于人们把犯罪的动机同刑罚的处罚进行对比,当

---

〔1〕 参见欧锦雄、覃祖文主编:《刑法理论与实践》,广西人民出版社 2012 年版,第 23 页。

〔2〕 参见郝川主编:《刑法学》,中国言实出版社 2013 年版,第 30 页。

〔3〕 参见杨小军:《中国法制建设》,国家行政学院出版社 2013 年版,第 100 页。

〔4〕 参见曹兴华、桂志立、张静主编:《刑法学》,云南科技出版社 2014 年版,第 22 页。

诱人侵犯法律的观念竭力追逐某一目标时,这种相似性能改变人的心灵,并把它引向相反的目标。"[1]我国《刑法》第5条规定:"刑罚的轻重,应当与犯罪分子所犯罪行和承担的刑事责任相适应。"罪责刑相适应反映的是一种基于所犯法益不同而区别对待的处罚原则。我国《刑法》总则根据各种行为的社会危害性程度和人身危险性的大小,规定了轻重有别的处罚原则。例如,对于防卫过当、避险过当而构成犯罪者应当减轻或免除处罚;预备犯可以比照既遂犯从轻、减轻或者免除处罚;未遂犯可以比照既遂犯从轻或者减轻处罚,等等。[2]

(二)刑法原则与经济法原则的关系

刑法基本原则对市场经济的有序发展发挥着间接的促进作用。尤其是平等适用刑罚原则和罪责刑相适应原则。平等适用刑罚原则等于间接保障了市场上的经济主体之间的平等地位,没有人会因为财力的悬殊和与权力部门之间的关系远近而会受到差别待遇、被特殊化,市场主体中的任何人违反了刑法都要平等地接受刑法的审判。基于平等法律适用的心理预期,市场上的主体才会放心地进行交易、以法律为准绳约束自己的行为,形成良好的经济秩序。罪责刑相适应原则中也对市场经济中的相关违法行为的制裁发挥作用。刑法是市场经济法律调控机制中的重要一环,[3]刑法的基本原则虽看似与经济法原则并无联系,但刑法各项原则却实则为经济法原则能正常发挥起到了促进作用。刑法原则通过刑法的威慑力来对市场主体起到了强烈的预示和惩戒作用。刑法也间接地促进了经济法的社会本位原则和经济安全原则的实现。除此之外,刑法原则与经济法原则所体现出的一些法律精神,也有相通之处。例如,经济法的公平原则要求能确保市场主体公平地参与市场竞争,公平地享有经济权利,承担经济义务;同时,也要求市场主体公平地承担法律责任,当市场主体不履行其义务时则公平地受到法律制裁。[4] 经济法公平原则的主要内涵之一是要保障市场主体平等地适用法律,这与刑法中的平等适用刑

---

[1] 李海清、罗同昱主编:《刑法学》,电子科技大学出版社2015年版,第14页。
[2] 参见李欣:《刑法总论》,电子科技大学出版社2017年版,第22页。
[3] 参见陈泽宪:《论市场经济的刑法调控原则》,载《法学》1994年第3期。
[4] 参见谢国保主编:《中国市场经济法通论》,法律出版社1998年版,第15页。

法原则在法律理念上是一致的。二者都源自宪法的基本精神。我国《宪法》第33条第2款规定，中华人民共和国公民在法律面前一律平等。经济法的公平原则与刑法的平等适用刑法的原则是宪法原则在不同部门法中的具体表现。对于经济安全原则而言，经济法着眼于整体社会经济的角度，由国家对社会经济加以调节。特别是随着经济全球化的发展，国家间的经济技术交往逐步深入，竞争激烈，作为发展中的中国在进行国际交往时更应注意维护国家经济安全。如果自己国家在经济上依附于他国，便丧失了自我发展的能力。经济立法首先就要考虑维护本国经济安全，如在市场准入制度、反垄断、反不正当竞争、金融政策、税收制度等方面。维护国家经济安全不能仅靠经济法单薄的力量，此时还需借助经济刑法的惩治力度。刑法的基本使命之一是维护国家安全，经济安全是国家安全中的关键领域，当出现威胁经济安全的严重罪行时，必须出动刑法才能对行为人产生足够的震慑作用。

经济法与其他部门法之间存在各种直接或间接的联系，经济法的基本原则既有借鉴其他部门法基本原则之处，又有与其他部门法的原则精神相通之处，其他部门法原则的有效发挥能在一定程度上促进经济法基本原则的实现。虽然这些原则是在不同部门法领域中发挥主要作用，但组成了一个相互协调、相互促进的法律原则整体，反映的是一个法律系统的内部协调。从经济法基本原则与其他部门法原则之间的关系来解读经济法的基本原则，可以更好地理解经济法基本原则是如何在经济法领域中发挥独特的作用。

本章小结

本章的主要内容是关于经济法基本原则的基础理论。要对经济法基本原则的概念和内容进行界定，首先需要回到法理学中，看法理学对相关问题是如何界定的。讨论法律原则如何应对存在的问题、法律原则的表现形式有哪些、法律原则是否具有规范效力以及法律原则如何指导司法这些基本问题。尤其是对法律原则如何指导司法这一实践性较强的现实问题，在第一节中我们进行了深入的讨论，认为法律原则对司法的指导是两个层次的，它以对司法主体的价值理念影响为第一个层次的主要表现，在法律规则无法解决实际问题之时承担第二个层次的主要作用。第二个层次虽不常出现,却经常是在法学理论中理解法律原则如何作用于司法的被用来讨论的命题。在对法律的相关概念进行梳理之后,本章引出了经济法原则的概念,也对经济法原则进行溯源。我们认为,至少存在五个能形成、可抽象为经济法律原则的方面,分别是经济法与客观经济规律的关系、制度习惯、经济法规的目标与社会生产目的、经济法所运用的手段和他法的法律制度。在对经济法大家关于经济法原则的研究进行综述后,我们也试图来回答这样一个问题:什么样的东西才能成为经济法的基本原则,也就是经济法基本原则的标准是什么。在结合前人已有研究的基础上,我们总结出了经济法原则标准的四点特性:区别性、稳定性、纲领性与实用性;也提炼出了经济法的四项基本原则:经济发展的责权利效相统一原则、发展中国特色的公平竞争原则、经济与法治平衡协调原则和消费者福利最大化原则,我们认为对经济法基本原则的总结离不开对当代经济发展特点的关注。在第二节中,我们又从经济法原则所追求的价值目标出发,用规范分析的方法来揭示经济法基本原则背后所追求和体现的价值(或者说经济法的基本原则是由这些价值来支配的),重点讨论经济法灵魂深处的事物——经济法所能实现的社会价值,即经济法基本原则的价值取向。因为经济法基本原则所反映的价值既是经济法本质的外在反映,也是经济法的目标和原则据以确立的基础。经济法基本原则的价值观与经济法的价值内容基本相等,经济法基本原则的价值问题是经济法的核心问题。我们认为,经济法最主要的价值体系包含了秩序价值、公平价值、效率价值,其他价值如社会效益、经济安全等都是在这些经济法的基础价值之上衍生出来的。在第三节中,我们研究了经济法基本原则中所反映的经济法理念。经济法的基本原则是在经济法的立法和具体适用中所应当遵循的准则。它是经济法精神和价值的反映,是经济法宗旨和本质的具体体现。从经济法原则的地位和意义来看,它与经济法的理念有很多相同之处,经济法原则可以说是经济法理念的具体表现。法的理念是法追求的价值目标或者关于法应该是什么样的理想,它虽然不会直接明确地出现在法律条文中,却是全部法律内容所指向的总精神。经济法理念比其他部门法的法律理念更突出地体现了整个法律理念的社会化新时代特征。经济法理念具有三个特征:有理性、客观性和辩证发展性。我们认为,经济法的四大原则——经济发展的责权利效相统一原则、发展中国特色的公平竞争原则、经济与法治平衡协调原则和消费者福利最大化原则体现了经济有序发展和经济公共利益的理念。经济发展的责权利效相统一原则、发展中国特色的公平竞争原则、经济与法治平衡协调原则和消费者福利最大化原则对市场经济主体日常活动的公平正义的环境进行了有力地塑造。这四项原则皆体现了对经济有序发展的追求。在第四节中,我们探讨了经济法原则与经济法规则的关系。我们认为,法律原则与法律规则之间的区别主要有:第一,法律原则是法的渊源的一种,它对一类社会关系具有普遍指导性;法律规则具有比较严密的逻辑结构,针对的是特定的对象。第二,法律原则在适用时比较灵活,它不指明符合规定的条件。第三,在精确性上,制定法律规则和法律原则对法律精确性的影响不同。第四,内容稳定性上,由于法律规则是针对具体的行为,而法律原则主要是价值性的或者道德性的,在大多数情况下,法律原则往往就是法律道德,是人在长期社会生活中逐步形成和积淀下来的,是社会自发演化的结果,而不是某立法者主观设计和建构的结果。而法律规则的适用范围窄,容易受到社会生活条件变化的影响,因此法律规则的稳定性不如法律原则。第五,在适用方式上,法律规则像德沃金所说的,是以"全有或全无"的方式适用,它要么被遵守,要么被违反。而法律原则则具有很大的伸缩性。第六,在冲突解决机制上,同一法律体系中如果法律规则之间有冲突,我们只能通过取舍来选择其中之一,另一则会无效。与此同时,我们列举了《反不正当竞争法》《消费者权益保护法》《产品质量法》《个人所得税法》四部法律中的相关制度,来解释经济法原则和经济法规则之间的关系。在第五节中,我们比较了经济法原则与相关部门法原则之间的关系。由于经济法起步晚,很多制度或是从传统部门法中分离出来,或是在保证不与其他部门法的相关规则相冲突的前提下因自我内容需要而产生,它借鉴了其他相关部门法的一些制度内容,虽然经济法追求的目标价值可能与其他部门法有很大差异,但是它在生成独立的制度系统时保留了与其他法律部门衔接的"触手",尊重其他部门法的价值选择,并坚守自己的基本原则和理念。通过将经济法原则与其他部门法的原则进行比较,找出它们之间的联系,可以对经济法基本原则进行溯源。在讨论经济法原则与宪法原则、刑法原则之间关系时,由于宪法原则是指导经济法立法的基础原则，而刑法是保护经济权利的最后一道防线，因此先对宪法、刑法的基本原则进行梳理，再讨论它们与经济法原则之间的关系；而在讨论经济法原则与民商法原则的关系时，由于经济法与民商法、行政法之间渊源颇深，所以我们直接将民商法的原则、行政法的各项原则与经济法原则放在一起进行了对比讨论。

本章对经济法基本原则进行一个轮廓式的探索，也是分论中各章节的理论基础。但是本章仍有未尽的问题，就像完成一件人物测绘作品，我们在第一章中只是很简单地给这个人物的五官轮廓搭了一个框架，但是并没有对这个人物进行更深入的刻画。在第二章中，我们将讨论从经济法产生到不同阶段发展过程中不变的核心思想，因为经济法基本原则所承载的和所要追求的就是这些核心精神。

第二章 经济法原则的法律思想沿革

法律思想作为思想史的一部分，本身与政治思想、道德伦理思想、宗教思想、艺术思想等密切结合，共同构成精神文化。[1] 支撑经济法原则的是其背后的理念和思想。要理解现代意义上的经济法的原理和精神，必须探讨其背后的思想理论。经济法是在资本主义由自由竞争走向垄断的过程中产生的；它的产生和发展的过程，与资本主义传统的哲学观念、经济学观念、法哲学观念的变革过程相协调。经济法的产生和发展，绝不是孤立、偶然的现象，它有着十分广泛和深刻的经济、社会和思想背景。正如马克思指出："社会的迫切需要必须而且一定会得到满足，社会必然性所要求的变化一定会给自己开辟道路，并且迟早会使立法适应这些变化。"经济法是现代的生产力发展社会化大生产深化和发展所要求的重要的法律保障。[2]

笔者认为，实质正义与形式正义权衡思想、社会本位思想、保障竞争自由思想和国家干预经济思想是经济法原则背后的指导思想。

---

〔1〕 参见袁达松：《经济法研究中的思想史视角》，载《政法论坛》2013 年第 3 期。

〔2〕 参见马洪：《试论经济法产生和发展的思想基础》，载《中南政法学院学报》1988 年第 2 期。

首先,经济法较为关注分配正义、社会正义、结果正义、实质正义,但制度的形式正义是实质正义的现实表现形态。但简单地认为经济法是"以不平等求公平"是片面化的,经济法的不平等只是相对于所有本来身份地位、实力和能力都不平等的全部市场主体而言的,但如果将这些市场主体按具体的实力能力、参与市场活动的方式等标准来划分后,经济法对每一类的市场主体是平等的。因而经济法发展的过程其实也是对实质正义与形式正义的平衡取舍过程。其次,经济法以社会经济利益为本位。"社会责任本位"思想认为,无论是国家机关,还是社会组织,或是公民个人,都要对社会负责,对社会发展负责。在尽责的基础上,享受权利,获得利益,最终都应是为了提高社会经济效益,促进社会经济发展。[1] 社会本位思想是经济法产生到发展所始终坚持的。再次,经济法以维护、促进市场自由竞争秩序为己任。19 世纪末 20 世纪初,传统自由主义赖以存在的社会基础条件发生了巨大的变化,其指导下的社会治理方略已经不能适应新的时代要求,为回应时代的需要,现代自由主义产生,其先驱思想家是格林和霍布豪斯。布兰代斯、杜威、罗斯福和罗尔斯则为当代的主要代表人物。现代自由主义是经济法的思想溯源,其主要表现是:为了个人自由而限制个人自由,个人自由与公共利益相统一、个人自由和社会发展相协调,国家发挥了适当的积极作用。[2] 最后,国家干预经济理论是经济法运作的理论基础。西方国家干预经济理论是随着社会发展而产生和演变的。史际春教授认为:"关于市场能否调节、社会能否自治、是否需要政府作为及如何作为,只能具体问题具体判断。"[3] 在人类社会发展过程中,人们以各种不同的方式结成一定的生产关系。每一历史时期出现的经济理论,就是这一定的生产关系在理论上的反映。不同的社会生产方式产生着不同的经济理论。而在每个特定的生产方式中又会经历不同的发展阶段,并出现与之相适应的各种经济理论。西方国家调控理论就是

[1] 参见江平等:《贯彻七中全会精神 加快经济法制建设——民法学、经济法学者一席谈》,载《中国法学》1991 年第 2 期。

[2] 参见刘思萱、徐明华:《现代自由主义:经济法思想溯源》,载《电子科技大学学报(社科版)》2004 年第 1 期。

[3] 史际春:《政府与市场关系的法治思考》,载《中共中央党校学报》2014 年第 6 期。

随着资本主义生产关系的发展而不断发展的。最初西方经济学研究的重点是经济管理和货币积累，古典学派研究的重点是生产领域以及包括流通在内的社会再生产，研究范围包括了经济理论和经济政策大部分内容。“二战”之后，随着数字模型在经济学领域的广泛应用，经济学研究的重点转向对国家经济政策的研究，为国家经济政策作用及其力度确定提供依据。〔1〕

本章主要内容是经济法原则背后的法律思想，其中会涉及这些思想理论的历史发展过程。这里套用刘文华教授进行经济法历史研究时的观点：“讲经济法产生发展的历史，不是简单地叙述历史，罗列法规，介绍常识，而要从经济法产生的历史长河中找出那些主流的规律性的东西，从中认识和把握经济法的本质及其运动的规律，是理解经济法的一把钥匙和一块敲门砖，是经济法原理的重要组成部分。”〔2〕研究经济法原则背后的思想及其沿革过程，也不是简单地罗列不同时期不同学者的态度和观点，而是要从经济法原则背后找到那些支撑经济法存在，决定经济法未来发展方向的规律性的东西，从而对经济法的精神和作用产生更深刻的认知，这是经济法本质和发展规律的灵魂，是理解经济法原则的核心内容。与此同时，鉴于经济法思想与社会经济背景息息相关，因此在对经济法思想进行研究之时，必然会涉及对经济法产生之时社会经济背景的介绍。

第一节　实质正义与形式正义价值追求

正义，不仅是法学价值追求之所在，还是经济学等其他学科研究的目的，只是这些学科研究并不似法学这般，将社会正义作为本学科研究的至高追求。从古至今，几乎没有哲学家和法学家能抛弃对“正义”的讨论。就连致力于将正义排除到法学范围的“纯粹法学派”也一再阐明正义的归属——伦理学，以表明自己不问“正义”的正当性。法对正义的追求，尤其是自然法传统——神的正义法存在于每一个人心中，写作“jus”。第一章

〔1〕　参见金硕仁：《政府经济调控与市场运行机制》，经济管理出版社2000年版，第33页。

〔2〕　刘文华：《中国经济法基础理论》（校注版），法律出版社2012年版，第2页。

中,我们已提及学者对正义的经典解释:例如,柏拉图认为,"正义就是给每个人以恰如其分的报答"。[1] 亚里士多德的校正正义观念包含两个要素:一是为不公行为伤害的人应当有启动法官管理的矫正机器的权力;二是法官不考虑受害人和伤害者的特点和社会地位。[2] 乌尔比安指出,"正义是给予每个人他应得的部分的这种坚定而恒久的愿望"[3];而西塞罗把公正描述为"使每个人获得其应得东西的人类精神意向"[4];之后,阿奎那提出正义就是"给予每个人应得的事物的坚定和不变意志"。霍布斯也说:"公正就是给予每个人应得的不变的意志。"穆勒则称:"公正就是每个人得到他应得的东西(利益或损害);而不公正则是每个人得到他不应得的利益或损害。"当代伦理学家麦金泰尔认为:"正义是给每个人——包括给予者本人应得的本分。"据此,他指责罗尔斯和诺齐克,因为"在罗尔斯和诺齐克关于正义与非正义的论述中,'应得'都没有占据这样的中心位置,甚至根本就没有立足之地"。[5] 慈继伟认为构成正义并行的主要因素有愤恨、相互性(条件性)、对法律约束的依赖性,以及表面与以上特征相悖的无条件性。[6] 正义也有很多侧面:公平、公正、平等、民主、自由等,都可以不同程度地代表和反映正义与否。这些侧面有很多交集,一些学者也认为有些甚至是拥有相同的含义。博登海默曾说:"正义具有一张普罗修斯似的脸,变幻无穷,随时可呈不同形状并具有极不相同的面貌。"[7] 多数情况下,正义与平等、公正所表达的含义大同小异,但平等与公正之间侧重点区别很大。汪丁丁认为平等只能根据一个社会特

---

〔1〕 [古希腊]柏拉图:《理想国》,郭斌和、张竹明译,商务印书馆2009年版,第7页。

〔2〕 [美]R. A. 波斯纳:《法理学问题》,中国政法大学出版社1994年版,第396~397页。

〔3〕 [古罗马]查士丁尼:《法学总论——法学阶梯》,张企泰译,商务印书馆1989年版,第1页。

〔4〕 [美]E. 博登海默:《法理学——法哲学及其方法》,姬敬武译,华夏出版社1987年版,第238~352页。

〔5〕 桑学成主编:《社会主义核心价值观研究丛书:公正篇》,江苏人民出版社2015年版,第21页。

〔6〕 参见慈继伟:《正义的两面》,生活·读书·新知三联书店2014年版,第9页。

〔7〕 [美]E. 博登海默:《法理学——法哲学及其方法》,姬敬武译,华夏出版社1987年版,第240页。

定的文化、传统与伦理，因此是依赖历史情境的。尽管平等观点和实践在不同性质的社会会有不同的诠释和表现，但从历史唯物主义和辩证唯物主义的立场和思维方法出发，就深刻分析其基本内涵而言，平等是一种社会价值，是现代社会的基本特征，是社会主义的本质要求。平等既是一个观念体系，又是一个实践体系。从平等的过程来看，平等分为起点平等、机会平等和结果平等；从平等的内容看，平等分为政治平等、经济平等、文化平等、社会平等；从平等的形态来看，平等分为平等理念、平等运动、平等制度。全面而不是片面、具体而不是抽象地看待平等问题，就要从平等的过程、内容、形态三个维度以及相互关系出发，在准确把握平等的基本内涵的基础上，讨论平等的思想演变和实践路径。[1]

经济法较为关注分配正义。罗默讨论了静态的分配正义概念，列出四种价值原则来判断社会是否公平，第一种是边沁的功利主义原则，第二种是罗尔斯的最大最小原则，第三种和第四种都是“适度主义”的边际递减原则。他认为应在一个综合框架内将这四种原则全都用上，根据不同的场合，采用不同的原则。[2] 罗默的模型在静态分配正义概念之外，还有作为程序正义的动态的正义。詹姆斯·科瑙讨论分配正义的四个方面，在程序正义和分配正义之下，提出三项广义的正义原则：一是可计算性，二是效率原则，三是自由主义原则。

经济法自诞生以来，较其他传统部门法更为关注实质正义的实现，但这并不是说经济法与形式正义无关，事实上，一切法律在实施过程中，都要有程序上的平等——形式正义的一种——作为保障，更何况经济法原则思想中有很多是从民商法、行政法等传统部门法中继承而来，因此形式正义在经济法中一直发挥着基础性的作用。本节中，笔者将试图讨论形式正义与实质正义在经济法发展的不同阶段所发挥的作用，其中也会融入学术界对形式正义和实质正义的观点和看法作为材料支撑。梳理本节思路，是按经济法产生、发展的逻辑，研究经济法在不同阶段对形式正义和实质正义的侧重，通过本节的研究，我们得出一个基本的结论：也许经

---

〔1〕 参见汪丁丁：《经济学思想史讲义》，上海人民出版社2012年版，第336页。

〔2〕 参见余达淮主编：《社会主义核心价值观通俗读本》，江苏凤凰文艺出版社2018年版，第121～122页。

济法从来都不存在形式正义与实质正义在某一阶段孰重孰轻的问题，二者皆是经济法能保障社会经济发展的正当性前提，它们都无法取代对方的位置和功能成为经济法治发展的唯一价值，但学界却热衷于对经济法形式正义与实质正义倾向的讨论，形成这种态势的原因也很简单，因为形式正义和实质正义的内容和表现方式有很大的区别，但是更多时候形式正义与实质正义存在共同的指向，因此，我们又不得不展开对这个问题的研究。

一、从实质正义到倾斜性平衡

（一）从诞生就肩负实质正义的经济法

按照罗尔斯的分类，正义包括形式正义、程序正义和实质正义。形式正义是指严格、一视同仁地依法办事；程序正义是介于形式正义和实质正义之间的一种旨在实现制定和适用规则的过程中正当性的东西。但是，在本节的讨论中我们将程序正义也放入了形式正义的广义视角之中去理解：具体来说，形式正义是指在制度的设立与安排过程中是否严格地遵循了程序或所遵循的程序是否符合正义的标准。它主要强调制度在设立和运行过程中所要实现的价值目标。与形式正义相比，制度的实质正义只是一种"结果正义"，是评价形式结果的价值准则，形式正义是监督、规范执行中正义的基本依据，充分保障了制度执行中正义的实现。[1] 程序正义论是人民司法观的理论核心，对司法活动程序的规范有着重要的影响。虽然在当今社会，法律活动追求的应不止于形式正义而应包括实质正义。但从某种意义上说，法治首先体现为形式正义。可以说，对形式正义的肯定与追求是现代法治理论成熟的标志，法治发展史在很大程度上首先是法律形式化的历史。[2]

制度的形式正义是实质正义的现实表现形态，是制度的正义得以实现的基本底线的伦理价值形式，也是制度的实质正义得以真正实现的重要前提。相对制度的实质正义，制度的形式正义更具有普遍性和客观性，它是在民主、中立原则的指导下，允许人们广泛地参与到制度的设立与安

---

〔1〕 参见李阳春：《制度正义论》，广东人民出版社2016年版，第85页。

〔2〕 参见沈玮玮、叶开强：《人民司法 司法文明建设的历史实践（1931－1959）》，中山大学出版社2016年版，第88页。

排中去，允许人们对制度的选择拥有发言权，在充分协商的基础上将最大多数人的智慧与意志通过法定步骤确立下来。[1]

近代民法在巩固和发展资本主义商品经济方面确实起了巨大的历史作用，至今它对商品经济的调整仍有着重要的作用。资产阶级民法出现和形成主要在资本主义上升时期，在资本主义自由竞争时期，那个时期的生产力水平和生产关系的复杂程度是以往任何社会所不能相比的，但是与现代社会相比却要低得多，简单得多。资产阶级民法对当时的经济关系大体上还是可以调整的，是适应的。但是就在当时已经暴露出其在某些方面的不适应性，比如对商业方面、对公司方面的调整，所以在1804年颁布《法国民法典》后不久，1807年法国又颁布了《法国商法典》，相距仅3年，商法已经渗入了国家对某些方面某种程度的干预，已经有了经济法的萌芽。[2] 经济法诞生于资本主义经济危机频发之时，民法等传统部门法已无法正常调整当时的经济主体之间的关系，因为民法所倡导的正义，是着眼于平等经济个体之间的正义，认为给予平等的经济主体之间平等的权利与机会，即为正义，这种正义关注的是形式上的主体公平，即形式正义。这种只关注形式上的平等性要求忽略的一个重要的社会现实：个体禀赋的不同不会因为赋予平等的机会而获得同等的社会能力，因此，这种形式正义在市场经济自由有序、法律制度健全、社会环境和谐的年代可最大限度地保障、发挥个人经济权利，但这些前提假设在一定社会时期都只能处于暂时的稳定状态，一旦出现技术革新或者发生其他因素变化，就会表现出脆弱性。因此，这种有赖于外部环境稳定的形式正义无法关注个体的长远利益，也无法实现社会整体正义。举个简单的例子，民法赋予并保障每个人自由、平等交换的权利，这也是实现市场经济公平竞争的核心内容。但现实中拥有雄厚技术实力的企业或已经占据了绝对市场影响力的企业会严重影响新的企业进入市场，所谓自由、平等交换权利的实现也就成了一种理想。相比民法是以抽象的人格平等为基础建立起社会正义体系，经济法通过维护公平竞争、社会可持续发展、宏观经济的平衡可以为社会各群体的利益营造一个公平的社会制度环境，它从社会整体利

---

〔1〕 参见李阳春：《制度正义论》，广东人民出版社2016年版，第86页。
〔2〕 参见刘文华：《中国经济法基础理论》，学苑出版社2002年版，第18页。

益出发追求实质正义,追求结果正义,谋求的是社会稳定与发展。经济法是以经济个体之间存在能力与财产上的差异为基础,即不平等为起点建立起自己的正义体系,认识到实际生活个体可能存在的禀赋、财富、地区、偏好的差异,而造成个人在经济上不可能完全平等。这种认识的逻辑结果就是关注结果正义。如某主体的经济行为虽然能提升主体的经济收益,但经济行为的负外部性溢出,在宏观上对社会整体利益造成严重损害,那么该个体经济行为在经济法的语境下就违背了正义的原则。经济法的出现,在进行制度设计时通过各种具体法律制度来缩减差异来靠近实质正义。[1] 因此,有学者评价:民法制度设计中的公平理念体现为平等、自主、自愿、合意等,而经济法的公平观注重最终实际利益的归属,注重对动态的、实质的公平进行法律提升和制度保障,注重内在化的效率公平。[2]

正义作为经济法的基本价值,具有不同于在其他法律中的内涵:其一,这里的正义关注市场的构建和经济制度的运行,关注社会经济利益和社会经济责任的分配,以及市场和经济秩序。法律遵循正义的旨意构建自由市场,为完全、有效的竞争创造环境,并进行权利初始分配。正义指导着经济法的运行,使干预经济的行为合理、合法和公正。其二,这里的正义更为关注国家干预经济的效率,因为效率是国家进行经济干预的直接原因,是经济法的重要价值。在市场制度中,制度安排与设计的正义和制度运行的效率是相互补充的。只有如此,方可获得一个内容完备、结构合理、能有效运行的市场。[3] 用刘文华教授的话来说就是,在现代市场经济条件下,市场主体间的强者、弱者之分是客观存在的。强者拥有强大的经济实力和组织网络,在市场活动中居于显著优势地位;弱者或消费者不仅经济实力小,而且处于无组织的分散状态,因此,他们在市场活动中最容易受到伤害。这就要求国家从维护社会公平与正义出发,在立法、执法和法律救济等方面,对市场主体中的弱者一方给予特别保护。对弱者

---

〔1〕 参见曹胜亮:《社会转型期我国经济法价值目标实现理路研究——以马克思主义利益理论为视角》,武汉大学出版社2015年版,第31~32页。

〔2〕 参见单飞跃:《经济法理念与范畴的解析》,中国检察出版社2002年版,第17页。

〔3〕 参见穆虹:《经济法价值研究》,山东大学出版社2009年版,第90~91页。

的保护实质上也是为市场竞争储备后生力量，为经济长远发展积累能量，因为今天的弱者可能明天就会变成强者。同时，保护市场上弱者的权益也体现了市场经济社会应该具有的社会良知，有利于社会的和谐、稳定。[1] 例如，垄断组织的垄断行为本身并不违反形式公平的价值准则，然而，它有可能侵削形式公平的价值基础。这是经济法诞生之初就具备的正义价值倾向，它可以为了实质正义而去打破形式平等的躯壳，为了实现整体利益而去牺牲个别利益，使他们在经济运行过程中处于法律形式上相对义务、责任较重的状态。例如，《产品质量责任法》和《消费者权益保护法》从法律文件的名称中就可以明显判断出来法律对市场交易主体双方权利义务的倾向，而《旅游法》中除了对旅游行业原则性规定和政府的职责外，对旅游者的义务性要求仅有 4 条规定（第 13 条、第 14 条、第 15 条、第 16 条），其他均是旅游者的权利以及旅游业务经营者的义务和责任。经济法的价值所体现的不仅仅是形式上的公平，更是一种实质公平。又如，社会保障法所追求的公平价值取向，侧重于分配领域，为“分配的公平”；其实质为结果公平或实质公平，而非起点公平或形式公平，其实现途径为通过国家力量的转移支付进行补偿，即补偿性公平。[2] 因此，经济法所强调的公平是社会公平、结果公平、分配公平与实质公平。

同样，与经济法实施直接相关的经济法责任也必须要体现出实质公平。例如，在经济法责任承担方式上，经济法责任是以无过错责任为归责原则，以公平责任为损害的分担方式。经济法责任制度的实践中，均是以行为人是否违反经济法义务作为追究责任的前提，而并不强调行为人是否具有主观过失。[3]

（二）学界对经济法价值的认知转变

本章中小标题中的经济法价值均特指正义价值。民法与行政法均强调形式正义，而形式正义有时会忽视结果的合理性。经济法则是以维护

---

[1] 参见刘文华：《经济法》（第 5 版），中国人民大学出版社 2017 年版，第 167 页。

[2] 参见王全兴：《经济法基础理论专题研究》，中国检察出版社 2002 年版，第 733 页。

[3] 参见陶广峰等：《构建与创新：经济法哲学研究》中国检察出版社 2017 年版，第 72 页。

实质正义为目标,矫正民法与行政法因追求形式正义而产生的不公平后果。[1] 学界普遍认为,经济法最初就是以实质正义为价值追求。但随着经济法的发展,学界对经济法价值的认知发生了转变,分化成两种态度。一种仍然认为经济法的核心本质就是为了实现实质正义;另一种则认为经济法从突出实质正义转向追求实质正义与形式正义的平衡。我们重点分析第二种认识。

关注到经济法的形式价值的学者多是从经济法与其他部门法之间的关系角度来论证经济法需要追求形式正义,如李昌麒教授认为经济法所追求的实质正义可能由于缺少程序正义的保障而最终导致不公平,所以又需要民法、行政法的矫正;[2] 陶广峰教授认为经济法的公平价值与传统民商法公平价值的区别在于,前者是维护和保障形式公平价值存在的基础,而后者是维护和保障形式公平价值本身。

形式公平也是经济法追求的目标。每个市场经营主体,不论其所有制形式、所在区域的不同,都有进入市场进行平等竞争的机会。经济法既不为某个市场经营主体在竞争中获胜创造特别优越的条件,也不会给某个特定市场主体制造障碍,经济法要在尽可能接近实质正义的过程中去给市场主体尽可能的形式公平。[3] 因此,简单地认为经济法是"以不平等求公平"是片面化的,经济法的不平等只是相对于所有本来身份地位、实力和能力都不平等的全部市场主体而言的,但如果将这些市场主体按具体的实力能力、参与市场活动的方式等标准来划分后,经济法对每一类的市场主体是平等的。也就是说,经济法注重个体差异,将市场主体按照一定的标准细化为不同的类型,同等类型内部,经济法平等对待。[4] 因此,经济法是以其特有的平等方式来追求实质正义,对经济法的研究不能抛开形式正义而只谈实质正义。形式公平是经济法公平价值的基础,是在追求实质公平的条件下的形式公平。张守文教授认为,宏观调控法不

---

〔1〕 参见李昌麒:《寻求经济法真谛之路》,法律出版社2003年版,第195~196页。

〔2〕 参见李昌麒:《寻求经济法真谛之路》,法律出版社2003年版,第196页。

〔3〕 参见王保树主编:《经济法原理》,北京社会科学文献出版社1999年版,第50页。

〔4〕 参见赖达清、李文军:《论经济法的公平价值》,载《南京社会科学》2002年第3期。

仅在形式公平和实质公平、机会公平与结果公平方面,还在实体公平与程序公平、纵向公平与横向公平等诸多成对的公平价值上均有平衡的体现和兼顾。[1] 笔者认为,就实质公平四字本身而言,就是需要承认经济主体在资源和个人禀赋等方面的具体差异,面对这些差异,通过一定的限制方式来降低这些客观上暂时存在的特殊条件,以此来成就真正意义上的形式公平。

二、经济法在追求实质正义的同时维护形式正义

通过上述分析,可以发现,学界对经济法正义价值的认知存在两种态度,一是认为经济法追求的正义价值就是形式正义;二是认为经济法追求的正义在随着社会经济发展的重点需求而调整着,经济法经历了从实质正义到形式正义与实质正义间进行倾斜性平衡的过程。笔者赞同第二种认知,经济法确实在随着社会经济发展的重点需求而微调着实质正义与形式正义之间的平衡。但笔者不认为经济法的发展经历了从实质正义到两者并重的过程,相反,笔者认为经济法一直以来都是在努力协调形式正义与实质正义的平衡,即形式正义和实质正义是经济法从产生到发展所追求的共同目标,只不过,一直以来经济法为了同民法等传统部门法相区别而片面突出了其实质正义价值,但经济法的形式正义才是经济法的根基,而这一根基是如此明确而又隐晦,明确到所有人都明白它的重要性,但却又隐晦到大家司空见惯地直接忽略。

经济法从其诞生之初,形式正义的核心在于给予所有市场主体以同等的机会,但却因现实生活中市场主体的个体能力差异表现出了实质不公平的特点。较为典型的是对垄断的禁止,总体来看,经济法的主要内容表现在对垄断的禁止和不公平竞争的限制上,因为垄断行为通过限制和消灭竞争,直接或间接地威胁到形式公平存在的基础。因此,经济法的公平价值与传统民商法公平价值的区别在于,前者是维护和保障形式公平价值存在的基础,而后者是维护和保障形式公平价值本身。[2] 经济法在自我发展完善的过程中,强化了为达到具体经济目标而进行调控手段的

---

〔1〕 参见张守文主编:《经济法学》,高等教育出版社2018年版,第114页。

〔2〕 参见陶广峰等:《构建与创新:经济法哲学研究》,中国检察出版社2017年版,第179页。

能力,同时不可否认的是其也沿袭了民商法领域对形式正义的追求。经济法虽然以社会经济的实质正义为目标,却无法摆脱法的形式正义倾向。原因很简单,形式正义是法存在及其适用的基础性原则,“只有当形式正义与实质正义发生令人不可忍受的冲突时才能优先满足实质正义的要求……实际上,法律形式主义一直是作为法律学科的基础,以至于离开了法律形式主义,法律的科学性就荡然无存”。[1] 虽然法律形式正义一直以来受到很大的批判,但却不可否认其作为法存在与适用基底的事实。

具体而言,法的形式正义是实质正义的现实表现形态,是法律制度的正义得以实现的基本底线的伦理价值形式,也是法律制度的实质正义得以真正实现的重要前提。相对法的实质正义,制度的形式正义更具有普遍性和客观性,它是在民主中立原则的指导下,允许人们广泛地参与到制度的设立与安排中去,允许人们对制度的选择拥有发言权,在充分协商的基础上将最大多数人的智慧与意志通过法定步骤确立下来。制度设立以后,它又是脱离于具体的个人而适用于所有场合的所有人,任何人在正义的程序面前完全平等,无任何特殊性可言。“平等或无差别对待一般被视为程序正义的核心或基本要求。”[2] 因此,法不可能为追求实质正义而弃形式正义于不顾,它只能在二者之间进行权衡,甚至通过实质正义来维护、巩固形式正义,通过形式正义来促使实质正义的实现,尽量使二者调和统一。价值衡量的根本价值目标在于使法律的形式正义与实质正义得到共同实现。价值衡量一方面要求对个案中竞争与矛盾的实质价值进行价值平衡与选择,使法律结论具有实质上的正当性和合理性,以实现法律的实质正义。[3] 经济法的发展历程充分体现了法对形式正义和实质正义的平衡过程,在一开始,经济法的核心就是弥补民法等传统部门法在实质正义功能发挥上的欠缺,但经济法始终必须坚持着形式正义的法律基底,它在追求实质正义的同时尽可能地保障、维护形式正义。很多学者认为经济法的主要目标就是追求实质正义,但笔者认为,经济法在追求实质正义的过程中有两点容易被忽视的内容,而这两点对理解经济法的精神

---

〔1〕 杨建崇:《现代法律适用问题研究》,吉林人民出版社2019年版,第36~37页。

〔2〕 李阳春:《制度正义论》,广东人民出版社2016年版,第86页。

〔3〕 参见沈仲衡:《价值衡量法律思维方法论》,暨南大学出版社2014年版,第78页。

内涵至关重要,如果不对这两点有一个清晰的认知,那么可能会误解经济法的价值追求,一叶障目而未见泰山全貌,人为地限制经济法发展之路。

其一,经济法中本身就有追求形式正义的法律条款,形式正义是经济法的基础,经济法对实质正义的追逐只是相对于其他部门法而言较为明显的区别性特征,经济法不能脱离法律形式正义的基本要求。此外,经济法要真正实现实质正义,必然也必须依赖于法的形式正义。形式正义基于人人平等的原则,主张所有权绝对、契约自由和过错责任,其权利和义务安排完全取决于当事人的意思自治。[1] 例如,《反不正当竞争法》第7条规定:"经营者不得采用财物或者其他手段贿赂下列单位或者个人,以谋取交易机会或者竞争优势:(一)交易相对方的工作人员;(二)受交易相对方委托办理相关事务的单位或者个人;(三)利用职权或者影响力影响交易的单位或者个人。经营者在交易活动中,可以以明示方式向交易相对方支付折扣,或者向中间人支付佣金。经营者向交易相对方支付折扣、向中间人支付佣金的,应当如实入账。接受折扣、佣金的经营者也应当如实入账。经营者的工作人员进行贿赂的,应当认定为经营者的行为;但是,经营者有证据证明该工作人员的行为与为经营者谋取交易机会或者竞争优势无关的除外"。这一条在经济法课堂上被归纳为禁止商业贿赂。通过贿赂达成交易的市场主体直接侵犯的是其他市场主体平等参与市场活动、公平竞争的可能性,也就是威胁了市场正常的竞争秩序,破坏了法律制度的形式正义。又如,《反不正当竞争法》第9条规定的侵犯商业秘密不正当竞争行为:"经营者不得实施下列侵犯商业秘密的行为:(一)以盗窃、贿赂、欺诈、胁迫、电子侵入或者其他不正当手段获取权利人的商业秘密;(二)披露、使用或者允许他人使用以前项手段获取的权利人的商业秘密;(三)违反保密义务或者违反权利人有关保守商业秘密的要求,披露、使用或者允许他人使用其所掌握的商业秘密;(四)教唆、引诱、帮助他人违反保密义务或者违反权利人有关保守商业秘密的要求,获取、披露、使用或者允许他人使用权利人的商业秘密。经营者以外的其他自然人、法人和非法人组织实施前款所列违法行为的,视为侵犯商业秘密。第三人明知或者应知商业秘密权利人的员工、前员工或者其他单位、个人

---

[1] 参见李昌麒主编:《经济法理念研究》,法律出版社2009年版,第274页。

实施本条第一款所列违法行为,仍获取、披露、使用或者允许他人使用该商业秘密的,视为侵犯商业秘密。"通过侵犯其他市场主体的商业秘密而获取更多参与市场活动的机会,或者以此提升自己的竞争能力,严重违反了经济法的形式正义。

其二,经济法在追求实质正义的过程中潜移默化地辅助其他部门法拥有适用形式正义原则更合适的环境,虽然形式主义不是它的目标,但追求实质正义的过程却能促进形式正义乃至实质正义本身的实现。那么,经济法是如何通过实现实质正义来促进形式正义环境的完善的?它的原理就在于通过实质正义来有效减少市场主体之间能力差距,从而使市场主体拥有能真正平等适用优良法律的机会。自由市场经济在表面形式上是平等、公平的。与实质正义相关联的是人本主义,它重视社会强势群体和弱势群体的分化,维护和促进弱势群体的生存与发展。[1] 但正如萨缪尔森所说:"市场是没有心脏和大脑的,因而不能指望市场自身能够意识到它所带来的严重的社会不平等的,更不能指望市场自身来纠正这种不平等。"垄断、外部性、公共物品的稀缺等问题的存在,不但导致低效率的资源配置,而且加剧了分配不公,使贫富差距加大,影响经济运行的稳定。因此,完全自由的市场经济本身并不能达到实质公平,实现社会平等。实质不正义的出现影响了形式正义的实现。只有通过经济法减小市场主体的差距,才能发挥形式正义的作用和价值。仍以《反不正当竞争法》为例,该法的第12条第2款规定:"经营者不得利用技术手段,通过影响用户选择或者其他方式,实施下列妨碍、破坏其他经营者合法提供的网络产品或者服务正常运行的行为:(一)未经其他经营者同意,在其合法提供的网络产品或者服务中,插入链接、强制进行目标跳转;(二)误导、欺骗、强迫用户修改、关闭、卸载其他经营者合法提供的网络产品或者服务;(三)恶意对其他经营者合法提供的网络产品或者服务实施不兼容;(四)其他妨碍、破坏其他经营者合法提供的网络产品或者服务正常运行的行为。"这是2018年实施的《反不正当竞争法》新增加的条款,近年来随着互联网技术和商业模式的快速发展,网络领域涉及不正当竞争的纠纷不断出现,经济法作出适时调整,对网络经营者的不正当竞争行为进行规制,尤其是经营

[1] 参见李昌麒主编:《经济法理念研究》,法律出版社2009年版,第274页。

者实施的对他人网络产品或者服务的妨碍、破坏行为，即使是通过误导、欺诈等手段取得了用户同意，或者是通过强迫手段由用户做出了决定，由于影响了用户的自主选择，不仅破坏了与同行业经营者的公平竞争秩序，还影响消费者的利益，属于不正当竞争行为。《反不正当竞争法》如果不设置这些形式正义的保护罩，就无法实现公平竞争和经济效率，达到实质正义的目标。因此，可以看出，除了坚守实质正义价值外，经济法的形式正义价值也在逐渐凸显。再如，个人所得税法的正义价值包含实质正义和形式正义两方面的内容。陈业宏教授认为，实质正义在于实现社会范围内的实质性、社会性的正义和公平，是一种追求最大多数社会成员之福祉的正义观，强调针对不同情况和不同的人予以不同的法律调整。实质正义也许在形式上表现为不公平，但在结果和措施上达到公平。实质正义体现在税法上就要求税收的制定与实施充分考虑到纳税人的经济与社会地位、家庭经济负担、健康状况等差异情况。近代学者马斯格雷夫认为，税收公平应是，凡具有相等经济能力的人，应负担相等的税收，即横向公平；不同经济能力的人，则负担不同的税收，即纵向公平。穆勒和庇古引入相对牺牲的概念，认为凡具有相同纳税能力者应负担相同的税收，不同纳税能力者应负担不同的税收。个人所得税法的应有价值为税法实质正义和形式正义的统一。

第二节　经济法的权利本位思想

人类社会的存续主要在解决三个方面的问题：关系的协调、资源的分配和价值的选择。关系的协调以“权力”为中心，使不同偏好的个体、多元的主体形式达成一致、取得共识、形成秩序；资源的分配以“权利”为中心，目的在于解决在特定的客观环境下，特定的主体能得到什么；价值的选择以“文化”为中心，对人的行为作出评价，告诉人们如何行为才是“善”。[1] 法律制度的主要影响力也是对关系的协调、资源的分配和价值的取舍。法律的核心是权利和义务，法律关系本质上是权利和义务的关

[1] 参见徐彬主编：《政治哲学视野中的自治理论研究》，安徽师范大学出版社 2015 年版，第 221 页。

系。权利和义务谁占主导地位,谁占次要地位,就是法的本位问题。[1]“法律之本位云者,法律之中心观念或法律之立足点也。”[2]法律究竟是权利本位还是义务本位?这是一个动态变化的历史过程。现代立法凸显社会公共意志,同时也注重对个人权利的保护,人们遵循法律的实质是守护自己的利益,尊崇自己的意志,如此一来,法律不再是外在的强制,而是内在的自律,体现出权利本位的特征。尽管历史上和现实中的有部分法律还有所偏离,但法的权利本位特征,对历史上和现实中的法律具有锐利的批判功能和强大的指导作用,历史上和现实中的法律也一直在不断地向它靠近。法律的发展历史就是不断迈向权利本位的历史。在当代法治社会中,权利本位已代替义务本位成为法律的普遍趋势。[3]

“权利本位法”以权利为核心,表现为社会关系的契约化,是非身份反血缘的权利法。权利本位论者的观点主要表现在以下几个方面:第一,在权利与义务的关系中,权利是首要的,是义务得以存在的前提和根据;义务来源于权利,从属于权利;第二,在权利和义务的关系中,权利是目的,义务是手段,权利的实现和保障必须依赖义务的设立和履行,义务的设立和履行服务于权利的实现和保障;第三,权利仅受制于权利,即使表面上受制于义务和法,由于限制权利的义务和法也是为权利服务的,因而它最终也只受制于权利,服从于权利;第四,权利是法学最基本的概念和范畴,法学应是权利之学。[4] 权利本位这一概念组合中的“权利”包括一切正当的权利,包括主体的公权和私权在内。鉴于我国在一个相当长的时期内没有对权利给予应有的重视,在发展市场经济的今天必须适当强调权利的基础地位,才能实现权利与义务、权利与权力的理性平衡,并最终促进市场经济的民主、自由和有序发展。[5]

一、个人权利本位与公共利益本位

个人与共同体(社会)既是人存在的两种基本形式,也是任何社会不

---

[1] 参见梁成意:《中国公民基本权利》,中国政法大学出版社 2016 年版,第 14 页。
[2] 张知本:《社会法律学》,上海法学编译社 1931 年版,第 54 页。
[3] 参见邱本:《经济法的权利本位论》,中国社会科学出版社 2013 年版,第 7 页。
[4] 参见卓泽渊:《法的价值论》,法律出版社 1999 年版,第 384 ~388 页。
[5] 参见杨成铭主编:《人权法学》,中国方正出版社 2004 年版,第 68 ~69 页。

可或缺的两个基本层次。在当代西方法哲学中，个人与社会的关系引发了学者们广泛而激烈的争论。究竟是个人权利高于社会（国家）权利还是相反，人们各说不一。以诺齐克、罗尔斯为代表的个人权利本位论者认为，个人和个人的权利是绝对至上的、唯一目的性的，社会或国家的正当权利在于其对于确保个人生命和个人权利的积极意义。而以桑德尔等为代表的社会权利本位论者则认为，共同体（社会或国家）是社会的基础和价值本源，个人的部分权利将因社会共同权利而受到限制。[1]

个体指社会个体，即作为社会构成单位的组织和个人。传统民法是以社会个体为本位的，强调社会个体的自由意志和独立利益，并以此确立其立法方向和调整原则。有关个人权利本位，比较有代表性思想的是诺齐克。诺齐克认为，权利功利主义（要求最大限度地减少对权利的侵犯，而不是一般功利主义者所追求的幸福总量的最大化）实际上意味着，如果侵犯某人的权利能够防止侵犯很多人的事件发生，那么侵犯这个人的权利就是正当的。他还提出了边际限制理论。所谓边际限制，是指人们做任何行为都不能违背的限制，不能逾越的界限。它不是规定人们做什么以及如何做，而是限制人们做什么。而且，这种限制普遍适用于一切行为，人们不能寻找任何理由以试图违背它，即使是所谓的公共利益也不行。边际限制理论表明了个人权利的神圣不可侵犯性：人们在任何行动中都不能侵犯个人权利，他人的权利确定了你的行动的界限，你的行动绝对不可侵犯他人的权利。即使是为了保护对方利益，也不得进行干涉。于是，诺齐克提出：个人与个人之间应遵循互不侵犯原则。“互不侵犯原则常常被认为是支配国家关系的一个适当原则。那么，在至上的个人与至上的国家之间，有什么区别使互相侵犯在个人之间变得允许呢……如果个人与国家有区别的话，这种区别一定是表明个人之间互不侵犯的更有力的理由，与国家不一样，个人之间不可以为了保护对方利益而进行干涉。”[2]传统民法也是以权利为本位的，在民法理论中，许多概念、制度都

---

〔1〕 参见吕世伦主编：《现代西方法学流派（下卷）Volume Ⅱ》，黑龙江美术出版社2018年版，第222页。

〔2〕 吕世伦主编：《现代西方法学流派（下卷）Volume Ⅱ》，黑龙江美术出版社2018年版，第223页。

是以权利为主导的,义务则是被动的,只是适应权利的需要而存在的。传统民法突出个体权利本位,强调社会个人的权利、平等和自由,该思想对我国民法理论的建立、我国经济体制改革都起到了积极的促进作用。它能够有力地冲破旧的行政体制,改变企业的无权地位,极大地调动企业组织的积极性、主动性,使之能成为真正独立的经济实体。它在微观经济生活中的这种启动和动员作用,是其他法律部门所不能代替的。但是,就整个经济整体和经济全局而言,它的局限性是不言而喻的。它往往孤立地、片面地强调企业的意志和利益,忽视社会整体利益;片面强调个体权利,忽视它对社会对国家承担的责任和义务。所以,民法只能调整经济关系的某个方面,而不能对经济关系进行全面、系统的调整。[1]

"社会本位"是20世纪以来法学中使用频率颇高的一个概念,经济法学者更是将它作为本学科的核心理念和安身之本。[2] 社会权利本位论首先关注的是权力与权利的合理构成关系,而权利与义务关系如何构成则是由权力关系决定的次生问题。社会的权利本位是社会主义民主政治与商品经济发展的必然结果,也是包括法学在内的人文科学必须进行分析与研究的。"权利本位"是社会主义民主政治的重要标志之一。人民当家作主是社会主义制度的本质特征和基本原则。社会主义制度的本质特征表现在经济、政治、思想等各个方面,政治方面的本质特征就是建立人民政权,建设民主政治,人民成为国家和社会真正的主人。若缺乏这一特征,那就不是真正的社会主义的民主,社会主义社会价值的体现,它追求的一个基本价值就是通过广泛地分配权利以实现人民的当家作主。[3] 在一个社会中,为了维持社会的整体有序发展,常常要把公共利益置于私人利益之前和之上,如各种社会规范就是公共利益,人们只能依据它们去追求私人利益。一是促进公共利益也未必要先个人利益而后公共利益、从个人利益到公共利益那样按部就班,那样也未必及时和有效,对于那些

---

〔1〕 参见刘文华:《走协调结合之路》,法律出版社2012年版,第128~132页。

〔2〕 参见薛克鹏:《论经济法的社会本位理念及其实现》,载《现代法学》2006年第6期。

〔3〕 参见程燎原、王人博:《权利及其救济通论》,山东人民出版社1993年版,第307页。

看准了的公共利益，完全可以越过个人利益而直接去促进；二是人们追求私人利益未必就一定能够促进公共利益，如某些人自己获得了私人利益，却把环境污染了，这就损害了公共利益。同样，公共利益也可能转化为私人利益，如以权谋私、假公济私即是如此。[1]

虽然社会本位的本质是权利本位，但相对于具体的个人而言，仍然意味着义务。因为任何权利的实现必须有相对应的义务，否则，权利只能是一个空洞的口号。社会本位的本质既然是权利本位，也就必须以义务为实现的手段。这就决定了与社会相对的个人乃至国家（政府），都承担着相应的义务。[2] 经济法的法律条文与民商法最明显的区别在于，一个是在给特定的市场主体施加义务，给权利的行使附加限制条件；另一个是尽可能地去明确主体所拥有的各项权利以及权利配置问题。经济法采用社会责任本位思想。经济法是从社会整体利益立场出发，确立各种组织和个人的经济法律地位，调整它们之间的经济关系的。经济法理论认为，无论是国家机关，还是企业等社会组织，都必须对社会负责，都必须以能否发展生产力和提高社会经济效益作为自己进行经济活动的最高准则和最终目的；确立彼此的经济关系，解决彼此的争议纠纷，也都必须以社会利益作为指导原则和基本标准。在促进社会经济稳定发展的共同目标下，各尽其责，各行其权，兼顾利益，注重效益。要把国家的意志和利益，与企业等社会组织的意志和利益协调结合起来。社会主义国家在总体上代表整体利益和长远利益，但在具体的经济关系中，它仍然是代表一定的物质利益的，不能因上述理由就否认或并吞企业组织等物质利益实体。国家机关也要对社会负责，行政权力的行使必须有利于而不能妨碍生产力的发展和社会经济效益的提高，不能削弱或损害企业组织的权利和利益。企业也必须对社会负责，在对社会尽责的基础上和前提下，享受权利，获取利益，不能置社会利益于不顾，不能因为自己的局部利益损害全局利益。经济法就是这样以社会责任为本位，对国家和企业组织间的利益关系和权益关系进行平衡协调的法律部门。这种地位和作用也是任何传统

---

〔1〕 参见邱本：《经济法的权利本位论》，中国社会科学出版社2013年版，第76页。

〔2〕 参见薛克鹏：《经济法基本范畴研究》，北京大学出版社2013年版，第184页。

法律部门无法取代的。[1]

经济法产生的背景正是个人权利本位向社会权利本位切换之际。随着自由资本主义进入危机而兴起的对资产阶级正统法律观念的反思和批判,社会法学派开始取代自然法学派,居于资产阶级法哲学的统治地位。以法国狄骥和美国庞德为代表的社会法学派,汲取了19世纪中后期开始兴盛的实证主义、社会哲学和实用主义等资产阶级现代哲学的新成果,继承和发扬了法学领域里的历史法学派和分析法学派的主要精神。狄骥以社会连带关系为指导思想,认为社会连带关系是法律与国家共同的现实基础;人是个人的,也是社会的,法律是在个人参与一个社会团体并在有助于这个团体发展范围内来尊重人类的自由;个人绝没有什么"自然权利",而只有实现社会连带关系的义务。庞德以"自我主张的侵略本性"和"相互合作的社会本性"对人性进行解说,认为法律是进行社会控制的手段,其目的和作用就在于对人类本性加以平衡和制约,以保障社会利益,由此主张法律的社会化。从19世纪末进入20世纪,社会法学派的思想对资本主义各国的法律产生了很大影响,从而形成了资产阶级法学观念上和立法上的由"个人本位"向"社会本位"的演变,以及"私法公法化"的运动。[2] 经济法的诞生离不开这种社会权利本位思想的出现。

刘文华教授指出,经济法以社会为本位,立足于整体利益,因而具备了促进社会经济稳定和协调发展的理念。"经济法基于社会化要求,为调和个别主体或私人间的利害冲突,使社会不致毁于一旦而产生,由此决定了其社会本位特性。经济法的社会本位,要求在经济法学研究和经济管理、经济活动、经济法的立法、行政及司法中,时时处处以社会利益和平衡协调为先,竭力促进私人与私人、私人与国家的合作,在我国社会主义制度下按社会化的内在要求,促进公有制及其经济关系和整个社会经济关系的协调发展。这种理念,应当贯穿于经济法学的各个领域,成为研究经济法的基本价值观,表现为经济法研习者对于经济自由与经济秩序的统一、社会效益与个别经济效益的统一、公正与效益的统一、经济民主与经

[1] 参见刘文华:《走协调结合之路》,法律出版社2012年版,第128~132页。

[2] 参见马洪:《试论经济法产生和发展的思想基础》,载《中南政法学院学报》1988年第2期。

济集中的统一、'看得见的手'与'看不见的手'的统一、国家调控与市场决定资源配置的统一等'中庸'之道的高度信念和执着追求。"[1]

二、经济法的权利本位思想

(一)经济法维护利益侧重社会公益性

经济法在诞生之初,就以维护社会公共利益为主要任务。19世纪末20世纪初,社会经济秩序屡遭破坏,公共利益屡次受损,人们在对个人利益和公共利益的关系重新定位后形成了一种新的认识结果:社会公共利益是建立在个人利益基础之上关系大多数社会成员利益的一种利益。20世纪以来,民法虽通过自身的社会化在一定程度上适应了社会公共利益的要求,但个体权利本位和公共利益的矛盾性,决定了它难以在公共利益和个人权利之间求得彻底的平衡。随着社会化生产程度渐高,个人经济活动和社会联系越来越紧密的现代经济社会,必须对个人利益优先的原则进行修正,确立社会公共利益优先的理念。只有通过制定系统的经济行为规范,才能有效地制止破坏社会公共利益的行为,经济法就此出现。以社会公共利益优先的精神,构成了经济法区别民法和其他部门法的特质,也使社会公共利益和个体利益在整个法律体系中处于同等位置,进而实现了两种利益在法律中的和谐与共容。经济法将健康稳定的经济秩序作为己身维护的对象和追求的目标。[2]

(二)经济法的社会本位

社会本位是指以维护社会公共利益为出发点的经济法的本位思想。经济法把社会本位作为自己的调整原则,表明经济法在对产业调整、固定资产投资货币发行、价格水平、垄断和不正当竞争行为产品质量控制以及消费者权益保护等关系进行调整时,都必须以社会利益为本位。同时,任何市场主体在进行市场行为时都不能忽视对社会公共利益的关注,否则,就是对自己应当承担的社会责任的背离。[3] 经济法的社会责任本位决定了它是平衡协调的法。它是从社会全局出发,对各种物质利益实体间

---

[1] 刘文华主编:《经济法》,中国人民大学出版社2017年版,第9页。

[2] 参见四川省法学会主编:《四川法学文集》(第2辑),四川人民出版社2009年版,第245~246页。

[3] 参见霍中文、刘慧主编:《法律基础》,立信会计出版社2004年版,第136页。

的经济关系,对这些关系中的责权利的分配和运行,进行平衡协调、综合调整的法律部门;它是通过多种手段,规制经济行为,平衡经济关系,协调经济利益的法律部门;是能够将国家的意志与社会组织的意志协调结合起来,调动各个方面的积极性和责任心,做到统而不死、活而不乱,提高社会经济效益、发展有计划商品的法律部门。[1]

社会本位原则之所以能够成为经济法的基本原则是由经济法的本质属性决定的,"社会本位"与"国家本位"和"个体本位"是密切联系的:(1)它们在本质上是一致的。在我国,"社会本位""国家本位""个体本位"都产生于社会主义公有制,代表着社会主义先进的生产力,反映着最广大群众的根本利益,从利益的内容上来讲,不存在实质上的冲突和矛盾,表现出极大的一致性。(2)它们是相辅相成的。其一,社会公共利益离不开国家利益和个体利益。社会公共利益的维护离不开国家利益和个体利益的维护,侵犯国家利益和个体利益最终会影响到社会公共利益的实现。其二,国家利益和个体利益更离不开社会公共利益。国家利益和个体利益只有在社会公共利益得到提高和保障的同时才能得到相应的提高,保证社会利益的稳步提高和不被侵犯是保障国家利益和个体利益的根本办法,社会利益一旦被侵犯和丧失,国家利益和个体利益也将最终被侵犯。当然,有的时候他们之间也会产生一些程度不同的矛盾和冲突,但是,这些矛盾和冲突并不是本质上的和对抗性的,而是可以利用法律手段迅速解决的。[2]

经济法从社会整体利益出发,确立各组织与个人的经济法律地位,调整它们之间的经济关系。"经济法理论认为,无论是国家机关,还是企业等社会组织,都必须对社会负责,都必须以能否发展生产力和提高社会经济效益作为自己进行经济活动的最高准则和最终目的;确立彼此的经济关系,解决彼此的争议纠纷,也都必须以社会利益作为指导原则和基本标准。在促进社会经济稳定发展的共同目标下,各尽其责,各行其权,兼顾利益,注重效益。要把国家的意志和利益,与企业等社会组织的意志和利益协调结合起来。社会主义国家在总体上代表整体利益和长远利益,但在具体的经济关系中,它仍然是代表一定的物质利益的,不能因

---

〔1〕 参见刘文华:《走协调结合之路》,法律出版社 2012 年版,第 128 ~ 132 页。

〔2〕 参见黄河、王兴运主编:《经济法学》,中国政法大学出版社 2013 年版,第 24 页。

上述理由就否认或并吞企业组织等物质利益实体。国家机关也要对社会负责,行政权力的行使必须有利于而不能妨碍生产力的发展和社会经济效益的提高,不能削弱或损害企业组织的权利和利益。企业也必须对社会负责,在对社会尽责的基础上和前提下,享受权利,获取利益,不能置社会利益于不顾,不能因为自己的局部利益损害全局利益。经济法就是这样以社会责任为本位,对国家和企业组织间的利益关系和权义关系进行平衡协调的法律部门。这种地位和作用也是任何传统法律部门无法取代的。"[1]

经济法社会本位价值主要表现在以下四个方面:

首先,经济法是市场管理法,保障的是市场的竞争自由。经证实市场经济的基本构成要素,是市场运行的机制。市场竞争必须是自由地竞争,自由是竞争的前提,也是社会经济能够持续、创新发展的保障。自由竞争带来的分配结果是客观而来的,只有自由竞争,市场经济才能保持活力,实现长期的快速发展,以此保障社会经济公共利益的实现。其次,经济法的主要内容有宏观调控法。历史经验告诉我们,不能对市场经济完全放任自流,只存在自由竞争而不加以政府干预的后果在垄断资本主义时期让竞争者饱受其苦,社会经济秩序也遭到了严重破坏,因此要维护社会公共利益,必须加强宏观调控。宏观调控通过政府直接干预促进社会公共利益。现实中个人竞争力的增长幅度是不同的,当强者形成垄断势力后就会对大多数其他相关市场的竞争者的利益构成威胁,即损害社会公共利益。宏观调控是对社会各种利益的调整,既要保护自由竞争的环境,又要保护被竞争所淘汰的人的基本生存能力。宏观调控是政府从社会经济发展的长远角度出发,对经济的发展现状作出反应,通过各种手段克服市场本身具有的盲目性,使社会整体经济利益保持高速增长的势头。再次,经济法注重维护社会公平。经济法维护社会公共利益的核心是社会公平。经济法不仅保障市场主体经济机会平等,更具体到各个主体的差别中去,要求结果公平。经济法所强调的不仅是形式平等,还有实质公平。经济法采用普遍对待与区别对待相结合的方式来确保社会公平,为不同的市场主体尽可能地去营造一个公平的竞争秩序,给每一个市场主体进

---

〔1〕 参见刘文华:《走协调结合之路》,法律出版社2012年版,第128~132页。

入市场,公平参与竞争的机会。它给一些能力过于强大的市场主体施加相对合理的经济负担,防止其独占市场机会;对处于弱势的主体给予一定扶持。“通过反垄断法和反不正当竞争法遏制大企业的垄断行为,促进中小企业与其他合法竞争者的有效竞争,维护消费者的权益。”[1]最后,经济法追求整个社会经济的可持续发展。经济法以社会利益为本位,维护社会公共利益的特点和可持续发展的要求是一致的,通过政府干预和限制政府干预,合理分配社会资源,最终达到经济和社会的可持续发展。因此,经济法产生于私法和公法社会化的过程中。通过对自由竞争秩序的保障来让社会主体获得最佳的公平竞争环境,以促进社会经济整体进步,通过自己的方式来使政府干预和限制干预经济,使个人利益与社会利益更好地融合、促进,使社会经济公共利益的增长达到最佳状态。经济法通过自由竞争和宏观调控扶持弱势群体,实现社会公平,维护社会公共利益,确保社会经济的可持续发展。[2]

三、经济公共利益思想对经济法的影响

经济法所要保障的公共利益特指的是经济公共利益,是公共利益中有关经济利益方面的表现。很明显,经济公共利益只是公共利益中众多内涵的一个分支。对经济公共利益内涵的把握,还是要回到对公共利益的讨论中去,先明确何为公共利益。

(一)经济公共利益概念重塑

1.学界对公共利益的理解

根据哈贝马斯的研究,直到17世纪中叶,英国才开始使用“公共”(public)一词;法语中的公共(Le Public)最早是用来描绘格林字典中所说的“公众”。《牛津高级英汉双解词典》中对“公共”的解释是“公众的,与公众有关的”,或者是“为公众的、公用的、公共的(尤指中央或地方政府

[1] 郑少华:《社会经济法散论》,载李昌麟主编:《中国经济法治的反思与前瞻》,法律出版社2001年版,第373页。

[2] 参见四川省法学会主编:《四川法学文集》(第2辑),四川人民出版社2009年版,第246~248页。

提供的)"[1]。我国《当代汉语词典》和《新华汉语词典》对公共的解释为:属于社会的;公有公用的。[2] 但词典对公共利益的解释却众说纷纭。《中华法学大辞典》中定义公共利益是"为某个民族、国家、阶级、集团所共同享有的政治经济利益"。[3] 《中国百科大辞典》直接定义公共利益为"社会整体利益"。《管理学大辞典》将公共利益理解为"所有公众的利益总和"。[4] 因此,要理解哪一种定义更接近公共利益的概念,必须对学界公共利益的理论进行回溯。

古今中外,不乏学者对公共利益进行探讨,否认公共利益命题的学者如边沁、哈耶克、亚当·斯密、熊彼特、阿罗等。这些学者的普遍观点是:现实社会中根本就不存在公共利益,公共利益只是一种抽象的社会秩序,只有个人利益是唯一现实的利益。例如,边沁把公共利益看作一种抽象,是个人利益的总和。哈耶克则干脆否认公共利益作为一个实在的政治法律概念的意义。在他看来,"自由社会的共同福利和公共利益的概念,决不可定义为所要达至的已知的特定结果的总和,而只能定义为一种抽象的秩序"。[5] 帕森斯指出:"'公共利益'这个词组有些模棱两可。一方面,可用来指与有关情境的系统价值一致的社会利益……公共利益的另一种含义是专指政治方面。"[6] 亚当·斯密将个人利益看作公共利益的基础,但亚当·斯密却通过屠夫、酿酒者和面包师的例子,解释了市场中的个体是如何无意中实现了公共利益。肯定该命题的学者多认为公共利益指的是社会中不确定主体的大多数的利益,他们首先认为公共利益是客观存在的、具体的。国家任务说、国家原则说以及公共货物说是这一观

---

[1] [英]A. S. Hornby:《牛津高级英汉双解词典》,石孝姝译,商务印书馆 1997 年版,第 1196 页。

[2] 参见莫衡等主编:《当代汉语词典》,上海辞书出版社 2001 年版;《新华汉语词典》,武汉崇文书局 2006 年版,第 1218 页。

[3] 许崇德主编:《中华法学大辞典(宪法学卷)》,中国检察出版社 1995 年版。

[4] 陆雄文:《管理学大辞典》,上海辞书出版社 2013 年版,第 795 页。

[5] [英]哈耶克:《经济、科学与政治——哈耶克思想精粹》,冯克利译,江苏人民出版社 2000 年版,第 393 页。

[6] 参见[美]帕森斯:《现代社会的结构与过程》,梁向阳译,光明日报出版社 1988 年版,第 152 页。

点的典型代表。以国家任务作为公共利益的认定标准是德国的纽曼,他认为客观公益是“基于国家、社会所需要的重要之目的及目标”,他将公共利益界定为“一个不确定之多数成员所涉及的利益”,即“不确定多数论”[1]。除了国家任务外,国家的基本原则也被看作是公共利益的标准。例如,法治国家的主权在民以及人民基本权利制度的保障,皆可成为公益的内容。公共货物说是法学家借用经济学上的公共货物理论来界定公共利益,该理论把产品和服务划分为公共货物和私人货物,公共利益是指由公权力引导实现的为提供公共货物的利益。[2]

亚里士多德所指出国家要实现“最高的善”的物化表现就是公共利益。[3] 卢梭认为“公意”是每个人的“共同利益”,但“公意”并非个别意志的总和,也不是摆脱了所有利己之心和自我主义的独特个人意志,而是抽象的自然法则,正义的价值标准、价值规范等。庞德认为公共利益是“涉及一个政治上有组织的社会生活的要求或需要或希望,并断定为是这一组织的权利”[4]。在他看来,利益有三种:国家利益、个人利益与社会利益。社会利益是适应在文明社会中并基于这种生活地位应运而生的各种需求、需要和愿望。[5] 庞德对利益的分类对后世法学分类的研究影响很大,他突破了传统部门法划分的个人利益与国家利益的对立划分,看到了社会化大生产过程中反映出的夹杂在二者中间的社会利益。经济法以社会利益为本,也就是以公共利益作为立法的根本。正如同耶林指出:“法律的目的就是社会利益,社会利益是法律的创造者,是法律的唯一根源,所有的法律都是为了社会利益的目的而产生。”罗尔斯针对功利主义“最大多数人的最大幸福”的观点,指出争议问题应当优先于幸福和功利。社会不能为了某些人的利益而牺牲另一些人的利益。阿道夫·默克在《国家目的及公共利益》中认为用“法律形式”表现出来的国家目的属于

---

〔1〕 陈新民:《德国公法学基础理论》(上册),山东人民出版社2004年版,第185页。

〔2〕 参见褚江丽:《中国宪法公共利益原则研究》,中国社会科学出版社2013年版,第10页。

〔3〕 参见胡建淼、邢益精:《公共利益概念透析》,载《法学》2004年第10期。

〔4〕 [美]E.博登海默:《法理学:法律哲学与法律方法》,邓正来译,中国政法大学出版社1998年版,第147页。

〔5〕 参见沈宗灵:《现代西方法理学》,北京大学出版社1992年版,第292页。

公共利益,通过将国家的目的法制化使国家目的转变成公共利益。[1] 有学者认为公共利益概念的特别之处就在于不确定性——利益内容不确定、受益对象也不确定,[2]它与“正当程序”“公平”“法治”“人权”等原则概念一样,具有很大的模糊性和不确定性。[3] 笔者认为,理解公共利益的关键在于明确何为“公共”。哈贝马斯发现英国在17世纪中叶以“公共”一词代替“世界”或“人类”,法语中的“公共”等同于“公众”,而我国《史记·张释之冯唐列传》中有载:“释之曰:‘法者天子所与天下公共也。今法如此而更重之,是法不信于民也。’”可见,西方国家与我国对公共的传统认知上存在差异。再进一步看“公共利益”,在英美法系中,公共利益多作公共政策解,[4]德国学者通过地域标准和人数标准来界定公共利益。洛厚德(C. E. Leuthold)在1884年发表《公共利益与行政法的公共诉讼》,在文中将公共利益界定为“一个相关空间内关系人数的大多数人的利益”,并以地域作为界定人群的标准,认为一定地域内的大多数人的利益可形成公共利益。[5] 在我国的法律语境中公共利益往往等同于社会公共利益。[6] 我国早在1954年《宪法》中就规定了公共利益,然而之后一直没有明确公共利益的定义。李昌麒认为,“社会公共利益是指广大人民的利益。这里所指的‘广大’,一是指范围上的广大,既有全国性的广大,又有地区性的广大,其外延取决于特定法律、法规适用的区域;二是指时间上的广大,既包括生活在地球上的当代人,也包括未来生活在地球上的人们”。[7] 孙笑侠认为,“社会公共利益是公众对社会文明状态下的一

---

〔1〕 参见陈新民:《宪法基本权利之基本理论》(上),三民书局1992年版,第138页。

〔2〕 参见陈新民:《德国公法学基础理论》,法律出版社2010年版,第229页。

〔3〕 参见范进学:《定义“公共利益”的方法论及概念诠释》,载《法学论坛》2005年第1期。

〔4〕 英美法系中的公共利益主要是指“被立法机关或法院视为与整个国家和社会根本有关的原则和标准,该原则要求将一般公共利益与社会福祉纳入考虑范围,从而可以使法院有理由拒绝当事人某些交易或其他行为的法律效力”。

〔5〕 参见陈新民:《德国公法学理论基础》(上册),山东人民出版社2001年版,第18页。

〔6〕 参见梁上上:《公共利益与利益衡量》,载《政法论坛》2016年第6期。

〔7〕 李昌麒主编:《经济法学》,中国政法大学出版社1999年版,第82页。

种愿望和需要"。[1] 褚江丽认为,公共利益的特征有:内容客观性与形式主观性;是社会关系的体现,具有公共性和社会共享性;非商业性和非营利性。可以看出,"公共利益"长着一张普罗透斯的脸,中西方学者对公共利益的界定方式有很大的不同,究其根源,西方国家的公共利益发展基础建构在个体主义理论[2]之上,走的是从个体利益过渡到社会整体利益的路径;而公共利益在中国演进的路径则有很大的区别,历史上的中国长期保持着整体主义的统治,[3]个体利益经历千年的压抑,直到中华人民共和国成立,尤其是社会主义市场经济在我国形成之后,个体自由、个性解放、个人利益至上的观念迅速蔓延,并与整体主义交错。中国人的价值认知中,不仅有对个人权利的向往,还有对公共利益的默示尊重。因此,我国的公共利益概念,本土化地侧重于对公共秩序的强调。笔者认为,公共利益是站在社会整体的角度,以一定社会秩序为存在基础而表现出来的国家、集体、个人之间相互作用的利益关系,它既不是个体利益的加总(公共利益与个人利益在理念和价值追求上是同质和同向的,[4]但它们仍是有冲突的),也不是全部成员的所有利益,是一个社会在发展过程中因各种需要综合而对集体、群体和个人不同矛盾的调和,以达到某种个体与集体利益平衡的状态。公共利益相对独立与个人利益、国家利益,是多方冲突与博弈的结果,是矛盾下权衡的产物,它具有丰富的内涵和灵活的外延,并且每个阶段它所包含的内涵与外延都并非终极。

德国学者黑克(Heck)把不确定概念分解为概念核与概念晕。概念核是清晰的,而出现疑惑的地方就是概念晕出现的地方。显然,我们对公共利益的理解是存在概念晕的。公共利益无论是内涵,还是外延都存在不确定之处。虽然笔者对公共利益概念的界定仍然是一种模糊的概括,但在这一界定过程中我们强调公共利益内部元素的矛盾性和各种动态冲

---

[1] 孙笑侠:《法的现象与观念》,群众出版社1995年版,第68页。

[2] 个体主义,即方法论个体主义,它认为公共利益是由个人利益组成,是社会各成员的个体利益之和。

[3] 参见石英、王勇:《经济法视野下公共利益保护的法律限度》,载《当代法学》2012年第4期。

[4] 参见高志宏:《公共利益:界定、实现及规制》,东南大学出版社2015年版,第200页。

突的抗衡，也视中国语境下的公共利益为一种对公共秩序的权衡。笔者认为，既然公共利益如此抽象，要研究公共利益，不妨就将之放在不同法律部门的框架之下去理解，通过具体法律场景来对公共利益进行填充并使之具象化。例如，环境法所侧重的公共利益是保护环境利益，它实现环境公共利益的方式是保护；土地法所侧重的公共利益是土地利用方面的公共利益，它的方式是利用；劳动保障法的公共利益是社会公共利益，它的方式在于平衡；刑法的公共利益是以国家利益为核心的，它主要体现的是国家意志；经济法的公共利益就侧重的是公共经济利益。

2. 公共利益与相关利益

既然我们无法对公共利益有一个非常清晰的界定，不妨将公共利益与其他利益进行比较（虽然更多时候公共利益与这些利益纠缠在一起被人利用），以挖掘公共利益不同于其他利益的特点，这些特点即公共利益的本质所在，可以帮助我们更深刻地了解公共利益。

（1）公共利益与共同利益

马克思、恩格斯在他们的著作中经常使用“共同利益”来描述具有阶级整体性的利益。马克思在分析资产阶级利益时指出，“因为每一个企图取代旧统治阶级的新阶级，为了达到自己的目的，不得不把自己的利益说成是社会全体成员的共同利益”。[1] 马克思认为“历史上的国家形式不过是共同利益的各种发展形势”[2]。随着市民社会的兴起，代表社会大多数人的“公共”一词得到普及。尽管国家利益在实质上是阶级利益，但为了履行阶级统治的职能，国家也必须履行一定的社会公共职能。“政治统治到处都是以执行某种社会职能为基础，并且政治统治只有在它执行它的这种社会职能时才能继续下去。”[3] 因此，国家利益在一定程度上有社会公共利益的性质，国家利益在形式上代表着公共利益。公共利益和共同利益都包含着对社会大多数人利益的考虑，共同利益是公共利益的重要价值取向。但是公共利益具有社会共享性，而共同利益却可以具有

[1] 王伟光：《利益论》，人民出版社 2001 年版，第 21 页。

[2] 《马克思恩格斯全集》第 3 卷，人民出版社 1965 年版，第 522 ~ 523 页。

[3] 《马克思恩格斯全集》第 1 卷，人民出版社 1965 年版，第 195 页。

私人性质,作为某些个体间的联盟核心。[1] 刘连泰认为,公共利益对每个人的利益都有提升作用,不需要牺牲自己的权利,其功能总是肯定的。[2]

(2)公共利益与国家利益

国家利益是一个国家政治统治需要的集中表现,是国家制定对外目标与开展政治、安全、经济、法律等方面合作的重要依据和决定因素。[3] 斯蒂芬·克拉斯纳认为,国家利益的界定必须符合两个重要条件:第一,国家利益应该是社会的整体利益,而不是社会中一部分人或利益集团的利益。第二,国家利益在一段较长的时期内应保持相对稳定。概括地说,国家利益要成为一个有意义的分析变量,就必须具备整体性和稳定性。[4] 但是,显然克拉斯纳给国家利益界定的两个条件并没能将它与公共利益区分开来。从马克思对国家的理解出发,国家是阶级统治的工具,国家利益也就代表着统治阶级的利益。统治阶级的利益是否与公共利益一致,就需要看国家内部统治阶级与被统治阶级之间的关系如何了。如果统治阶级是少数,国家利益就成了少部分人的利益,这当然和多数人的利益不一致。但仍应注意的是,任何阶级为了自己和国家的生存,都必须履行一定的社会公共职能,也就是需要对公共利益进行维护。

(3)公共利益与政府利益

传统观点认为,政府是公共利益的化身,是代表和维护公共利益的公共部门,但是这一观点受到公共选择理论的挑战。公共选择理论认为,政府是经济人,有自己的利益,存在自利性。政府在具体的管理活动中,也存在"与民争利"或借公共利益之名谋求自身利益的现象,实践中的政府官员利益、部门利益以及地方利益就验证了这一事实。"从应然角度来看,政府利益等同于公共利益;但从实然角度分析,政府有自身利益,并且

[1] 参见褚江丽:《中国宪法公共利益原则研究》,中国社会科学出版社2013年版,第16~18页。

[2] 参见刘连泰:《"公共利益"的解释困境及其突围》,载《文史哲》2006年第2期。

[3] 参见葛勇平编著:《国际关系理论与实践》,哈尔滨工业大学出版社2014年版,第141页。

[4] 参见阎学通:《中国国家利益分析》,天津人民出版社1997年版,第131页。

政府自身利益并不一定属于公共利益范畴,有时二者还相互冲突。"[1]

(4)公共利益与个人利益

学界对公共利益与个人利益之间关系的研究,可概括为四种:

第一种观点认为,个人利益的实现能使社会公共利益自然达致。亚当·斯密在《国富论》中提出了"看不见的手",也就是这种自由放任,能让个体在逐利过程中无意地去实现社会公共利益。他认为,"各个人都不断努力为他自己所能支配的资本找到最有利的用途。固然,他所考虑的不是社会利益,而是他自身的利益,但他对自身利益的研究自然会或毋宁说必然会引导他选定最有利于社会的用途"。[2] 根据现代社会科学中的方法论个体主义,公共利益必须以个体利益为基础,并最终落实到个体利益之上。凯尔森认为,公共利益与个人利益是一致的,"人们总不能否认维护私人利益也是合乎公共利益的"。[3] 但是这似乎并不能解释社会公共利益与个人利益之间的区别在哪里,而且事实也证明,很多时候个人利益与社会公共利益之间也是存在冲突的。

第二种观点则认为,公共利益是个人利益的"绊脚石"。这种观点认为社会公共利益是当政者干预经济,为影响私人利益而找到的借口。哈耶克强调自生自发的秩序理论,从而直观否认了社会公共利益存在的客观性和独立性。

第三种观点认为,公共利益是个人利益的简单加总。持这种观点的代表人物是功利主义学派的边沁。

第四种观点是社会公共利益优先说,也就是认为公共利益优先于个人利益。但是单方面地强调社会公共利益要优先于个人,似乎是从数量上在界定正义,具有片面性。

由此可见,上述四种观点对公共利益与个人利益关系的理解皆存在片面性。马克思主义认为,公共利益与个人利益之间是一种对立统一的

---

[1] 褚江丽:《中国宪法公共利益原则研究》,中国社会科学出版社 2013 年版,第 15 页。

[2] [英]亚当·斯密:《国民财富的性质和原因研究》(上),郭大力等译,商务印书馆 1981 年版。

[3] [奥]凯尔森:《法与国家的一般理论》,沈宗灵译,中国大百科全书出版社 1996 年版,第 232 页。

关系,它们之间的对立是基于利益不同载体所追求的价值冲突,而利益载体在做选择时,需要考虑短期利益和长远利益,也需要考虑群己关系,因而公共利益与个人利益之间也多有重叠相通之时。但当公共利益与个人利益发生冲突时,应如何选择?这又是另一个复杂而深刻的问题。笔者认为,在个人利益中,有一部分是绝对不能侵犯的,不能以公共利益为由而强加于个人利益之上,这些利益多是关乎人格的利益;但也有部分个人利益,应服从于公共利益之安排。例如,在疫情防控期间,限制出入某些公共场合的禁令一定会对个人的经济利益等带来影响,但此时个人利益对公共利益的服从是基于对个人健康利益本身的保障。

3. 经济公共利益的界定

经济公共利益作为整个公共利益体系中的一个子系统,是公共利益有关经济关系方面的集中表现,它有区别于公共利益的其他价值表现,例如环境资源表现、卫生健康表现、生物安全表现、伦理道德表现、国防外交表现、教育文化表现等。但是由于环境资源、卫生健康、教育文化等公共利益的其他方面的表现可以物化为经济价值,转化成经济利益,因而经济公共利益的边界是模糊的,这也是一开始经济法调整对象范围粗泛的主要原因。公共利益的具体类型可以有很多种,世界和平与安全、国家安全、经济秩序、公共秩序、公共安全、环境保护、公共资产、公共事业、弱势群体保护、社会精神财富等都属于公共利益。[1] 经济公共利益系统内部也包含了很多层次的内容,根据不同的标准可以有很多分类(以下分类仅说明经济公共利益内容所侧重的角度不同,并不表示经济公共利益可分割)。例如,按主体所代表不同群体的利益来划分,经济公共利益可划分为产品供应者和消费者的公共利益;按社会对个体和集体的态度不同,可分为以个人经济利益为先的公共利益、以集体经济利益为先的公共利益和以国家经济利益为先的公共利益;也可以按经济公共利益是否具有外在的物化形态,可以分为经济公共利益的物质表现和精神表现。笔者按经济公共利益内容所追求的不同价值进行分类(经济安全、经济秩序、经济公平、经济民主),结合其他可转化为经济公共利益的其他表现形式,将

---

〔1〕 参见高志宏:《公共利益:界定、实现及规制》,东南大学出版社2015年版,第81页。

经济公共利益的内部层次结构通过图形展示,为图2－1中的内圆区域,内圆区域与外环区域之间是相互联系的,相互影响的,它们之间不存在清晰的边界。

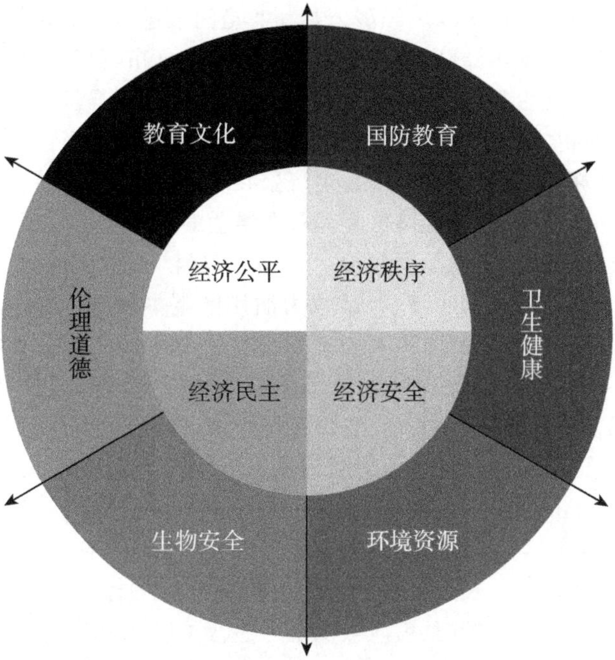

图2－1　经济公共利益内涵与外延层次

(二)经济法经济公共利益价值

经济法经济公共利益的重要性体现在三个方面,经济公共利益对经济法本身的存在和发展有着奠基性的意义;而经济公共利益本身作为制度的准则,其客观性和中立性可防止政府过度干预经济,引导政府从公共的长远利益出发来调节经济;它还确认、保障、促进了经济安全、经济秩序、经济公平、经济民主,保障市场机制发挥作用。

首先,经济公共利益对经济法本身存在重要的意义,是现代经济法的立身之本。李昌麒认为,“经济法是社会本位,以维护社会公共利益为出发点;行政法是国家本位,以维护国家利益为出发点;民法是个人本位,以维护个人利益为出发点”。[1] 也就是说，经济公共利益是经济法区别于其他部门法的最根本的特征。“社会公共利益是个人利益之间平衡妥协的产物”，[2]经济公共利益也体现了国家在面对不同个体、个体与集体之间利益冲突时的选择态度。经济公共利益是国家进行宏观调控和市场规制时所要遵循的基本原则，经济法要维持社会主义市场经济的基本秩序，就要维护经济自由和经济公平。经济公共利益理念指导经济法的基本制度设置，同时也实现了其所追求的经济公共利益价值。当经济自由和经济公平被破坏，直接受到损害的是经济公共利益。因此，经济公共利益是经济法的立身之本，也与经济法之间存在增益的关系。

其次，经济公共利益是国家介入经济，对经济关系进行调节的理据，也是防止政府过度干预经济，行政权力滥用的基本准则。经济公共利益从公共的长远利益出发，客观看待政府公权力和市场主体的私权利之间的博弈。一方面，它指导国家宏观经济管理的规则，以构建国民经济持续、稳定的发展秩序；另一方面，它对市场主体进行价值引导和行为纠正，在规制市场经济主体的各种行为时也确保市场机制能发挥作用。虽然经济法是国家干预经济的主要措施，但经济公共利益却是以客观的态度来判断国家是否应当干预经济，政府在协调经济发展时应充当何种角色。经济公共利益以公共长远的经济利益为是非曲直的标准，当一项政府措施不利于公共长远发展时，就应被认定为违背了经济公共利益。可见，经济公共利益是规制、评判政府经济行为的客观准则，对国家介入经济的方式和效果都具有指导意义，它也是判断经济法制定和实施效果的主要依据。如果经济法放弃了经济公共利益，那么它将不再具备自身的个性和立身之本，而社会经济则可能出现两种极端情况：一是市场垄断肆意发展和扩大，其他市场相关利益者的基本权利不保；二是政府肆意干预经济，或者政府与大企业合谋，形成管制俘虏。这两种情形都对市场竞争秩序十分不利，市场上的其他主体的权利也会受到威胁。

最后，经济公共利益的内部结构包含了对经济安全、经济秩序、经济

[1] 李昌麒主编：《经济法学》，中国政法大学出版社2002年版，第61页。

[2] 参见王黎黎、李贞：《论经济法与社会公共利益》，载《西部经济管理论坛》2013年第1期。

公平与经济民主四种基本经济目标的价值追求,而这四项内容是社会主义市场经济稳定、健康发展所必须建立的客观环境和精神内核。坚持经济公共利益就是坚持我国的社会主义市场经济以平稳健康、尊重客观规律、普惠共享和民主自由的发展思想和理念发展,这不仅有利于我国社会主义市场经济的长远发展,还对社会的长治久安发挥着重要作用。经济公共利益保护不足引发了许多社会问题,一些发酵为影响重大的"经济公共利益"事件,如 2008 年的三鹿奶粉事件、2018 年疫苗事件等,经济公共利益必须引起经济法及国家对之足够的重视。

(三)经济公共利益理念是指导经济法原则与规则的基础

1. 公共利益规制理论为经济法保障经济公共利益奠定了理论基础

公共利益规制理论,又称为"市场破产"或"一般福利论",是规制经济学发展的逻辑起点,其基本原理早已存在于法学、政治学和经济学中。它以市场失灵理论和福利经济学为基础,认为政府是公共利益的代表,为实现社会福利最大化,应公众矫正市场失灵(市场活动带来的无效率和不公平)的要求提供规制,波斯纳将之称为"作为实证理论的规范分析"。其理论的背后逻辑是:公共福利最优化是规制的目标,政府是公共利益的天然代表,政府干预经济行为的目标是增进社会福利水平,并为此做出不懈的努力。从规范的角度,它认定市场失灵和对市场失灵克服;从实证角度,它研究规制为何出现和如何出现,以最优干预的规范原理为基础。[1] 自 19 世纪末 20 世纪初以来,人们对规制问题进行了热烈的讨论。从广义上看,规制是政府干预经济的一种形式,是政治和经济过程的结合体。作为经济过程,规制者在确定规制的具体目标上遵循了经济分析的方法,在一定的规则下寻求规制目标的最优化。作为政治过程,规制的目标决策不仅仅是由规制机构决定的。在代议制民主条件下,规制目标的制定和绩效监督是需要通过一系列政治程序来实现的。因此,从其性质上看,规制必须通过政治权力来配置经济资源。

该理论包括两方面的内容,这些内容都反映着政府规制经济行为的原因,尤其是市场失灵的存在,既然市场无法弥补自身存在的缺陷,只能

〔1〕 参见冯宪芬:《社会公共利益的经济法保障研究》,西安交通大学出版社 2011 年版,第 58 页。

通过其他途径来试图阻止或减缓市场失灵对经济带来的影响。市场失灵如何出现？一般的经济学理论中对外部性、公共品、信息不对称、自然垄断等都通过深刻而全面的论述加上数理模型展现出来，通过这些经典论述证明以上原因是如何导致市场运行不能达到帕累托最优，以此来证明政府规制为何重要。以对自然垄断的研究为例，出现了基于规模经济的近代自然垄断理论及其相关规制思想向现代的基于成本劣加性的自然垄断理论、可维持理论、伯格和齐尔哈特的强弱自然垄断理论、维斯库斯等人的永久性和短暂性自然垄断理论及其相应的规制思想的变迁。但是，这样只能说明市场存在失灵的情况并且市场自身无法避免这种情况发生，却并不能说明政府可通过规制来矫正市场失灵。政府应如何寻求"最优"政策来矫正市场失灵，这些"最优"政策包括信息对称条件下的传统最优规制方案，如治理自然垄断的边际成本定价——杜比特—霍特林模型、最优偏离边际成本定价——拉姆齐—布瓦特模型、回报率规制等价格规制方案。但是公共利益规制理论受到了实证方面的批判：实践中规制无效率，规制的产生不完全是因为市场失灵，规制方案产生不合意间接效应。[1] 公共利益规制理论的三个前提假设是：第一，市场自行运转脆弱，易发生市场失灵；第二，政府规制是应社会或公众对效率和公平的要求所做出的无成本、有效和慈善的反应；第三，政府是慈善的、无所不能的和无所不知的，能实现社会福利最大化。[2]

但是，对公共利益规制理论持反对意见的也有很多，其中较有代表性的是监管俘虏理论和监管经济理论。斯蒂格勒提出政府监管部门利益理论，该理论指出：确立政府监管的立法机关或政府监管机构仅代表某一特殊利益集团的利益，而非一般公众。斯蒂格勒指出，作为一种制度，政府监管是生产所需要的并且是为其利益服务而设计和实施的，因为一个利益集团可以通过说服政府实施有利于自己的监管行为，把其他社会成员的福利转移到自己集团中来。政府是为了适应利益集团实现收入最大化所需要的产

---

〔1〕 参见高华云：《经济学视野下的利益集团理论研究》，华中师范大学出版社 2013 年版，第 113 页。

〔2〕 参见陈建华：《中国电力普遍服务供给规制研究》，中国经济出版社 2013 年版，第 80～81 页。

物。部门利益理论的一个直接派生物为"监管俘虏理论"。监管俘虏理论认为,监管是为了满足产业对监管的需要而产生的(立法者被产业所俘虏),而监管机构最终会被产业所控制(执法者被产业所俘虏)。[1] 监管俘虏理论的基本观点是:不管监管方案如何设计,监管机构对某个产业的监管实际上是被这个产业"俘虏",其含义是监管提高了产业利润而不是社会福利。[2] 监管经济理论则从三个方面对公共利益理论提出质疑:首先,公共利益的概念是不确定的;其次,很难找到支持公共利益的实证证据;最后,监管者自己的目标和监管所要求的目的的差异性被忽略。[3]

2. 社会法学派的相关理论

19 世纪末 20 世纪初,以社会学法学派为代表的法哲学群体以社会化的角度对法律及其相关问题进行了全新的诠释。他们认为,社会利益是真正的利益,包括个人生存、发展以来社会的生存、发展。因此,在个人与社会的关系上,出现了以社会为本位的法哲学思想。他们把社会权作为权利的首要含义。社会法学派认为实现社会目的,在于通过维护权利来发挥社会全体成员的才能,他们强调主要权利是社会成员的生存权。耶林认为,此前过于重视财产权而轻视人;现在则轻视财产权而重视人。他认为法律控制的目的是安全与和平,而非自由。社会学法学派认为法应是保障社会全体成员生存手段的法。庞德认为,"人们逐渐把强调的重点从个人利益的方面转到社会利益的方面。显而易见,20 世纪所有国家的法律都发生了这样的运动。这场运动的口号就是满足人的欲求,而且这场运动还把其他社会制度的终极目的(以最少限度的摩擦和浪费而尽可能满足人们的要求)视作法律的目的"。[4] 社会法学派的社会本位法思想,以社会权为核心。从权利本位法哲学思想向社会本位法哲学思想演变,是市场经济发展的要求,也使经济法理论的创立成为可能。"经济法

---

〔1〕 参见王蕾:《政府监管政策绩效评估研究》,首都经济贸易大学出版社 2012 年版,第 51 页。

〔2〕 参见肖兴志、宋晶主编:《政府监管理论与政策》,东北财经大学出版社 2006 年版,第 24 页。

〔3〕 参见殷孟波主编:《货币金融学》(第 2 版),中国金融出版社 2014 年版,第 194 页。

〔4〕 Pound, *Interpretations of Legal History*, 29 Harv. Law. Review 640(1916).

的本质是社会法,它以社会法为本位,把社会经济总体效益作为自己的价值目标,在兼顾各方经济利益的同时,维护社会经济总体利益。"[1]

因此,无论是市场规制法还是宏观调控法都是以国家干预理论和相关的市场失灵理论作为基础,二者都与公共利益规制理论密不可分。国家干预理论以公共利益规制理论为基础,市场失灵则是公共利益规制理论的出发点。虽然经济学者对公共利益规制理论颇有微词,但是它确实为经济法的产生与发展提供了经济学的理论基础。而社会法学理论以"社会化"为精神,以"社会权"为核心,为经济法保障社会公共利益奠定了法哲学基础。

刘文华教授认为,从利益分析入手,我国经济法是国家为了保障社会整体经济利益,实现经济协调而规制经济运行行为的法律规范的总体;经济法的根本目的是保障社会整体经济利益,而不是其他利益,也不是局部经济利益,这是经济法的本质属性所在,应以此为前提来阐述我国经济法的概念、本质属性和基本原则等重大理论问题。[2] 漆多俊教授认为,"经济法涉及经济领域和经济生活,其内容是经济性的,因此它的价值也重在经济性;经济法与民商法不同,它关注的是社会经济的总体结构和运行,因此它的价值重在社会性。经济法是社会性之法,经济法的价值最关注社会性"。[3] 也有学者认为,"经济性是经济法的本质特性,集中体现为经济法法益目标的经济性和价值目标的经济性。经济法的法益目标在于促进经济持续、快速、协调、安全地发展;经济法的价值目标侧重于追求经济效益、经济安全、经济民主、经济自由、经济秩序和经济公平"。[4]

(四)经济公共利益理念指导经济法的必然性

经济法的社会经济本位特征使其成为经济公共利益的守卫者。经济法的成就背景是以反垄断、维持社会正常经济秩序进而保障公民的日常

---

〔1〕 冯宪芬:《社会公共利益的经济法保障研究》,西安交通大学出版社2011年版,第62~63页。

〔2〕 参见程宝山:《经济法基本理论研究》,郑州大学出版社2003年版,第10页。

〔3〕 漆多俊:《经济法价值、理念与原则》,载漆多俊主编:《经济法论丛》第2卷,中国方正出版社1999年版,第65~90页。

〔4〕 龙杨:《经济法与社会法的功能整合研究》,湖南大学2007年硕士学位论文,第13~15页。

生活为前提的。单靠市场经济的自身调节和传统民法、行政法,无法管理因垄断而造成经济机会的不公、社会分配的不公、社会阶层生活状态的不公。这些不公和社会矛盾带来的后果和痛苦是不可估量的。政府通过经济法介入经济领域之后,用行政手段和法律手段将市场的无序引向公正有序的状态,延缓了经济危机爆发的周期。[1] 简而言之,经济法产生于这样一个特殊背景:资本主义经济迅速发展,带来了传统法学部门无法缓解、调和的社会经济矛盾。

1. 私法对经济公共利益保障的缺陷

近代民法无法调节这些新出现的社会经济问题,因为近代私法的概念、原则、制度、理论和思想体系都是建立在对社会民众生活的两个基本判断之上:平等性和互换性。[2] 民商法将市场主体抽象为一个个平等、匀质的"经济人",通过对民事主体的高度抽象,舍去各类民事主体的任何具体特征,将每一个市场主体都看作是实力和地位都趋同的自利者,并以此为基础构建自由交易、自由竞争的规则体系,确定了私人财产神圣不可侵犯、契约自由、过失责任等原则。但是,这些作为民商法制度基础的假设前提根本是与现实生活不符的,民事主体在经济实力上的不平等与每个人的个人特质都会对他们作出经济决定时的自利性假设产生偏差。因此当面对企业垄断排斥竞争、社会分配不公等社会经济问题所引发的社会矛盾时,传统的民商法无法应对、解决"新"出现的经济问题。作为调整平等主体间人身关系和财产关系的私法,传统民商法制度的目的是通过保障个体的财产权来实现、促进社会的整体效益。

但当资本主义从自由竞争走向垄断,特别是在经济危机时期,市场缺陷也随之暴露出来。经济的集中和垄断导致了竞争的不平衡,不完全竞争和外部经济效果成为市场自身难以解决的问题。而民商法基于平等、自愿等原则而设立的一系列民商法制度也会受到很大冲击。"社会出现严重的两极分化和对立。集中表现为企业主与劳动者的对立、生产者与

---

〔1〕 参见杨雪婧:《经济法公平分配功能的历史演进与现实选择》,载《新乡学院学报(社会科学版)》2012 年第 6 期。

〔2〕 参见梁慧星:《从近代民法到现代民法——二十世纪民法回顾》,载《中外法学》1997 年版第 2 期。

消费者的对立、大企业与中小企业的对立。垄断组织凭借垄断优势,为追求自身利润的最大化,不顾市场秩序,侵犯其他竞争者和消费者的利益,社会经济秩序屡次出现混乱,危害社会公共利益的事件不断涌现。”〔1〕民商法此时不但不能解决这些问题,相反,如果继续按民商法来行事,社会经济矛盾只能更加激化。民商法的自身局限,只能保障人们对个人利益的追求而不能克服市场经济自发的盲目性状况,不仅不能保障经济公共利益,还会对经济公共利益造成伤害。

2. 公法对公共经济利益保障的缺陷

现代意义的行政法的产生与民法有相似之处,资产阶级出于对自身阶级利益的维护,反对封建制度的需要,必须防止权力滥用。现代行政法起源于对政府权力的规范和限制,以保护国民不因权力滥用而遭受损害。行政法的调整对象是行政机关与行政相对人之间的社会关系,但是行政法在调整这种关系时并不是一种平行的关系,它没有对行政主体和相对人的实体权利和义务内容给以同样的关注,而只是关注行政组织及其设置、行政权的行使、制约、监督和行政相对人受到行政权力侵害时所能获得的救济。就此而言,行政法确实能保障公共利益的实现,但问题在于,行政法不能作为保障公共经济利益实现的唯一寄托。

行政法的本质在于保障行政权力符合程序的正常运行。但行政机关与行政相对人之间的不平等要求行政法将强势的一方作为制约对象。但是,行政法作为典型的公法,其目的在于维护国家利益。虽然它关注了行政相对人的利益,但是行政法不能脱离它只能用来限制政府权力滥用的本质,我们不能奢求行政法来完成调整经济主体之间关系的任务,否则会造成行政权力对经济的无禁限入侵。托马斯·索维尔在《经济学的思维方式》中列举了一个例子,虽然用在这里不太恰当,因为这个例子是用来说明自由经济的好处,但也为我们对行政权力对市场过度干预结果的预判带来启示:20 世纪 60 年代,许多非洲殖民地获得了国家独立。加纳和邻国科特迪瓦两国的总统打过一个著名的赌:未来哪个国家会更繁荣。当时,加纳不仅比科特迪瓦富裕,还拥有更丰富的自然资源,因此就科特

〔1〕 冯宪芬:《社会公共利益的经济法保障研究》,西安交通大学出版社 2011 年版,第 40 页。

迪瓦总统个人而言,这个赌可能看起来有些鲁莽。然而,他知道加纳依靠政府来运作经济,而科特迪瓦则践行自由市场。到1982年,科特迪瓦已经在经济上大大超过了加纳:即使是最贫穷的20%的人口的实际人均收入,也要比加纳大多数人的收入高。"这无法归功于国家或人民的优越性。因为在随后的几年里,科特迪瓦政府最终经不起诱惑,控制了国家大部分经济,加纳却终于意识到自身的错误,并开始放松政府管制,于是两国的情况颠倒了过来。现在,加纳的经济开始增长,而科特迪瓦的经济却开始衰退。"〔1〕

可以看出,如果通过公法管控国家经济,往往会出现与市场经济运行规律相悖的结果。从市场主体的准入、自由竞争到市场退出,可能都会因一套复杂而滞后的行政手续而降低市场本应有的效率,从而不利于公共经济利益的实现。

(五)经济法需保障与促进经济公共利益

经济法以社会经济为本位。我国学者普遍认为,经济法具有社会本位特征,经济法能够促进经济公共利益。李昌麒认为,"经济法是社会本位,以维护社会公共利益为出发点;行政法是国家本位,以维护国家利益为出发点;民法是个人本位,以维护个人利益为出发点"。〔2〕 江帆认为,经济法对特定人格的限定与保护符合社会公共利益之目的,通过宏观调控法实现社会公共利益目的,规制市场秩序以维护社会安全与效率。〔3〕 张文显认为,经济法是社会本位法,社会利益是经济法所保护的首要的利益目标。〔4〕 薛克鹏认为,"社会公共权利的栖息地主要是经济法和其他社会立法"。〔5〕 许石慧认为,公共利益是现代国家干预经济的合法性基础,"经济法对公共利益的强调是其存在的必需,离开了公共利益这一方向,经济法很难有其自身的独特价值,也违背了国家以法律干预经济生活

---

〔1〕 [美]托马斯·索维尔:《经济学的思维方式》,吴建新译,四川人民出版社2018年版,第54页。

〔2〕 李昌麒主编:《经济法学》,中国政法大学出版2002年版,第61页。

〔3〕 江帆:《经济法的价值理念和基本原则》,载《现代法学》2005年第5期。

〔4〕 参见张文显:《法理学》,高等教育出版社1999年版。

〔5〕 薛克鹏:《论经济法的社会本位理念及其实现》,载《现代法学》2006年第6期。

的本意。"[1]史际春、邓峰认为,经济法的立法执法应从社会整体利益出发,统一社会整体目标与个体利益目标。[2] 经济法的社会本位特征,决定了经济法要以维护经济公共利益为主要目标。王黎黎认为,经济法维护经济秩序,一方面提倡经济自由,发挥市场的自身调节作用;另一方面对公用事业的市场准入提出限制;在最大限度地调动市场自身优势的同时,抑制市场自身无限发展造成的市场失灵,维护社会公共经济利益。经济法基于对社会公共利益的维护,对非公有经济在公用事业的市场准入进行管制。限制经济自由,限制非公用经济市场主体的个人权利,即体现了经济法对社会公共利益的优先考量。当个人利益与社会公共利益相冲突时,经济法优先满足对社会公共利益的维护。[3]

理解经济法对经济公共利益的保障与促进,可从两个方面切入:首先,就经济法的设立初衷而言,它的诞生主要是为了克服市场失灵的情形。市场失灵的出现会造成经济秩序混乱,同时损害经济公共利益。"经济法的调整以总体上的经济效益的提高为直接目标。"[4]其次,经济法调整的对象既有宏观调控关系,又有市场规制关系。经济法调整的宏观调控关系,包括财税关系、金融关系、计划关系。"这些法律关系都是全局性和公共性的。经济法对它们的调整,关系到社会的正常运转。所以,以社会公共利益为出发点,才能保证社会整体获益,实现有效的宏观调控。"[5]在市场规制方面,经济法通过反垄断法、反不正当竞争法、消费者保护法、广告法等来有效规范经济个体的行为,保障市场经济秩序,既保护个人的经济安全和效率,也保护着整个社会的安全和效率,从而达到维护经济公共利益的目的。

综上所述,传统部门法无法顾全经济公共利益,民商法以保护个人权利为本位,而行政法以国家权力的合法运行为核心,两者都无法做到对公

---

[1] 许石慧:《论经济法视野中的公共利益原则》,载《政法学刊》2006 年第 4 期。

[2] 参见史际春、邓峰:《经济法总论》,法律出版社 2008 年版。

[3] 王黎黎、李贞:《论经济法与社会公共利益》,载《西部经济管理论坛》2013 年第 1 期。

[4] 张守文主编:《经济法概论》,北京大学出版社 2009 年版,第 17 页。

[5] 王黎黎、李贞:《论经济法与社会公共利益》,载《西部经济管理论坛》2013 年第 1 期。

共经济利益的直接维护和保障。经济法的诞生以保障社会公共利益为前提，经济法的立法目的在于维护经济公共利益，通过对宏观调控关系和市场规制关系多方面的调整来确保经济秩序运行，保障市场经济主体的个体利益，进而实现经济公共利益。

（六）经济法对经济公共利益理念的构建

经济法经济公共利益是指国家在宏观调控和市场规制活动中应当以促进社会公共利益的增长作为唯一的和根本的目标，追求社会整体利益的最大化。宏观调控是国家行使公权力，对宏观经济变量进行总体调节和控制的活动，对市场微观方面尽量以平衡各方利益、促进经济增长为目标，因而具有全局性、整体性和公益性的特征。[1] 确保经济法实现经济公共利益应遵循以下标准：首先，经济法保障经济公共利益应以法律规范形式为载体，经济公共利益应具有规范性的内容；其次，经济法保障经济公共利益应具备独特性，经济法是专门保障经济公共利益的部门法，因此不可能照搬其他部门法已有的规制内容，而应在规制内容、规制手段上具备一定的独特性；最后，经济法保障经济公共利益理念应具备普遍性，将经济公共利益理念贯穿经济法的全部实践过程，指导经济立法、规范经济执法和司法，并保障和促进经济公共利益与个人利益、国家利益的协调发展。一般而言，经济法经济公共利益的实现通过其实施方式和所保障的实质内容来实现。

1. 以经济法的独特方式保障经济公共利益

(1)经济法保障经济公共利益的直接主动性

经济法调整经济的方式是对市场主体行为进行规制，对经济发展态势进行干预。国家干预是国家从社会利益出发，采用一定手段主动介入市场的一种活动。由于立法权和司法权都不具备主动介入社会生活的特征，只有行政权才能主动介入和干预社会生活。法律不应成为经济发展的羁绊，而应当是促进经济的一种内在因素。国家干预或政府干预首先是一种经济思想和政策的主张，所以只有国家干预的思想上升为法律制度，才能使这种干预合法化，成为资源配置的一种方式。经济法就是国家

---

〔1〕 参见李力：《宏观调控法律制度研究》，南京师范大学出版社1998年版，第160页。

干预经济的基本法律形式。[1] 经济法将法律手段和经济政策结合,通过自己特有的方式,直接干预社会经济、调整社会经济发展方向和结构。[2] 经济法调整经济关系的手段往往表现为指导和规制相结合。"这里所指的'规制'是指在发生违法犯罪、发生纠纷争议后的强制处理。现代经济法律、法规,不只是为了解决经济争议、处理违法犯罪的,其主要的功能应是指导各个社会个体依法取得和确立各自的法律地位,建立合法的经济法律关系,以保证经济活动的正常运行,保证社会经济的协调发展。经济法调整功能的这一特性是和经济法是经营管理法这一点直接相连的。当然,发生矛盾要处理,发生违法要制裁,但经济法调整的重点应是对经济生活进行正常的管理,指导各个社会个体合法经营。事前指导和事后规制要结合起来。现代法律的超前指导作用在经济法中表现得最为集中、最为突出。传统的宏观经济调控主要采取经济手段和行政手段相结合的方式来进行。经济手段主要是经济杠杆(价格、税收、财政、信贷、利率、汇率等)和行政手段(经济政策、经济法规、经济计划指导和必要的行政管理)。经济手段属于间接调控,是政府放在市场上的一种信号,通过市场传到微观经济主体身上;行政手段属于直接调控,是对微观经济主体经济行为的政府干预,通过行政的渠道来直接产生机理和制约作用。[3] 从整体上来看,经济法的这种调整方式表现出综合性的特征,这是现代社会经济关系广泛深刻发展的必然结果,也是现代法律、法学发展的必然趋势。经济法在法的发展过程中主要体现为综合发展的形式;经济法对各种经济关系的调整主要表现为全面考虑它们之间的内在联系,进行综合调整;调整时则运用多种手段综合治理。"[4]

(2)经济法第三法域的整合性优势

经济法兼具了公法和私法的属性,处于第三法域之中,这决定了它对社会经济调整方式的不同,而这种不同与传统部门法比较起来就具备了

---

[1] 参见李昌麒主编:《经济法》,四川人民出版社 1995 年版,第 29~40 页。

[2] 参见四川省法学会主编:《四川法学文集》(第 2 辑),四川人民出版社 2009 年版,第 246 页。

[3] 参见韩耀、张春法等:《网络经济学:基于新古典经济学框架的分析》,南京大学出版社 2006 年版,第 267 页。

[4] 刘文华:《走协调结合之路》,法律出版社 2012 年版,第 128~132 页。

先天的优势——它采用利益整合的方式保障国家经济利益、社会整体利益,既能关注到国家经济利益、社会整体的利益,也能保护个人利益,“通过多种方式,在保证各个利益群体利益的基础上,使各个部分整合起来,构成一个利益共同体”。[1] 经济法所具备的整合功能不但可以在一定程度上消解在经济活动中形成的个体利益的冲突,而且会把社会分散的经济力量汇聚起来,形成社会整体经济力量,促进整个社会经济快速、可持续发展,提升社会整体福利。[2] 学者普遍认为,经济法保护公共利益的整合性表现为调整手段的整合和调整内容的整合。[3] 经济法在对经济公共利益进行保护时将公法调整手段和私法调整手段结合在一起,它所调整的社会关系是既包含了不平等的主体关系,又包含了经营者与消费者、经营者之间的平等竞争关系。也就是经济法具备了单独的公法和私法所无法企及的优势:第三法域的整合性优势。“传统私法和公法虽然经历了法律社会化的运动,但法律社会化的运动却不可能从根本上改变传统私法和公法的本性,他们仍不足以从社会整体的高度来进行社会整合。”[4]

我国法律体系中,不同的部门法担当着保障不同利益的职责。虽然进入20世纪后,传统的民商法、行政法都开始了社会化趋势,关注公共利益,但经济法的经济公共利益与民法、行政法所能涉猎的范围和程度还是存在显著的区别,这种区别于其他部门法的对经济领域关系的专有保障方式也可以说是经济法的独特性所在。经济法视野关注的公共利益与民商法等传统私法领域所涉及公共利益的重点明显有别。公共利益是无效民商事法律行为制度的合法性基础,无效法律行为的主要立脚点在于公共利益。公共利益赋予了国家管制以独一无二的合法性。[5] 公共利益

---

[1] 王长江:《现代政党执政规律研究》,上海人民出版社2002年版,第178~179页。

[2] 刘水林、雷兴虎:《论经济法的社会经济功能》,载《法学评论》2004年第2期。

[3] 冯宪芬:《社会公共利益的经济法保障研究》,西安交通大学出版社2011年版,第80页。

[4] 石慧荣、李永成:《论社会整体利益的经济法调整》,载《学术研究》2007年第10期。

[5] 参见谢鸿飞:《公共利益·国家强制·私法自治》,载中国法院网2004年9月30日,https://www.chinacourt.org/article/detail/2004/09/id/134320.shtml。

在民商法中的效力排外性,实质上是民商法通过社会化来修正弥补自由主义精神和个体权利本位弊端的时代需求。而经济法对公共利益的强调是其存在的必需,离开了公共利益这一方向,经济法很难有其自身的独特价值,也违背了国家以法律干预经济生活的本意。行政法、刑法领域强调的公共利益,更多是侧重于国家公权对社会管理秩序的维护和公共管理需要遵循的基本原则。例如,刑法中对危害公共安全罪的规定和有关损害公共利益作为犯罪客体标准的认定。行政法中常见把公共利益需要作为行政征用征收的目的。[1] "经济法的社会公共利益观是建立在经济性视角上的,它首先表现为经济性,其次才是社会的整体性。"[2]这是由经济法的产生背景和经济法的理念所决定的。在第一章中,我们已经讨论过经济法产生的背景和基本理念问题,社会现实与经济现状对经济法的迫切需要导致它对经济的调整方式上拥有不同于其他部门法的直接性和主动性。经济法从经济公共利益的角度出发,保障国民经济整体安全与效益。市场机制本身存在天然的缺陷,必须依赖国家干预,经济法通过建立市场法律、法规等制度,对市场准入、反垄断、反不正当竞争、产品质量监管等进行制度把控。例如,宏观调控法以政府为主要对象,通过法律形式赋予国家调节国民经济的权力,以达到维护经济总量平衡,优化经济结构的目的。而在第一章对经济法理念的讨论过程中,可以得出这样的结论:经济法的理念是人们对经济法的应然性规定的理性的、基本的认识和追求,是经济法及其适用的最高原理,是经济法的宗旨、目标和实现其目的途径的统一。经济法的产生背景和理念决定了经济法协调经济社会关系的两个层次,第一个层次是协调的种种方式,第二个层次是协调的状态。经济法保障经济公共利益的主动性也在这两个层次有所表现。

2. 经济法对经济公共利益的实体保障

经济法所追求的经济公共利益以国家、地方、集体和个人的经济利益相互促进、相互制约为重心,放眼于当代与未来的经济公共利益。有学者认为,经济法对社会公共利益进行内容保障时首先注重公共利益的普遍

---

[1] 参见许石慧:《论经济法视野中的公共利益原则》,载《政法学刊》2006 年第 4 期。

[2] 冯宪芬:《社会公共利益的经济法保障研究》,西安交通大学出版社 2011 年版,第 64 页。

性、社会性及经济性等特征，同时反映经济法的本质。经济法的本质是指经济法区别于其他法律部门的内在的规定性和根本属性。目前学界普遍认为"国家干预说"和"国家协调说"更能反映经济法的本质。有学者指出，干预论以凯恩斯主义为基础，都属于"二次调节"论，市场调节是第一次调节，由"看不见的手"调节，如果需要由政府干预的时候，才由政府进行第二次的调节，因此，干预论属于古典市场经济理论的一部分。[1] 在我国，国家不是市场经济的外部因素，而是一种内在固有的力量，国家与市场相辅相成，国家调节与市场调节也不存在谁先谁后的问题，也不存在第一次调节和第二次调节的次序，因而是区别于传统市场经济理论的，完全植根于自由经济基础上的"经济干预"是不存在的。中国经济法产生的背景是双重失灵，中国经济法的使命也是双重的，一方面要克服"市场失灵"；另一方面要防止"政府失灵"。因此，协调论更适合于中国的经济法。[2]

经济法对经济公共利益的实体保障主要有两个方面体现，一是经济的整体安全与秩序；二是社会经济的实质正义。

经济法以国民经济的整体安全与秩序为目标，以此来实现经济公共利益。"经济安全是指一个国家的经济主权及基本经济秩序以及经济主体在经济活动中利益或行为的保障制度及其遭受损害的可能性。"[3] 经济法视野中的经济安全与民法促进的私人经济安全有很大的不同，它是指经济的整体安全。经济整体安全是指国民经济的稳定、健康、可持续发展的协调状态。[4] 而经济秩序则有两个层次的含义：一是经济运行的本来状态；二是维持经济正常运转的态势，经济秩序关系到经济公共利益的内容。经济法中的经济秩序主要有公平的竞争秩序和宏观经济秩序。竞争机制是市场机制的核心，维护竞争秩序的安全性、有效性是现代市场经

---

〔1〕 参见冯宪芬：《社会公共利益的经济法保障研究》，西安交通大学出版社 2011 年版，第 87 页。

〔2〕 参见冯宪芬：《社会公共利益的经济法保障研究》，西安交通大学出版社 2011 年版，第 87 页。

〔3〕 单飞跃：《经济法的法价值范畴研究》，载《现代法学》2000 年第 2 期。

〔4〕 参见冯宪芬：《社会公共利益的经济法保障研究》，西安交通大学出版社 2011 年版，第 88 页。

济产生、存续的基本前提。经济法通过确认宏观经济管理规则,维护国民经济平稳运行和发展;通过确认财政和税收的法律规则,建立良好的收入和分配的法律秩序;通过确认中央银行的法律地位和货币政策以及商业银行的业务规则,建立货币供给与需求的法律秩序;通过确认产业发展的一般规则和振兴特殊产业的特殊规则,建立和维护产业结构优化的法律秩序;通过确认价格规则,稳定市场价格总体水平,建立良好的价格秩序,通过确认国民经济稳定增长和计划的规则,建立国民经济稳定、协调发展的法律秩序。〔1〕

经济法的主要任务还有实现社会经济的实质正义。实质正义不同于形式正义,形式正义追求的是形式上的平等,要求同等情况同等对待;实质正义以社会大多数成员的利益为出发点,就会出现不同情形的区别对待,以达到经济持续发展的目的。"实质正义在于实现社会范围内的实质性、社会性的正义和公平,是一种追求最大多数社会成员之福祉的正义观,强调针对不同情况和不同的人给予不同的法律调整。"〔2〕经济法强调实质正义,看重的是结果正义,尤其是分配上的公平,不仅是要考虑当代人在分享社会经济进步所带来的幸福成果要公平,还要平衡不侵害下代人公平享有这些幸福成果的能力。"经济法贯彻真正的公平理念,主张市场主体无论其实力、地位有何差别都应平等地参与竞争。"〔3〕但是,这也不是说经济法就完全不注重形式公平,经济法只是相对民商法而言更突出实质正义的效果。这是因为虽然形式公平固然有充分的正当性,但以绝对自由和形式平等而获得利益的方式,如果超过一定的界限则会引起很多意外后果,市场在导致高效率的同时,还隐含着低效率甚至是无效率的危险,市场基于意思自治和形式自由的分配逻辑,在没有外力矫正的情况下,可能会导致贫富悬殊和两极分化,实质意义上的公平无法保障。在现代市场经济条件下,区域经济发展中的失衡并不仅是由地区的生产能

---

〔1〕 参见王保树:《经济体制转变中的经济法与经济法学的转变》,载《法律科学(西北政法学院学报)》1997年第6期。

〔2〕 史际春、邓峰:《经济法的价值和基本原则刍论》,载《法商研究(中南政法学院学报)》1998年第6期。

〔3〕 冯宪芬:《社会公共利益的经济法保障研究》,西安交通大学出版社2011年版,第92页。

力不同所决定的，而是市场不完全竞争的结果，初始条件的不公正、贫穷的循环因素、各种歧视均是区域经济发展失衡的原因。经济法关注机会公平，并且将结果公平引入价值取向之中，使尽可能合理地缩小分配差距，在不破坏社会经济发展的基本动力的前提下，协调社会经济关系。〔1〕经济法保障实质正义的基本逻辑是通过国家在干预（协调）社会经济过程中所发生的各种经济利益关系来促进社会经济的协调、稳定发展，在这一过程中经济法所调整的对象、经济法所规定的责任类型等都对实质正义的实现发挥着独特的功能。

综上所述，经济法的目的不是用国家权力为市场经济重新创造新的规则，而是维护市场经济社会中已经确立的游戏规则和公序良俗，这些是公众所熟悉并默认的传统秩序，经济法就是要保证这些规则和秩序不受来自市场经济的内部主体或外部力量的破坏，构造自由、公平的市场竞争环境。〔2〕经济法的法益目标首先要追逐和实现的利益即社会公共利益，它以经济基本权为权利外形，以实现经济上的公平为核心。〔3〕新时代的技术变革带来了新的生产力，极大限度地促进了社会经济的发展。随着我国市场经济的日趋成熟，经济法的各项制度也随之完善起来，而经济法的体系范畴在社会分工下也发生了变化。我国经济发展的重心已不是如何建立起社会主义市场经济，而是向维护好已经建立的社会主义市场经济秩序，促进市场经济的持续繁荣和发展成果共享转型。新时代给经济法的发展带来新的挑战，经济法应加强保障经济可持续发展能力、追求更强的包容性和经济稳定性，以及要具有应对新技术所带来的问题的能力。经济公共利益理念以代内经济公平为基本任务，关注社会经济的当前发展，也为经济的未来发展铺路，以实现代际间经济发展的机会公平为重要目标，保障经济、社会的不间断发展，为经济可持续发展奠定基础。而经济公共利益理念本身具备了包容性和维护经济稳定性的特征，在应对数

---

〔1〕参见项波、孟春阳：《区域经济协调发展的经济法保障研究》，知识产权出版社2019年版，第70页。

〔2〕参见高志宏：《公共利益：界定、实现及规制》，东南大学出版社2015年版，第206页。

〔3〕参见胡瀚：《浅谈经济法的公共利益价值》，载《法制与经济》（下旬）2011年第10期。

字经济和智能社会上有自己独特的处理方式,鼓励在符合经济公共利益的前提下的技术进步和创新。

现实市场中的情景不同于自由放任主义理论"一只看不见的手能成功地引导着自私追求自己利益的个人来促进公共利益"。人们大多并不能自发地促成公共利益,相反,还产生了垄断、不正当竞争等破坏经济公共利益的行为。经济法的公共利益理念不仅体现在经济法的设置初衷和制度内容以维护公共利益为先,还体现在其制定、实施的效果要带给公众与社会的公平正义感。坚持公共利益理念,就是打破个体主义和眼前利益,放眼于经济的可持续发展。经济公共利益理念于经济法本身存在而言意义重大,是经济法的立法之本,是国家介入经济、对经济关系进行调节的理据,也是防止政府过度干预经济、行政权力滥用的基本准则。经济公共利益以经济安全、经济秩序、经济公平与经济民主四项基本经济目标为价值追求,以平稳健康、尊重客观规律、普惠共享和民主自由为思想理念,是现代经济法的逻辑起点,也是新时代经济法发展的必然选择。传统部门法无法顾全经济公共利益,民商法以保护个人权利为本位,而行政法以国家权力的合法运行为核心,两者都无法做到对公共经济利益的直接维护和保障。经济法的诞生以保障社会公共利益为前提,经济法的立法目的在于维护经济公共利益,通过对宏观调控关系和市场规制关系多方面的调整来确保经济秩序运行,保障市场经济主体的个体利益,进而实现经济公共利益。

经济法以直接主动的方式来保障经济公共利益,通过对经济公共利益的实质内容的保障来构建经济公共利益。我国法律体系中,不同的部门法担当着保障不同利益的职责。虽然进入20世纪后,传统的民商法、行政法都开始了社会化趋势,关注公共利益,但经济法的经济公共利益与民法、行政法所能涉猎的范围和程度还是存在显著的区别。这种区别于其他部门法的对经济领域关系的专有保障方式也可以说是经济法的独特性所在。经济法的产生背景和理念决定了经济法协调经济社会关系的两个层次,第一个层次是协调的种种方式,第二个层次是协调的状态。经济法保障经济公共利益的主动性也在这两个层次有所表现。除此之外,经济法在调整方式上还具有第三法域的整合性优势。经济法兼具了公法和私法的属性,决定了它对社会经济调整方式的不同,而这种不同于传统部门法比较起来就具备了先天的优势——它采用利益整合的方式保障国家经济利益、社会整体利益,既能关注到国家经济利益、社会整体的利益,也能保护个人利益。经济法对经济公共利益的实体保障主要有两个方面体现,一是经济的整体安全与秩序,二是社会经济的实质正义。经济法以国民经济的整体安全与秩序为目标,以此来实现经济公共利益。经济法视野中的经济安全与民法促进的私人经济安全有很大的不同,它指的是经济上的整体安全。经济秩序则有两个层次的含义,一是经济运行的本来状态;二是维持经济正常运转的态势,经济秩序关系到经济公共利益的内容。与此同时,经济法要实现社会经济的实质正义。实质正义不同于形式正义,实质正义以社会大多数成员的利益为出发点,就会出现不同情形的区别对待,以达到经济持续发展的目的。经济法强调实质正义,看重的是结果正义,尤其是分配上的公平,不仅是要考虑当代人在分享社会经济进步所带来的幸福成果要公平,还要平衡不侵害下代人公平享有这些幸福成果的能力。经济法保障实质正义的基本逻辑是通过国家在干预(协调)社会经济过程中所发生的各种经济利益关系来促进社会经济的协调、稳定发展,在这一过程中经济法所调整的对象、经济法所规定的责任类型等都对实质正义的实现发挥着独特的功能。

(七)当前阶段的经济公共利益

步入新时代,技术变革带来了新的生产力。知识经济、数字经济、平台经济、算法社会、智能社会……人们对这些深入渗透社会经济生活的新名词早已不再陌生。技术革新带来了经济效率的提升和社会生活的进步,方便了人们的衣、食、住、行,但也带来了猝不及防的负面影响,比如消费者私人信息泄露、用户画像带来的歧视性问题等。经济法如何应对这些问题并使公众共享已有成果,已成为新时代下经济法的重点研究课题。新时代,除了新技术变革对经济及制度带来的影响外,经济法自身也在不断发展变化。随着我国市场经济的日趋成熟,经济法的各项制度也随之完善起来,而经济法的体系范畴在社会化分工下也产生变化:环境法从经济法部门中分离出来,使我国经济法成为真正意义上以守护国家社会主义市场经济发展为专业任务的部门法。但这样一来,公共利益的范畴在经济法的表述上就显得不够准确了——很多部门法都会强调公共利益,比如在行政法中,公共利益是最核心的概念,强调行政权力行使不得违反公共利益,公共利益在行政法中尤指相对于公权力机构而言的个人权益;环境法的公共利益指向的是环境资源的公益性;甚至在以保护私人意思自治为核心的民法体系中也有公共利益,它以市场主体不得违反公序良俗的规定而闻名,公共利益此时带有社会公德与公共秩序的具体表现……各部门法都对公共利益有所涉及,经济法与其他部门法对公共利益的指向有明显不同:公共利益在经济法中特指的是一种经济公共利益,因此,是否有必要强调经济法公共利益的经济性特征是我们要讨论的一个问题。

习近平总书记在新时代下提出经济发展必须坚持以人民为中心,明确了发展为了人民、发展依靠人民、发展成果由人民共享的思想。[1] 经济法因此也被赋予实现人民对美好生活向往的光荣使命,经济法的公共利益在经济法基本原则中的地位也更加凸显。经济全球化和知识经济对经济法提出挑战,而我国的"一带一路"建设和全球疫情背景都对经济法提出了更高的要求。党的十九大报告中提出要坚持新发展理念,[2] 也为经济法注入新鲜血液。十九届四中全会指出了我国三大基本经济制度:除了以公有制为主体,多种所有制经济共同发展的基本经济制度外,按劳分配为主体,多种分配方式并存和社会主义市场经济体制上升为我国的基本经济制度。[3] 这三项基本经济制度,分别涉及市场经济的所有权形式、经济成果的分配方式和经济运行环境,更揭示了我国在调节市场经济运行时对个人利益与公共利益的平衡,是对我国社会主义经济制度的高度概括,既反映了我国社会主义市场经济的基本特征,也是新时代下经济与社会发展对经济法提出的基本要求,是经济法指引我国市场经济发展和经济法自我完善的主要方向。

自我国步入社会主义市场经济以来,经济法作为国家干预经济发展的基本手段和措施,为我国市场经济有序发展起到了保驾护航的作用。

---

〔1〕 参见王子晖:《习近平新时代中国特色社会主义经济思想》,载新华网,http://www.xinhuanet.com/politics/2017-12/22/c_1122152985.htm。

〔2〕 新发展理念在十八届五中全会中提出,由创新、协调、绿色、开放、共享组成。

〔3〕 参见《重要创新!十九届四中全会对基本经济制度做了新的部署》,载中国网,http://guoqing.china.com.cn/2019zgxg/2019-11/01/content_75363575.html。

经济法的公共利益理念是经济法调节市场经济关系所要遵循的基本精神。它集中体现了经济法的社会本位理念和对社会公平价值的追求,这也是经济法区别于民法的一个方面:经济法诞生于市场制度存在自发缺陷,民法等以保障个人权利为根本任务的私法已不能有效保障市场经济健康、有序地运行的特殊时期,经济法应运而生的“运”必然是国家站在公共利益的视角上,在确保个体参与市场经济意思自由和活跃度的前提下,对不利于市场健康发展和公共利益的市场行为进行矫正。经济法的公共利益不仅体现在经济法的设置初衷和制度内容是以维护公共利益为先,还体现在其制定、实施的效果要带给公众以社会的公平正义感。在现代社会中,作为人民幸福感的重要指标,社会公平正义,特别是经济领域的公平正义是否得到实现,对国家安定和社会稳定的影响尤为深远,[1]经济公共利益的重要内核之一就是经济公平。进入新时代,我国经济发展的重心已不是如何建立起社会主义市场经济,而是维护好已经建立的社会主义市场经济秩序,促进市场经济的持续繁荣和发展成果共享。因此,我们必须明确新时代经济法应具备哪些素质,确知经济法应担当何种重任。与此同时,也必须讨论区别于公共利益的经济公共利益能否作为经济法的基本理念,新形势下经济公共利益理念对经济法提出了哪些要求。

1. 新时代经济法所面临的挑战

新时代,我国的经济发展呈现出高速、开放、共赢的态势,一方面市场经济发展成果喜人;另一方面高速、开放的经济发展态势之下也隐藏着巨大的风险和危机。首先,作为国家进行宏观调控的主要手段和途径的经济法,能否跟上时代步伐,及时对各项制度进行完善、更新,以持续具备维护经济高速、开放发展态势并保障经济的可持续发展的能力,是经济法所面对的第一个挑战。其次,《民法典》颁布、环境资源法从经济法中分离,经济法调节对象的范畴变得窄而专,经济法要处理好与其他部门法之间的关系,做到对经济关系规制的协调统合;面对经济全球化,经济法要协调同参与到我国市场经济之中的其他国家和地区的经济主体之间的利益关系,及时应对其他国家和地区的相关经济政策和措施,都意味着经济法

---

[1] 参见杨雪婧:《经济法公平分配功能的历史演进与现实选择》,载《新乡学院学报(社会科学版)》2012年第6期。

要具备强大的包容、协调能力,这也是经济法所面临的第二个挑战。最后,信息时代来临,人工智能和算法技术的引入带来的是经济呈现出几何指数的增长,面对"新"事物,经济法能否克服法律所特有的滞后性特点,减少与"新"问题对接的时间沟壑,确保在不违背公共利益的前提下鼓励经济的创新发展,这是来自人类创新性实践的挑战,也是经济法所必须直面的第三个问题。

2. 新时代经济法的主要任务

新时代经济法任务的重心自然不同于市场经济建立之初,党和国家提出的新发展理念也对经济法在当前及下一阶段的主要任务和功能提出了全新的、更深刻的要求。这些任务集中体现在经济法要加强保障经济可持续发展能力、追求更强的包容性和经济稳定性以及要具有应对新技术所带来的问题的能力。这三种能力既体现了新时代经济法应具备的主要功能,也是当前经济法发展完善的理论自觉。

(1)保障经济可持续发展

新时代的绿色、共享的发展理念直接指向经济可持续发展的结果。经济可持续发展的根本问题是代际间的经济发展拥有同等的机会可能。谈及可持续发展,多数时候都与环境资源的可持续利用放在一起讨论,但可持续发展也包含经济本身一直保持健康、稳定的发展状态。理解可持续发展的关键有两点,一是把握"自然与社会之间动态的相互作用"〔1〕,减少工业生产带来的环境污染和资源掠夺性利用的经济增长;〔2〕二是维持良性的经济运行秩序,以保障公共利益不受破坏,确保经济的稳定、持续发展。

由于一直以来我们强调,经济的可持续发展与减少环境污染和提高资源利用率密不可分,因而大多数人对经济可持续发展的理解停留在了对环境的保护和资源的永续利用上,认为经济的可持续发展要尽量减少对环境资源的破坏。这种理解站在人与自然共生的角度当然正确,但忽视了经济可持续发展最直接层面、最简单的含义。自环境法从经济法中

---

〔1〕 [美]伊恩·斯佩勒博格:《国际可持续发展百科全书》(第6卷),周伟丽、孙承兴、王文华译,上海交通大学出版社2017年版,第449页。

〔2〕 尹伯成:《经济学基础教程》,格致出版社、上海人民出版社2017年版,第147页。

分离出去后，经济法保障、促进可持续发展的功能也逐渐被淡化，部门法之间的界限划分日益清晰，使经济法与其可持续发展功能割裂。这种割裂带来的危害极大。仅通过环境法、资源法只能片面获得污染防治和节约资源的效果，市场主体以追求经济利益为主要目的，没有经济法对市场经济主体利益的保护与协调，经济发展受到抑制，可持续发展就只剩下了“可持续”三个字，在缺乏发展的动力支撑下，这种可持续也将会是短暂的。可持续发展的动力来源仍在于发展及其所带来的利益。可持续发展要求发展方式发生转变，也可以这么理解：可持续发展要求在经济增长中逐渐以人力资源及人类制造的生产能力替代部分不清洁、不可循环利用的资源或能源，这需要经济法对技术创新能力的激励与保障，需要经济法平衡市场上各类主体的经济利益，需要经济法将绿色经济发展成果在全社会共享。从这个角度来看，经济法的经济公共利益理念也被赋予不仅是要考虑当代社会的经济利益，也要为未来人获取经济利益能力负责的代际公平内涵。

(2)更强的包容性和稳定性

新时代经济发展的开放性要求经济法应具备更强的包容性与稳定性。之所以要在包容性前放入比较级，是因为我国经济法诞生背景中有对计划经济的扬弃，在改革开放之初拥有后发优势，大量吸收、借鉴了其他国家成熟的经济发展的理论和经验，因此我国经济法早已具备包容性。这是我国经济法的优势，但这并不意味着我国经济法就此可以一劳永逸。步入21世纪后，经济全球化和网络经济的发展刺激着我国产业加快转型，国内企业更加频繁地参与全球经济活动。新时代下我国经济发展秉承开放、协调和共享理念，通过“一带一路”等互惠互利政策来缩小经济发展的地理与国界限制，加速经济全球化发展，而这反过来也对经济法提出了更高的包容性要求。更高的包容性意味着对外界变化的敏感和兼容，一方面，经济法要具有观察和应对世界经济局势的变化的灵敏性，能完成与其他国家和地区相关法律的对接；另一方面，经济法要能协调本部门法系统内部和部门法之间关系；但这不表示经济法要具有随机应变的灵动性。经济法必须保持一般法律所具备的稳定性特征，以巩固法治权威。经济法所追求的是经济的有序、稳定发展，如果法律制度朝令夕改，或者可随意做适用于任何倾向的解释，那么一则不符合社会公众对法治稳定性的预期,带来公众心理的不安,二则有损法律威严。因此,新时代要求经济法具备更强的稳定性是意在平衡经济法的稳定性和动态发展之间的关系,以具备从容应对各种突发情形的能力。

(3)应对"新"事物的能力

近百年来,技术革新导致世界经济的发展突破了以往数千年经济增长的总和,相应的制度保障是促进经济迅速发展的关键因素。在当今社会,人工智能、深度学习已深入政治、商业、司法等领域,从增加社会福利的角度来看,深度学习节约了社会契约达成的搜寻成本和协商成本,带来经济发展的高效率。但这种经济高效发展的成果能否为全社会所共享?由深度学习引发的负面问题——如与消费者、劳动者相关的歧视性问题——则直接指向分享经济成果能力的不公平趋势。经济法以谋求经济效率与公平为价值为目标,在面对这些新问题时就需要具备一种平衡能力,在促进经济效率(以应对新时代经济发展的创新性要求)的前提下,尽可能地发挥经济法保障社会经济主体整体利益的功能,照顾弱势群体利益,实现实质正义。具体来看,就是在不抑制社会创新能力的前提下做到保障经济公平,实现新时代经济发展成果的社会共享。经济法在应对新技术带来的问题上,应鼓励创新和保障私权,但也应明确新技术不得破坏经济公共利益底线。

可以看出,新时代下我国经济发展已转向高效、创新、开放、共享的方式,作为经济制度的法律保障,经济法须将新时代的发展理念注入法律原则和制度之中,具备保障经济可持续发展能力、追求更强的包容性和经济稳定性以及应对新技术所带来问题的能力。这些能力是新时代对经济法的基本要求,总结共性可发现,这些能力要求均涉及了经济发展的公共利益。

3. 维护经济公共利益是经济法的必然选择

(1)经济公共利益是现代经济法的逻辑起点

经济法是个人主义和集体主义矛盾下的产物,与民法等传统部门法的区别主要在于两点:一是经济法的公平价值与传统的民商法的公平价值区别明显,传统民商法的公平价值是一种形式公平,而经济法的公平价值则是一种实质公平,[1]它要给予和保护社会中的弱者平等参与经济的权利,因而会更注重对弱势群体利益的保护,无论是消费者权益保护法还是产品质量法,或是从转移支付到限制垄断,都体现出国家通过经济法来调节社会经济以实现社会实质公平的职能。二是经济法要从社会经济发展的整体角度出发,考虑经济公共利益,当个人经济利益与社会经济利益发生冲突时,社会经济的整体利益要优先于个人利益。这是现代经济法在诞生之初就具备的特质——在战时转移社会经济危机,通过立法限制私人权利,赋予政府介入市场的权力。一般认为,现代经济法出现在第一次世界大战前后的德国,当时德国政府为聚敛战时所需物资而发布了一系列的战时法规,对物资进行分配、对价格进行管制。[2] 在这时,国家利益接近于公共利益,这些战时统治法规以维护公共整体利益为出发点,实现国家对经济的管理职能。第一次世界大战后,经济法也延续了以公共利益为主要目的的特征,保障政府对经济生活介入的权力。也有学者指出,政府干预经济活动制度始于美国的司法判例:美国联邦法院在19世纪通过判例确定了以维护公共利益为目标的一般性原则。[3] 政府干预经济的成效加速了经济法的形成,民法等传统法学部门面对市场垄断的无能为力也直接促成了经济法的发展。现代经济法以反垄断法为核心,反垄断法的直接目的在于保护市场上的中小企业进入市场的机会和自由,保护市场上相对弱势群体的利益不致受到某种态势的胁迫而不得不作出对自己不利的选择。这一使命将经济法的逻辑起点固定在维护经济的公共利益上,以区别于民法的私人权益至上。经济法将自己的调整范围逐渐明晰在以维护市场自由、公平竞争为核心和对经济不公行为、不公状态、不公结果的调节上。现代的经济法,无论是成文法,如美国的谢尔曼法、德国反不正当竞争法,还是司法判例,都在法益初始定位上追求市场的有序竞争和公共利益。[4]

---

[1] 参见陶广峰等:《构建与创新:经济法哲学研究》,中国检察出版社2017年版,第179页。

[2] 参见黄建伟:《新编实用经济法》,哈尔滨船舶工程学院出版社1993年版,第4页。

[3] 参见许石慧:《论经济法视野中的公共利益原则》,载《政法学刊》2006年第8期。

[4] 许石慧:《论经济法视野中的公共利益原则》,载《政法学刊》2006年第8期。

(2)经济公共利益反映出经济法趋于专业化的进程

经济公共利益是经济法保障社会主义市场经济发展的基本理念,它反映了经济法趋于专业化的进程。

首先,经济法的调整范围以市场主体的经济关系为主,要实现的是社会整体经济的长远发展,因此,它强调经济公共利益。经济公共利益是公共利益的一部分,从字义来看,它强调的是公共利益的经济表现。前文中已经讨论过,公共利益概念本身内涵丰富,公共利益在我国的法律语境中往往等同于社会公共秩序,除了公共利益的经济表现之外,还有公共利益的环境资源表现、卫生健康表现、生物安全表现、伦理道德表现、国防外交表现、教育文化表现等方面。经济法不可能深入公共利益内涵的全部方面。在经济法发展的过程中,它会偶然性地涉及公共利益的环境资源表现、生物安全表现、伦理道德表现、卫生安全表现等方面的局部或全体,经济法的主要职能正是通过帮助政府调节市场主体的经济关系来实现经济的有序、稳定、健康发展。但随着经济社会的发展,人们逐渐意识到法律部门之间也需要通过专业化分工来提高司法效率。经济法虽相较于传统部门法起步晚,但近百年来的学界理论研究和司法实践成果丰硕,经济法的发展趋向于精,但经济法不可能专业于公共利益的所有领域,要确保经济法对社会经济的调节效率和效果,经济法调整的边界必然需要明晰,这意味着经济法的调整范围会有一个收窄的过程,它的调整范围收窄并集中于经济公共利益。

其次,将经济法与同时调整经济关系的民商法做比较,可以得出经济法对市场经济关系调整的专业化结论。民商法也调节经济关系,并且,它也以公共利益为基本原则,但它除了调节民事主体的经济关系外,还调节民事主体的人身关系。从调整对象的专一性来看,相较于经济法,民法并不能算是调整主体经济关系的专业法律。而它所尊崇的公共利益也有别于经济公共利益,民法中提倡的"公序良俗"较为偏向公共利益的伦理道德方面,是基于道德习惯的制度规范,尽管其中也有关于促进经济效率的因素,但仍不同于经济公共利益,它的出发点和基本思路不是基于有益于整体经济公共利益,只是将之作为一项规则未尽时的补充原则,它与经济公共利益有联系,但在关联度上却不如经济法直接。经济法的主要规则都是在经济公共利益理念的指导下完成的,内容体现着国家对经济整体利益的维护，它强调的是一国之内整体经济的良好运行状态，也偏向于对弱势群体的特别照顾。《反不正当竞争法》《消费者保护法》《产品质量法》中列举了大量体现了经济公共利益理念的规则。因此，经济公共利益在某种层面上来看，也是经济法趋向专业化的主要推手。

最后，经济法原则由公共利益变为经济公共利益是经济法专业化进程的一部分。经济法向专业化趋势发展，它调整对象的范畴不再包括环境法、资源法、劳动法、社会保障法等，其所体现的公共利益的内涵也越来越集中于其经济表现方面。这一过程有利于解决前文中所提到的司法与执法公共利益缺失的问题：经济法无法调整公共利益的所有方面，因而其公共利益转化现实利益的难度大，司法工作者和执法者往往将之作为一种宏大而空旷的辞藻来理解，根本无法做到以公共利益为内心评判标准来参与实践。

(3)维护经济公共利益是新时代对经济法的基本要求

新时代下政府在社会经济发展中除了承担保护性职能、生产性职能和分配性职能外，还要需加强经济服务职能。政府职能的加强有多种途径，反映在经济法上，则是新时代对经济法的要求。新时代要求经济法要有保障经济可持续发展、追求更强的包容性和经济稳定性以及应对新技术所带来的问题的，经济公共利益以社会公共的经济利益为经济行为的评判标准，是国家参与经济活动、调节经济发展的基本原则，也是应对新时代社会主义市场经济发展所面临的新问题与党和国家对经济法任务的要求上所必须坚守的基本原则。

首先，经济公共利益为经济可持续发展奠定了基础。从经济可持续发展的概念维度来看，经济可持续发展的诉求是实现长期的公共利益，它不止着眼于当前的经济发展，维护当代人的经济利益，还要保证经济发展机会的代际公平，保障未来人的经济利益；而在特定的时空内，经济的可持续发展不是个别人、个别地区的事，而是作为社会经济整体的发展[1]。经济公共利益以代内经济公平为基本任务，关注社会经济的当前发展，也为经济的未来发展铺路，以实现代际间经济发展的机会公平为重要目标，

---

〔1〕 参见王启友：《论公共政策与可持续发展的关系》，载《江南社会学院学报》2004年第2期。

保障经济、社会发展的连续性和稳定性。

其次,经济公共利益本身具备了包容性和维护经济稳定性的特征。经济公共利益的包容性体现在两个方面。其一,经济公共利益是以社会经济整体利益为先,因而它代表着社会大多数人的经济利益,尤其需要照顾弱势群体的利益。它在保障代内经济公平的同时专注于经济代际公平,要调和代内不同主体的经济利益,也要平衡代际主体之间的经济利益,因而经济公共利益必须具备包容不同经济主体个性需要的性能。其二,社会经济分工细化与全球化合作使各国之间的经济贸易往来频繁,经济法律制度的共通性对缩小国际经济区域障碍十分重要,目前大多数国家和地区的国内经济法、对外贸易法律和司法判例都以经济公共利益为原则。从这一角度来看,经济公共利益的包容性提高了世界经济的效率。经济公共利益从理念上也具备了维护经济稳定性的功能,它要通过调节不同主体的经济利益来维护整体上的经济秩序,保障市场经济的平稳运行。市场经济的稳定与健康发展对于经济公共利益而言至关重要,是经济公共利益维持的环境保障。新时代对经济公共利益的包容性和维护经济稳定性功能提出了更高的要求。

最后,公共利益在应对数字经济和智能社会上有自己独特的处理方式。它既作为不可触碰的底线为新技术带来的社会经济变革划定了框架,又鼓励和保障有利于社会进步和经济发展的技术不断创新。新技术引发了社会经济的变革,影响了市场主体进入市场和参与交易的方式和方法。对于新技术带来的变革,我们需要以客观的心态来辩证看待。技术创新不能违背经济公共利益,数字经济可能出现市场主体私人信息的泄露和数据的篡改,智能算法加剧了市场对立主体之间信息的不对称,容易引发垄断或侵犯消费者权益等问题,破坏经济公共利益。经济公共利益此时作为技术经济发展底线,政府可以维护经济公共利益为由来对经济进行引导和干预。而在符合经济公共利益的前提下,经济法应提供良好的制度氛围来促进技术进步和创新,以促进经济效率,让公共可以享有更多的福利。

第三节 竞争自由思想

个体的自由发展是人性的追求。密尔认为:“人类要成为思考中的高贵而美丽的对象,不能靠着他自身中一切个人性的东西都磨成一律,而要靠在他人权利和利益所需的限度之内把它培养起来和发扬出来。”[1]人类对自由的向往集中在社会整体领域中,反映的是对个体在社会行动中的自由权利必须得到保障。经济法要保障竞争自由,所维护的是个体经济权利的自由。民法等传统部门法也维护个体经济权利的自由,但由于其产生的社会背景不同,经济基础不同,社会需求不同而实现的手段不同,达成的效果也不同。

经济法所追求的自由与古典自然法学派所追求的自由有明显的区别。古典自然法学派对自由的描述强调的是人们支配所有物的自由。例如洛克指出,人类进入政治社会以前的无政府状态具有三个特征:一是晚辈的自由,人们可完全自由地支配自己的财产和人身。二是平等,在自然状态中,所有的权力和管辖权都是平等的。三是博爱,是基于自然的平等是人们互爱的基础。这种自由状态似乎是一种理想的状态,在自然状态中,人们的行为受着自然法的支配。在《政府论》下篇,他指出:“在自然状态中,人们享有完备的自由,对自己的人身和所有物可自由处置。”但是自由平等权是没有保障的,所以人们愿意放弃执行自然法的权力。政府的宗旨就是保护人们的财产。[2]

路德维希·艾哈德在《来自竞争的繁荣》中指出:“竞争是获得繁荣和保证繁荣最有效的手段。只有竞争才能使作为消费者的人们从经济发展中受到实惠。凡没有竞争的地方,就没有进步。”由此可见,竞争的重要性。市场经济保持活力的主要方式就是保证公平竞争和自由竞争。作为一种市场机制,竞争在市场经济的运行乃至市场经济的形成和完善等方面都具有特殊的功能与作用,这包括:(1)有利于优化资源配置。资源的稀缺性与需求的无限性是一对永恒的矛盾,如何使有限的资源发挥最大

[1] [英]密尔:《论自由》,商务印书馆1996年版,第67页。

[2] 参见张乃根:《西方法哲学史纲》,中国政法大学出版社1993年版,第105页。

的经济效益是所有政府、所有市场主体共同关注的问题。竞争通过其优胜劣汰机制，让人们发现优胜的地区、优胜的产业、优胜的部门，从而有意识地使资源流向优胜者，调整和优化市场结构，进而使社会资源得到最佳配置。(2)有利于推动技术创新。(3)有利于社会利益的合理再分配。(4)有利于提升消费者福利。(5)有利于推进经济民主。(6)有利于促进就业。[1] 熊彼特认为，“竞争是一种连续的、创造性的破坏过程”。当然，竞争也会产生其他经济问题，竞争的消极作用的主要表现有：(1)竞争会导致垄断；(2)竞争会造成资源浪费；(3)竞争会破坏社会秩序；(4)竞争会引起两极分化。[2]

然而，竞争也可以造就垄断，在优胜劣汰的规则推动下，一些企业逐渐做到“一家独大”或具备一定市场经济的影响力。垄断可以影响自由竞争，但不是所有的垄断都一定影响自由竞争。妨碍自由竞争的垄断有三种：第一，自然垄断。比如，只有某一块土地才能生长某种高价值植物，只有某一块土地下边才有石油或其他宝贵资源，这些都属于自然垄断；甚至包括高速路也属于自然垄断，因为一旦某条高速路修好了，那么就不可能再修一条与此条高速路相同的高速路，因而这种高速路显然就成为一种自然垄断。因此，因自然条件引起的经营垄断，就叫自然垄断。第二，技术垄断。例如，一个企业拥有别人所没有的核心技术，那么这个企业的竞争力就非常强，甚至还可以进行垄断经营。这种因技术而引起的经营垄断，就叫技术垄断。第三，行政性垄断。行政性垄断就是指以行政权力而引发的经营性垄断。现在我国所存在的行政性垄断，主要包括如下几个方面：一是实业垄断。其中包括电信、航空、电力、铁路等，实业垄断属于行政性垄断，因为别的投资主体不能介入这些由政府划定的投资领域，因而是行政权力造就了这种垄断。我国的电信、民航等实业垄断，不能算作自然垄断，也不能称为技术垄断，而是一种纯粹的行政性垄断，因为是政府权力使别人不能介入这些领域，所以才造成了它们的垄断地位和垄断经营。二是金融垄断，即金融这种产业投资者是不能随便介入的，是由政

---

[1] 参见邓辉主编：《创业法学》，复旦大学出版社2015年版，第30页。

[2] 参见邓辉主编：《创业法学》，复旦大学出版社2015年版，第30页。

府行政权力阻止别的投资者进入的。[1] 三是中介机构垄断。我国中介机构的成立须经政府审批,例如律师事务所、会计师事务所等。中介机构并非拥有业务能力即可进入市场,这中间存在行政性垄断。[2]

一、经济自由思想的历史脉络

自由竞争思想是经济自由思想的主要内容,经济自由的产生与自由主义传统密切相关。"自由主义是一种基本的政治信念,一种哲学和社会运动,也是一种社会体制构建和政策取向。它还是一种宽容异己、兼容并包的生活方式。它把自由当作政府的基本方法和政策、社会的组织原则以及个人与社区的生活方式。"[3]现代意义上的自由主义是近代思想的产物。现代自由主义建立在古希腊思想的基础上,发轫于英国,壮大于欧洲。学者总结其发展的黄金时代大致是从1750~1910年,代表人物包括了霍布斯、密尔、洛克、卢梭、孟德斯鸠、贡斯当、托克维尔等。20世纪后,哈耶克、诺齐克、伯林、罗尔斯等又进一步丰富和反思了自由主义理论。[4]

经济活动自由,是指经济人应能被保障经济选择偏好的自由、价值自由、使用资源的自由和交换的自由等。"而这些自由中最大的自由就是利用自己的有限资源在对他人有利至少无害的条件下实现福利最大化或者利润最大化的自由。"[5]经济自由以利己主义为基础,经济自由主义的内涵是经济活动自由,也同时包含了对政府作用的限制,其前提是对私有财产权的保护。经济自由思想发展脉络可从以下代表人物的核心思想来豹窥一斑。

(一)马基雅维利对人性的揭露

马基雅维利在其著作《君主论》中揭示了政治生活的本来面目,他对人类自私自利的性格的揭露对经济领域研究产生了重要影响。"他赞成

---

〔1〕 参见魏杰:《走进深水区的中国经济》,中国发展出版社2014年版,第98~99页。

〔2〕 参见魏杰:《中国经济改革若干问题》,中国发展出版社2007年版,第43页。

〔3〕 顾肃:《自由主义基本理念》,中央编译出版社2003年版,第1页。

〔4〕 参见王方玉:《经济权利的多维透视》,知识产权出版社2009年版,第27~31页。

〔5〕 匡安荣:《经济之道:道法自然与经济自由》,上海人民出版社2007年版,第39页。

个人主义和利己主义的道德观,重视对一般民众生命财产的保护。"他的思想为经济自由理论的展开奠定了基础。[1]

(二)霍布斯的经济活动自由主张

霍布斯主张建立以个人主义为基础的自由主义思想体系。他受马基雅维利思想的影响,强调个人利己主义的自私性,并以此来分析社会关系,建立了社会契约论。"在人类的天性中我们便发现,有三种造成争斗的主要原因存在:第一是竞争,第二是猜疑,第三是荣誉。"人的这些天性导致"在没有一个共同权力使大家慑服的时候,人们便处在所谓的战争状态之下"。[2] 霍布斯划分了主权的活动领域和经济领域内权力之间的界限。在经济领域,人民应当有相当的自由活动的空间。他在《论臣民的自由》中指出,"臣民的自由只有在主权者未对其行为加以规定的事务中才存在,如买卖或其他契约行为的自由,选择自己的住所、饮食,以及按自己认为适宜的方式教育子女的自由等都是"。[3] 霍布斯强调经济的自由运转,也强调对土地等财产权的保护,但他也强调应把所有权的确定还给国家。

(三)洛克的天赋人权

洛克提出了天赋人权和社会契约论,洛克认为"生命、自由和财产"是天赋的权利,指出人们让渡了一部分权利(生命、自由和财产权利之外的权利)来建立社会。他强调自由是法律之下的自由,也论证了私有财产的合法性,还提出了劳动权利论。"只要他使任何东西脱离自然所提供的和那东西所处的状态,他就已经掺进他的劳动,在这上面参加他自己所有的某些东西,因而使它成为他的财产。""劳动使他们同公共的东西有所区别,劳动在万物之母的自然所已完成的作业上面加上一些东西,这样它们就成为他的私有的权利了。"[4] 洛克的思想为资本主义工商业的发展提供了理论基础。

---

[1] 参见王方玉:《经济权利的多维透视》,知识产权出版社2009年版,第35页。

[2] [英]霍布斯:《利维坦》,黎思复、黎廷弼译,商务印书馆1985年版,第94页。

[3] [英]霍布斯:《利维坦》,黎思复、黎廷弼译,商务印书馆1985年版,第92页。

[4] [英]洛克:《政府论》(下卷),叶启芳、瞿菊农译,商务印书馆1982年版,第18页。

（四）亚当·斯密的经济自由主义

亚当·斯密是第一个在理论上较为系统地论证经济自由主义的思想渊源、思想基础和基本含义的人。他在《国富论》中阐述了自由放任的经济主张。他认为人是自私的，人们出于利己之心而达到利他的目的，并且指出充分的经济自由是国民财富不断增长的条件和基础。他从人的自私本性出发，在《国富论》中将社会看作一种交换的联合体，这种联合的根源在于"人的本性"，人们彼此之间的交换和帮助都是出于利己主义的目的，如此才有了分工、交换。人们"通常既不打算促进公共利益，也不知道他自己是在什么程度上促进那种利益。由于宁愿透支支持国内产业而不支持国外产业，他只是盘算他自己的安全；由于他管理产业的方式目的在于使其生成物的价值能达到最大限度，他所盘算的也只是他自己的利益。在这种场合，像在其他许多场合一样，他受着一只'看不见的手'的指导，去尽力达到一个并非他本意想要达到的目的。也并不因为是非出于本意，就对社会有害。他追求自己的利益，往往使他能比在真正出于本意的情况下更有效地促进社会利益"。[1] 他指出市场是"看不见的手"，这只手能够促进经济的自由繁荣。他反对国家对经济活动的干预和阻碍，强调经济活动自由，坚持"自由放任"的经济政策。"总的来说，最好的政策，还是听任事物自然发展，既不给予津贴，也不对货物课税。"[2]

（五）大卫·李嘉图的自由贸易理论

李嘉图在《政治经济学及赋税原理》等著作中阐述了经济自由和赋税理论。他的赋税论以自由主义经济思想为基础，反对国家干预经济互动，主张自由放任和自由竞争，并着重分析了税收的来源、税收对各阶级的收入和发展生产的影响。他同亚当·斯密一样，在书中流露出资产阶级经济自由主义的思想。他的自由贸易论不在于研究利润的大小，而在于产品的多少。"无论是国内贸易还是对外贸易，利益都在于增加产品的数

---

〔1〕［英］亚当·斯密：《国民财富的性质和原因研究》（上卷），郭大力、王亚南译，商务印书馆1983年版，第27页。

〔2〕［英］亚当·斯密：《国民财富的性质和原因研究》（下卷），郭大力、王亚南译，商务印书馆1983年版，第19页。

量,而不是在于增加产品的价值。"[1]他认为,要保证最大多数人的最大利益并促进生产力的发展,就必须实行经济自由主义。"在商业完全自由的制度下,各国都必然把它的资本和劳动用于最有利于本国的用途上。这种个体利益的追求很好地和整体的普遍幸福结合在一起。""最能保障整体利益的莫过于把总资本作最有力的分配,也就是实行普遍的自由贸易。"[2]

二、自由竞争相关思想理论

经济学对竞争问题的研究始于弗朗索瓦·魁奈,但他和亚当·斯密以前的古典自由经济学家对竞争问题的研究只是出于反对重商主义和垄断的需要,模模糊糊地表达了自由竞争的观点。"看不见的手"比较系统地描述了完全竞争的模型。在马歇尔、古诺、帕雷特、瓦尔拉斯、罗宾逊、张伯伦和斯坦尔伯格等人不懈的努力下,建立了比较完整的竞争理论体系。经济学家将竞争划分为完全竞争、不完全竞争、垄断竞争和寡头竞争,并对各种不同类型竞争的厂商行为、价格均衡及其特点做了深入的研究。在20世纪初建立起来的博弈论也从另一个侧面对竞争问题进行深入研究和分析。按竞争结果是否存在增长,博弈论把竞争划分为零和竞争与非零和竞争。博弈论认为,局中人(参与竞争者)在竞争终了之时,所得与所失相抵,也就是总支付为零的竞争(或博弈)称为零和的竞争或博弈。如果局中人在竞争终了之时,所得大于所失,也就是总支付大于零的竞争(或博弈)称为非零和的竞争或博弈。按局中人在竞争中的关系,博弈论把竞争划分为合作型竞争和非合作型竞争。在合作型竞争中,局中人为谋求双方和入局各方的整体利益的最大化,采取协调机制的策略与手段;在非合作型竞争中局中人各自为政,不注意双方(或入局各方)策略或手段的一致性。[3]

弗朗索瓦·魁奈在其经济著作《租地农场主论》中认识到竞争对价格

---

〔1〕[英]大卫·李嘉图:《政治经济学及赋税原理》,郭大力、王亚南译,商务印书馆1962年版,第272页。

〔2〕[英]彼罗·斯拉法主编:《李嘉图著作和通信集》(第1卷),郭大力、王亚南译,商务印书馆1965年版,第113、294页。

〔3〕参见孙天法:《理性竞争:市场经济的制度缺陷与调整》,经济管理出版社1999年版,第12页。

的影响,提出了自由竞争的思想。例如,他会说"这样大量谷物的出售,它的售价是不会太高的"。[1] 并且,建议仿照英国实现谷物耕作和贸易的自由,通过把剩余的谷物输出到海外来稳定国内谷物的价格。"输出国外的小麦,在自由贸易的条件下,可以每塞蒂约20利佛尔的平均价格出售……在英国,小麦以约22利佛尔的平均价格出卖。由于自由贸易的关系,在不同的年度之间,几乎没有发生过很大的波动。国内没有发生过食物缺乏和成为无价值之物的经历。"[2] 他还在《重要的考察》中首次提出了自由竞争的思想:"在自由竞争状态下的国际贸易,只进行相等价值的交换。"魁奈几乎描述出完全竞争模式的基本内容。[3]

古典自由竞争理论主要是针对重商主义限制市场自由进入的国家干预政策而形成的一种经济学理论,其杰出代表是英国著名经济学家亚当·斯密。斯密写道:"如果竞争是自由的,各人相互排挤,那么相互竞争,便会迫使每个人都努力把自己的工作弄得相当正确。"以哈耶克为代表的新自由主义的理论核心是"市场机制在满足人类欲望和分配生产资源到各种不同用途上起着很好的作用"这样的经济哲学思想。新自由主义强烈反对国家对经济的干预,主张通过自由竞争增进效率。马歇尔在亚当·斯密理论的基础上,完善了完全竞争理论,通过严格的数学推导,他们证明了在边际成本等于边际价格的条件下,可以实现帕累托最优。在古典经济学理论中,自由竞争和垄断、国家干预是不相容的。

在经济理论研究中,早期的古典经济理论并不是把自由竞争无限夸大,只是在大卫·李嘉图提出了提高消费者剩余以后,自由竞争的属性才发生了本质的变化。李嘉图从提高各国消费者剩余的宗旨出发,要求各国按其生产商品的比较成本,发展对本国最为有利的生产。到萨缪尔森时,对自由竞争的向往已经到达了顶峰,他认为,"竞争制度是一架精巧的机构,通过一系列价格和市场,发生无意识的协调作用。他也是一具传递信息的机器,把千百万不同个人的知识和行为汇合在一起。虽然不具有

[1] [法]弗朗索瓦·魁奈:《魁奈经济著作选集》,商务印书馆1979年版,第17页。

[2] [法]弗朗索瓦·魁奈:《魁奈经济著作选集》,商务印书馆1979年版,第20页。

[3] 参见[法]弗朗索瓦·魁奈:《魁奈经济著作选集》,商务印书馆1979年版,第324页。

统一的智力,它却解决着一种可以想象到而牵涉数以千计未知数和关系的最复杂的问题。没有人去设计它,它自然而然地演化出来;像人类的本性一样,它总在变动。但是,它经受了任何社会组织的最基本的考验”。[1]

哈耶克认为,只要每个人能够在自由竞争经济中按自己的收入进行选择,那么,从全社会角度来看,市场就会自动地调整对不同产品和劳务的需求和供给;只要政府对竞争性的市场不加干预,总会导致资源充分利用的均衡。艾哈德宣称,“社会市场经济”的最高目标:一是经济自由,二是社会安定和公正。为了实现这一目标,国家首要的政策就是竞争政策。艾哈德认为,人是一切事物的中心,只有自由竞争才能把人的力量解放出来。为此,就必须建立一个竞争的经济制度。一方面,要维护自由竞争的原则,反对垄断;另一方面,运用其掌握的部分国民收入协调市场的稳定。

以弗里德曼为首的现代货币主义,也是反对国家干预,主张自由竞争。现代货币主义学派始终认为,高经济效率来自市场竞争的作用,只要市场竞争是自由的,有技能而又愿意工作的人就能得到就业机会,经济也就实现均衡。即使是经济暂时不稳定,由于人们可以在竞争的市场中随时根据新的情况调整自己的预期,以适应形势的变化,最终还是能达到均衡。现代货币主义主张,国家只要实行稳定地增加货币供应量的政策,就可以控制通货膨胀和物价水平,而不要直接去管理市场,特别是不要直接去管理市场需求。在主张自由竞争、反对国家干预经济问题上,合理预期学派和供给学派与其他新自由主义的观点是一致的。合理预期学派坚持这样一个原则:政府干预越少,市场越自由,经济效率越高。供给学派主张减少国家干预,扩大私营经济活动领域,特别是主张通过减税来增加资源供给,刺激投资和经济发展。[2] 也有学者认为,自由竞争仅对个人需求的那些物质的生产可以适用,对涉及公共利益的那些物质的生产则不

---

〔1〕 [美]保罗·萨缪尔森:《经济学》(上),高鸿业译,商务印书馆1980年版,第61页。

〔2〕 参见裴光:《中国保险业竞争力研究》,中国金融出版社2002年版,第11～13页。

能适用。[1]

三、经济法保障自由竞争

经济法保障竞争自由，这主要源于市场经济配置资源以利益为中心，任何资源主体都有追逐利益的权利，而这种追逐利益的权利又是通过竞争机制来实现的，因而市场经济要求完全自由的竞争，没有这种完全自由的竞争，市场经济实现不了高效配置资源的作用，所以市场经济必然是反垄断的，市场经济这种反垄断的自由竞争趋向，就被称为反垄断的自由竞争原则。正是因为市场经济具有"天生"的自由竞争性和反垄断性，所以反垄断的自由竞争，就成了市场经济的一个极为重要的原则。这个原则导致了市场经济必然反对任何妨碍竞争的垄断。[2] 经济法的自由竞争理念，并不仅仅指对市场的干预和对恶意竞争者的规制，同时还指对政府的干预。虽然"经济活动的自由，原本意指法治下的自由，而不是说完全不要政府的行动"，[3]但是政府毕竟是一种不得不接受的"恶"，所以政府干预的结果往往不能令人满意甚至事与愿违。因为政府无非是权力的运用者，而权力是要腐蚀其运用者的，所以任何权力的存在都有其危险性。所以，干预政府为避免"政府失灵"就成了经济法自由竞争理念的应有之义。根据经济法自由竞争理念，一个具有经济理性的政府必须清醒地认识到两点：第一，资源分配以市场为主要机制。在市场经济体制下，以市场机制为资源分配的主要机制乃是天经地义的事情。如果一个国家在资源与政策分配上保持高度集中与国家垄断，市场将完全丧失其用武之地。第二，经济政策以民主为重要原则。一般而言，经济政策只适用于公共财政政策、公共产品政策、公平分配政策、产业政策等方面，而且经济政策本身和实施经济政策的过程都要以民主为原则。[4]

经济法保障市场自由竞争，就是遵循市场的基本逻辑。"市场的基本逻辑是：如果一个人想得到幸福，他必须首先使别人幸福。更通俗地讲，

---

〔1〕 参见[法]莱昂·瓦尔拉斯：《纯粹经济学要义》，蔡受百译，商务印书馆2017年版，第280页。

〔2〕 参见魏杰：《走进深水区的中国经济》，中国发展出版社2014年版，第98页。

〔3〕 [英]哈耶克：《自由秩序原理》（上），邓正来译，三联书店1997年版，第4页。

〔4〕 参见吕志祥、辛万鹏：《经济法基本问题研究》，甘肃人民出版社2003年版，第79～80页。

利己先利人。”市场竞争本质上是为他人创造价值的竞争。不能为他人创造价值的企业,必然在竞争中被淘汰。市场的这一逻辑把个人对财富和幸福的追求转化为创造社会财富和推动社会进步的动力。由此,才有了西方世界过去两百多年的崛起,也才有了中国过去几十年来经济的奇迹。市场经济的特征之一就是竞争为他人创造价值。[1] 自由竞争的具体表现是市场主体可自由进出市场,自主经营,平等享有经营者的权利,公平地享有发展自己盈利能力的权利。但是,自由竞争又是有界限的,如同公民自由权利的行使一样,一旦它影响到其他人的自由,那么就到达了自身自由的边界。市场上的主体通过竞争发展壮大到一定程度而对其他竞争者构成威胁,妨碍市场自由竞争时,就碰触到了自由竞争的边界。对于新古典经济学市场供求交换理论分析逻辑来讲,基本前提只能是自由竞争,不可能是非自由、不自由竞争。即便面对现实垄断,经济学理论不可能将理想范式建立在非完全竞争基础上,不可能倡导具有垄断性的非完全竞争。事实上,尽管完全竞争现实并不存在,也不应把现实等同于完全竞争理想状态——这恰恰是古典以来一切自由主义主流经济学的根本问题,但完全竞争理论模型原理的意义在于它指出了现实资源配置优化的趋势性方向,因而具有巨大的政策实践价值。[2]

自由竞争从微观层面来看,就是每个市场主体自由经营。经营自由是指市场主体在不违反国家法律的基础上所拥有的调配、使用自己的人力、物力、财力,自行组织生产经营的权利。其核心在于市场主体独立自主决定其经营事务的权利,任何单位和个人都不得对其经营自主权非法干涉,否则要承担法律责任。例如,《个人独资企业法》第 24 条规定:“个人独资企业可以依法申请贷款、取得土地使用权,并享有法律、行政法规规定的其他权利。”这里突出了个人独资企业的信贷权、土地使用权。该法第 25 条规定:“任何单位和个人不得违反法律、行政法规的规定,以任何方式强制个人独资企业提供财力、物力、人力;对于违法强制提供财力、物力、人力的行为,个人独资企业有权拒绝。”这是关于拒绝摊派权的规定。

---

〔1〕 参见张维迎:《市场的逻辑》,西北大学出版社 2019 年版,前言第 v 页,第 30 页。
〔2〕 参见周志成:《最优边界》(第 1 卷),复旦大学出版社 2019 年版,第 513 页。

当然,经济法在确保市场自由竞争的同时,也需要平衡自由竞争与其他政策目标之间的关系。例如,允许仿制的自由竞争与保护商业标志排他权的公平竞争之间的关系。按照自由竞争原则,人类的一切智力劳动成果一开始处于公有领域,只要公之于众,人人都可以自由使用和抄袭。为了达到鼓励创作和发明的目的,国家和法律在公有领域中特意划分出了一些受保护的特殊区域,赋予知识产权保护,而知识产权保护的最终目的仍然是扩大公有领域的范围,让市场上的竞争者拥有更多的可以自由利用的智力成果。[1] "竞争性经济的基本原则和将技术进步赋予美国公众的要求不仅值得考虑,事实上它们是整个画面的主宰……模仿是竞争的生命血液。正是实质上等效的装置的可得性不受阻碍使得供求运转,产生社会需要支付的特定商品的合理价格。除非允许这种复制,否则竞争会被可能产生的垄断不恰当地阻碍。"[2]传统的语词、图形商标保护是建立在"公平竞争"原则基础上的,既防止消费者被欺骗,又确保标志使用者不会失去市场。在一般情况下,"自由竞争"的政策目标和商标保护之间不会出现冲突:竞争者可以自由复制不受专利或版权保护的发明或作品,但不能在产品上使用可能导致混淆的近似商标。更重要的是,"显著性"及与之相关的"混淆可能性"概念足以排除对竞争者提供产品信息所需的语词、图形的保护,在维护公平竞争的同时确保自由竞争不受妨害。产品特征受到商标保护的情形则有所不同。一方面,"自由竞争"允许竞争者自由复制具有特定竞争优势的产品特征,尤其是在该特征的专利或版权保护到期的情况下;另一方面,即使产品特征处于公有领域,但因其起到了来源识别的商标作用,"公平竞争"则会禁止复制该特征以避免可能的消费者混淆。这样,"自由竞争"(自由复制具有特定竞争优势的特征,尤其是未受版权、专利保护的特征)和"公平竞争"(商标保护禁止混淆)之间不可避免会产生冲突。功能性原则是解决这一冲突,实现自由竞争和"公平竞争"之间平衡的依据:一旦特征被认定为是功能性的,在没有有效专利或版权的情况下,出于自由竞争和社会整体利益的需要,该特征可以为他人自由复制和使用;反之,如果特征是非功能性的,则不允许他

---

〔1〕 参见李明德:《美国知识产权法》(第2版),法律出版社2014年版,第12~13页。

〔2〕 American Safety Table Co v. Schreiber, 269 F 2d 255, 271 - 272(2dCir. 1959).

人复制。[1]

第四节　国家干预经济思想

经济法是国家管控、调节市场经济的主要工具。不论是“协调说”或是“干预说”,[2]经济法的定义描述都必然以国家与社会经济的关系为主要内容。国家干预经济的思想是经济法存在的理论基础。张乃根教授在《论市场经济的立法取向》一文中指出:尽管中国民法与经济学界关于经济法调整对象的性质之争,众说纷纭,莫衷一是,但事实早已表明,无论是全国人大的立法,还是国务院大量的经济行政法规,都将经济法规作为加强政府管理经济的有力工具。这种渊源于计划经济的立法取向认为一旦市场经济中出现“外部性”问题,就需要政府干预,而不充分考虑干预本身的成本与收益之比。他认为,政府干预的最佳程度可称为“经济干预”。“从经济效益观出发,‘经济干预’是指政府干预市场经济的成本(C)小于干预收益(B),即 $C<B$。反之,$C>B$,就是非经济干预。”[3]本节通过对国家干预思想及其发展演变过程进行简要概述,揭示国家对调整经济发展确有其必要性和必然性,但国家干预经济的思想不能过度膨胀,否则又会造成物极必反的经济倒退效果。国家干预经济思想如何产生、国家为何要对社会经济进行干预、对国家干预经济思想的思辨是本小节的主要内容,但本小节也有未竟之处:国家不能过度干预经济,但国家对经济的干预的界限在哪里,笔者仅有一点初步的想法,还有待学界进一步研究。

[1] 参见王小丽:《商标法功能性原则研究》,武汉大学出版社2017年版,第27~28页。

[2] 单飞跃等学者认为,尽管以这种研究框架为依托的经济法理论对政府与市场关系的描述有“干预”“协调”“管理”“调控”“规制”“调节”“调制”等用词上的差异,但在本质上基本相同,“均可理解为对市场滥用或市场失灵进行校正的描述,反映了国家在市场经济中对经济生活进行某种程度干预的理念,凸显出国家利用公权力对经济生活的干预,进而不同于民法‘私法自治’的调整模式,实现一种自然秩序与设计程序良性互动的法律机制”。(单飞跃、薛克鹏等:《改革开放40年中国经济法学研究的回顾和展望笔谈》,载《现代法学》2019年第1期。)

[3] 张乃根:《论市场经济的立法取向》,载《法学》1993年第5期。

当然,经济法的产生不只是国家干预经济思想的结果,从逻辑上看,经济法学的产生是经济学理论中经济自由主义与国家干预主义冲突与磨合的结果,因此,笔者将本节安排在“竞争自由”思想之后。

一、国家干预经济思想的产生与发展

古典经济学理论认为完全竞争是市场机制实现资源最优配置的前提条件。但是,市场机制本身具有缺陷,自由竞争往往引起生产集中,而生产集中发展到一定阶段,必然产生垄断。垄断不但会导致资源分配的无效,还会导致资源使用的无效;经济活动的外部性使私人生产成本与社会生产成本之间产生了差异,从而导致社会效益的损失;公共产品不同于私人产品,市场机制只能在私人产品领域发挥作用,而在公共产品领域却无能为力,或调节作用甚微。市场机制的这些缺陷,依靠自身是不能克服的,必须借助市场机制以外的力量予以校正和弥补。市场缺陷理论为国家干预经济提供了理论依据,但是否选择国家干预意见并不一致,历史上主张国家干预市场与主张市场自由放任的两种思潮始终是此消彼长,兴衰交替。[1]

国家干预与放任市场自由的争论始于15世纪末,这一时期西欧封建社会逐渐瓦解,重商主义学说产生。重商主义最早从理论上考察了资本主义生产方式,提出了关于国家财富、财富形成和增加财富的方法等问题。重商主义最基本的主张是重金银贸易和国家干预,它反映了当时西欧流行的追求金银的狂热,反映了新兴资产阶级对积累货币资本的渴望。可以说,重商主义既是封建社会晚期国家用来促进资本积累和资本主义生产方式而准备的经济政策,又是反映商业资本利益和国家干预思想的经济学说。“在重商主义者看来,国家干预经济活动,是保障财富增长的重要手段,也是国家致富的可靠保证。为了使外国货币大量流入国内,必须由国家来控制国民经济的活动,采取各种方法手段和行政措施,制定保护工商业的政策,以保证整个国民经济活动符合扩大出口和货币输入的要求。具体一点说,就是国家必须管制对外贸易,其基本原则是:多卖少买,多收入少支出,必须求得贸易顺差。也就是说,购买外国商品的货币

---

〔1〕 参见龙跃:《社会主义市场经济中的政府职能》,青岛出版社1995年版,第30页。

总额,必须少于出售本国商品所取得的货币总额,亦即从外国买进的商品,必须少于出售给外国的商品,在对外贸易中保持顺差,以期换回更多的货币。不难看出,重商主义的特点是,力图通过调节商品的运动,达到积累货币财富的目的,因此,它被称作'贸易差额论'或'贸易平衡论'。要保证对外贸易顺差,达到增加本国货币财富的目的,国家政权必须积极干预经济生活,采取各种措施,奖励出口限制或禁止外国商品进口等。"[1]有学者总结国家干预理论在西方经济政策史和理论史的演变分为四个阶段:一是主张国家干预的重商主义时期,它在西欧主要国家流行了约三个世纪之久;二是主张自由放任"看不见的手"的重农主义与斯密时代,它统治了主要发达国家经济学领域一个多世纪,直到20世纪30年代;三是以凯恩斯主义为代表的政府干预经济的凯恩斯时代,它成为许多西方国家的正统经济学,直到20世纪70年代;四是20世纪70年代初出现的反对国家干预的新自由主义思潮。

在垄断竞争市场中,供求的均衡状况很难实现。由于垄断企业是大生产,它的单位生产成本一般要低于非垄断企业而产量要高于非垄断企业。就整个社会而言,垄断资本主义时期的总产量也远远高于自由竞争时期的水平。但是,垄断企业没有把产量调整到它自身的生产能力的水平上,或没有把产量推进到它自身的最低成本点上。也就是说,垄断企业并不完全按照市场的均衡来调整生产活动,它们为了追求高额垄断利润,总是将其经营活动安排在偏离供求均衡的水平上。因此,在垄断出现后,加剧了市场供求的偏离,市场已无法通过价格的调节来解决整个社会资源最优配置的问题,生产能力的相对过剩或资本闲置的现象会经常出现。在实际生活中,资本闲置是与劳动力及其他资源没有充分利用相伴随,特别是失业会引起劳动者收入的下降,从而引起需求水平的下降,而需求水平的下降又进一步制约企业的生产,使企业再度减少生产,这种恶性循环,会引起资本主义更为严重的经济危机。[2] 凯恩斯通过边际消费倾向递减、边际资本效率递减、流动偏好三大规律,阐述了有效需求不足的基

〔1〕 金硕仁:《政府经济调控与市场运行机制》,经济管理出版社2000年版,第34页。

〔2〕 参见李清伸主编:《当代资本主义经济论》,辽宁大学出版社1997年版,第112页。

本理论,成为其理论创新的基础。凯恩斯在《就业、利息和货币通论》中指出,要抛弃自由放任的经济理论,通过财政政策和货币政策干预经济运行,提升有效需求。其政策主张是在经济萧条或过度高涨时分别采取扩张性或收缩性的财政政策和货币政策,即经济风向的宏观经济政策。凯恩斯的国家干预理论在20世纪五六十年代对刺激经济增长、缓和经济危机、减少失业压力都发挥过积极的作用。凯恩斯的理论为国家干预经济运作的必要性和合理性提供了一套经济学证明,奠定了经济法调整市场经济的经济学理论基础。[1] 有学者称,"凯恩斯理论的提出与完善,真正地解决了现代资本主义经济法制的指导思想问题,实现了经济法制建设重大转折"。[2]

斯蒂格利茨认为,政府干预理论包括市场失灵理论和政府经济职能理论两个部分。与大多数经济学家一样,斯蒂格利茨认为市场失灵是政府干预经济的主要原因之一,并以福利经济学为突破口进行了验证。由于在解决外部性、垄断、收入分配不公平、公共物品供给等方面市场表现乏力,市场失灵不可避免地为政府干预的普遍性奠定了基础。政府的经济职能理论认为,虽然政府也存在失灵的可能,但是政府失灵可以通过制定一系列的约束制度加以消除,从而实现"帕累托改进"。[3]

二、国家干预经济思想与经济法

国家干预经济思想是经济法的理论基础。经济法是调整现代国家为了实现社会整体利益而通过法律对市场进行干预形成的经济关系的法律规范的总称。[4] 当然,国内很多学者对国家干预的思想存在不同见解,如刘文华教授就认为,"国家干预"的思想过分强调了政府的绝对主导作用,不利于建立服务型政府,难以恰当处理政府和市场的关系,"国家干

---

〔1〕 参见张万强:《提升中国装备制造业市场竞争力的财政政策研究》,中国经济出版社2018年版,第12页。

〔2〕 何力:《垄断资本主义时期经济法制的发展与凯恩斯经济学说》,载林榕年、李启欣主编:《外国法制史论文集》,中山大学出版社1990年版,第360页。

〔3〕 参见郭婧:《政府干预、终极股权结构与公司治理效率》,立信会计出版社2019年版,第45页。

〔4〕 参见胡智强、颜运秋主编:《经济法》,清华大学出版社2011年版,第1页。

预”的思想是经济法滑向行政法或经济行政法轨道的基本根源。[1] 因此，一些学者将“国家干预”的提法称为“调整”“规制”“规整”等，其含义虽各有侧重，但核心思想是一致的，即公权力以一定方式介入市场，从而影响市场的结构和运行机制。经过多年的研究和互动，人们关于经济法概念的基本要素已经取得了共识：第一，经济法调整具有全局性和社会公共性的经济关系，但是经济法的“干预”“调整”“规制”“规整”等基本理念和方法论也开始渗透到市场主体之间的微观经济关系。经济法所调整的经济关系典型、集中地体现在宏观调控、市场规制和国家投资的过程和领域之中，如重大工程项目建设社会稳定风险防范就是其中之一。第二，经济法体现的是现代社会国家通过法律对市场进行的干预。在以市场为基础的社会中，遵循意思自治并保护市场主体自由、平等的民商法精神是国家制度的基础。通过法定机制和程序对市场进行必要的强制性干预或控制，以维护经济安全、秩序是国家制度中不可或缺的内容。第三，国家干预的目标是实现社会整体利益，而不是国家利益或微观市场主体（自然人或厂商）的利益。第四，经济法在实现国家对经济的调整时可以采用多元化、日渐丰富的手段，金融、税收、投资、公平交易、反垄断和贸易管制等是各国目前常见的调控手段。[2]

当代西方经济学认为，经济理论的实用价值在于能够解决不同历史时期以不同方式表现的基本经济问题，经济政策则反映了人们对经济活动的认识和解决能力。[3] 值得一提的是，与国家干预理论比较类似的福利国家理论。福利国家理论是 20 世纪中期西方发达资本主义国家所盛行的理论体系，它主张国家对经济的全面干预，通过国家的强制性税收和收入调控政策来改变现行的收入分配格局。福利国家的建立主要受到凯恩斯主义、历史学派，尤其是贝弗里奇报告的影响。贝弗里奇是英国著名的经济学家，他毕生致力于社会保障制度的研究。20 世纪 40 年代初期，

---

〔1〕 参见刘文华：《“经济行政法倾向”根源何在?》，载王雨本主编：《转轨社会中经济法的定位：政府与市场的法律关系》，法律出版社 2015 年版。

〔2〕 参见胡智强：《我国重大工程项目建设社会稳定风险预警机制研究》，华中科技大学出版社 2015 年版，第 52 页。

〔3〕 参见金硕仁：《政府经济调控与市场运行机制》，经济管理出版社 2000 年版，第 34 页。

贝弗里奇担任有关社会保险和相关服务的各部门委员会主席,组织对英国现行的社会保险制度与相关服务进行调查,于1942年发表了《关于社会保险与相关服务的报告》,即《贝弗里奇报告》,成为英国乃至许多国家社会保障发展的重要文献。[1] 但是,福利国家理论受到20世纪70年代石油危机的影响而陷入危机,福利国家制度建设中过度追求社会公平等,造成了各国财政压力过大,给经济增长带来了一定程度障碍,各国开始纷纷改革福利制度。

三、国家干预经济思想思辨

奥地利学派显然对国家干预经济持否定态度,其代表人物哈耶克推崇自发秩序。哈耶克的自发秩序相当于亚当·斯密的"看不见的手",哈耶克把这种自发秩序扩展到更广阔的领域。哈耶克认为,自发秩序无处不在,任何一个有互动的世界都会形成自发秩序。他反对国家对经济的控制,并认为"政府垄断了货币发行权,所以,政府会根据自己的需要,利用这种权力实行扩张的货币政策通过印钞票、降低贷款利率发行信贷等方式给市场放水,注入资金,很多人会误以为经济形势一片向好,企业家会扩张生产,殊不知,经济的基本面并没有变好,这只是人为制造的集体幻觉。任何东西都有真实的价格,真实的价格信号特别重要,尤其是资本生产要素,虚高、虚低都是不可持续的。资本的价格就是利息率,人们是靠利率来判断资本的属性"。[2] 商业周期源于中央银行刻意压低利率,压低利率之后,信用扩张,信用扩张之后资本被错误分配。哈耶克指出,人的储蓄是有目的的。个体储蓄并不是为了不消费,而是为了在未来获得更好的消费能力。这便涉及个体的时间偏好问题。时间偏好反映个体对现时消费与未来消费的一个比较,假如个体特别倾向现在就消费,那么他的时间偏好比较大,利率就会比较高,相反,利率比较低。利率的作用是调整跨期的生产活动,协调储蓄和投资的比例,确定有多少储蓄转化为投资。概言之,利率是调节现在和未来的重要信号。利率会因为政府干

---

〔1〕 参见毕红静:《农村社会保障问题研究——以东北农村为例》,吉林大学出版社2012年版,第16页。

〔2〕 先知书店:《昨天的异端,明日的信条:重温哈耶克的11个理论》,载微信公众号"千字文华"2019年5月8日,https://mp.weixin.qq.com/s/kv1Bi5Um48PQT8bKETdSkg。

预而扭曲。政府为了达到自己的目的,如经济增长、充分就业等,会操控货币,进行信用扩张,其手段是压低利率,当然,同时也可能会调整其他价格,如生产要素和产品的价格、汇率等。[1] 人为地降低资本的价格,会误导资本家进行错误的投资,最终消费者不买账,商品都卖不出去,导致债务产生,破产伴随着失业侵袭整个社会,就产生了经济危机。经济危机是对此前错误投资的清算,源头上是对人为扭曲资本价格信号的清算。

张维迎认为与新古典经济学相比,奥地利学派经济学是一个好的市场理论。"解决失调和配置错误靠的是自由竞争下的企业家精神,而不是政府干预。市场的优越性不在于它不出现失调,而在于它能通过企业家的套利和创新不断纠正失调,并推动经济持续增长。用新古典经济学的基准理论衡量市场是否失灵是错误的。"因为"真实的市场中,人是无知的,人们拥有的信息和知识是不完全的,想象力和判断力在决策中是至关重要的。市场是一个发现和创造的过程,在这个过程中,知识、资源、偏好和技术都不是给定的,而是依赖于企业家精神的利用。由于人的无知,市场当然会出现失调和配置错误,但这种失调和配置错误与新古典经济学家讲的市场失灵完全不同"。他认同奥地利学派经济学和熊彼特经济学的研究假设,认为他们的假设更接近于真实的市场,而不是想象的市场。[2] 这里,笔者较为认同学者风灵的观点:大多数传统经济学的研究都集中在市场领域中,讨论的是市场价格和盈亏等"胡萝卜加大棒"的奖惩机制,由此产生了自利可以促进公共利益的这种反直觉命题。与之相比,公共选择经济学专注于非市场决策,倾向于展示自利可能将人导入歧途,或者公益意识可能产生不受欢迎的悲剧性结果。"寻租"的政治要么是零和博弈,要么是负和博弈,这导致决策者追求反映自身利益的行动,却会产生不良的社会后果:仅仅是重新分配财富而不是创造财富,或者在最坏的情况下,还会毁灭财富。[3]

---

[1] 参见朱海就:《哈耶克的周期理论》,载微信公众号"奥地利学派经济学评论"2020年3月23日,https://mp.weixin.qq.com/s/YRx7xllgA-dWMD-OyaoOYQ。

[2] 参见张维迎:《关于市场的两种不同范式》,载《中国中小企业》2018年第5期。

[3] 参见风灵:《公共选择理论与自发秩序是矛盾的吗?》,载微信公众号"经济学原理"2020年8月20日,https://mp.weixin.qq.com/s/2_WPEO1fpfNfxplmnDMdKw。

学者还经常回归现实,拿现实生活中的例子来验证国家干预经济理论的正确与否。例如,有学者指出,在美国的一些经济部门,存在着低于生存水平的工资率——雇员即使全年全时工作,所得仍然不足养家糊口,陷入政府确定的贫困线之下。这类求职者、受雇者的身份往往是低收入、低技能的人群,甚至是打黑工的无就业身份者。1935年美国最高法院曾经宣判《纽约州妇女最低工资法》因违反经过正当法律程序确定的契约自由而违宪。后来形势逆转,现在联邦有最低工资法,目前是每小时7.25美元(自2009年以来维持不变)。对此,强调自由市场优越性、反对政府干预市场运作的经济学派坚持认为最低工资法规有这样的副作用。但目前广泛认可的实证研究表明,情况并非如此。克儒格和卡德在20世纪90年代初进行了一个"自然实验"的研究:新泽西州卡姆登市与宾州费城隔河相望,新泽西州提高了最低工资,宾州则维持原状。他们对两地的对比研究,运用详细的数据和严谨的分析,没有发现最低工资提高对就业有任何负面影响。学界最初异议四起,批评者攻击他们的研究动机、数据来源和分析可靠性,但最后不得不承认两人的研究结果成立。这项研究改变了经济学科和公共政策在最低工资领域的成见,后来还有许多研究支持了他们的结论。事实上,哈耶克早在1944年的名著《通向奴役之路》就提出社会提供维持生计最低需要的保障,1973年在《法律、立法与自由》(*Law*, *Legislation and Liberty*)中,又强调它是给予每个人经济自由的一种方式:"给每个人提供一定的最低收入保障,或者是当人们无法供养自己时给予人们支持的底线保障:这似乎不仅是对所有人的共同风险完全合法的保护,也是一个伟大社会的必要组成部分。"〔1〕

再如,第二次世界大战期间和战后的那几年,美国存在严重的住房短缺,尽管美国的人口数量和住宅供给量与战前相比都增加了10%,但战争爆发的时候却并不存在这种短缺。也就是说,虽然住宅数量和人口数量的比例并没有发生变化,但在这一时期寻找住房的美国人必须花费几周甚至几个月的时间找房子,并且往往徒劳无功,还有人贿赂房东来提升他

〔1〕 任賾:《民众福利与政府角色——有关美国社会的经济学话题》,载微信公众号"经济观察报观察家"2020年11月5日,https://mp.weixin.qq.com/s/cgY446GD47QJEPyibEj0ZA。

们在候补名单上的位次。虽然人均住房空间并没有比第二次世界大战之前减少,但战争期间通过的房租管制法案,使得当时的价格被人为地降低到本应达到的价格水平以下。在这一人为的低价格水平下,更多的人产生了比房租管制法案实施前更多的住房空间需求。美国加利福尼亚州的圣莫妮卡市从1979年实施房租管制法案后,申请建造许可证的数量降到不足5年前的1/10。针对旧金山市的一项住房调查显示,房租管制的住房中有3/4超过了50年历史,有44%超过了70年。虽然建造办公楼、工厂、仓库和其他工业和商业建筑所需的劳动力、原材料与建造公寓楼一样多,但是在很少新建公寓的城市里,新建办公楼却很常见。房租管制政策经常不会限制工业和商业建筑。于是,即使在住房严重短缺的城市中,也会存在很多闲置的工业和商业空间。尽管在纽约、旧金山和其他受房租管制的城市中存在严重的住房短缺,但是2003年的一项全美调查显示:工业和商业建筑的空置率大约为12%,为20年来最高。[1]

由此可见,国家过度干预经济,或者在不尊重市场经济发展规律而施加人为意志的情况下,容易造成市场扭曲。市场经济不是万能的,国家干预也不是万能的,必须在二者之间找到一个平衡点,也就是国家在立法时必须明确对市场进行干预的界限在哪里。刘文华教授指出,“由于社会化程度的不断加深,国家意志直接渗透进了许多原先为当事人意思自治的领域,私法的原则和精神不断被侵蚀,民事法律行为的形式性不断加强,强行性规范不断增加。这已经成为现代民法的一个两难困境。既然是两难之悖论,则试图在民法范围内或者通过改造传统民法的方法来加以解决就是不现实、不可能的,也是违背私法的私人自治或当事人意思自治之精髓的。现代经济法是保障和实现经济自由的法律手段,经济自由是其出发点和归宿,它应当为了自由而限制,而不是通过限制来扼杀经济自由。由此决定了经济法调整具有促进、协调、组织、参与、引导和市场操作等丰富的内涵,远非简单的行政干预,所以我们不能苟同经济法就是国家干预法的观点或提法。只有通过经济法的平衡协调,方可创造并维护一

---

〔1〕 参见[美]托马斯·索维尔:《经济学的思维方式》,吴建新译,四川人民出版社2018年版,第123~131页。

个令自由市场机制和民法得以发挥作用的外部环境”。[1]

虽然学界对国家干预经济理论，尤其是国家干预经济对市场经济的实际影响的讨论集中在经济学领域，但成了经济法发展所必须借鉴、考量的因素。经济法是政府调整市场经济关系的法律制度，它虽然属于上层建筑，却建立在市场经济的基础之上。因此，经济法改革发展的目标必然是保障市场经济的良性运行，激励市场创新机制，保障、平衡市场主体的经济利益。因此，经济法作为国家干预经济的主要表现形式之一，必须是在尊重市场经济发展的客观规律之上，对经济发展方向和社会利益分配进行纠正，以确保经济发展所产生的社会福利能够被每一个公民所公平地享有。但仍需强调的是，国家干预理论是经济法原则背后的基础思想，但并不是唯一指导思想。经济法的产生反映的不只是国家参与经济生活，国家干预经济只是经济法的一个侧面，市场调节与国家交替并用才是真正的经济法。单独的市场调节或者国家干预，经济法不可能产生，即便有学者认为只要是国家干预经济的法律，就属于经济法的范畴，但笔者并不认为这是现代意义上的经济法。在资本主义前期，西方国家对经济生活的干预并不算多，在自由竞争时期，国家一般情况下不会去主动干预经济生活，而是做好“守夜人”的角色，当时的社会经济生活主要通过市场机制来自动调节。所以，在自由竞争时期的资本主义社会，只需有主要反映市场调节要求的民法就足够了，现代意义的经济法并未真正产生。当资本主义发展到垄断阶段，单靠市场自动调节只能让问题越发严重，垄断限制了市场调节的积极作用，此时为了维护稳定的经济秩序，资产阶级就必须运用行政权力进而运用经济法律手段来限制垄断，直接参与经济调节。这时市场调节和国家调节两手并用和交替并用，就产生了资本主义经济法。社会主义经济法的产生情况与资本主义经济法的产生情况相反，但都是两手交替并用的产物。社会主义国家过去执行的是行政经济管理体制，主要通过国家之手来调节经济生活，进而忽略了市场调节，所以在多数社会主义国家的旧体制下，是不能产生经济法的，能够产生的也只是行政法或经济行政法。但经济体制改革之后，社会主义经济法才得以产

〔1〕 参见刘文华主编：《经济法》，中国人民大学出版社2017年版，第10～11页。

生。[1] 市场经济具有自然自发的本性，具有滋生盲目无序的本能，因此市场经济必然需要一定的规划，否则市场经济就像没有方向盘和制动器的车辆一样危险。现代社会主义市场经济是计划与市场的内在统一。[2] 这正如著名经济学家詹姆斯·米德所认为的："在现代世界里，政府完全可以很好地从事广泛的经济活动，包括调整收入和财产的分配，处理外部经济和外部不经济，对付结构上的不可分性，维持经济的普遍稳定。要达到所有这些目标，政府就应该，其实也必须预先做好计划。同样地，私人经济活动者，不管是巨大的现代产业公司，还是一个普通的家庭主妇，也必须恰当地计划他们的未来活动。"[3] 著名社会发展专家弗朗索瓦·佩鲁也认为："很少看到真正有作为的经济学家或观察家至今还坚持无控制的市场力量自身能产生出一种具有完备功能的经济。"所以，"在整个西方，市场经济的逻辑受到了计划经济逻辑的修正"。[4] 刘易斯更是明确地宣布："听任市场自由放任发展，这在不发达国家毫无疑问是一个错误的答案。"[5]

但也有学者看到了国家、政府管理对市场的积极作用。巴泽尔认为指定中心区域作为市场，可以进一步促进交易。"市场的特性就是自由进出和空间的公共财产性质。将市场作为公共财产，带来了新的收益，而且降低了整个使用者的成本——搜寻交易对象的成本；可以收集到中心化之后的竞争信息……市场所有者会努力深化这些成本降低因素，这是因为他会因此而增加费用征收。"[6]

反思我国政府在对经济进行宏观调控或市场规制时，必须坚持资源分配以市场为主导，尊重客观规律，在市场经济体制下，以市场机制为资源分配的主要机制无疑是正确的，政府应该尊重此"游戏规则"，国家在

---

〔1〕 参见刘文华：《中国经济法基础理论》，法律出版社2012年版，第64～65页。

〔2〕 参见邱本：《经济法的权利本位论》，中国社会科学出版社2013年版，第222页。

〔3〕 [英]詹姆斯·米德：《效率、公平与产权》，施仁译，北京经济学院出版社1992年版，第301页。

〔4〕 [法]弗朗索瓦·佩鲁：《新发展观》，张宁等译，华夏出版社1987年版，第112页。

〔5〕 [美]刘易斯：《发展计划》，何宝玉译，北京经济学院出版社1988年版，第6页。

〔6〕 [美]约拉姆·巴泽尔：《国家理论——经济权利、法律权利与国家范围》，钱勇、曾咏梅译，上海财经大学出版社2006年版，第257～258页。

“介入私域”时应该慎重而适度。[1] 与此同时,经济政策必须要以民主为其重要原则,政府的经济管理和市场操作必须做到公开、公平、公正,不得违背、破坏公平竞争之原则,否则又会落入限制经济增长之地。

本章小结

经济法原则的法律思想离不开现代经济法产生的历史背景。笔者认为,经济法原则背后的思想理论主要有四个:实质正义与形式正义权衡思想、社会本位思想、保障竞争自由思想和国家干预经济思想。但实际上,我国本土思想中也不乏现代经济法思想理论的缩影,例如,《论语·季氏》有载“有国有家者,不患寡而患不均,不患贫而患不安”就代表着对经济实质正义的重视;除此之外,中国古代各时期的税赋制度或田地归属,其背后都有着国家干预经济的相关经济法思想。[2] 尽管中国古代并未出现经济法,相关的法律制度也不是现代意义上的经济法,但就经济法的核心特征而言,中外历史经验均已表明,国家干预经济是一个由来已久的社会历史现象,甚至完全出现在资本主义社会以前的历史时期。中国经济法思想上可追溯至先秦时代。例如,早在春秋战国时期,管仲就提出了“富民裕民,与民分货”等经济法思想,鼓励发展农渔工商等行业,并以减税方式鼓励贸易。[3] 晚清以降,中华民族进入了步履维艰的变革期。民国时期,经济法方面的教育、研究和立法成果所体现的经济法思想,均已渐显现代经济法思想特色。中华人民共和国成立后,经过社会主义改造,以计划经济为核心的经济法思想开始流行。[4] 自1992年提出建立社会主义市场经济体制这一目标,以计划经济为主的经济法思想开始实现向市场经济体制下的经济法思想的转变。[5]

---

〔1〕 参见吕志祥、辛万鹏:《再论经济法的基本原则》,载《理论月刊》2004年第5期。

〔2〕 参见吕思勉:《中国制度史》,三联书店2009年版,第64~95页。

〔3〕 参见(汉)司马迁:《史记·管晏列传第二》,中华书局2006年版,第392页。

〔4〕 参见金春明:《中华人民共和国简史》,中共党史出版社2007年版,第382~389页。

〔5〕 参见虞和平主编:《中国现代化历程》(第3卷),江苏人民出版社2007年版,第1353~1384页。

就经济法思想史研究而言，随着中国社会经济发展的不断变迁，各种派别的经济法思想也在不断形成和湮灭，或不断地自我修正和完善。对经济法思想的梳理，其目的更在于深究其演变进程及规律，发掘经济法思想的源流与嬗变及其内在联系，并注意其对当时和后世学科建设及经济法制度建设的影响，由此达到历史与当下的统一。[1]

---

〔1〕 参见袁达松：《经济法研究中的思想史视角》，载《政法论坛》2013 年第 3 期。

第三章　责权利效相统一原则

责权利效相统一原则是我国社会主义本质要求的重要体现，被誉为中国经济法最基本的原则。由于公有制条件下，“各种公有主体和作为拟制体的国家不能像私人那样自动地追求效益最大化，存在着种种主体角色异化的行为，容易造成普遍的经营管理不当或不善”，因此，在经济立法、经济执法中深入贯彻责权利效相统一原则，目的在于校正公有制条件下的“资产所有者”缺位现象。责权利效相统一原则是经济法的一条重要原则，实际上是经济法的社会主义本质和以社会利益为本位的价值观的必然要求和应然体现。同时，责权利效相统一原则也是经济法的经济责任制理论确立的直接依据，是经济法区别于民法理论、民法调节方式的重要内容和特征。

刘文华教授认为一些民法理论还没有从根本上转到社会责任上来，所以在一些法学著作中，甚至在一些民事法规中，仍然着眼于首先保护当事人的权益，而把社会责任、社会利益放置其后，他认为，这样做是不符合社会主义本质的。对当事人的合法权益是要被保护的，但不能把它置于对社会尽责的前面。所以，权、责、利的顺序是不符合社会主义制度本质的，责、权、利的顺序才是反映社会主义经济制度本质的。但这并不意味着经济法就不重视保护社会个体的权利和利益，而是说,应把每个社会个体的权利和利益置于整个社会利益之中,把两者统一起来。如果发生了社会个体的权利和利益与整个社会的利益发生矛盾,那就应该服从社会利益。这是经济法与民法的重大区别。责权利效相统一也是经济法与行政法的一个重大区别,行政法是强调国家权力本位,经济法认为,各类主体都应相互享受权利,承担义务,都应该对国家、对社会、对人民负责。按照责权利效相统一的原则,上级机关不但对它的更上一级机关要承担责任,对其下属的企业组织也必须承担责任。也就是说,也必须做到责权利效相统一。[1] 刘文华教授在《中国经济法基础理论》一书中直接指出,责权利效相统一是经济法的总原则;在《新编经济法学》中更是认为,责权利效相统一原则是经济法最基本的原则,是最能体现经济法本质的原则。[2] "经济法的法律属性,简言之就是社会责任本位法,是平衡协调法,也就是从社会全局出发,对各种物质利益实体间的经济关系,对这些关系中责权利的分配和运行进行平衡、协调、综合调整、系统调整的一个法律部门。"[3]

本章共分为两小节,第一节是关于责权利效相统一原则的基本释义。第二节是经济法律具体制度中的"责""权""利""效",通过对《反不正当竞争法》《产品质量法》《消费者权益保护法》《招标投标法》《旅游法》等具体经济法律中所体现的具体法律制度和代表性学者的基本观点来解读"责""权""利""效"。

第一节　责权利效相统一原则释义

作为经济法的基本原则,责权利效相统一原则自我国经济法诞生以来就一直指导着我国的经济法学理论研究工作。责权利效相统一原则是经济法的一项重要原则,是经济法所特有的原则,是经济法不同于民法、刑法与其他法律部门的一个标志。在这里,"责"就是经济责任、经济义务;"权",就是经济权力、经济权利;"利"是指物质利益,"效"是指经济效

[1] 参见刘文华:《中国经济法基础理论》,学苑出版社 2002 年版,第 156 页。
[2] 参见刘文华主编:《新编经济法学》,高等教育出版社 1993 年版,第 23 页。
[3] 刘文华:《中国经济法基础理论》,学苑出版社 2002 年版,第 88 页。

益，广义上也包括社会效益。刘文华教授认为，责权利效相统一的原则"能够基本反映社会主义商品经济的客观要求，能够全面体现党和国家在经济方面的主要方针政策，也能够进一步把经济法与民法、行政法区别开来，使经济法能够真正成为一个独立的法律部门"，因此它不但是经济法的一条重要原则，而且是体现了经济法"不同于其他法律部门的基本标志的总原则"。[1] 史际春教授认为，"责权利效相统一原则，是指在经济法律关系中各管理主体和公有制经营主体所承受的权（力）利、利益、义务和职责必须相一致。不应当有脱节、错位、不平衡等现象存在。在社会主义市场经济或以公有制为主导的市场经济条件下，这是作为经济法灵魂的一项根本性原则"。[2] 蒋冬梅认为，责权利效相统一，就是指在经济法律关系中管理主体和公有制经营主体所要承受的权利（力）、利益、义务和职责必须相一致，不允许存在有脱节、错位和不平衡的现象。这一原则全面体现了党和国家的基本经济政策方针，深刻地揭示了经济立法的本质。[3]

（一）责

"责"是指经济责任、经济义务。也有学者理解为主体所要承担的责任，是经济法律关系中对特定主体的权利义务要求。笔者认为，责是国家赋予主体的社会职责，经济法中的"责"主要是社会经济职责。诚然，"责"有两种含义，有的是积极的意思，尽责、责任。刘文华教授认为，在这一原则中的"责"侧重的就是这个方面的意义。当然，"责"还有消极、被动方面的意义，即违法或没有履行义务所引起的法律责任。经济法基本原则中的"责"主要用的是积极意义的责任，即尽责的责任。

一般情况下，学界对责任理论的研究集中于三方面的问题：（1）责任形式的确定。既要研究民事责任、行政责任、刑事责任在经济法域中运用的特点，也要研究经济法域中出现的专业性制裁、道义责任、政治责任等新型责任形式。[4] （2）责任形式的组合。既以主体为中心来研究各种责任形式的组合，如企业、社会中间层主体、政府的民事责任、行政责任、刑

---

[1] 刘文华：《中国经济法基础理论》，学苑出版社 2002 年版，第 157 页。

[2] 史际春、邓峰：《经济法总论》（第 2 版），法律出版社 2008 年版，第 161 页。

[3] 参见蒋冬梅：《经济立法的生态化理念研究》，中国法制出版社 2013 年版，第 218 页。

[4] 例如，《消费者权益保护法》第 49 条规定的惩罚性赔偿责任。

事责任和其他责任的组合;也以行为为中心来研究各种责任形式的组合,即分别研究市场规制、宏观调控等制度中民事责任、行政责任、刑事责任和其他责任的组合。(3)立法模式的选择。既要研究经济法律、法规中如何配合民法、刑法和行政法规定经济法域中的法律责任,也要研究经济法体系内各部门如何就法律责任进行立法分工和协调。[1]

责权利效相统一原则中,“责”是第一位的,因为经济法是以社会经济利益为本位的,也就是社会本位法,因而不可能像民商法那样以私人权利为先,也不会像行政法那样,它是有区别于国家本位的,与以国家利益为本位的公法不同,它以国民经济发展利益为核心、为本、为先,这虽然也是一种国家利益,但经济法强调了这一点。“责”体现出经济法的社会责任本位,这是它区别于其他部门法的首要特征。用刘文华教授的话来就是:“责”字当先,以责定权,以责定利。各个组织只有在对国家、社会尽责的基础上和前提下,才能享有相应的经济权利或者相应的物质利益,这是按劳分配原则在广义上、更高意义上的体现。所谓坚持“责”字当先,就是说权的享受和利的获得,其出发点都应该为了更好地尽责,不是片面地为权而要权,为利而牟利。一切不能向钱看,亦即每一项经济行为、经济决定,都应考虑到首先是为了对国家、社会及人民尽责,在这个基础上有权利、获得利益。[2]

在现代经济立法中,如《反不正当竞争法》《产品质量法》《消费者权益保护法》《招标投标法》都不是按照法律关系框架,而主要是以主体、行为和责任作为其基本要素来进行设计的。事实上,这种框架对各个法律部门都是通用的。基于此,有学者进一步指出,在对经济法律制度的具体内容和结构进行研究时,主要运用“主体—行为—责任”框架,辅之以法律关系理论框架。[3]

(二)权

“权”,既包含了经济权力,又囊括了人经济权利,但主要是经济权力。这个权力和责任本来是行政法中的概念,但由于经济法的出现,往往把权

---

〔1〕 参见蒋冬梅:《经济立法的生态化理念研究》,中国法制出版社2013年版,第218页。

〔2〕 参见刘文华:《中国经济法基础理论(1987年手稿)》,学苑出版社2002年版,第153页。

〔3〕 参见王全兴:《经济法基础理论专题研究》,中国检察出版社2002年版,第48页。

力和责任、权利和义务通用。什么是经济权力？欧肯曾指出，在经济秩序的基本性质是交换经济的每个地方，在个别经济依赖于市场并且使它们的计划和行动向它看齐的地方，经济权力就以另一种形式发挥作用。[1]罗素更是直接指出："经济权力和军事权力不同，它不是原始的而是派生的。在国内，经济权力依靠法律；在国际上只有发生小问题时它才依靠法律；在发生重大争端时，它就依靠战争或战争威胁……经济权力和政府之间的关系，在某种程度上，是交互作用的关系；这就是说，一群人可以联合起来取得军事权力，而取得军事权力之后，又可以占有经济权力。事实上，最后取得经济权力，可能就是他们联合的原始动机。"[2]普雷维什则认为，经济权力主要涉及的是生产资料所有者。[3] 回归马克思主义政治经济学的观点，"生产关系的内部结构决定了在一定社会不同地位的社会成员所实际享有的利益形式，他们只能在这一结构框架内追求自己的最大限度利益"[4]。马克思和恩格斯在诸多的论述中始终强调"在我们面前有两种权力，一种是财产权力，也就是所有者权力，另一种是政治权力，即国家的权力"[5]；"资本不是一种个人力量，而是一种社会力量"；而"共产主义并不剥夺任何人占有社会产品的权力，它只剥夺利用这种占有去奴役他人劳动的权力"[6]。这就为社会生产生活中客观存在的经济权力提供了认识论基础。因此，我国学者将经济权力归结为是经济行为主体在社会生产活动中利益力量关系的集合。[7] 笔者认为，作为经济法基

---

〔1〕 参见[德]瓦尔特·欧肯：《国民经济学基础》，左大培译，商务印书馆2017年版，第299页。

〔2〕 [英]伯特兰·罗素：《权力论》，吴友三译，商务印书馆2017年版，第98~104页。

〔3〕 参见[阿根廷]普雷维什：《外围资本主义危机与改造》，苏振兴、袁兴昌译，商务印书馆2015年版，第82页。

〔4〕 何自力、张俊山、刘凤义主编：《高级政治经济学》，经济管理出版社2010年版，第22页。

〔5〕 马克思：《道德化的批判和批判化道德》，载《马克思恩格斯选集》(第1卷)，人民出版社1972年版，第170页。

〔6〕 马克思、恩格斯：《共产党宣言》，载《马克思恩格斯选集》(第1卷)，人民出版社1972年版，第266~267页。

〔7〕 参见白云龙：《基于经济权力结构视角的包容性增长研究》，南开大学出版社2015年版，第55页。

本原则的经济权力是指国家以及国家的代表者,国家利益的执行者所享有的能去干预社会经济、调整社会经济关系的权力和职责。那什么又是经济权利呢?社会经济权利是指公民参与社会经济活动,享受各种经济条件,获得物质利益的权利。[1] 路德维希·艾哈德在论述基本经济权利时,指出"首先必须考虑到每一个公民有按照自己的经济条件、个人愿望和个人设想而消费与规划生活的自由。这是一条关于消费者的自由的基本原则,逻辑上必须与生产者的自由相对应,使生产者也有自由从事制造或销售他能在市场出卖的商品的权利。也就是说,生产者在调查了人们的需要以后,生产他认为可以获利的东西。每个公民都必须意识到,消费的自由与工作的自由是任何人不得侵犯的基本权利。侵犯了这两种自由,应当算是一种反社会的暴行"。[2] Y. 巴泽尔认为,市场主体对某一资产的"经济权利"就是其直接消费或通过交易间接消费该资产提供的服务的能力。[3] 具体来看,经济权利包括了财产所有权、财产继承权、劳动权、著作权、发明权、休息权、适当生活水准权、社会保障权、社会保险权、社会救助权、企业管理权等很多内容。

(三)利

经济行为的目的是获取财富或经济利益。[4] 司马迁的《史记·货殖列传》里有一句话:"天下熙熙皆为利来,天下攘攘皆为利往。夫千乘之王,万家之侯,百室之君,尚犹患贫,何况匹夫。""利"指的是社会经济利益,也可以简单地理解为物质利益,它不限于经济利益,也包括社会利益等,但更强调的是实质经济利益。经济法强调对经济利益的平衡协调,立法和执法从整个国民经济的协调发展和社会整体利益出发来调整具体经济关系,协调经济利益关系,是为了促进、引导或强制实现社会整体目标与个体利益目标的统一。[5] 经济法的主要调整方法中

---

〔1〕 参见梁成意:《中国公民基本权利》,中国政法大学出版社2016年版,第89页。

〔2〕 [德]路德维希·艾哈德:《大众福利》,祝世康、穆家骥译,商务印书馆2017年版,第7页。

〔3〕 参见[以]Y. 巴泽尔:《产权的经济分析》(第2版),费方域、钱敏、段毅才译,格致出版社、上海人民出版社2017年版,第95页。

〔4〕 参见薛克鹏:《经济法基本范畴研究》,北京大学出版社2013年版,第111页。

〔5〕 参见刘文华主编:《经济法》(第5版),中国人民大学出版社2017年版,第49页。

有利益诱导。所谓利益诱导法,就是指采用法律确认的经济利益诱导方式,对宏观经济关系施加有影响力和法律后果的方法。“它具体是指国家通过确定法定利率、税率、汇率、价格和工资标准等经济参数,调节经济活动。经济参数是一系列变量,这些变量的上下变化,不断改变着经济主体之间的经济利益关系,从而调节各种生产要素,实现宏观经济目标要求的合理配置和组合。”可见,利是可以用一定经济参数去衡量的,经济学对市场主体的基本假设就是趋利避害,有着对经济利益的自觉追求并能作出理性选择。因此,“利”是经济主体活动的直接目标,也是国家激励经济主体的主要方式。

之所以经济法中的利益要与“权”“责”相连、相平衡,一方面是因为经济法调整的是发生在经济运行中的社会关系,经济利益是其出发点和落脚点,尤其是在宏观领域内的经济关系和经济行为,波及的产业范围或者市场领域往往非常大,影响着多数人的利益分配。另一方面是因为经济法客观要求经济利益与公有制主体的权力、权利、责任相结合,做到责任越大、权利(力)越大、利益也越大。如果公有主体的权力过大,分得的利益也很大但承担的责任很小,根据经济学对主体的自利性假设,就会滋生贪污、腐败等不利后果,但如果只追责而不谈权和利,必然会影响经济主体的积极性,对经济效率产生负面影响。[1] “将利与权责相联系、统一,不仅因为经济关系都是物质利益关系,经济法律关系往往涉及重大经济利害,更因为经济法要在其法律调整中引入物质利益原则,将作为公有主体成员的自然人或机构本身的利益同其在公有体系中所扮演的角色及其工作成效有机地联系起来。权责重,成效显著,利就大;反之则小,直至令行为人承担不同程度的不利益。”[2]

(四)效

刘文华教授认为,“效”指的是效益,是我们一切经济工作的根本出发点,也是一切经济工作的目的。经济法的制度和规定都是以效益为出发点,并以获得效益为终点的;同时,各个局部效益必须符合社会整体利益

〔1〕 参见高桂林、李帅:《经济法总论》,中国法制出版社2012年版,第318页。
〔2〕 刘文华主编:《经济法》,中国人民大学出版社2017年版,第59页。

的要求。因此,在"责""权""利"的后面还应加上效益。效益是责、权、利的起点,也是责、权、利的终点。效即经济效益,广义上包括社会效益,是检验责、权、利分配是否得当的实践标准。效是中心。"中心"的意思是它整个制约责、权、利的分配和运行。责、权、利、效必须结合,必须统一。如果在实际生活中发生了不一致,不协调,比如说,经济效益不高,就要检查责、权、利分配上出了什么问题。[1] 笔者认为,在经济高速发展的今天,"效"指的是我国社会经济发展的效益,它包含两个层面的含义,一个层面是从微观上讲,它指的是经济发展的效率;另一个层面则是从宏观上讲,它是指国民经济发展的效益。

首先来看微观层面的经济发展效率,在经济学理论中,企业在相关市场上具备市场力会使该市场上仅有的竞争无法带来通常存在有效竞争的市场环境下能够被期待的积极效果。因此,有必要制定出可以用于判断和比较市场效果的标准——效率。乌尔里希·施瓦尔贝和丹尼尔·齐默尔认为市场效率包括配置效率、生产效率和动态效率。配置是经济学中的核心概念,可以将之理解为国民经济中的现有物资和各生产要素在市场主体间的分配。"当国民经济中的现有资源(比如,生产要素和现有物资)已被投入到经济上最有意义的用途,则这样的一个配置就是有效率的。"[2]帕累托效率就是在说这样一个判断标准:没有人在这种情况下可以通过重新配置资源而获得更多的收益。生产效率的概念则涉及产品生产时的生产要素投入。判断生产效率的标准是:在现有技术条件下一定产品的产出用了尽可能少的要素投入。动态效率是将知识的进步、技能的改善和新产品的研发都纳入考虑前提。"如果一个经济体中各时期的变动正处于一个社会最优的速率,那么这样的一个经济发展过程是具有动态效率的。"[3]

---

[1] 参见刘文华:《中国经济法基础理论(1987 年手稿)》,学苑出版社 2002 年版,第 154 页。

[2] [德]乌尔里希·施瓦尔贝、[德]丹尼尔·齐默尔:《卡特尔法与经济学》,顾一泉、刘旭译,法律出版社 2014 年版,第 6 页。

[3] [德]乌尔里希·施瓦尔贝、[德]丹尼尔·齐默尔:《卡特尔法与经济学》,顾一泉、刘旭译,法律出版社 2014 年版,第 12 页。

再来看宏观层面的效益标准。一般意义上的效益是指产出除以成本投入，是劳动消耗和劳动占用同人们所得到的实际利益（包括价值和使用价值）的关系。“经济效益可以简单地表述为：人们进行经济活动所取得的物质效用和经济收益。所谓物质效用，即对社会具有的效用，它通过生产量、劳务量、品种、质量、服务年限等满足人民生活和社会生产的某种需要。物质效用着重从使用价值形态方面考察所谓经济收益，即人们在经济方面得到的利益，它通过资金、成本、利税等价值形式反映。也就是说，经济收益着重从价值形态方面考察。人们进行任何一项经济活动，总要消耗和占用一定的自然资源或物化劳动（前人劳动创造的物质资料）以及活劳动（人力资源）。人们在从事某项经济活动中所消耗和占用的物质和劳动资源称为‘投入’，经济活动所产生的物质效用和经济收益称为‘产出’。经济活动‘投入’与‘产出’的比较，称为经济效益。”〔1〕通常研究经济效益会考虑到的两个标准是总福利和消费者福利。总福利标准等同于实现优化配置，消费者福利标准则着眼于消费者剩余。但笔者认为既然经济效益反映的是人们对经济活动、经济运行情况的评价，它的评价指标就不会只有一个，而是可以有多个。

（五）权责利效相统一

刘文华教授认为，“责”“权”“利”“效”是指经济方面而言的。“责”就是经济责任、经济义务；“权”，就是经济权力、经济权利；“利”是指经济利益，在市场经济中主要发挥着激励作用；“效”是指经济效益和经济效率，广义上也包括社会效益、环境效益，经济效率则是评价判断经济制度立法效果的标准。把责权利统一起来，不仅强调国家的利益，还要强调企业的利益，以及相互的责任和权利。尤其在经济法律关系的调整过程中，四者必须统一结合。“尽责大的就多享权多获利，尽责小的就少享权少获利”，这是按劳分配原则在法学上的体现。责权利效相统一原则要求在经济法的调整范围内，所有经济法主体无论是国家机关还是社会组织、内部组织，也无论它们是处在纵向的经济管理法律关系中，还是处在横向的经

〔1〕 崔卫等编著：《经济效益评价指标新论——现代企业经济效益评价与分析》，航空工业出版社1995年版，第1页。

营协调关系时，都要各尽其责，各行其权，兼顾利益，注重效益，实现责权利效相统一。刘文华教授认为，在责权利效四者之中，“责”字当先，以责定权，以责定利，责到权到，责到利生；效是核心，它用来评价和制约“责”“权”“利”的分配和运行，它既是经济法律制度制定的出发点，也是最终目标。笔者认为，责权利效相统一原则还应表现出责任、权利与利益之间的平衡，而以“效”为核心的目标，既是检验前三者是否出现不平衡问题的标准，也是我们国民经济发展所追求的直接目标，前文中已提到，它包括了效益和效率。总之，在经济法所调整的领域内，无论是国家机关，还是社会组织，无论是哪类经济法的主体（也包括内部组织），无论它们处在纵向经济关系中，还是处在横向经济关系时，都要依照经济法的规定，各尽其责，各行其权，兼顾利益，注重效益，实行责权利效相统一。责权利效相统一的原则，是经济法所特有的原则，是经济法不同于民法、刑法与其他法律部门的一个标志。我国最早提权、责、利相结合原则的，一般文章都提权、责、利相结合，把权字放在前面的，后来才改为“责权利”相结合，“责权利”相统一，原来是权、责，后来是责、权，两个字虽然仅仅倒了下位置，但它在实践中的作用以及它们在理论上的意义却大不相同。在一定意义上说，它体现了经济法与民法的一个重大的区别。经济法理论认为：社会主义制度下的各个组织，都必须首先尽责，为尽责而行权，所以责，权二字不应颠倒。[1] “……以‘效’为中心来检验责、权、利的分配情况，及时地做必要的调整。这个原则，不但在纵向经济关系中适用，在横向经济关系中也是适用的，两个平等主体之间也应对对方负责，也对国家负责，也应该相互依法享受权利，获得利益，而且权利、利益的享受和获得，也是和自己的尽责、尽义务紧紧相连的，最后取得应有的经济效益，所以在横向经济关系中也是适用的。”[2] 责权利效相统一原则所体现的“责”“权”“利”“效”关系可简单以图 3－1 表示：

---

〔1〕 参见刘文华：《中国经济法基础理论》，学苑出版社 2002 年版，第 155 页。

〔2〕 刘文华：《中国经济法基础理论》，学苑出版社 2002 年版，第 155 页。

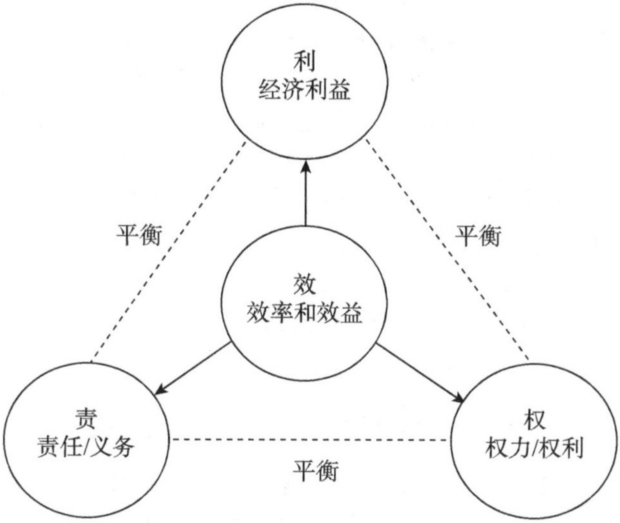

图 3－1　"责""权""利""效"的关系

"责"—"权"—"利"—"效"的顺序反映了社会主义经济制度的本质。但将"责"放在"利"之前绝不是说经济法就不重视保护社会个体的权利和利益,而只是说,应该把每个社会个体的权利和利益置于整个的社会利益之中,把两者统一起来。如果发生了社会个体的权利和利益与整个社会的利益发生矛盾,那就应该服从社会利益。所以,这是经济法与民法的重大区别。责权利效相统一也是经济法与行政法的一个重大区别,行政法是强调国家权力本位,经济法认为各类主体都应相互享受权利,承担义务,都应该对国家、对社会、对人民负责,从这点来说,行政法和经济法也是有区别的。比如,有关上级机关对下属组织就不承担责任,而按照责权利效相统一的原则,上级机关不但对它的更上一级机关要承担责任,对于下属的企业组织也必须承担责任。也就是说,必须做到"责""权""利""效"相统一,所以在这点上和行政法也是不同的。[1] 经济法的社会责任本位要求在经济管理、经济活动、经济法的立法、执法及司法中,在

〔1〕 参见刘文华:《中国经济法基础理论》,学苑出版社 2002 年版,第 156 页。

一定的主体角色定位范围内追求社会效益的最优化。刘文华指出,强调责权利效统一,并非将扮演角色者承担之不利益同其角色行为造成的不利或损害后果完全等同,譬如令造成数千万元或数亿元损失者如数赔偿,这是不必要的,也是不现实的,关键是要做到令角色扮演者的切身利害同其权责之关系明晰,奖罚分明。[1] 理解经济法责权利效相统一原则的关键在于,首先明确它强调的是主体的"责""权""利"相一致,其次要清晰地认识到社会经济效益是一切经济工作的基本出发点和目标。"效"既是"责""权""利"的起点,又是"责""权""利"的终点,更是检验"责""权""利"设置与制衡机制是否妥当的实践标准。

第二节　经济法具体制度中的责权利效相统一

刘文华教授在《中国经济法基础理论》一书中直接指出:责权利效相统一是经济法的总原则,因为该原则能够基本反映社会主义商品经济的客观要求,能够全面体现党和国家在经济方面的主要方针政策,也能够进一步把经济法与民法、行政法区别开来,使经济法能够真正成为一个独立的法律部门。[2]

一、经济法律制度中的"责""权""利""效"

(一)经济法律制度中的"责"

经济法中的"责"有两方面的含义:首先,"责"是指法律要求经济主体必须作出的行为或者禁止作出某种行为,是一种角色责任。在这里笔者简单地将这个层面的责任区分为义务的"须为型"责任和"禁限型"责任。

关于"须为型"的责任,例如,《消费者权益保护法》中规定的质量保证义务。我国《消费者权益保护法》第 22 条第 1 款、第 2 款规定"经营者应当保证在正常使用商品或者接受服务的情况下其提供的商品或者服务应当具有的质量、性能、用途和有效期限;但消费者在购买该商品或者接受该服务前已经知道其存在瑕疵,且存在该瑕疵不违反法律强制性规定

---

[1] 参见刘文华主编:《经济法》,中国人民大学出版社 2017 年版,第 59 页。

[2] 参见刘文华:《中国经济法基础理论(1987 年手稿)》,学苑出版社 2002 年版,第 151～152 页。

的除外。经营者以广告、产品说明、实物样品或者其他方式表明商品或者服务的质量状况的,应当保证其提供的商品或者服务的实际质量与表明的质量状况相符”,这就是经营者必须承担的责任,是经济主体作为经营者时必须承担的角色责任;第 31 条规定“各级人民政府应当加强领导,组织、协调、督促有关行政部门做好保护消费者合法权益的工作。各级人民政府应当加强监督,预防危害消费者人身、财产安全行为的发生,及时制止危害消费者人身、财产安全的行为”,这就是各级人民政府作为消费者权益保护的公权机关应当承担的角色责任。

再如,《产品质量法》第 26 条第 2 款、第 27 条、第 28 条规定的产品质量生产者的责任:“产品质量应当符合下列要求:(一)不存在危及人身、财产安全的不合理的危险,有保障人体健康和人身、财产安全的国家标准、行业标准的,应当符合该标准;(二)具备产品应当具备的使用性能,但是,对产品存在使用性能的瑕疵作出说明的除外;(三)符合在产品或者其包装上注明采用的产品标准,符合以产品说明、实物样品等方式表明的质量状况。”“产品或者其包装上的标识必须真实,并符合下列要求:(一)有产品质量检验合格证明;(二)有中文标明的产品名称、生产厂厂名和厂址;(三)根据产品的特点和使用要求,需要标明产品规格、等级、所含主要成分的名称和含量的,用中文相应予以标明;需要事先让消费者知晓的,应当在外包装上标明,或者预先向消费者提供有关资料;(四)限期使用的产品,应当在显著位置清晰地标明生产日期和安全使用期或者失效日期;(五)使用不当,容易造成产品本身损坏或者可能危及人身、财产安全的产品,应当有警示标志或者中文警示说明。裸装的食品和其他根据产品的特点难以附加标识的裸装产品,可以不附加产品标识。”“易碎、易燃、易爆、有毒、有腐蚀性、有放射性等危险物品以及储运中不能倒置和其他有特殊要求的产品,其包装质量必须符合相应要求,依照国家有关规定作出警示标志或者中文警示说明,标明储运注意事项。”第 33 条至第 35 条规定销售者的须为型义务:“销售者应当建立并执行进货检查验收制度,验明产品合格证明和其他标识。”“销售者应当采取措施,保持销售产品的质量。”“销售者不得销售国家明令淘汰并停止销售的产品和失效、变质的产品。”

关于“禁限型”规定的责任,例如,我国《产品质量法》第 5 条规定了产品的生产者、销售者禁止行为责任:“禁止伪造或者冒用认证标志等质量标志;禁止伪造产品的产地,伪造或者冒用他人的厂名、厂址;禁止在生产、销售的产品中掺杂、掺假,以假充真,以次充好。"第9条第1款规定了政府的禁止行为责任:"各级人民政府工作人员和其他国家机关工作人员不得滥用职权、玩忽职守或者徇私舞弊,包庇、放纵本地区、本系统发生的产品生产、销售中违反本法规定的行为,或者阻挠、干预依法对产品生产、销售中违反本法规定的行为进行查处。"第13条则是一条禁限式的规定,"可能危及人体健康和人身、财产安全的工业产品,必须符合保障人体健康和人身、财产安全的国家标准、行业标准;未制定国家标准、行业标准的,必须符合保障人体健康和人身、财产安全的要求。禁止生产、销售不符合保障人体健康和人身、财产安全的标准和要求的工业产品。具体管理办法由国务院规定"。第29条至第32条规定的生产者禁止行为责任:"生产者不得生产国家明令淘汰的产品。""生产者不得伪造产地,不得伪造或者冒用他人的厂名、厂址。""生产者不得伪造或者冒用认证标志等质量标志。""生产者生产产品,不得掺杂、掺假,不得以假充真、以次充好;不得以不合格产品冒充合格产品。"第37条至第39条则规定的是销售者的禁止行为责任:"销售者不得伪造产地,不得伪造或者冒用他人的厂名、厂址。""销售者不得伪造或者冒用认证标志等质量标志。""销售者销售产品,不得掺杂、掺假,不得以假充真、以次充好,不得以不合格产品冒充合格产品。"

其次,"责"还意味着当经济主体没有履行自己的角色责任时,法律会对该行为给予否定性的评价。经济法往往采用刑事、民事、行政等多种手段来保证经济法的实施,保证经济主体履行自己的角色责任。例如,《产品质量法》第40条、第42条规定的销售者的责任,对不具备产品应当具备的使用性能而事先未做说明的、不符合在产品或者其包装上注明采用的产品标准的、不符合以产品说明、实物样品等方式表明的质量状况的销售者,应当负责修理、更换、退货,否则由市场监督管理部门责令改正;给购买产品的消费者造成损失的,销售者应当赔偿损失。由于销售者的过错使产品存在缺陷,造成人身、他人财产损害的,销售者应当承担赔偿责任。销售者不能指明缺陷产品的生产者也不能指明缺陷产品的供货者的,销售者应当承担赔偿责任。第57条规定了质检机构的责任形式:"产品质量检验机构、认证机构伪造检验结果或者出具虚假证明的,责令改正,对单位处五万元以上十万元以下的罚款,对直接负责的主管人员和其他直接责任人员处一万元以上五万元以下的罚款；有违法所得的，并处没收违法所得；情节严重的，取消其检验资格、认证资格；构成犯罪的，依法追究刑事责任。产品质量检验机构、认证机构出具的检验结果或者证明不实，造成损失的，应当承担相应的赔偿责任；造成重大损失的，撤销其检验资格、认证资格。产品质量认证机构违反本法第二十一条第二款的规定，对不符合认证标准而使用认证标志的产品，未依法要求其改正或者取消其使用认证标志资格的，对因产品不符合认证标准给消费者造成的损失，与产品的生产者、销售者承担连带责任；情节严重的，撤销其认证资格。”

（二）经济法律制度中的“权”

责权利效相统一原则中的“权”是指权利和权力，“权”的主体不同，“权”的内容也不尽相同。按“权”所属主体的不同，可以将之分为私主体的权利和公主体的权力。

对私主体而言，“权”主要是指权利，即私法领域内的经济主体为或者不为一定行为的自由。私的主体可分为商品或服务的生产者、经营者与消费者两类群体。由于一直以来经济法较为侧重实质正义，因而很多具体的法律中，多规定的是整体上信息获取能力和财产能力相对处于弱势地位的消费者的权利。例如，我国《消费者权益保护法》第二章以单独一章的形式专门规定了消费者的权利，包括安全保障权、知悉真情权、自主选择权、公平交易权、获得赔偿权、团体求偿权、获得知识权、人格尊严、民族风俗习惯受尊重权，以及监督、批评、建议、检举、控告权等，当这些权利受到侵害时，消费者可以寻求国家公权力的救济。又如，《旅游法》中规定了旅游者对旅游产品和服务的自主选择权、对旅游产品和服务的真情知悉权、人格、民族风俗和宗教信仰受尊重权、特殊人群受照顾的权利、危险求助权、受侵害获赔权、享受服务与约定一致的权利，如果这些权利被侵犯或没有得到保障，旅游者可以基于《旅游法》向侵权行为人或旅行社提出赔偿或承担其他民事责任的权利。虽然经济法对商品或服务的生产者、经营者的权利规定相对于消费者较少，但并不意味着经济法没有对商品或服务的生产者、经营者的正当权利予以保护。经济法对商品或服务的生产者、经营者权利保护主要体现在以下几个方面：一是通过《反垄断法》《反不正当竞争法》等法律对垄断行为、不正当竞争行为进行规制，从而减少处于相对被动状态的其他经营主体自由进入市场，获取经济利益的阻力,确保他们合法权益的实现。例如,《反不正当竞争法》第9条虽然规定的是经营者不得实施侵犯商业秘密行为的义务,但实际上也是通过义务性规定明确了经营者享有保护商业秘密的权利。第11条规定经营者不得编造、传播虚假信息或者误导性信息,损害竞争对手的商业信誉、商品声誉,这实际上是对商品或服务的生产者、经营者商业信誉、商业声誉权利的保护。又如,《产品质量法》第5条规定,禁止伪造或者冒用认证标志等质量标志;禁止伪造产品的产地,伪造或者冒用他人的厂名、厂址;禁止在生产、销售的产品中掺杂、掺假,以假充真,以次充好,这是对正常履行法律义务的品质商家合法利益的保护。二是直接规定商品或服务的生产者、经营者的权利,即使在经济法中这类规定较少。例如,在《商标法》第1条就规定了该法的立法宗旨是为了加强商标管理,保护商标专用权,促使生产、经营者保证商品和服务质量,维护商标信誉,以保障消费者和生产、经营者的利益,并在第3条规定了商标的专用权,第25条规定了商标注册优先权,第13条则规定了驰名商标所有者的权利。又如,《保险法》第16条第2款、第4款规定了保险人的合同解除权,"投保人故意或者因重大过失未履行前款规定的如实告知义务,足以影响保险人决定是否同意承保或者提高保险费率的,保险人有权解除合同""投保人故意不履行如实告知义务的,保险人对于合同解除前发生的保险事故,不承担赔偿或者给付保险金的责任,并不退还保险费"。三是赋予商品或服务的供应者一些权力。例如,《电子商务法》第27条第1款规定,电子商务平台经营者应当要求申请进入平台销售商品或者提供服务的经营者提交其身份、地址、联系方式、行政许可等真实信息,进行核验、登记,建立登记档案,并定期核验更新。该条从表面上看虽然是对电子商务平台经营者的一种义务性的规定,但通过法律的形式赋予了电子商务平台经营者收集进入平台销售商品或者提供服务的经营者提交其身份、地址、联系方式、行政许可等真实信息的权力。

对国家公权力主体来说,经济法的"权"包括权利和权力两种属性,而很多情况下,经济法公权力主体的"权"和"责"也具有一体性,其行使的"权"也是其必须履行的"责"。例如,政府在保护消费者权利时,可以根据不同的情况对经营者采取不同处罚,拥有一定的裁量权和处罚权,这种权利的行使也是政府在履行消费者权益保护法规定的义务。就公的主体而言,“权”直接与“责”相连,人民、国家赋予的权力是一种职权,更是一种职责。例如,《产品质量法》第18条规定:“县级以上市场监督管理部门根据已经取得的违法嫌疑证据或者举报,对涉嫌违反本法规定的行为进行查处时,可以行使下列职权:(一)对当事人涉嫌从事违反本法的生产、销售活动的场所实施现场检查;(二)向当事人的法定代表人、主要负责人和其他有关人员调查、了解与涉嫌从事违反本法的生产、销售活动有关的情况;(三)查阅、复制当事人有关的合同、发票、账簿以及其他有关资料;(四)对有根据认为不符合保障人体健康和人身、财产安全的国家标准、行业标准的产品或者有其他严重质量问题的产品,以及直接用于生产、销售该项产品的原辅材料、包装物、生产工具,予以查封或者扣押。”虽然该条规定的是县级及以上市场监督管理部门的权力范围,但实则明确的是市场监督管理部门的职责义务。又如,《反垄断法》第六章规定对涉嫌垄断行为的调查中,第38条明确了反垄断执法机构对涉嫌垄断情形享有调查权,对涉嫌垄断行为,任何单位和个人有权向反垄断执法机构举报,反垄断执法机构应当为举报人保密。调查权本身就是反垄断执法机构的一种职责,只不过这属于一种积极、主动地履行职责,第39条反垄断执法机构调查涉嫌垄断行为,可以采取进入被调查的经营者的营业场所或者其他有关场所进行检查、询问被调查的经营者、利害关系人或者其他有关单位或者个人,要求其说明有关情况,查阅、复制被调查的经营者、利害关系人或者其他有关单位或者个人的有关单证、协议、会计账簿、业务函电、电子数据等文件、资料、查封、扣押相关证据、查询经营者的银行账户等措施。这是《反垄断法》赋予反垄断执法机构的权力,任何被调查的市场主体只能被动地接受,而不得抗拒;但对于反垄断执法机构来说,这项巨大权能的背后反映的是反垄断执法机构公职人员的责任如何履行,他需要到被调查者的经营场所或其他相关区域进行检查、询问,需要去查阅、复制相关资料,而这些措施的前提是,他首先要向反垄断执法机构的主要负责人进行书面报告,并经批准。

（三）经济法律制度中的“利”

“利”是指利益,这里的利益主要实质经济利益,但不限于经济利益,也包括社会利益等。之所以经济法中的利益和权、责相挂钩,一方面是因为经济法调整的是发生在经济运行中的社会关系,经济利益是其出发点和落脚点,尤其是在宏观领域内的经济关系和经济行为,波及的产业范围或者市场领域往往非常大,影响着多数人的利益分配。另一方面是因为经济法客观要求经济利益与公有制主体的权力、权利、责任相结合,做到责任越大、权利(力)越大、利益也越大。如果公有主体的权力很大、利益很大而责任很小,就会滋生贪污、腐败、推诿等不利后果;如果有责而无权无利,就会影响经济主体的积极性,对经济效率产生负面影响。经济法中的各具体法律、法规都是通过调节不同市场经济主体之间的利益关系来实现社会经济的有序发展。

例如,《保险法》里的一些规定基于对市场主体趋利避害的基本假设,再加上现实中市场上存在信息不对称性和市场失灵所带来的不确定性和风险,市场失灵的两个重要因素是:逆向选择和道德风险。当这些因素存在时,市场就可能给出错误的信号,从而扭曲激励机制,因此,必须通过法律制度来帮助保险相对地排除道德风险。保险增加了冒险行为,进而人为地改变了原本的损失概率,道德风险就此出现。[1]《保险法》第16条规定了投保人的如实告知义务,也就是保险人的获得真实信息的权利,当投保人没有履行义务,那么这项权利就演化成保险合同的解除权。“订立保险合同,保险人就保险标的或者被保险人的有关情况提出询问的,投保人应当如实告知。投保人故意或者因重大过失未履行前款规定的如实告知义务,足以影响保险人决定是否同意承保或者提高保险费率的,保险人有权解除合同”,而“投保人故意不履行如实告知义务的,保险人对于合同解除前发生的保险事故,不承担赔偿或者给付保险金的责任,并不退还保险费”。可以看到,《保险法》通过对保险人和投保人两边的利益规制来迫使双方都放弃投机行为,从而确保保险行业的健康发展。

(四)经济法律制度中的“效”

“效”是指经济方面的效益和效率,也包括广义的社会效益。利益冲突是法律的产生之源。经济法作为与社会经济发展密切相关的法律,利益问题更加突出,因此,对经济法的解读便应首先从它的社会整体利益观开始。刘大洪教授认为,“借鉴经济学中效益的概念,我们便可将经济法

---

[1] 参见[美]保罗·萨缪尔森、[美]威廉·诺德豪斯:《经济学》(上)(第19版),萧琛译,商务印书馆2017年版,第358~359页。

效益定义为：为使社会公共利益最大化，经济法在其制定、实施及由此而形成的一定的经济法制秩序的运行的全过程中耗费与实益的比。换言之，经济法效益是指经济法的投入与产出之间的比例关系，这种关系常以单位成本所能产生的最大收益，或单位收益所需要的最小成本两种基本形式表现。在此前提下，评价经济法效益的一般标准有二：一是在既定目标的条件下，充分地利用现有的人力、物力、财力，使其耗费最少（或占用最少）而完成经济法既定的任务，用最小值去衡量；二是在一定的人力、物力、财力下，充分地利用经济法，使其发挥最大的效能，用最大值去衡量"。[1]"利益冲突是法律的产生之源。经济法作为与社会经济发展密切相关的法律，利益问题更加突出，因此，对经济法的解读便应首先从它的社会整体利益观开始。经济法从其产生之日起，就以社会本位作为自己的思想基础，旗帜鲜明地追求社会整体利益；是完完全全的社会本位之法。"[2]经济法从其产生之日起就具有浓重的社会性。以社会为本位，追求的不是个体利益的最大化，也不是国家利益的最大化，而是旗帜鲜明地追求社会整体利益，以维护社会正义。我国是社会主义国家，社会主义的本质是"解放生产力、发展生产力，消灭剥削，消除两极分化，最终达到共同富裕"。社会主义从本质上反对两极分化，追求共同富裕。这要求我国的经济法从社会整体利益出发，从实质正义出发，对社会资源进行配置，反对不公，防止社会分化。社会主义追求的是人民的解放和发展，在我国以社会为本位的经济法实现了社会整体利益，也即是对人民利益的实现，符合社会主义国家人民的主人翁地位。社会效益的追求，即是人民利益的追求。作为综合体的社会在经济、政治、人文、生态环境等方面的全面进步发展，是对为人民服务宗旨的全面而深刻的贯彻。[3]

二、中国经济法理论中不停发展的权责利效相统一

在20世纪70年代末和80年代初，苏联著名法学家B.B.拉普捷夫的纵横统一说传入我国，对初创时期的中国经济法学界影响广泛而深刻。

---

〔1〕 刘大洪：《论经济法效益》，载《法学》1998年第7期。

〔2〕 蒋安：《经济法理论研究新视点》，中国检察出版社2002年版，第25页。

〔3〕 参见高桂林、李帅：《责权利效相统一是经济法的总原则——论刘文华教授为代表的人大经济法学派对经济法基本原则的理论贡献》，载《广西社会科学》2013年第4期。

以刘文华教授为代表的人大经济法学派基于纵横统一说的基本立场，运用平衡协调的理念，于1985年在其主编的《中国经济法教程》一书中率先提出了责权利效相统一是经济法的总原则的观点，并对该原则的主要内容进行了系统论述。受其影响，我国经济法学界很多学者在其后出版的学术论文或著作中，把责权利效相统一的原则作为经济法的基本原则。

1992年以后，受邓小平关于我国社会主义市场经济理论的影响，我国经济体制改革步入新阶段。作为经济法理论的回应，有关经济法基本原则的研究也日趋活跃，责权利效相统一原则在不同学者的研究中也呈现出不同的重点和特色，在经济法学界得到进一步的深化和发展。目前比较有代表性的观点有以下几种。

以史际春教授为代表的责权利相统一的原则。史际春教授认为："责权利相统一原则，是指在经济法律关系中各管理主体和公有制经营主体所承受的权(力)利、义务和职责必须相一致，不应当有脱节、错位、不平衡等现象存在。在社会主义市场经济或以公有制为主导的市场经济条件下，这是作为经济法灵魂的一项根本性原则。"[1]在公有制条件下，各种公有主体和作为拟制体的国家，从事经济活动时不能像私人一样自动地追求利润最大化，在公共管理中更要以社会效率和社会整体利益最大化为目标，需要通过责权利相统一原则来对公有主体及其成员的权(力)利、义务和职责加以科学的设置。

以刘瑞复教授为代表的责权利相统一的原则。权责利相统一原则，即经济主体与国家之间、经济主体相互之间，其自身的权利、责任、利益相统一的原则。这里的"权"，指经济权利，即与自身义务相对应依法享有的经济权利；"责"，指责任，即违反经济义务所应承担的法律后果；"利"，指经济利益。经济权利是基础，经济责任是前提，经济利益是动力。就是说，获取利益和承担责任，以权利为基础；享有或主张权利、获取利益，以责任为前提；享有权利，承担责任，以利益为动力。[2]

以徐孟洲教授为代表的责权利效相统一的原则。责权利效相统一原

[1] 参见史际春、邓峰：《经济法总论》，法律出版社2008年版，第161、207页。

[2] 参见刘瑞复：《经济法学原理》，北京大学出版社2000年版，第107~108页。

则,是指消费主体、经营主体和经济管理主体所应尽的责任、拥有的权利或权力、涉及的利益和效益必须合理安排,协调一致,不应当有脱节与错配。责权利效相统一原则在现代市场经济条件下,是经济法的一项基本原则。[1] 我国经济改革目标不应再是单纯的上级机关享有权力、下属企业只是义务主体的行政管理关系,而应是权利(力)、利益、义务和责任一致,不应有脱节和不平衡现象存在,应是全新的责权利关系,此种关系即经济法律关系。[2]

本章小结

责权利效相统一的原则,在我国社会主义建设和经济法制的实践中,以及在经济法学研究上,都有着重要的意义。责权利效相统一的原则,是我国国民经济各个领域、各个环节、各个过程、各种经济关系都必须贯彻的一项原则;是国家机关、社会组织和其他经济实体都必须遵循的一项原则。社会主义性质决定了所有的国家机关、社会组织都必须在国家的统一领导下,为社会主义建设而工作,各个组织对国家、社会和人民负有庄严的义务和责任,都必须首先尽责。[3] 责权利效相统一原则也是以刘文华教授为代表的人大经济法学派在经济法基础理论研究领域作出的突出贡献,责权利效相统一原则的提出,不仅极大地丰富了我国经济法基础理论的研究成果,还对我国经济法法律部门的发展和我国法制建设的进程产生了积极的影响。[4]

---

〔1〕 参见徐孟洲:《耦合经济法论》,中国人民大学出版社2010年版,第76页。

〔2〕 参见高桂林、李帅:《责权利效相统一是经济法的总原则——论刘文华教授为代表的人大经济法学派对经济法基本原则的理论贡献》,载《广西社会科学》2013年第4期。

〔3〕 参见刘文华:《中国经济法基础理论(1987年手稿)》,学苑出版社2002年版,第152页。

〔4〕 参见高桂林、李帅:《责权利效相统一是经济法的总原则——论刘文华教授为代表的人大经济法学派对经济法基本原则的理论贡献》,载《广西社会科学》2013年第4期。

第四章　发展中国特色的公平竞争原则

公平与正义在经济法上往往是同一种价值指向。罗马法学者将正义与法联系在一起,认为正义是法的观念性渊源,实在法则是法的法律渊源,所以法与法律是有明确区别的。查士丁尼在《法学概论》中阐明"正义是一种坚定而永恒的目标,即每个人各得其所"。[1] 罗尔斯的正义理论认为,"正义是社会制度的首要价值……每个人都拥有一种基于正义的不可侵犯性,这种不可侵犯性即使以社会整体利益之名也不能逾越"[2]。阿奎那认为,法律是对于各种有关公共幸福的事项的合理安排,是以共同福利为目的的理性的命令。[3] 罗尔斯的基本推理过程是:"最基本的理念是社会作为一个世代相继的公平的社会合作体系的理念";秩序良好社会的理念,这是"公平的合作体系之起组织作用的核心理念";社会基本结构的理念,是"社会的主要政治制度和社会制度融合成为一

---

〔1〕 J. B. Moyle, *The Institute of Justinian*, The Clarendon Press, 1949, p. 3.

〔2〕 [美]约翰·罗尔斯:《正义论》,何怀宏译,中国社会科学出版社 2003 年版,第 3 页。

〔3〕 参见[意]阿奎那:《阿奎那政治著作选》,马清槐译,商务印书馆 1963 年版,第 106 页。

种社会合作体系的方式,以及它们分派基本权利和义务";最后是契约达成条件的五个理念:"原初状态和无知之幕的理念、自由和平等的人的理念、公共证明的理念、反思平衡的理念、重叠共识的理念。"[1]密尔认为,"正义是利他主义和自我要求之间的恰当平衡,因而是和一种互惠的概念联系在一起的"。[2] 刘少军教授认为,罗尔斯的正义观实质上是道义论与功利主义的融合,是在保障公民基本权利基础上的功利主义社会正义理论。[3] 可以看出,正义是社会制度所追求的最基本的价值,其本身涵盖了多种目标和要求。就中国当前经济发展实际来看,中国社会与经济发展正义的实现基础是要保障发展中国特色公平竞争。

我国政府已实现从市场培育者向市场监管者的转型,中国市场经济的形成和发展,是在由计划经济体制向市场经济体制转轨的过程中实现的。政府在这一过程中不断调整自身职能,转换角色,做到了承认市场、培育市场和开放市场,做到了动态地观察并根据市场经济发展的实际需要来不断调整政府与市场的关系。[4] 学者评价,我国政府在改革发展的实践过程中,已实现从经济建设主体向经济性公共服务主体的政府转型,实现从以 GDP 为中心向以"人"为中心的政府转型。下一步,我国应如何确保市场经济平稳、有序发展,继续保持市场经济的活力和公平竞争是发展的关键,2020 年下半年经济工作定调的政治局会议中指出,要加快形成以国内大循环为主体、国内国际双循环相互促进的新发展格局。内循环将是中国经济规模扩张的主要动力,要进一步释放潜在的市场需求,引导地方政府从抓投资转向抓消费,推动建立统一的国内大市场,进一步打破区域间产品和要素流动的樊篱。[5]

---

〔1〕 参见[美]约翰·罗尔斯:《作为公平的正义》,姚大志译,生活·读书·新知三联书店 2002 年版,第 9 ~54 页。

〔2〕 [美]约翰·罗尔斯:《正义论》,何怀宏、何包钢、廖申白译,中国社会科学出版社 2003 年版,第 504 页。

〔3〕 刘少军:《法边际均衡论经济法哲学》(修订版),中国政法大学出版社 2017 年版,第 29 页。

〔4〕 参见迟福林:《政府转型进程与政府职能的阶段性变化》,载王俊豪主编:《反垄断与政府管制理论与政策》,经济管理出版社 2009 年版。

〔5〕 参见《"十四五"规划关于内循环说了什么?"十四五"规划双循环内容》,载综投网 2021 年 4 月 11 日,http://www.zt5.com/gp/cjy/504215.html。

学界理解的内循环大致包括消费内循环、制造内循环、科技内循环、投资内循环、服务内循环和金融内循环。要做到这些,离不开经济法对市场经济公平竞争秩序的制度保障。

第一节　我国社会主义市场经济发展现状

一、我国社会主义市场经济的建设历程回顾

1978 年党的十一届三中全会召开,全会中心议题是讨论把全党工作重点转移到社会主义现代化建设上来。中国人民面貌的历史性变化,最根本的,就是在党的十一届三中全会重新确立的解放思想、实事求是的思想路线指引下,冲破了长期禁锢人们思想的许多旧观念。1979 年 7 月 15 日,中共中央、国务院决定在深圳、珠海、汕头和厦门试办特区,当年 8 月 13 日,国务院颁发《关于大力发展对外贸易增加外汇收入若干问题的规定》,扩大地方和企业的外贸权限,增加出口,办好出口特区。1980 年 5 月 16 日,中共中央、国务院批转《广东、福建两省会议纪要》,正式将“特区”定名为“经济特区”。1980 年,第五届全国人大常委会第十五次会议召开,会议通过了提请第五届全国人民代表大会第三次会议审议的国籍法草案、婚姻法修改草案、中外合资经营企业所得税法草案和个人所得税法草案;通过了《律师暂行条例》(已废止),批准了《广东省经济特区条例》。1982 年 1 月 1 日,中共中央批转《全国农村工作会议纪要》,指出农村实行的各种责任制,都是社会主义集体经济的生产责任制,家庭联产承包责任制确立。

1984 年,党的十二届三中全会所作的《关于经济体制改革的决定》肯定了“社会主义有计划商品经济”的提法,完成了一次重大的理论突破。在这之后,虽然对“市场经济”的认识还不能统一,但形势开始趋向明朗。1986 年 12 月 5 日,国务院作出《关于深化企业改革增强企业活力的若干规定》,提出全民所有制小型企业可积极试行租赁、承包经营。全民所有制大中型企业要实行多种形式的经营责任制,全民所有制企业改革启动。各地可以选择少数有条件的全民所有制大中型企业进行股份制试点。该规定的出台是推动城市经济体制改革的重大步骤,对于进一步简政放权,改善企业外部条件,扩大企业经营自主权,促进企业内部机制改革具有重要意义。1987 年 10 月 25 日至 11 月 1 日,中国共产党第十三次全国代表

大会举行。会上阐述了社会主义初级阶段理论，提出了党在社会主义初级阶段的"一个中心、两个基本点"的基本路线。邓小平同志南方谈话在党的十四次全国代表大会上得到全面的肯定，社会主义市场经济体制改革目标确立。1993 年中共十四届三中全会，审议通过了《关于建立社会主义市场经济体制若干问题的决定》，我国社会主义市场经济的大幕正式开启。[1] 进行分税制改革，基本建立起社会主义市场经济要求的财政体制框架。1993 年 12 月 25 日，国务院发布《关于金融体制改革的决定》。确立金融体制改革的目标是：建立在国务院领导下，独立执行货币政策的中央银行宏观调控体系；建立政策性金融与商业性金融分离，以国有商业银行为主体，多种金融机构并存的金融组织体系；建立统一开放、有序竞争、严格管理的金融市场体系。通过金融体制改革，确立中国人民银行作为独立执行货币政策的中央银行的宏观调控体系；实行政策性银行与商业银行分离的金融组织体系。从 1994 年起开始了经济体制的系统改革，1994 年 7 月 18 日，国务院发布《关于深化城镇住房制度改革的决定》，明确城镇住房制度改革的基本内容，其中包括把住房实物福利分配的方式改变为以按劳分配为主的货币工资分配方式、建立住房公积金制度等。决定的出台，开启了城镇住房商品化的大门，标志着我国全面推进住房市场化改革的确立，其最大意义在于稳步推进公有住房的出售，通过向城镇职工出售原公有住房，逐步完成了我国住房私有化的进程。1996 年 12 月 1 日，中国接受《国际货币基金组织协定》第 8 条，实行人民币经常项目下的可兑换。提前达到《国际货币基金组织协定》第 8 条的要求，标志着中国外汇管理体制改革取得重大进展。1996 年外汇管理体制改革是我国社会主义市场经济体制的必然要求，为恢复我国关贸协定缔约国地位创造了有利条件，同时更是促进外汇体制改革和金融体制改革的必要准备。经过 1997 年中共十五大开启"调整和完善所有制结构"改革，在 21 世纪末，初步建立起社会主义市场经济体制。1998 年的政府机构改革，按照社会主义市场经济的要求，根据政企分开、依法行政和精简、统一、效能的原则，以建立办事高效、运转协调、行为规范、适应社会主义市场经济体制的

---

〔1〕 参见龙观水、王德民主编：《社会主义市场经济概论》，中共中央党校出版社 1996 年版，第 43 页。

行政管理体系为目标。从1998年开始,国务院机构改革首先进行。根据九届全国人大一次会议通过的国务院机构改革方案,改革的重点是调整和撤销那些直接管理经济的专业部门,加强宏观调控和执法监管部门。2004年1月31日,《国务院关于推进资本市场改革开放和稳定发展的若干意见》(以下简称"国九条")颁布,全文5000字,这是自1992年12月17日国务院68号文件下发以来,作为中国最高行政机构的国务院首次就发展资本市场的作用、指导思想和任务进行全面明确的阐述。它对发展资本市场的政策措施进行整体部署具有重要的现实意义和深远的历史意义。消息传出,业界一片欢欣鼓舞。这之后,相关部门出台的一系列政策,都以此为核心和出发点,"国九条"成为名副其实的指导证券市场的纲领性文件。2007年《物权法》出台,自2007年10月1日起施行。物权法分5编19章247条,内容非常丰富。它是我国社会主义法律体系中的一部基本法律,关系着坚持和完善国家基本经济制度、完善社会主义市场经济体制、实现和维护最广大人民的根本利益。《物权法》的制定和实施,具有重大的现实意义和深远的历史意义。2013年11月9日至12日,党的十八届三中全会召开,习近平代表中央政治局向全会报告工作,就《中共中央关于全面深化改革若干重大问题的决定(讨论稿)》作说明,并发表讲话。全会审议通过《中共中央关于全面深化改革若干重大问题的决定》。全会强调,全面深化改革的总目标是完善和发展中国特色社会主义制度,推进国家治理体系和治理能力现代化;要求到2020年,在重要领域和关键环节改革上取得决定性成果,形成系统完备、科学规范、运行有效的制度体系,使各方面制度更加成熟更加定型。全会指出,经济体制改革核心问题是处理好政府和市场的关系,使市场在源配置中起决定性作用和更好发挥政府作用。2014年11月17日,上海与香港特区股票市场交易互联互通机制"沪港通"正式启动。"沪港通"丰富了交易品种,优化了市场结构,为投资者投资A股和港股提供了便利和机会,有利于投资者共享两地经济发展成果,促进两地资本市场的共同繁荣发展;有利于拓展市场的广度和深度,巩固香港国际金融中心地位,加快建设上海国际金融中心,增强我国资本市场的整体实力;有利于推进人民币国际化,提高跨境资本和金融交易可兑换程度。2014年12月2日,中共中央、国务院印发《丝绸之路经济带和21世纪海上丝绸之路建设战略规划》,对推进"一带一路”建设工作作出全面部署。2015 年 3 月 28 日，经国务院授权，国家发展改革委、外交部、商务部联合发布《推动共建丝绸之路经济带和 21 世纪海上丝绸之路的愿景与行动》。2015 年 8 月 24 日，中共中央、国务院印发《关于深化国有企业改革的指导意见》。以此为统领，陆续出台了有关国有企业分类、发展混合所有制经济、完善国资监管体制、防止国有资产流失、完善法人治理结构等多个配套文件。2015 年 10 月 26 日至 29 日，党的十八届五中全会在北京举行。习近平代表中央政治局向全会报告工作，就《中共中央关于制定国民经济和社会发展第十三个五年规划的建议（讨论稿）》作说明，并发表讲话。全会审议通过《中共中央关于制定国民经济和社会发展第十三个五年规划的建议》。全会提出全面建成小康社会新的目标要求，强调实现“十三五”时期发展目标，破解发展难题，厚植发展优势，必须牢固树立并切实贯彻创新、协调、绿色、开放、共享的发展理念。2016 年 3 月 16 日，第十二届全国人民代表大会第四次会议审查了国务院提出的《中华人民共和国国民经济和社会发展第十三个五年规划纲要（草案）》，会议同意全国人民代表大会财政经济委员会的审查结果报告，决定批准这个规划纲要。2016 年 10 月 1 日起，人民币将正式纳入特别提款权（SDR）货币篮子。加入 SDR 后，人民币更加稳健，在全世界的信用更高，将减少钱包的缩水压力。[1] 2020 年 5 月 11 日，中共中央、国务院发布《关于新时代加快完善社会主义市场经济体制的意见》，在总体要求中指出，坚持和完善社会主义基本经济制度，以完善产权制度和要素市场化配置为重点，全面深化经济体制改革，加快完善社会主义市场经济体制，建设高标准市场体系，实现产权有效激励、要素自由流动、价格反应灵活、竞争公平有序、企业优胜劣汰，加强和改善制度供给，推进国家治理体系和治理能力现代化，推动生产关系同生产力、上层建筑同经济基础相适应，促进更高质量、更有效率、更加公平、更可持续的发展。[2] 确立坚持正确处理政府和市场关系的基本原则。提出要坚持社会主义市场经

〔1〕 参见张福俭编著：《将改革开放进行到底》，东方出版社 2019 年版，第 192～207 页。

〔2〕 2020 年 7 月 30 日，中央政治局会议新增“更为安全”，拓展为“五个更”：实现更高质量、更有效率、更加公平、更可持续、更为安全的发展。

济改革方向，更加尊重市场经济一般规律，最大限度减少政府对市场资源的直接配置和对微观经济活动的直接干预，充分发挥市场在资源配置中的决定性作用，更好发挥政府作用，有效弥补市场失灵。指出完善政府经济调节、市场监管、社会管理、公共服务、生态环境保护等职能，创新和完善宏观调控，进一步提高宏观经济治理能力。从我国社会主义市场经济的建设和发展历程中可以看出，我国社会主义市场经济是同社会主义基本制度结合在一起的，建立社会主义市场经济体制，就是要使市场在国家宏观调控下对资源配置起基础性的作用。

我国教科书上一直将社会主义市场经济的主要特点归纳成四个方面：第一，在所有制结构上，我们的社会主义市场经济是以公有制、包括全民所有制和集体所有制为主体，个体经济、私营经济、外贸资济作为补充，多种经济成分长期共同发展，通过平等竞争，发挥国有企业的主导作用；第二，在分配制度上，以按劳分配为主体，其他分配形式为补充，兼顾效率与公平，逐步实现共同富裕；第三，通过宏观调控，把人民的当前利益与长远利益、局部利益与整体利益结合起来，更好地发挥计划和市场两种经济手段的长处；第四，国家计划是宏观调控的重要手段之一。“中国经济的快速发展源于市场的逐渐引入和基于财产的权利对基于职位的权利的取代，中国经济改革成功的关键，是价格自由化与企业家的崛起——前者经由双轨制而达成，后者凭借非国有部门的发展及国有部门的民营化。”〔1〕

有学者归纳社会主义市场经济的理论体系可以概括为四个问题：一是它既具有中国的特色，又具有马克思主义的普遍意义；二是它凝结了几十年的经济改革实践的经验；三是它已初步形成体系，又需在实践中继续丰富、完善和发展；四是它既是全党智慧的结晶，又是邓小平同志的杰出贡献。总之，建设有中国特色社会主义理论，是马克思主义与中国革命实践相结合的科学成果。〔2〕 我国的市场经济到底发展到了什么程度？早在2003年时，北京师范大学经济与资源管理所公布了一份报告——《2001中国市场经济发展报告》。该报告借鉴美国、欧盟、加拿大反倾销对市场经济标准的法律规定，总结出了五大评判市场化程度的标准：政府

〔1〕 张维迎：《市场的逻辑》，西北大学出版社2019年版，第181～182页。

〔2〕 参见杨正南：《杨正南诗文选》，云南大学出版社1999年版，第240页。

行为规范化、经济主体自由化、生产要素市场化、贸易环境公平化和金融参数合理化。并以此为基础，设计了11个子因素33个测度指标，经过研究得出结论是：2001年市场经济发展程度为69%，我国是发展中的市场经济国家，而不是"非市场经济国家"。[1]

二、新时代对我国社会主义市场经济发展提出促进社会公平正义的要求

2020年10月29日，中国共产党第十九届中央委员会第五次全体会议通过的《中共中央关于制定国民经济和社会发展第十四个五年规划和二〇三五年远景目标的建议》中指出，要全面深化改革，构建高水平社会主义市场经济体制。具体而言，就是要坚持和完善社会主义基本经济制度，充分发挥市场在资源配置中的决定性作用，更好发挥政府作用，推动有效市场和有为政府更好结合。激发各类市场主体活力。毫不动摇巩固和发展公有制经济，毫不动摇鼓励、支持、引导非公有制经济发展。深化国资国企改革，做大做强做优国有资本和国有企业。加快国有经济布局优化和结构调整，发挥国有经济战略支撑作用。加快完善中国特色现代企业制度，深化国有企业混合所有制改革。健全管资本为主的国有资产监管体制，深化国有资本投资、运营公司改革。推进能源、铁路、电信、公用事业等行业竞争性环节市场化改革。……完善客观经济治理。健全以国家发展规划为战略导向，以财政政策和货币政策为主要手段，就业、产业、投资、消费、环保、区域等政策紧密配合，目标优化、分工合理、高效协同的宏观经济治理体系。完善宏观经济政策制定和执行机制，重视预期管理，提高调控的科学性。加强国际宏观经济政策协调，搞好跨周期政策设计，提高逆周期调节能力，促进经济总量平衡、结构优化、内外均衡。加强宏观经济治理数据库等建设，提升大数据等现代技术手段辅助治理能力。推进统计现代化改革。……建设高标准市场体系。健全市场体系基础制度，坚持平等准入、公正监管、开放有序、诚信守法，形成高效规范、公平竞争的国内统一市场。实施高标准市场体系建设行动。健全产权执法司法保护制度。实施统一的市场准入负面清单制度。继续放宽准入限

[1] 参见蔡玉平：《中国经济发展新思路》，中国广播电视出版社2004年版，第31页。

制。健全公平竞争审查机制,加强反垄断和反不正当竞争执法司法,提升市场综合监管能力。深化土地管理制度改革。推进土地、劳动力、资本、技术、数据等要素市场化改革。健全要素市场运行机制,完善要素交易规则和服务体系。结合中共中央、国务院《关于新时代加快完善社会主义市场经济体制的意见》来看,新时代对我国社会主义市场经济发展提出促进社会公平正义的要求主要是:

(一)夯实市场经济基础性制度,保障市场公平竞争

建设高标准市场体系,全面完善产权、市场准入、公平竞争等制度,筑牢社会主义市场经济有效运行的体制基础。

1. 全面完善产权制度。健全归属清晰、权责明确、保护严格、流转顺畅的现代产权制度,加强产权激励。完善以管资本为主的经营性国有资产产权管理制度,加快转变国资监管机构职能和履职方式。健全自然资源资产产权制度。健全以公平为原则的产权保护制度,全面依法平等保护民营经济产权,依法严肃查处各类侵害民营企业合法权益的行为。落实农村第二轮土地承包到期后再延长30年政策,完善农村承包地“三权”分置制度。深化农村集体产权制度改革,完善产权权能,将经营性资产折股量化到集体经济组织成员,创新农村集体经济有效组织形式和运行机制,完善农村基本经营制度。完善和细化知识产权创造、运用、交易、保护制度规则,加快建立知识产权侵权惩罚性赔偿制度,加强企业商业秘密保护,完善新领域新业态知识产权保护制度。

2. 全面实施市场准入负面清单制度。推行“全国一张清单”管理模式,维护清单的统一性和权威性。建立市场准入负面清单动态调整机制和第三方评估机制,以服务业为重点试点进一步放宽准入限制。建立统一的清单代码体系,使清单事项与行政审批体系紧密衔接、相互匹配。建立市场准入负面清单信息公开机制,提升准入政策透明度和负面清单使用便捷性。建立市场准入评估制度,定期评估、排查、清理各类显性和隐性壁垒,推动“非禁即入”普遍落实。改革生产许可制度。

3. 全面落实公平竞争审查制度。完善竞争政策框架,建立健全竞争政策实施机制,强化竞争政策基础地位。强化公平竞争审查的刚性约束,修订完善公平竞争审查实施细则,建立公平竞争审查抽查、考核、公示制度,建立健全第三方审查和评估机制。统筹做好增量审查和存量清理,逐步清理废

除妨碍全国统一市场和公平竞争的存量政策。建立违反公平竞争问题反映和举报绿色通道。加强和改进反垄断和反不正当竞争执法,加大执法力度,提高违法成本。培育和弘扬公平竞争文化,进一步营造公平竞争的社会环境。

(二)坚持和完善民生保障制度,促进社会公平正义

我国的社会主义市场经济建立在社会主义原则基础之上。社会主义市场经济需要市场在资源配置中起决定性作用,积极推动有效市场和有为政府建设。社会主义的本质已经揭示我国经济发展的基本目标是共同富裕,实现社会发展成果由社会共享,实现人的自我解放和全面发展。我国的市场经济具有浓厚的"社会"属性,在总体遵循市场经济规律的前提下,具体形态和内容上体现出市场经济的中国特色。[1] 在此意义上,社会主义原则作为宪法原则不仅塑造社会主义市场经济体制的规范和制度基础,同时也为经济法律制度注入社会正义的价值关怀。[2]

要坚持按劳分配为主体、多种分配方式并存,优化收入分配格局,健全可持续的多层次社会保障体系,让改革发展成果更多更公平惠及全体人民。这主要体现在:要健全体现效率、促进公平的收入分配制度。坚持多劳多得,着重保护劳动所得,增加劳动者特别是一线劳动者劳动报酬,提高劳动报酬在初次分配中的比重,在经济增长的同时实现居民收入同步增长,在劳动生产率提高的同时实现劳动报酬同步提高。健全劳动、资本、土地、知识、技术、管理、数据等生产要素由市场评价贡献、按贡献决定报酬的机制。完善企业薪酬调查和信息发布制度,健全最低工资标准调整机制。推进高校、科研院所薪酬制度改革,扩大工资分配自主权。鼓励企事业单位对科研人员等实行灵活多样的分配形式。健全以税收、社会保障、转移支付等为主要手段的再分配调节机制。完善第三次分配机制,发展慈善等社会公益事业。多措并举促进城乡居民增收,缩小收入分配差距,扩大中等收入群体。

---

〔1〕 参见韩大元:《中国宪法上"社会主义市场经济"的规范结构》,载《中国法学》2019年第2期。

〔2〕 参见胡丽文:《论国家权力的经济法维度:体系、规范及配置》,中国人民大学2021年博士学位论文,第50页。

（三）营造公平正义的营商环境，支持民营经济与外商投资

营造支持非公有制经济高质量发展的制度环境。健全支持民营经济、外商投资企业发展的市场、政策、法治和社会环境，进一步激发活力和创造力。在要素获取、准入许可、经营运行、政府采购和招投标等方面对各类所有制企业平等对待，破除制约市场竞争的各类障碍和隐性壁垒，营造各种所有制主体依法平等使用资源要素、公开公平公正参与竞争、同等受到法律保护的市场环境。完善支持非公有制经济进入电力、油气等领域的实施细则和具体办法，大幅放宽服务业领域市场准入，向社会资本释放更大发展空间。健全支持中小企业发展制度，增加面向中小企业的金融服务供给，支持发展民营银行、社区银行等中小金融机构。完善民营企业融资增信支持体系。健全民营企业直接融资支持制度。健全清理和防止拖欠民营企业中小企业账款长效机制，营造有利于化解民营企业之间债务问题的市场环境。完善构建亲清政商关系的政策体系，建立规范化机制化政企沟通渠道，鼓励民营企业参与实施重大国家战略。[1]

第二节　中国特色的公平竞争原则

一、新形势下社会主义市场经济有序发展需要依托于公平竞争的市场环境

改革开放后，我国社会主义市场经济蓬勃成长的同时，也出现了很多市场经济必然产生的问题——公平竞争就是其中之一。我们的法律制度在面对这些问题和现象时，通过自身的进化、丰富与完善，来确保为社会主义市场经济有序发展提供一个公平的市场环境。但即便如此，我国经济法的法律制度中仍存在很多尚未解决的问题。例如，《反垄断法》第 3 条规定的反垄断的主要内容形式是：垄断协议、滥用市场支配地位、经营者集中和滥用行政权力排除、限制竞争。反垄断的适用对象应是所有参与市场经济生活却涉嫌垄断行为的市场主体，只要该市场主体达到了反垄断法所规定的标准特征，就应当接受反垄断执法机构的调查。但在执法实践过程

---

〔1〕《中共中央 国务院关于新时代加快完善社会主义市场经济体制的意见》（2020 年 5 月 11 日）。

中,很明显,国有企业被排除在外。原因也很简单,《反垄断法》在第 7 条第 1 款中进行了说明,国有经济占控制地位的关系国民经济命脉和国家安全的行业以及依法实行专营专卖的行业,国家对其经营者的合法经营活动予以保护,并对经营者的经营行为及其商品和服务的价格依法实施监管和调控,维护消费者利益,促进技术进步。前款规定行业的经营者应当依法经营,诚实守信,严格自律,接受社会公众的监督,不得利用其控制地位或者专营专卖地位损害消费者利益。因此,我国的《反垄断法》对国有企业的规制主要是从后果方面来确定的,国有企业如若占据垄断地位没有问题,但是不能损害消费者利益,不能对社会公共利益造成威胁。但国有企业是否会发生损害消费者的利益的行为后果呢？到目前,我国未发生过针对国企的反垄断调查。也就是说,事实上,我国的《反垄断法》是在保护国有企业。再来看我国的《反不正当竞争法》,该法于 2019 年 4 月 23 日第十三届全国人民代表大会常务委员会第十次会议通过修改决定。虽然它可以直接适用于所有市场主体,但我国也未出现过针对国企的反不正当竞争调查。现阶段我国发展社会主义市场经济的主要任务之一是深化国资国企改革,但国有企业的垄断地位是不能改变的,因为这关系到国家的经济命脉。国有企业在市场竞争方面与民营企业应当拥有同等地位的经商环境,民营企业的力量也不可小觑,它带动了经济发展和就业,也为我国的税收作出了贡献。虽然我国有后发优势,很多国外专利到期可以直接用,但民营企业在推动技术和模式创新上也发挥了重要作用,因此必须为民营企业创造更为轻松和公平的营商环境。基于民营企业对国民经济的贡献与上述明显地与国企不平等的实力比较,我国也发布各项法律政策来扶持民营企业,尤其是在新冠肺炎疫情发生之后,大批民营企业都面临着生存的危机,国家通过税收减免、延迟等措施来帮扶它们。在经济法的制度体系设计和在国家经济政策的制定上,应切切实实做到对民营企业、国有企业一视同仁,如在融资政策上,应创造条件,让民营企业获得与国有企业享受到同样融资便利的服务。同时,能借助民营企业提供的公共服务,政府就应尽量采取购买服务的方式让民营企业提供,政府不再自己生产,不断强化民营企业的公共服务功能,同时提升民营企业自身的营利能力。[1] 经济法

---

〔1〕 参见王宇松:《论重塑经济法权利体系对营商环境改善的影响——以资本财产权为视角》,载《湖北社会科学》2020 年第 2 期。

要为市场主体建立的公平竞争环境,从内循环上来看,首先要做的就是给民营企业搭建平台,鼓励、支持民营企业的发展。

除了这一问题外,作为有望引领第四次工业革命、重塑经济社会发展形态的新兴技术,人工智能(AI)已经成为全球科技竞争的焦点。2017年以来,全球30多个国家(如美、中、日、德、英等)和地区(如欧盟)已出台了AI战略,抢占技术、应用和产业高地。在此背景下,人工智能作为底层技术(如深度学习、强化学习)、功能性应用(如人脸识别、语音识别)和应用领域(如安防、交通、医疗)组成的产业生态系统,正从互联网领域加速扩张渗透到实体经济等诸多领域和各行各业,并与大数据、云计算、物联网平台(iot)等深度融合,推动经济社会数字化、智能化发展,并塑造新的经济和社会形态。我国作为全球最大的互联网市场,为人工智能的发展提供了肥沃的土壤,在数字世界与物理世界融合、人工智能与实体经济融合、从数字化到智能化转型等背景下,人工智能新技术给我国经济社会的高质量、可持续发展提供了前所未有的机遇,需要适宜的制度土壤来孕育面向未来的产业格局和国家竞争力。[1] 数字经济领域的反垄断主要是监管超级平台企业的排除限制竞争的行为,防止资本无序扩张主要是针对互联网金融领域的监管,二者监管的范畴有一定的区别,但涉及的企业基本都属于数字经济领域。中央经济工作会议提出强化反垄断,主要是强调数字经济领域的反垄断。党的十九届五中全会提出建设数字中国的目标,提出坚持创新驱动数字化发展,打造具有国际竞争力的数字产业集群。中央政治局会议和中央经济工作会议均明确要求强化反垄断和防止资本无序扩张,该规定得到社会各界的热烈反响和广泛支持。其中,平台经济领域的反垄断问题成为关系全局的紧迫议题。虽然我国近十年,数据市场发展活跃,但数据市场的反垄断案件凤毛麟角。如果某个市场上不存在垄断行为,并不意味着这个时候的市场竞争是健康的,更多的可能是该市场正在谋求垄断。这一方面体现在反垄断对数据市场的弱执法,另一方面体现在平台市场力量过度集中上。如果《反垄断法》继续缺位,那么数据市场看上去很热闹的竞争迟早会被平台寡头操纵。[2] 基于对

---

〔1〕 参见曹建峰:《人工智能治理:从科技中心主义到科技人文协作》,载《上海师范大学学报(哲学社会科学版)》2020年第5期。

〔2〕 参见杨东、臧俊恒:《数字平台的反垄断规制》,载《武汉大学学报(哲学社会科学版)》2021年第2期。

社会现实问题的回应,我国在《反垄断法(修订草案公开征求意见稿)》中增加了有关垄断协议的规定,并将网络经营者行为及影响作为修订重点。2020 年 11 月,国务院反垄断委员会《关于平台经济领域的反垄断指南(征求意见稿)》发布。2021 年 2 月,国务院反垄断委员会《关于平台经济领域的反垄断指南》(以下简称《平台反垄断指南》)发布,《平台反垄断指南》以《反垄断法》为依据,共六章 24 条,包括总则、垄断协议、滥用市场支配地位、经营者集中、滥用行政权力排除限制竞争和附则等内容。它界定了平台、平台经营者、平台内经营者及平台经济领域经营者等基础概念,提出对平台经济开展反垄断监管应当坚持保护市场公平竞争、依法科学高效监管、激发创新创造活力、维护各方合法利益的原则。考虑到平台经济的复杂性,《平台反垄断指南》强调,界定平台经济领域相关市场需要遵循《反垄断法》所确定的一般原则,同时考虑平台经济特点进行个案分析。针对社会各方反映较多的"二选一""大数据杀熟"等热点问题,《平台反垄断指南》明确,认定平台经济领域滥用市场支配地位行为,通常需要先界定相关市场,分析经营者在相关市场是否具有支配地位,再根据个案情况分析是否构成滥用市场支配地位行为。《平台反垄断指南》详细列举了认定或者推定经营者具有市场支配地位的考量因素,包括经营者的市场份额、相关市场竞争状况、经营者控制市场的能力、经营者的财力和技术条件、其他经营者的依赖程度、市场进入难易程度等。同时,《平台反垄断指南》逐一细化滥用市场支配地位行为表现形式,如不公平价格行为、低于成本销售、拒绝交易、限定交易、搭售或者附加不合理交易条件差别待遇等,促进平台经济领域各类市场主体依法合规经营。围绕平台经济领域经营者集中,《平台反垄断指南》在申报标准方面区分不同类型的平台经营者营业额的计算方式,明确协议控制架构的经营者集中属于反垄断审查范围。《平台反垄断指南》强调,经营者集中未达到申报标准但具有或者可能具有排除、限制竞争效果的,国务院反垄断执法机构将依法调查处理。同时,《平台反垄断指南》明确了评估平台经济领域经营者集中的竞争影响可以考量的因素,以及国务院反垄断执法机构可以决定附加限制性条件的类型。《平台反垄断指南》专章对依法制止滥用行政权力排除、限制竞争行为作出规定,细化平台经济领域滥用行政权力排除、限制竞争的表现形式,要求对制定涉及平台经济领域市场主体经济活动的规章、规范性文件等进行公平竞争审查。结合平台经济特点,《平台反垄断指南》明确了垄断协议的形式,对其他协同行为作出具体规定,对平台经济领域经营者达成横向和纵向垄断协议、轴幅协议以及认定平台经济领域协同行为的具体方式、执法考量因素等作出说明,并细化了宽大制度规定。[1] 但《平台反垄断指南》依然是对平台经济的制度引导性规定,具体的司法、执法过程还缺乏更为细致的法律规范。2021 年 3 月 15 日,市场监管总局制定出台《网络交易监督管理办法》,提出严禁平台强制"二选一"等举措,还针对虚构交易、误导性展示评价、虚构流量数据等新型不正当竞争行为进行了明确规制。

数字经济市场结构比较特殊,有些互联网企业的规模非常大,垄断性很强。但是,无论什么行业,推动创新和经济发展都得依靠市场竞争,因为企业在市场竞争的压力下会努力降低价格,改善产品质量,所以我们就需要保护竞争,反对垄断。也就是说,为了促进数字经济发展,推动互联网企业不断创新,在数字经济下仍然需要反垄断,这样做的目的是让大型数字企业能够感受到竞争的压力,不断给消费者提供价格合理、质量好和服务好的产品。从全球角度看,强化互联网经济的反垄断监管也是大势所趋。由于滥用大数据给市场竞争可能带来损害,世界各国政府试图通过采取措施来对互联网企业滥用大数据的行为进行打击。2017 年,欧盟委员会对谷歌搜索偏袒其专用搜索 Google Shopping,处以 24.2 亿欧元的罚款;2019 年,脸书因不当收集用户个人数据而被德国联邦卡特尔局(FCO)认定为滥用市场支配地位行为;2020 年,美国联邦贸易委员会,对脸书发起反垄断诉讼,指控脸书收购潜在竞争企业中,滥用其在社交网络中的市场支配地位,并建议对脸书实施分拆。传统的市场竞争模式在数字经济时代发生了颠覆性变化,这直接导致经济法必须对垄断问题的新样态及时作出调整。王晓晔教授指出,虽然反垄断执法 12 年来取得了巨大成就,执法经验和能力较执法初期有了很大提高,但随着反垄断执法的常态化和深入发展,部分条款已不能适应现实需要。她认为,面对这些新的挑战,经济法的关注重点有四个:一是提高竞争政策在反垄断法中的地

---

〔1〕 参见《国务院发布平台经济领域反垄断指南!回应"大数据杀熟"等问题》,载人民网,http://industry.people.com.cn/BIG5/n1/2021/0207/c413883-32025321.html。

位。例如，我国《反垄断法》第 4 条规定："国家制定和实施与社会主义市场经济相适应的竞争规则，加强和完善宏观调控，健全统一、开放、竞争、有序的市场体系。"这句应修改为"坚持竞争政策的基础性地位"，由此提高竞争政策在反垄断执法中的重要地位，避免和减少产业政策和竞争政策在反垄断执法中出现冲突和矛盾的情况。二是引进公平竞争审查制度。公平竞争审查是要避免和减少政府部门出台违反公平竞争原则的规章制度，这包括回溯已出台的规章制度，清理和废除有悖于公平竞争原则的规章制度。因此，它与禁止行政垄断的规定一样，也是约束政府的行为，即把政府装进制度的"笼子"里。公平竞争审查与反对行政垄断的不同之处是，后者是对行政垄断行为的事后审查，前者是对行政垄断行为的事先防范，即把滥用行政权力排除限制竞争行为遏制在初期和萌芽状态。三是增加对"自由竞争"的保护。《反垄断法》第 1 条作为立法宗旨提出"保护市场公平竞争"，这不够全面，因为反垄断法还需要保护自由竞争。保护公平竞争和保护自由竞争是两个不同的问题。前者主要是反对经营者通过不正当手段攫取他人的竞争优势，例如侵犯商业秘密、虚假广告等；后者则是从维护市场的竞争性出发，禁止经营者之间的共谋行为，控制企业间的并购活动，禁止占市场支配地位企业滥用市场势力。也就是说，反垄断法不是反对垄断本身，而是反对企业不合理地排除限制竞争，目的是维护经济民主、维护消费者的选择权。因此，反不正当竞争和反垄断有很大区别，反不正当竞争法是反对不正当竞争行为，保护公平竞争；反垄断法则是反对限制竞争，保护自由竞争。四是强化针对数字经济领域的修订。随着数字经济的发展，反垄断法可能不适应某些领域的反垄断执法。例如，在 2016 年的滴滴并购 Uber 案中，尽管并购导致滴滴在我国网约车市场的份额可能达到 70% 以上，容易使滴滴产生提价的动机，但是这个并购当年因为没有达到我国的经营者集中申报标准而没有进行申报。考虑到互联网经济同样需要保护竞争，如果互联网企业的营业额不能真实地反映其市场竞争地位和市场势力，经营者集中申报的标准应当相应作出修改。[1]

由此可见，站在历史的新阶段，经济法任重道远。社会主义市场经济

---

〔1〕 参见王晓晔：《企业充分竞争才能提供更好产品》，载微信公众号"新京报"2021 年 3 月 30 日，https://mp.weixin.qq.com/s/Z2KDSCV7sSR3liA1Vm9lUw。

制度的基础是要确保公平自由的竞争秩序。竞争是市场中买方和卖方相互交往的演化性过程,购买者们竞相获取有关的知识,销售者则与供给密切替代品的其他供应者争胜,目的是利用新知识使自己在面对潜在购买者时占有优势地位,与此同时,买卖双方之间在交易的过程中也存在对市场供给和需求信息的传递,此外,他们之间的身份也会发生转变,实际的和潜在的竞争都会充斥在市场不同主体之间。因为竞争者们冒险投入了自己的私人财产,并要对他们的行动和错误负责,竞争的强度取决于市场中供求双方投入程交易成本的倾向以及便利竞争和保护竞争的制度。[1]从国家经济发展的战略角度和市场个体生存与发展的微观角度来看,建立中国特色的公平竞争环境,是确保社会主义市场经济有序发展、保障市场主体活跃度的客观条件,经济法律制度是实现这一客观条件的制度保障,因而新形势下社会主义市场经济有序发展需要依托于公平竞争的市场环境。

二、发展中国特色的公平竞争原则

(一)公平竞争原则

一个理想化的社会经济体制,应当能表现出:自我发展推动着各行各业中的人们之间的竞争,也推动着行业和阶层之间的竞争,而这种自我发展又服从于共同的社会理想和信念。而所谓竞争,就是个体或组织(群体)通过自我潜力的挖掘,努力创造超过他人或组织(群体)的优异成绩。实际上,竞争是朝着目标前进的一种公开拼搏。竞争并不是商品生产独有的属性。古语有云,"并逐曰竞,对辨曰争"。自然"万类霜天竞自由",生物的生存竞争是一种普遍存在的现象。竞争的基本特征是双方或多方,各按照自己在竞争中的态势,不可避免地同对手进行实力的较量和感情上的撞击,竞争的结局是优胜劣汰。[2] 竞争,从经济学的角度来看,就是指各行为主体在生产、经营和消费各个环节为选择于己有利的条件和环境以获得最大效益的一种斗争。[3] 竞争是市场经济的产物,由于各个利益主体在市场中都在追求自身利益最大化,因此,他们总是积极进取努

---

[1] 参见[澳]柯武刚、[德]史漫飞、[美]贝彼得:《制度经济学—财产、竞争、政策》(第2版),柏克、韩朝华译,商务印书馆2018年版,第306页。

[2] 参见张平增、余炳元、陈国庆主编:《思维科学论》,岭南美术出版社2007年版,第365页。

[3] 参见陈绚:《广告道德与法律规范教程》,中国人民大学出版社2002年版,第91页。

力奋斗，以实现最大利益，从而推动市场和社会的发展。从道德哲学上讲，竞争是“主观为自己，客观为他人”，因此是正当的。但是，竞争必须是公平的，各行为主体能够平等地享用社会资源，在社会规范和道德允许的范围内实现自己的发展。各种歧视、垄断、强迫拆台和诋毁都是对社会资源的不公平分配，甚至是有意阻碍对手获得这种资源。竞争并不都是“零和对局”，相反，有时在竞争当中通过有利合作往往能够实现“双赢”的局面。低水平、低层次、同质化的竞争往往是对社会资源的极大浪费。[1]市场主体要想在市场上生存、发展、壮大，除了竞争之外，合作也是必需，通过竞争达到一致，通过竞争从对方承诺的行为中获得自己尽可能大的利益。现代谈判的竞争应是公平的竞争，反对不公平、不合法、不道德的竞争手段。[2] 公平竞争原则归结到底，就是防止市场上的任何主体采取扭曲市场竞争的措施，纠正不公平竞争行为，在货物交易、服务交易、数字交易等相关领域创造和维护公平、公开、公正的竞争环境。

经济法的正义主要表现于确保市场主体能够公平地参与市场竞争。所谓公平竞争，就是所有市场主体都有同等机会和能在同等条件下参与市场活动，并根据市场规则、市场秩序，在市场竞争中优胜劣汰。公平竞争原则的作用就是能让市场主体自由、平等地进入、进行市场交易、退出市场。竞争政策则是为了保证市场竞争机制的有效运转。破坏竞争性原则会从根本上损坏市场经济，所以，维护市场机制即竞争性在资源配置上的决定性作用，是有效实施产业政策的前提。这实际上就意味着：以政府决策替代竞争选择必须十分慎重，一般来说，鼓励和维护竞争秩序的政策优先于产业政策的选择性干预。[3] 在国际贸易中，公平竞争原则，又被称为公平贸易原则，是世界贸易组织从关贸总协定继承的一项基本原则。在世界贸易组织体制下，公平竞争是指各成员方应避免采取扭曲市场竞争的措施，克服不公平贸易行为，在货物贸易、服务贸易和与贸易有关的

---

〔1〕 参见王天定、王俊杰等：《广播电视法规与职业道德》，中国广播电视出版社 2005 年版，第 468 页。

〔2〕 参见黄运武主编：《企业家实用大辞典》（上），中国对外经济贸易出版社 1994 年版，第 332 页。

〔3〕 参见金碚：《供给侧结构性改革论纲》，广东经济出版社 2016 年版，第 131 页。

知识产权领域创造和维护公平、公开、公正的贸易环境。[1] 竞争性原则是国际公认的能确保市场经济有效性的根本原则。

英美法系十分看重公平交易原则。1973 年英国法引入公平交易概念,主要目的在于保护消费者。建立由公平交易总局长领导的公平交易局,审查有关向消费者供货的商业活动的情况、收集有关信息资料。总局长可以向消费者保护咨询委员会反映有关事项;向消费者公布信息、提供建议;向垄断和兼并小组委员会反映垄断事项;担任限制性交易协议的登记官员并且指导《消费者信贷法》的实施;他可以获得保证或者在法庭上对执意从事损害消费者利益的经营者提起诉讼,并且根据小组委员会有关垄断或兼并事项的报告采取措施。在美国,"公平交易"与防范州际贸易中的不公平竞争和欺诈行为的《联邦贸易委员会法》相联系。[2]

我国学者认为,公平竞争原则是反映社会市场经济内在要求和理念的一项核心的、基础性的原则。维护公平竞争的要求不但直接体现在反垄断法和反不正当竞争法中,而且在经济法的各项制度诸如规划和产业政策、财政税收、金融外汇、企业组织、经济合同等制度和具体的执法、司法中,都必须考虑市场主体公平竞争问题,政府的经济管理和市场操作更应该做到公开、公平公正,不得违背和破坏市场公平竞争的客观法则。[3] "公平竞争原则,是指无论何种性质和形式的企业,在竞争中都享有同等的权利,承担同等的义务,负有同样的责任。要实现公平竞争原则就必须坚决反对和禁止各种人为的不平等,及各种歧视性的待遇与规定。"[4]

(二)发展中国特色的公平竞争原则既侧重竞争的实质公平,又侧重竞争的形式公平

1. 发展中国特色的公平竞争原则

"竞争是市场经济的灵魂和发展的动力,市场经济本质上是一种竞争性经济。"[5] 发展中国特色的公平竞争原则的特征是经济利益的实质正

---

[1] 参见许立波:《世界贸易组织(WTO)概论》(第 4 版),东北财经大学出版社 2018 年版,第 70 页。

[2] 参见[英]沃克:《牛津法律大辞典》,李双元等译,法律出版社 2003 年版,第 413 页。

[3] 参见史际春、邓峰:《经济法总论》,法律出版社 2008 年版,第 160 页。

[4] 杨春平、雷涵:《关于我国经济立法的理论思考》,载《法律科学》1989 年第 4 期。

[5] 高少丽:《公平竞争视域下优化营商环境研究》,载《价格理论实践》2020 年第 5 期。

义与形式正义并重，以经济实质正义确保进一步的经济形式正义，以经济形式正义保障经济实质正义的实现，因为在笔者看来，经济形式正义与经济实质正义是相辅相成的。什么是中国特色的公平竞争原则呢？首先要理清的是什么是中国特色。

何为“中国特色”？中国管理学界曾提出了要“以我为主，博采众长，融合提炼，自成一家”，建立具有中国特色的管理理论和管理模式。“中国特色”就是要以中国人、中国的社会现象、中国国情为研究思路的基本出发点，在继承中国优秀传统文化思想精髓的基础上，借助一定的工具来解决中国的问题，指导中国的实践。[1] 也有学者认为，“中国特色是相对世界文明而言的，当我们在社会主义建设中（或国家建设）还没有清楚地意识到要融入世界文明时，是不会有中国特色概念的。直到改革开放以后，邓小平想到要借鉴世界先进文明来建设社会主义的时候，他才第一次使用了中国特色的概念。大致的意图是引进世界文明时要为我所用，要与中国的实际情况相结合，要有中国民族特点的表现形式。所以，可以说，中国特色就是在社会主义建设中引进世界文明与中国实际情况相结合的产物，没有世界文明，也就没有中国特色”。[2]

其实理解中国特色，最重要的是坚持党的核心领导。中国的市场经济既与社会主义现代化发展阶段紧密相连，又与马克思主义的科学社会主义以及共产主义相关联。中国特色就是在中国共产党的领导下，总结中国过去的历史经验和教训，从中国当前的基本国情出发，以中国特有的方式来解决中国的实际问题。

发展中国特色的公平竞争原则就是要让中国的经济法从当前中国经济的实际国情出发，以中国经济法的方式来调节中国社会主义市场经济的关系问题，解决中国经济发展过程中的实际问题。发展中国特色的公平竞争原则以公正监管来促进公平竞争。我国市场监管的主要任务是通过矫正市场失灵和提高公共部门运行效率来促成所有在我国参与经济活动的企业都能拥有一个公平竞争的有序环境。“要实施公平统一的市场

---

〔1〕 参见李明、凌文辁：《领导理论研究的中国化 CPM 理论的探索》，格致出版社 2018 年版，第 16 页。

〔2〕 孙关宏：《中国政治文明的探索》，复旦大学出版社 2019 年版，第 158 页。

监管制度,对于中国企业、外国企业、国有企业、民营企业、大型企业和中小微企业,在监管中要一律平等对待。加强公平竞争审查,实现公平竞争审查制度在中央、省、市、县四级政府全覆盖。坚持存量清理和增量审查并重,持续清理和废除妨碍统一市场和公平竞争的各种规定和做法,加快清理与企业性质挂钩的市场准入、产业发展、招商引资、招标投标、政府采购、经营行为规范、资质标准等涉及市场主体经济活动的规章、规范性文件及其他政策文件,评估对市场竞争的影响,建立投诉举报、第三方评估等机制,大力清理废除妨碍统一市场和公平竞争的各种规定和做法。加强反垄断和反不正当竞争执法,强化经营者集中审查,严厉打击垄断、不正当竞争行为和各类市场主体违法行为,打破行政垄断,防止市场垄断,维护竞争秩序,促进各类市场主体公平竞争、优胜劣汰。"[1]2019 年 3 月 26 日的国务院常务会议上,李克强总理指出,优化营商环境要聚焦短板弱项。"各部门要紧紧抓住当前营商环境中存在的'症结'和短板,统筹协调,综合施策,着力破障,进一步激发市场活力和社会创造力。""凡是违背公平竞争原则的法规制度要抓紧修改!"对妨碍公平竞争、束缚民营企业发展、有违内外资一视同仁的政策措施都应改尽改、应废尽废。会议还指出,在今后涉企规章、规范性文件和其他政策措施都要进行公平竞争审查,建立投诉举报、第三方评估等机制,坚决防止和纠正排除或限制竞争行为,不保护落后。为市场经济进一步活跃发展而创造公平竞争的营商环境,这是发展中国特色的公平竞争原则的具体体现,也是经济法律制度在下一步应重点体现的制度内容,唯有如此,才能打造充满活力又公平有序的市场。[2]

2. 我国经济法制度所体现的公平竞争原则

"一个社会体系的正义,本质上依赖于如何分配基本的权利义务,依赖于在社会的不同阶层中存在着的经济机会和社会条件。"[3]我国经济法制度所体现的公平竞争原则,既有对形式公平的追求,又有对实质公平

---

〔1〕 高少丽:《公平竞争视域下优化营商环境研究》,载《价格理论实践》2020 年第 5 期。

〔2〕 参见《李克强:凡是违背公平竞争原则的法规制度要抓紧修改》,载《中国注册会计师》2019 年第 4 期。

〔3〕 [美]罗尔斯:《正义论》,何怀宏、何包钢、廖申白译,中国社会科学出版社 1988 年版,第 5 页。

的追求。“为了进一步完善竞争性市场经济体制,政府应为各经济主体提供公平竞争的制度环境。唯有如此,才能真正实现经济竞争中内蕴的优化资源配置、提高经济效率的目的。”[1]例如,我国《反不正当竞争法》规定的7种不正当竞争情形,体现出发展中国特色的公平竞争原则既要侧重竞争的形式公平,又要侧重竞争的实质公平。从《反正当竞争法》规制的7种不正当竞争行为来看,它们皆从表面上体现了经济法对形式公平的追求。例如,该法第6条、第7条和第9条[2]分别是对混淆行为、商业贿赂和侵犯他人商业秘密的禁止性规定,混淆行为如果不被禁止,大批已经在市场上享有盛名的企业就会面临着被其他企业以相关手法而抢占市场,一些模仿度极高的产品会迷惑消费者,诱导消费者误以为自己购买的是心中所想的品牌,既损害了同行企业的产品竞争实力,又侵犯了消费者的利益。同样,商业贿赂和侵犯他人商业秘密的行为也破坏了其他市场主体公平竞争的客观环境,剥夺了其他市场主体公平参与市场经济活动

[1] 陈立林:《浅谈经济竞争中机会均等的公平竞争原则》,载《学理论》2011年第12期。

[2] 我国《反不正当竞争法》第6条规定:“经营者不得实施下列混淆行为,引人误认为是他人商品或者与他人存在特定联系:(一)擅自使用与他人有一定影响的商品名称、包装、装潢等相同或者近似的标识;(二)擅自使用他人有一定影响的企业名称(包括简称、字号等)、社会组织名称(包括简称等)、姓名(包括笔名、艺名、译名等);(三)擅自使用他人有一定影响的域名主体部分、网站名称、网页等;(四)其他足以引人误认为是他人商品或者与他人存在特定联系的混淆行为。”第7条规定:“经营者不得采用财物或者其他手段贿赂下列单位或者个人,以谋取交易机会或者竞争优势:(一)交易相对方的工作人员;(二)受交易相对方委托办理相关事务的单位或者个人;(三)利用职权或者影响力影响交易的单位或者个人。经营者在交易活动中,可以以明示方式向交易相对方支付折扣,或者向中间人支付佣金。经营者向交易相对方支付折扣、向中间人支付佣金的,应当如实入账。接受折扣、佣金的经营者也应当如实入账。经营者的工作人员进行贿赂的,应当认定为经营者的行为;但是,经营者有证据证明该工作人员的行为与为经营者谋取交易机会或者竞争优势无关的除外。”第9条第1款、第2款规定:“经营者不得实施下列侵犯商业秘密的行为:(一)以盗窃、贿赂、欺诈、胁迫、电子侵入或者其他不正当手段获取权利人的商业秘密;(二)披露、使用或者允许他人使用以前项手段获取的权利人的商业秘密;(三)违反保密义务或者违反权利人有关保守商业秘密的要求,披露、使用或者允许他人使用其所掌握的商业秘密;(四)教唆、引诱、帮助他人违反保密义务或者违反权利人有关保守商业秘密的要求,获取、披露、使用或者允许他人使用权利人的商业秘密。经营者以外的其他自然人、法人和非法人组织实施前款所列违法行为的,视为侵犯商业秘密。第三人明知或者应知商业秘密权利人的员工、前员工或者其他单位、个人实施本条第一款所列违法行为,仍获取、披露、使用或者允许他人使用该商业秘密的,视为侵犯商业秘密。”

的机会，降低了其他市场主体公平参与市场竞争的能力。《反不正当竞争法》的这三条规定明显是从形式公平的角度出发，通过禁止混淆行为和商业贿赂来确保市场主体不以侵犯他人产品形象利益、贿赂手段以及侵犯商业秘密来获得竞争优势，获取不正当经济利益，从而确保社会经济发展的效率正义。又如，2008 年工业和信息化部发布《关于支持引导中小企业信用担保机构加大服务力度缓解中小企业生产经营困难的通知》（已废止），该通知中指出当时受国内外经济形势变化（尤其是受金融危机影响），我国部分地区和行业的中小企业生产经营出现较大困难。中小企业融资难更为突出，资金供应矛盾加剧，一些企业因资金链断裂而停产倒闭，已影响到企业生产的基本稳定。各级中小企业管理部门要高度重视目前中小企业的经营困难，工信部上述通知能在引导担保机构充分发挥自身在提升中小企业信用，分散、分担中小企业贷款风险，降低中小企业融资难度方面发挥重要作用。对中小企业信用担保机构开展的小额贷款担保服务明显不是遵循的形式公平，而是对实质公平的具体表现，但这种在特殊时期扶助中小企业的经济政策却能帮助中小企业解决现实难题，以获得能平等地在市场上立足的能力，从长远来看，也有利于经济发展的效率和形式正义。因此，经济法所体现的发展中国特色的公平竞争原则既侧重竞争的实质公平，又侧重竞争的形式公平。

再从笔者在撰稿过程中身边正在发生的现实案例来看发展中国特色的公平竞争原则对实质公平和形式公平的价值体现。2021 年 4 月 10 日，市场监管总局依法对阿里巴巴集团作出行政处罚，责令其停止违法行为，并处以其 2019 年销售额 4% 计 182.28 亿元罚款。“此次处罚，是监管部门强化反垄断和防止资本无序扩张的具体举措，是对平台企业违法违规行为的有效规范。”回顾案情，2015 年以来阿里巴巴集团为阻碍其他竞争性平台发展，维持、巩固自身市场地位，获取不当竞争优势，实施“二选一”垄断行为，限定商家只能与其进行交易，违反了《反垄断法》关于“没有正当理由，限定交易相对人只能与其进行交易”的规定，构成滥用市场支配地位行为，严重影响了市场竞争的形式公平。根据《反垄断法》，对实施滥用市场支配地位行为的经营者，应处上一年度销售额 1% 以上 10% 以下的罚款。监管部门综合考虑阿里巴巴集团违法行为的性质、程度和持续时间等因素，对其处以 2019 年销售额 4% 的罚款，有力地维护了法律的权威,是对平台内商家和广大消费者合法权益的切实保护,也是对平台经济发展秩序的有效规范。[1] 众所周知,案件中的被处罚人具有很强的市场控制能力,当事人限制平台内经营者在其他竞争性平台开店或者参加其他竞争性平台促销活动,形成锁定效应,以减少自身竞争压力,不当维持、巩固自身市场地位,背离平台经济开放、包容、共享的发展理念,排除、限制了相关市场竞争,损害了平台内经营者和消费者的利益,削弱了平台经营者的创新动力和发展活力,阻碍了平台经济规范有序、创新、健康发展。

3. 营造各种所有制经济公平竞争的环境

党的十八大重申了“两个毫不动摇”,这是我国社会主义市场经济的基础制度,同时也提出“保证各种所有制经济依法平等使用生产要素、公平参与市场竞争、同等受到法律保护”。这是中国特色的公平竞争原则在现阶段的具体要求。

要营造各种所有制经济公平竞争环境,就必须首先处理好政府与市场的关系,由政府来做好提供公平竞争制度与环境的保障,创造良好的市场环境,提供优质的公共服务,维护社会公平正义,充分发挥政府在市场经济中的引导和服务功能。其次,营造各种所有制经济平等竞争的环境必须逐步建立以权利公平、机会公平、规则公平为主要内容的社会公平保障体系,这要求从我国的当前的基本国情出发,让政府发挥其公共职能,稳妥发挥其在社会公平保障中的关键性作用。这两点要求都意味着政府行为的规范、政府功能的转型都要协调推进。[2] 在维护公平竞争关系层面,国家作为市场经济体制的建构者,为保护竞争过程应建立如下的体制和法律框架。第一,在宪法层级规定经济行为的基本规则,构建起经济宪法及其规范;第二,在经济宪法的体制下,制定规范违反经济自由原则行为的竞争法;第三,设立独立的机构作为市场的监督者,维护经济宪法和竞争。[3]

---

〔1〕 参见《阿里巴巴涉嫌垄断,被罚182.28亿元》,载仟律网,https://xp.qq.com/cnsid/20210411A01Z2600。

〔2〕 参见高尚全:《有效市场和有为政府》(修订版),中国金融出版社2017年版,第92~94页。

〔3〕 参见Ignacio Herrera Anchustegui:《秩序自由主义视角下的竞争法规则》,虞悦、冯锦如译,载王先林主编:《竞争法律与政策评论》(第5卷),法律出版社2019年版。

还有一点需要强调的是,发展中国特色的公平竞争原则,并不以“完全竞争”的经济学完美状态为终极目标。完全竞争模型假定资源、偏好和技术都是给定。如同熊彼特指出的,这样的经济只能是一个静态的循环流经济,不可能有持续的经济增长。按照传统经济学的定义,创新一定意味着垄断。哈耶克指出“完全竞争”实际上等于没有竞争。发展中国特色的公平竞争原则的目的在于确保我国社会主义市场经济的竞争活力。竞争的优势在于迫使市场上的主体去创新,去生产别人不能生产的产品,提供质量更高的服务,以低于竞争对手的成本去生产,最终实现社会整体福利的提高。从长远看,经济增长的唯一源泉是创新带来的技术进步。创新就是改变资源、改变偏好和改变生产技术。[1] 发展中国特色的公平竞争原则的意义在于确保我国社会主义市场经济的竞争活力,因而这一原则不在于消灭垄断,而是促进技术创新的。

第三节　公平竞争法律制度的经济分析

制度结构塑形行动者的选择与行为策略,经济社会学的述形学派和新制度主义都在以不同的方式强调对行动者及其制度的互动进行分析的重要性。由于市场的制度规则在被施行的过程中具有不完全性,特别是要受到市场的特定政治结构的影响,因而企业的能动性可以在制度的运行和规则的实施中得到彰显。[2] 评价经济法律制度的优劣可以围绕三方面展开:首先,必须承认对政策目标的社会价值本身,因此判断法律制度的运行结果与政策的目标是否一致就成了第一项标准;第二项标准是为了达到同样的目标,是不是有成本更低、效率更高的替代方案;第三项标准是,制度与政策是否与“消费者主权”相一致,这是米塞斯提出的一个标准,即一种产品是否有价值及其价值的大小应由消费者说了算,企业家的决策要基于消费者的支付决策预期。[3]

---

〔1〕 参见张维迎:《数字经济时代,重新审视反垄断政策的经济学基础》,载新浪财经网,http://finance. sina. com. cn/China/gncj/2020 - 11 - 05/doc-liznezxs0160564. shtml。

〔2〕 参见符平:《市场优势与制度环境》,中国社会科学出版社 2018 年版,第 142 页。

〔3〕 参见张维迎:《市场的逻辑》,西北大学出版社 2019 年版,第 105 页。

一、对仿冒、混淆、虚假宣传、诋毁商业对手等不正当竞争行为规制的经济分析

不正当竞争者采用仿冒、混淆、虚假宣传及诋毁商业对手等不正当竞争行为来获取交易机会，挤压其他竞争对手，除了损害到其他诚信的市场主体的合法权益，让他们蒙受经济损失之外，还会损害消费者的合法权益，最终的结果是破坏社会主义市场经济秩序。例如，混淆行为中的假冒他人商标、商品名称、字号、包装、装潢的行为，通常侵犯到他人的商标专用权、字号的专用权以及外观设计等专利权，被冒用的经营者是在长期的诚实、合法经营中才在市场上获得各方面的成就和信誉，但假冒行为却可以在一夜之间让其商业信誉和声誉严重受损，导致销量和利润的骤减。[1] 因此，混淆行为的出现必然导致这些经营者失去其应得的市场份额，客户和利润大量流失；而假冒产品对消费者人身及财产利益的坑害就更是显而易见。这些商业上的不正当竞争行为对市场主体公平竞争带来了极大的危害，但是经济法在对这些不正当竞争行为进行规制之时，也必须对法律制度实施效果进行权衡，不能为了规制而规制，而要考虑规制的目标和效果。仍以商业混淆行为为例，反不正当竞争法对商业外观的保护以来源标示功能为依归，一旦商业外观具备了向公众传递商品或服务来源及其品质信息的功能，商业外观就成了经营者商誉的载体，经济法要保障公众购买商品时的信赖利益，同时也要保护商业外观创制者在商誉形成过程中的脑力、时间、劳力和金钱投入，但模仿自由又是竞争自由的应有之义，对商业外观的模仿如果没有引起市场混淆，就不存在对竞争性法益的侵犯。混淆被界定为相关购买者无法区别商品或服务来源，或虽然其能够区分商品或服务由不同的经营者提供，但认为这些经营者之间具有某种关系，如许可经营、参股、控股、监督等，而实际上这些经营者是各自独立的。混淆行为的危害显而易见的，该行为可能导致商业外观所指向的经营者商业信誉受到侵害，竞争利益受损，使消费者出现认知错误，从而做出违背其本意的消费决策。[2]

---

〔1〕 参见种明钊主编：《竞争法学》，高等教育出版社2002年版，第88页。

〔2〕 参见黄秋娜：《反不正当竞争法视野中的商业外观保护》，载《南都学坛》2019年第1期。

仿冒、混淆、虚假宣传、诋毁商业等不正当竞争行为的出现很大程度上是因为市场上存在信息的不对称性。处理不正当竞争行为中的信息不对称问题,政府可以有两种思路:一是通过市场机制来进行缓解;二是直接进行国家管制。[1] 第一种思路需要在交易者之间加强信息沟通,通过“信息传递”和“信息甄别”来实现信息沟通。信息传递最有效的方式是信誉,信誉建立后,企业可以制定广告的价格,通过“信誉租金”来维持企业良好的信誉。当然,市场机制的这种缓解信息不对称方式也不是万能的,需要法律制度来保驾护航。政府运用公权力,对广告、产品质量进行管制,打击假冒伪劣产品,强化知识产权保护,通过对驰名商标的倾斜性保护来弥补市场失灵。[2]

二、滥用市场支配地位规制的经济分析

滥用市场支配地位是指那些占据市场支配地位的企业为维持或者增强其市场地位而实施的反竞争的商业行为。从取得控制市场力量的性质出发,可以分为行政垄断与私人滥用市场支配地位;依据参与滥用行为的市场主体数量,可以分为单独与共同滥用市场支配地位行为;根据滥用行为本身特征,可以分为剥削性滥用行为与反竞争性滥用行为。滥用市场支配地位行为对经济发展、市场竞争及消费者福利的危害很大,可以将其负面影响归纳为:排挤竞争对手,限制市场竞争;掠夺性定价、歧视性定价损害消费者利益;构成市场进入壁垒,独占市场。因此,有必要对滥用市场支配地位进行立法规制。[3]

在垄断的条件下,企业可以通过限制产量而将价格定在边际成本之上从而获得超额利润,使市场偏离最优的均衡状态,从而带来效率及福利的损失。正常情况下,企业的产量应为 Q_0,按照 C_0 的水平定价为 P_0。但由于垄断,企业将产量控制在 Q_1,此时企业的成本为 C_1,而价格则定在 P_1。企业因垄断获得相当于图 4-1 上 P_1C_1BA 围成矩形面积的超额利润,而消费者受到相当于 ACD 围成三角形面积的福利损失。为避免这种

[1] 参见王俊豪:《政府管制经济学导论——基本理论及其在政府管制实践中的应用》,商务印书馆 2017 年版,第 349~366 页。

[2] 参见冯玉军主编:《法经济学》,中国人民大学出版社 2013 年版,第 279 页。

[3] 参见李小明:《滥用市场支配地位法律规制研究》,知识产权出版社 2008 年版,第 43 页。

情况的发生,政府需要对企业的垄断行为进行规制,以保证市场的效率和社会福利的最大化。然而,网络经济条件下,情形就又有所不同。

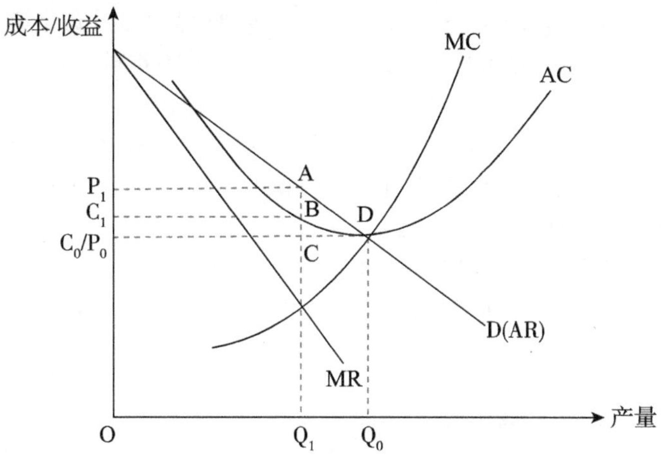

图4-1　垄断条件下的企业获利

注:该图引自《网络经济学:基于新古典经济学框架的分析》。

信息网络产品的研发成本高昂但复刻成本却非常低,如此一来,信息网络产品生产的平均成本呈现不断递减的趋势,呈现一条不断向右下方倾斜的曲线。信息网络产品的边际成本曲线一直处于平均成本曲线的下方并接近横轴的位置。因此,信息网络产品的价格不是由边际成本所决定,而是由平均成本所决定,否则,企业很难收回前期投入的研发成本,该市场就无法存在。[1]

我们以歧视性定价结合当前大数据时代算法背景为例进行分析。在传统交易中,产品的供应者无法知道消费者愿意并能够支付的最高价格,因而在定价时往往是结合成本和市场走向,商品或服务的定价与消费者最高支付价格之间的差额,就是消费者剩余。根据被榨取的消费者剩余程度不同,庇古将价格歧视分成三级。现实生活中传统的价格歧视由于商品供应者的技术和能力问题往往止步于二级价格歧视和三级价格歧

〔1〕 参见韩耀、张春法等:《网络经济学:基于新古典经济学框架的分析》,南京大学出版社2006年版,第279~281页。

视，但算法的出现为供应商实现一级价格歧视提供了技术支持。因此，我们可以这么理解，算法歧视在目前阶段以三级歧视（以不同价格面向不同需求者，但每一需求者都支付固定价格给每单位的商品）为主要表现，但其已具备了制造一级价格歧视的资格和能力，法律的制定应提前考虑到对这两种价格歧视规制，以减少亡羊补牢带来的损失概率。

就目前市场上出现的算法歧视仍为三级价格歧视情形来看，假设 pi (ni) 为 i 组的逆需求函数，进行价格歧视的出售用 n1 表示，原价的出售用 n2 表示，收益最大化可表述为：

$$\max n1, n2 p1(n1) x n1 + p2(n2) n2 - cn1 - cn2 \quad ①$$

我们对①进行一阶求导，可得到②和③

$$p(n) + p'(n) n = c \quad ②$$

$$p(n) + p'(n) n = c \quad ③$$

引入弹性 εi 到微观分析中，可得到④和⑤

$$p1(n1)[1 - 1/\varepsilon 1] = c \quad ④$$

$$p2(n2)[1 - 1/\varepsilon 2] = c \quad ⑤$$

当且仅当 $|\varepsilon 1| < |\varepsilon 2|$ 时，$p1(n1) > p2(n2)$。从现实中看，出售同种的商品或服务，对需求更具弹性的人群和对价格敏感的人群，收取的价格会更低，需求更具弹性的市场和价格更敏感的市场，通常收取的价格更低，否则，价格会变高。如果在传统方式的歧视中，商品的供应不能完全分离市场，在一个市场中的定价会影响其他市场需求，收益最大化为：

$$\max n1, n2 p1(n1, n2) n1 + p2(n1, n2) n2 - cn1 - cn2$$ [1]

大数据背景下，大数据杀熟等定价方式对不同的消费群体来说明显不公，就是因为它为了获取消费者最大剩余而给消费者贴上不同标签以区别对待。图 4-2 到图 4-3 的变化就是以几何作图来表示算法歧视帮助供应者获取消费者剩余的过程，图 4-2 中阴影部分为消费者剩余（横轴代表需求数量，纵轴代表价格，Pe 为成交价格），图 4-3 表示在算法歧视下，不同消费者的每一分消费者剩余都将不会存在，因为供应者已获悉不同消费者所能支付的最高价格，因而可以针对不同消费者制定几乎接

〔1〕 参见李想、詹蕾、张永祥：《基于经济法基本原则的高速铁路客票价格歧视微观分析》，载《武汉交通职业学院学报》2019 年第 3 期。

近于消费需求曲线的定价策略。图 4 – 3 中 Pe 趋近于需求曲线。

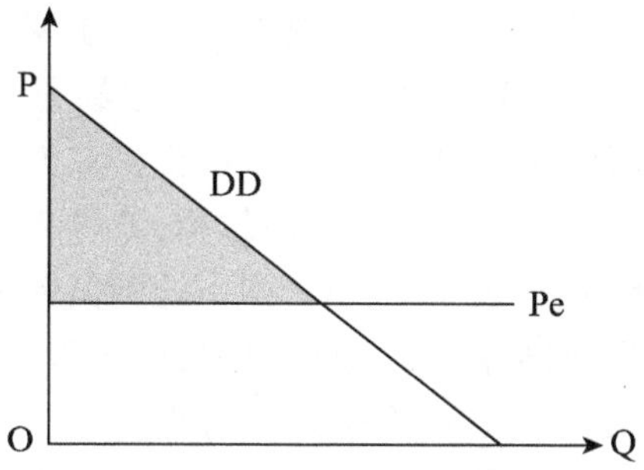

图 4 – 2　算法歧视下消费剩余情形之一

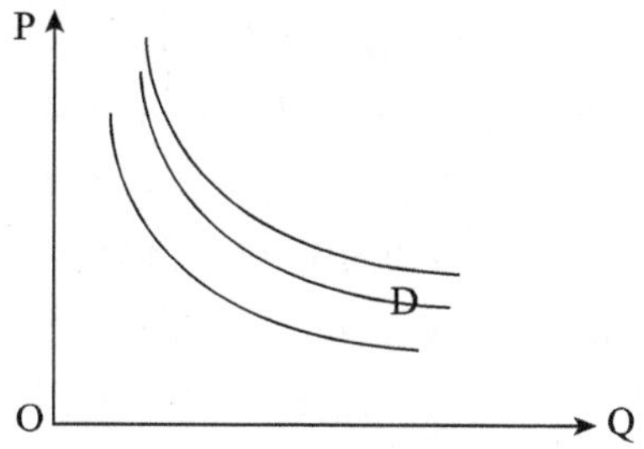

图 4 – 3　算法歧视下消费剩余情形之二

大数据时代的价格歧视会导致社会整体福利的下降。在交易过程中社会总福利的变化取决于生产者剩余和消费者剩余(社会剩余 = 生产者剩余 + 消费者剩余)。图 4 – 4 表示未出现算法歧视一般情况下的社会总福利(社会剩余)为△PaCE 的面积 S(PaPeE + S△CPeE);图 4 – 5 为算法歧视下产品供应者已掌握消费者部分出价信息,产品供应者会在不同消费者最高支付价格之下有针对性地调整产品价格,理性供应者会将价格提高,消费者同样财富可购买到的产品数量减少了,消费者需求曲线会更凸向原点。社会剩余由 S△PaCE 变为 S△PaCE′,减少了 S△PaEE′,减少的这部分面积就是算法歧视下的剩余损失。

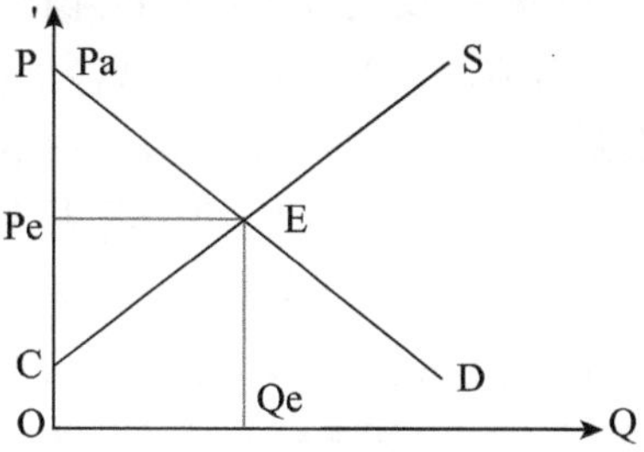

图 4 – 4　未出现算法歧视的社会总福利

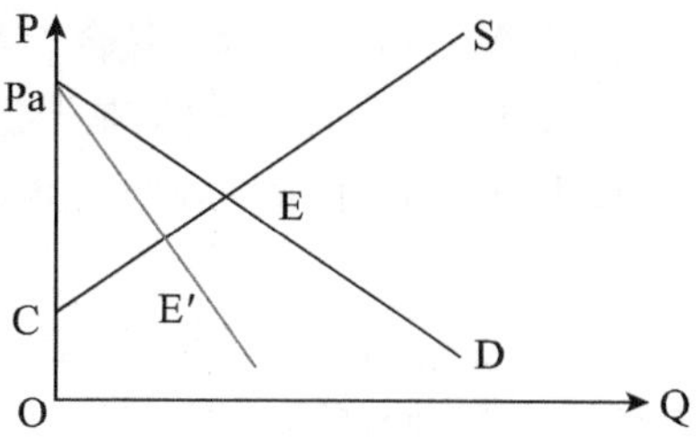

图 4 – 5　算法歧视下的社会总福利

三、经营者集中和垄断协议规制的经济分析

"规模经济是微观经济学的一个重要命题,也是横向并购的主要原因。"〔1〕经营者集中带来双重影响,一方面有利于发展规模经济,从而提高竞争力;另一方面过度集中会限制竞争、损害效率。当交易双方属于强强联合,可能会因经营者集中产生损害竞争的垄断结构,就应受到商务部的反垄断审查。因此,《反垄断法》规定,经营者集中达到国务院规定的申报标准的,经营者应当事先向国务院反垄断执法机构申报,未申报的不得实施集中。〔2〕横向并购并不是简单地给市场经济带来危害。与垄断相比,取得规模经济效益被认为是一种协调私人与社会利益的目标的手段。横向并购能将原先缺乏最低有效规模的企业联合。但很多时候人们都发现大多数并购都不能降低成本,规模经济是有限度的,因为组织规模越大,运行成本就越高,超过一定规模就会出现规模不经济。

至于垄断协议行为,它是相对于滥用市场支配地位行为等单个经营者排除或限制竞争的行为而言的,它是指经营者之间以及它们与交易相对人之间通过订立协议、决议、密谋或联合一致的其他协同行为共同排除或限制市场竞争,对经济发展具有或可能具有不利影响,应受反垄断法规制的行为。〔3〕垄断协议行为会损害未参与共谋的经营者利益。垄断协议行为不仅限制共谋者以外的竞争者进入市场,使其丧失参与公平竞争的机会,尤其是小企业的建立与发展极易受到排挤;垄断协议行为还可使已经进入市场的非"联合"者的经营活动严重受挫。〔4〕纵向价格垄断协议同价格卡特尔一样,是严重限制竞争的违法行为,一般适用本身违法原则,这已成了世界各国的共识。〔5〕施蒂格勒认为,决定共谋活动

---

〔1〕冯玉军主编:《法经济学》,中国人民大学出版社 2013 年版,第 282 页。

〔2〕参见温正存编著:《上市公司并购重组的势与术》,中国金融出版社 2017 年版,第 124 页。

〔3〕参见徐孟洲、孟雁北:《竞争法》(第 2 版),中国人民大学出版社 2014 年版,第 120~121 页。

〔4〕参见漆多俊主编:《经济法学》(第 2 版),复旦大学出版社 2015 年版,第 112 页。

〔5〕参见周昀:《反垄断法新论》,中国政法大学出版社 2016 年版,第 183 页。

是否有效的主要因素是是否存在市场进入障碍。进入障碍的主要原因是沉淀成本、有专利保护的产品创新或生产过程创新、对自然资源投入品的独占所有权。

本章小结

“市场经济之所以存在和市场经济之路之所以成为现代社会唯一可行的发展道路,是因为市场经济可以创造最有效的竞争条件,而竞争使市场经济成为迄今为止人类社会发展史上最有效率的经济体制。”[1]学界普遍认为,要达到充分竞争至少要满足以下四个条件:一是竞争起点的平等,即竞争主体具有参与竞争的同等机会;二是竞争过程的平等,即竞争主体遵守同一竞争规则;三是竞争主体素质的平等,即竞争主体在竞争能力上相差不大;四是竞争结果的平等,即竞争主体参与竞争后取得了大致相等的收益。其中最后一个平等是建立在前三个平等基础上的。如果说,竞争起点的平等和竞争过程的平等这两个条件易于满足的话,那么,竞争主体的素质平等则很难达到。这说明,由于竞争主体素质的差异最终导致的结果是优胜劣汰。[2] 但现实情况是,市场上的竞争在法律制度的保障下最多只能达到前两个条件,第三条个体后天因素较大,第四条所产生的结果不一致则是前三条所带来的必然结果。

发展中国特色的公平竞争原则是经济法反映当前我国社会主义市场经济的内在要求和理念的一项核心的、基础性的原则。发展中国特色的公平竞争原则要求不但直接体现在竞争法即反垄断法和反不正当竞争法中,而且在经济法的各项制度诸如发展计划、产业政策、财政税收、金融外汇、企业组织、经济合同等制度,以及具体执法及司法过程中,都必须考虑市场主体公平竞争的问题。政府的经济管理和市场操作也应该做到公

〔1〕 张银杰:《市场经济理论与市场经济体制改革新论》,上海财经大学出版社 2006 年版,第 212 页。

〔2〕 参见陈立林:《浅谈经济竞争中机会均等的公平竞争原则》,载《学理论》2011 年第 12 期。

开、公平、公正,不得违背和破坏市场公平竞争的客观法则。[1] 我国国家制度和国家治理体系具有多方面的显著优势,包括坚持全面依法治国,建设社会主义法治国家,切实保障社会公平正义和人民权利的显著优势。2019 年 10 月 31 日中国共产党第十九届中央委员会第四次全体会议通过的《中共中央关于坚持和完善中国特色社会主义制度 推进国家治理体系和治理能力现代化若干重大问题的决定》,在"坚持和完善社会主义基本经济制度,推动经济高质量发展"的具体环节中指出要加快完善社会主义市场经济体制。建设高标准市场体系,完善公平竞争制度,全面实施市场准入负面清单制度,改革生产许可制度,健全破产制度。强化竞争政策基础地位,落实公平竞争审查制度,加强和改进反垄断和反不正当竞争执法。健全以公平为原则的产权保护制度,建立知识产权侵权惩罚性赔偿制度,加强企业商业秘密保护。推进要素市场制度建设,实现要素价格市场决定、流动自主有序、配置高效公平。从各角度和环节对发展中国特色公平竞争进行任务部署。

2020 年 10 月 29 日,中国共产党第十九届中央委员会第五次全体会议通过的《中共中央关于制定国民经济和社会发展第十四个五年规划和二〇三五年远景目标的建议》指出,要全面深化改革,构建高水平社会主义市场经济体制,坚持和完善社会主义基本经济制度,充分发挥市场在资源配置中的决定性作用,更好发挥政府作用,推动有效市场和有为政府更好结合。笔者对《中共中央关于制定国民经济和社会发展第十四个五年规划和二〇三五年远景目标的建议》的高频词进行统计,共出现"公平"一词 8 次,"公平竞争"一词 3 次,"社会公平(正义)"一词 2 次。在保障市场经济有序发展中,明确提到要建立"平等准入""公正监管""公平竞争""平等保护",经济权利是人生存的基础性权利,只有通过进一步完善我国市场经济公平的营商环境,才能有"人民平等参与、平等发展权利得到充分保障"。笔者认为,这是经济法发展中国特色公平原则的精神内核,经济法在新时代面临着社会经济的新业态、面对着社会经济的新问题,迎接着社会经济的新挑战,唯有坚持和完善社会主义基本经济制度,充分发挥市场在资源配置中的决定性作用,更好发挥政府作用,推动有效

---

[1] 参见刘文华主编:《经济法》,中国人民大学出版社 2017 年版,第 57 页。

市场和有为政府更好结合,协同于新常态的趋势特征,注重发挥竞争政策在新常态经济形势下促进竞争、提升效率和激励创新的效能,激发各类市场主体活力,并作为进一步深化经济体制改革的落脚点,[1]实现建立现代财税金融体制和建设高标准市场体系的目标。

---

〔1〕 参见胡丽文:《论国家权力的经济法维度:体系、规范及配置》,中国人民大学2021年博士学位论文,第137页。

第五章　经济与法治平衡协调原则

中国的经济法强调经济发展与法治之间的平衡协调,它的内涵就是要通过经济法律制度、经济法的基本精神来实现特定阶段经济利益的平衡与协调。经济利益直接体现于经济主体之间的利益关系,经济法要做的就是如何将特定阶段的经济利益在这些经济主体之间进行一种既有利于未来经济发展,又能确保当前的经济主体能公平地享有社会经济发展所带来的经济利益的协调。但具体某一阶段的经济利益应如何分配必然会涉及发展效率与社会公平的问题,因此,经济法实现其自身价值的关键在于如何保障法律制度为经济服务,经济与法治之间如何才能做到平衡协调。本章内容就是围绕这一命题展开,但逻辑与之前章节完全相反,先通过分析经济法对社会生产活动的四个基本环节——生产、分配、交换与消费——的制度保障来明确并实现经济与法治平衡协调,再归纳出经济法的经济与法治平衡协调原则的内涵。第一节是生产环节中的经济法相关制度对经济与法治平衡协调原则的体现;第二节是分配环节中的经济法相关制度对经济与法治平衡协调原则的体现;第三节是交换与消费环节中的经济法相关制度对经济与法治平衡协调原则的体现;第四节是从前三节的内容——经济与法治平衡协调原则在经济法的具体制度中是如何体现的,来对经济法的经济与法治平衡协调原则的概念进行界定。

第一节 生产环节中的经济与法治平衡协调

经济与法治平衡协调原则在多数情况下不能在具体的经济法律关系和经济执法中直接适用,而是作为经济管理、经济执法及司法所遵循的一项理念或宏观标准。经济服务、执法及司法机关应当从社会利益出发,在其履行职责时仔细权衡利弊,听取专业团体和有关各界的意见,而不是机械地理解、适用法条而作出有违实质正义和社会利益之决断,但是,也不能随意或滥用此项原则,以免造成司法的混乱。[1]

马克思认为,生产力不是独立于人之外的孤立的物,不应单纯将生产力理解为人类谋生的手段,而应将生产过程看作是人的生命的积极展现。[2] 生产环节是社会生产活动的第一个环节,也是物质基础搭建的最基本过程。中共中央《关于制定国民经济和社会发展第十四个五年规划和二〇三五年远景目标的建议》指出,“我国已转向高质量发展阶段”,要实现我国经济的高质量发展,就必须正确把握生产环节中第一、二、三、四产业的平衡发展。生产环节必然涉及公共利益问题,原因在于生产出来的产品或提供的服务不是用于累积库存的,而是在于满足人民的消费需求,四大产业的平衡发展是以市场需求为调整方向。因此,生产环节不仅涉及生产者、加工者、运输者等生产主体,还会间接涉及消费者利益。产品质量、安全问题都牵扯到社会公共利益,进而也就会涉及经济法的经济与法治平衡协调原则。经济法中涉及生产环节经济与法治平衡协调原则的法律、法规十分丰富,在此,笔者仅选用代表性强的《产品质量法》和《食品安全法》中的相关制度与规范,来概括经济与法治平衡协调原则是如何在生产环节中发挥作用的。

一、《产品质量法》中的经济与法治平衡协调原则

我国《产品质量法》是1993年2月22日第七届全国人民代表大会常

---

〔1〕 参见刘文华主编:《经济法》,中国人民大学出版社2017年版,第57页。

〔2〕 参见董宏伟:《社会权保障研究——以促进经济发展为视角》,东南大学出版社2018年版,第21页。

务委员会第三十次会议通过，后根据2000年7月8日第九届全国人民代表大会常务委员会第十六次会议《关于修改〈中华人民共和国产品质量法〉的决定》第一次修正，根据2009年8月27日第十一届全国人民代表大会常务委员会第十次会议《关于修改部分法律的决定》第二次修正，根据2018年12月29日第十三届全国人民代表大会常务委员会第七次会议《关于修改〈中华人民共和国产品质量法〉等五部法律的决定》第三次修正。《产品质量法》虽没有明确经济与法治平衡协调的原则，但在立法宗旨和法律制度中均体现出了经济与法治平衡协调原则。

《产品质量法》在第1条中指出了该法的立法宗旨是“为了加强对产品质量的监督管理，提高产品质量水平，明确产品质量责任，保护消费者的合法权益，维护社会经济秩序”。也就是直指生产的终极目标——在消费者对产品的消费和使用过程中要能够确保产品的质量安全，以满足消费者的实际需求，而不是给消费者带来财产、人身或其他利益方面的损害。该法的立法宗旨和制度设计均是基于市场主体是经济理性人的假设，市场主体参与市场活动，在生产、销售等各个环节中，每一方活动的参与者都希望获得自身收益的最大化。而对于生产者来说，获取利益最大化的方法既可以是短期的，也可以是长期的。但是，以弄虚作假、缺斤短两、鱼目混珠等不正当手段来获取利益最大化的方式虽然能在短期内成就较大的交易数量，但是既有损于消费者权益，又不利于公共经济利益，在破坏社会成员利益，降低经济效率的同时，还导致能节约社会交易成本的社会信用急剧下降，因而需要《产品质量法》从产品的生产源头对生产者的生产行为加以规制。

（一）生产者行为规制

首先，禁止伪造的规定。由于市场上存在严重的信息不对称性，作为经济实力和信息获取能力相对较弱的一方，消费者往往通过选购一些市场上被公众所熟知的产品来降低买到不合格产品的概率。一些生产者为了实现短期利益，往往冒用其他被公众所熟知的产品的标志性元素来起到混淆视听的目的，而有的则冒用或是伪造他人的生产场地、厂名，甚至不惜在产品中掺杂掺假来欺骗消费者。经济法要平衡经济与法治，就必须对生产环节中的这类行为从法律制度上作出积极应对。《产品质量法》第5条规定，“禁止伪造或者冒用认证标志等质量标志；禁止伪造产品的产地,伪造或者冒用他人的厂名、厂址;禁止在生产、销售的产品中掺杂、掺假,以假充真,以次充好”。该法又在第 30 条、第 31 条、第 32 条中明确:“生产者不得伪造产地,不得伪造或者冒用他人的厂名、厂址”“生产者不得伪造或者冒用认证标志等质量标志。”“生产者生产产品,不得掺杂、掺假,不得以假充真、以次充好,不得以不合格产品冒充合格产品。”

其次,保障消费者合法利益的规定。为保障消费者合法利益,《产品质量法》从确保产品功能正常满足消费者需求,产品功能正常发挥的角度来确保公共利益。该法为了保障正常的市场秩序环境,同时避免制度过度干预市场经济,选择从对产品质量问题的最低要求限度出发,对生产者责任重点规定两个方面:一是不得伤害消费者人身、财产安全。《产品质量法》第 13 条则规定,“可能危及人体健康和人身、财产安全的工业产品,必须符合保障人体健康和人身、财产安全的国家标准、行业标准;未制定国家标准、行业标准的,必须符合保障人体健康和人身、财产安全的要求。禁止生产、销售不符合保障人体健康和人身、财产安全的标准和要求的工业产品。具体管理办法由国务院规定”。二是生产者应保证其生产的产品质量符合最基本的功能性要求,该法第 26 条规定:“产品质量应当符合下列要求(一)不存在危及人身、财产安全的不合理的危险,有保障人体健康和人身、财产安全的国家标准、行业标准的,应当符合该标准;(二)具备产品应当具备的使用性能,但是,对产品存在使用性能的瑕疵作出说明的除外;(三)符合在产品或者其包装上注明采用的产品标准,符合以产品说明、实物样品等方式表明的质量状况。”

最后,为平衡生产者和消费者获取产品基本信息的能力和对产品信息的理解能力,减少信息不对称环境下可能产生的逆向选择和道德风险,《产品质量法》在第 27 条、第 28 条规定了生产者标识义务,“产品或者其包装上的标识必须真实,并符合下列要求:(一)有产品质量检验合格证明;(二)有中文标明的产品名称、生产厂厂名和厂址;(三)根据产品的特点和使用要求,需要标明产品规格、等级、所含主要成分的名称和含量的,用中文相应予以标明;需要事先让消费者知晓的,应当在外包装上标明,或者预先向消费者提供有关资料;(四)限期使用的产品,应当在显著位置清晰地标明生产日期和安全使用期或者失效日期;(五)使用不当,容易造成产品本身损坏或者可能危及人身、财产安全的产品,应当有警示标志或者中文警示说明。裸装的食品和其他根据产品的特点难以附加标识的裸装产品,可以不附加产品标识。”“易碎、易燃、易爆、有毒、有腐蚀性、有放射性等危险物品以及储运中不能倒置和其他有特殊要求的产品,其包装质量必须符合相应要求,依照国家有关规定作出警示标志或者中文警示说明,标明储运注意事项”。另外,《产品质量法》还规定了生产者不得生产国家明令淘汰的产品,这同样是基于信息不对称下对消费者获取产品信息能力的保护。由于生产者比消费者更清楚哪些产品是被国家明令禁止的,这些一般是涉及消耗能源高、污染环境、产品性能落后、疗效不确定、毒副作用大等方面因素的产品,[1]但消费者往往并不清楚,因而生产者必须自觉承担这些基本义务。

(二)国家抽检制度

为节省社会管理成本,我国对产品质量问题建立了由专门机构进行产品抽查为主的监管制度。《产品质量法》在第15条中明确规定国家对产品质量实行以抽查为主要方式的监督检查制度,对可能危及人体健康和人身、财产安全的产品,影响国计民生的重要工业产品以及消费者、有关组织反映有质量问题的产品进行抽查。抽查的样品应当在市场上或者企业成品仓库内的待销产品中随机抽取。监督抽查工作由国务院市场监督管理部门规划和组织。县级以上地方市场监督管理部门在本行政区域内也可以组织监督抽查。法律对产品质量的监督检查另有规定的,依照有关法律的规定执行。国家监督抽查的产品,地方不得另行重复抽查;上级监督抽查的产品,下级不得另行重复抽查。《产品质量法》在第8条中明确了国务院市场监督管理部门是全国产品质量监督工作的主管部门。县级以上地方市场监督管理部门主管本行政区域内的产品质量监督工作。县级以上地方人民政府有关部门在各自的职责范围内负责产品质量监督工作。第17条则明确了抽查不合格生产者的责任后果。依照《产品

---

[1] 国家明令宣布淘汰的产品有:国务院办公厅以国办发[1991]67号《关于加强农药、兽药管理的通知》中宣布淘汰了6种农药:“六六六”“滴滴涕”“林丹”“敌枯双”“杀虫脒”“二溴氯丙烷”。自1992年起(杀虫脒从1993年起)禁止在农业方面使用。原国家计委、原能源部、原机电部等部门联合宣布淘汰了17批600余项机电产品。原卫生部公布淘汰127种药品,自1982年9月4日起停止生产和使用,并说明淘汰的药品品种系指人用药品,不涉及其他使用。1991年原卫生部还宣布淘汰了105种中成药。

质量法》规定进行监督抽查的产品质量不合格的，由实施监督抽查的市场监督管理部门责令其生产者、销售者限期改正。逾期不改正的，由省级以上人民政府市场监督管理部门予以公告；公告后经复查仍不合格的，责令停业，限期整顿；整顿期满后经复查产品质量仍不合格的，吊销营业执照。当然，如果监督抽查的产品有严重质量问题的，则根据实际情况承担相应的民事责任、行政责任和刑事责任。

《产品质量法》通过国家抽检制度来减少、缓和因市场信息不对称带来的生产者与消费者之间的不公平和矛盾，以后果、责任承担、警示来加强生产者的责任感，增强消费者对市场和政府的信任，从而实现我国市场经济的长远、健康发展。

二、《食品安全法》中的经济与法治平衡协调原则

我国现行的《食品安全法》于2009年2月28日第十一届全国人民代表大会常务委员会第七次会议通过，2015年4月24日第十二届全国人民代表大会常务委员会第十四次会议修订，2018年12月29日第十三届全国人民代表大会常务委员会第七次会议修正。“民以食为天”，食品安全问题关系到每一个公民的生命健康和生活质量，因而也在公共利益中占据着最基础的位置。我国《食品安全法》在开篇就明确了其立法宗旨是“保证食品安全，保障公众身体健康和生命安全”。根据《食品安全法》第2条对适用范围的规定，《食品安全法》所调整的生产环节主体主要包括了食品的生产者和加工者、食品添加剂的生产者、用于食品的包装材料、容器、洗涤剂、消毒剂和用于食品生产经营的工具、设备的生产者。要做到在食品生产、加工等环节的经济与法治相平衡协调，也就意味着要规制这些经济主体的经济行为，实行预防为主、风险管理、全程控制、社会共治，建立科学、严格的监督管理制度，通过经济利益的引导和经济责任的承担来实现食品的生产安全。

（一）生产者的责任厘定

《食品安全法》规定食品生产者对其生产食品的安全负责。食品生产者的义务责任主要有：(1)依照法律、法规和食品安全标准从事生产活动，接受社会监督，承担社会责任；(2)保障生产环境合格；(3)禁止生产法律禁止生产的相关产品；(4)食品安全可追溯责任。

1. 符合食品安全标准

食品安全标准是强制执行的标准，也是食品安全的最低的限度。《食品安全法》中规定，除食品安全标准外，不得制定其他食品强制性标准。《食品安全法》第26条规定，食品安全标准应当包括下列内容：(1)食品、食品添加剂、食品相关产品中的致病性微生物，农药残留、兽药残留、生物毒素、重金属等污染物质以及其他危害人体健康物质的限量规定；(2)食品添加剂的品种、使用范围、用量；(3)专供婴幼儿和其他特定人群的主辅食品的营养成分要求；(4)对与卫生、营养等食品安全要求有关的标签、标志、说明书的要求；(5)食品生产经营过程的卫生要求；(6)与食品安全有关的质量要求；(7)与食品安全有关的食品检验方法与规程；(8)其他需要制定为食品安全标准的内容。

2. 保障生产环境责任

《食品安全法》在第33条规定，食品生产者除应符合食品安全标准外，并符合下列要求：(1)具有与生产的食品品种、数量相适应的食品原料处理和食品加工、包装、贮存等场所，保持该场所环境整洁，并与有毒、有害场所以及其他污染源保持规定的距离；(2)具有与生产的食品品种、数量相适应的生产经营设备或者设施，有相应的消毒、更衣、盥洗、采光、照明、通风、防腐、防尘、防蝇、防鼠、防虫、洗涤以及处理废水、存放垃圾和废弃物的设备或者设施；(3)有专职或者兼职的食品安全专业技术人员、食品安全管理人员和保证食品安全的规章制度；(4)具有合理的设备布局和工艺流程，防止待加工食品与直接入口食品、原料与成品交叉污染，避免食品接触有毒物、不洁物；(5)餐具、饮具和盛放直接入口食品的容器，使用前应当洗净、消毒，炊具、用具用后应当洗净，保持清洁；(6)贮存、运输和装卸食品的容器、工具和设备应当安全、无害，保持清洁，防止食品污染，并符合保证食品安全所需的温度、湿度等特殊要求，不得将食品与有毒、有害物品一同贮存、运输；(7)直接入口的食品应当使用无毒、清洁的包装材料、餐具、饮具和容器；(8)食品生产经营人员应当保持个人卫生，生产经营食品时，应当将手洗净，穿戴清洁的工作衣帽等；销售无包装的直接入口食品时，应当使用无毒、清洁的容器、售货工具和设备；(9)用水应当符合国家规定的生活饮用水卫生标准；(10)使用的洗涤剂、消毒剂应当对人体安全、无害；(11)法律、法规规定的其他要求。

3. 禁止生产责任

《食品安全法》第 34 条规定,禁止生产的食品、食品添加剂、食品相关产品主要有:(1)用非食品原料生产的食品或者添加食品添加剂以外的化学物质和其他可能危害人体健康物质的食品,或者用回收食品作为原料生产的食品;(2)致病性微生物,农药残留、兽药残留、生物毒素、重金属等污染物质以及其他危害人体健康的物质含量超过食品安全标准限量的食品、食品添加剂、食品相关产品;(3)用超过保质期的食品原料、食品添加剂生产的食品、食品添加剂;(4)超范围、超限量使用食品添加剂的食品;(5)营养成分不符合食品安全标准的专供婴幼儿和其他特定人群的主辅食品;(6)腐败变质、油脂酸败、霉变生虫、污秽不洁、混有异物、掺假掺杂或者感官性状异常的食品、食品添加剂;(7)病死、毒死或者死因不明的禽、畜、兽、水产动物肉类及其制品;(8)未按规定进行检疫或者检疫不合格的肉类,或者未经检验或者检验不合格的肉类制品;(9)被包装材料、容器、运输工具等污染的食品、食品添加剂;(10)标注虚假生产日期、保质期或者超过保质期的食品、食品添加剂;(11)无标签的预包装食品、食品添加剂;(12)国家为防病等特殊需要明令禁止生产的食品;(13)其他不符合法律、法规或者食品安全标准的食品、食品添加剂、食品相关产品。

4. 食品全程可追溯责任

《食品安全法》第 42 条规定,国家建立食品安全全程追溯制度,建立食品安全追溯体系。食品生产者应当保证食品可追溯。国家鼓励食品生产者采用信息化手段采集、留存生产经营信息,建立食品安全追溯体系。可追溯责任意味着在食品生产、加工出来以后的任何一个环节出了问题,都可以追本溯源地找到是具体哪一环节出了问题,如果问题是产生于生产环节,那么生产者就必须承担相应的责任。

(二)政府在产品生产环节的主要职责

1. 生产经营许可制度

《食品安全法》在第 35 条规定了国家对食品生产经营实行许可制度,指出从事食品生产、食品销售、餐饮服务,应当依法取得许可。但是,销售食用农产品,不需要取得许可。县级以上地方人民政府食品安全监督管理部门应当依照《行政许可法》的规定,审核申请人提交的相关资料,必要时对申请人的生产经营场所进行现场核查;对符合规定条件的,准予许可;对不符合规定条件的,不予许可并书面说明理由。

2. 对产品生产的监督管理

国务院食品安全监督管理部门依照《食品安全法》和国务院规定的职责,对食品生产经营活动实施监督管理。国务院药品监督管理部门依照《食品安全法》和国务院规定的职责,组织开展食品安全风险监测和风险评估,会同国务院食品安全监督管理部门制定并公布食品安全国家标准。

3. 制定、推行食品安全标准

《食品安全法》第 28 条规定,"制定食品安全国家标准,应当依据食品安全风险评估结果并充分考虑食用农产品安全风险评估结果,参照相关的国际标准和国际食品安全风险评估结果,并将食品安全国家标准草案向社会公布,广泛听取食品生产经营者、消费者、有关部门等方面的意见。食品安全国家标准应当经国务院卫生行政部门组织的食品安全国家标准审评委员会审查通过。食品安全国家标准审评委员会由医学、农业、食品、营养、生物、环境等方面的专家以及国务院有关部门、食品行业协会、消费者协会的代表组成,对食品安全国家标准草案的科学性和实用性等进行审查"。

第二节　分配环节中的经济与法治平衡协调

"市场并不必然能够带来公平的收入分配。市场经济可能会产生令人难以接受的收入水平和消费水平的巨大差异。"[1] 分配环节中的经济与法治平衡协调,就是要协调各个社会财富创造者之间的利益关系,做到保障生产效率——按劳分配、多劳者多得和社会公平——保障市场主体最基本的社会权利得以实现,并尽可能缩小社会收入之间的平衡。分配环节中较有代表性的经济法律、法规主要是行业间的反暴利法和财税法,但我国并出台直接的反暴利法,但仍可在《反垄断法》《物价法》《对外贸易法》《反倾销条例》《制止牟取暴利的暂行规定》中找到相关内容。笔者讨论分配环节中的经济与法治平衡协调原则是从两个方面着手:一方面

---

〔1〕［美］保罗·萨缪尔森、［美］威廉·诺德豪斯:《经济学》(上)(第 19 版),萧琛译,商务印书馆 2017 年版,第 62 页。

是反暴利法,另一方面是财税法。在研究反暴利法中的经济与法治平衡协调原则时,本节大量引用了相关法律、法规中的内容进行说明;在探索财税法中的经济与法治平衡协调原则时,本节则主要从财税法中的转移支付和税法的公平与效率两个角度来观察经济法在分配环节对社会公平的保障和对经济持续发展的促进。

一、反暴利法在分配环节中所体现的经济与法治平衡协调

反暴利法的目的在于实现公平和效益,价格歧视会导致价格的确定偏离效率和竞争原则,[1]资产阶级学者认为市场经济核心的自由竞争机制既是社会政治结构的基础,也是促进社会财富和繁荣的根本;法律应反对掠夺性定价,一个企业在某些市场以低于成本的价格销售产品,当竞争者被迫退出市场后再提出垄断价格。掠夺性价格歧视的卖方的最终目的是将竞争对手从市场上驱逐出去从而损害竞争。为此,各国在反倾销法中授权主管部门通过采用结构价格来确定正常价值的方法来应对掠夺性价格歧视。[2]

《反垄断法》第 17 条规定禁止具有市场支配地位的经营者从事以不公平的高价销售商品或者以不公平的低价购买商品,以及没有正当理由以低于成本的价格销售商品的滥用市场支配地位的行为。《价格法》的立法宗旨在于规范价格行为,发挥价格合理配置资源的作用,稳定市场价格总水平,保护消费者和经营者的合法权益,促进社会主义市场经济健康发展。《价格法》规定经营者定价的基本依据是生产经营成本和市场供求状况;经营者应当努力改进生产经营管理,降低生产经营成本,为消费者提供价格合理的商品和服务,并在市场竞争中获取合法利润。第 14 条则直接规定了禁止经营者操纵价格的情形:(1)相互串通,操纵市场价格,损害其他经营者或者消费者的合法权益;(2)在依法降价处理鲜活商品、季节性商品、积压商品等商品外,为了排挤竞争对手或者独占市场,以低于成本的价格倾销,扰乱正常的生产经营秩序,损害国家利益或者其他经营者的合法权益;(3)捏造、散布涨价信息,哄抬价格,推动商品价格过高上涨

---

〔1〕 参见[美]理查德·A. 波斯纳:《法律的经济分析》,蒋兆康译,中国大百科全书出版社 1997 年版,第 3 页、第 403 页。

〔2〕 参见王传丽:《中国反倾销法——立法与实践》,载《中国法学》1999 年第 6 期。

的;(4)利用虚假的或者使人误解的价格手段,诱骗消费者或者其他经营者与其进行交易;(5)提供相同商品或者服务,对具有同等交易条件的其他经营者实行价格歧视;(6)采取抬高等级或者压低等级等手段收购、销售商品或者提供服务,变相提高或者压低价格;(7)违反法律、法规的规定牟取暴利等。《制止牟取暴利的暂行规定》第5条到第6条规定了商品的价格和服务的收费标准要求,具体的商品或服务的价格水平、差价率和利润率不能超过同一区、同一期间、同一档次、同种商品或者服务的市场平均水平的合理幅度。"商品或者服务的市场平均价格、平均差价率、平均利润率以其社会平均成本为基础测定。商品或者服务的市场平均价格、平均差价率、平均利润率的合理幅度,按照其与国民经济和社会发展的关系或者与居民生活的密切程度,市场供求状况和不同行业、不同环节、不同商品或者服务的特点规定。"生产经营者不得通过不按照规定明码标价或者在明码标示的价格之外索要高价、谎称削价让利,或者以虚假的优惠价、折扣价、处理价、最低价以及其他虚假的价格信息,进行价格欺诈、生产经营者之间或者行业组织之间相互串通,哄抬价格、违反公平、自愿原则,强迫交易对方接受高价以及其他价格欺诈手段来非法牟利。

《对外贸易法》第41条规定,其他国家或者地区的产品以低于正常价值的倾销方式进入我国市场,对已建立的国内产业造成实质损害或者产生实质损害威胁,或者对建立国内产业造成实质阻碍的,国家可以采取反倾销措施,消除或者减轻这种损害或者损害的威胁或者阻碍。《反倾销条例》第4条规定了如何确定进口产品的正常价值:进口产品的同类产品,在出口国(地区)国内市场的正常贸易过程中有可比价格的,以该可比价格为正常价值;进口产品的同类产品,在出口国(地区)国内市场的正常贸易过程中没有销售的,或者该同类产品的价格、数量不能据以进行公平比较的,以该同类产品出口到一个适当第三国(地区)的可比价格或者以该同类产品在原产国(地区)的生产成本加合理费用、利润,为正常价值;产品仅通过出口国(地区)转运、产品在出口国(地区)无生产或者在出口国(地区)中不存在可比价格等情形下,可以以该同类产品在原产国(地区)的价格为正常价值。第6条明确了倾销幅度的定义,并规定了倾销幅度应如何确定。对进口产品的出口价格和正常价值,应当考虑影响价格的各种可比性因素,按照公平、合理的方式进行比较。倾销幅度的确定,应当将加权平均正常价值与全部可比出口交易的加权平均价格进行比较，或者将正常价值与出口价格在逐笔交易的基础上进行比较。出口价格在不同的购买人、地区、时期之间存在很大差异，按照前款规定的方法难以比较的，可以将加权平均正常价值与单一出口交易的价格进行比较。《对外贸易法》和《反倾销条例》的目的在于防止进口产品通过倾销的方式对已经建立的国内产业造成实质损害或者产生实质损害威胁，或者对建立国内产业造成实质阻碍的，其实质是要确保经济与法治平衡协调。

二、财税法中的经济与法治平衡协调

随着我国经济的快速增长，收入分配秩序失范、格局失衡的情况日益凸显，分配不公逐渐成为制约经济社会健康可持续发展的“瓶颈”。此时，促进收入公平分配成为一大重点议题，财政是国家宏观调控的重要工具，也是社会公平分配的必要手段，而财税法置身于国民财富分配领域，对于促进社会公平的作用最为明显和直接。〔1〕 财政法的一个重要功能是平衡与协调社会财富在不同劳动者之间的分配。社会公平分配是构建和谐社会的一个重要问题，党和国家一直强调要合理调节收入分配，注重社会公平，加大调节收入分配力度。这是一直以来我国收入分配制度改革和政策调整的方向，〔2〕为的就是实现社会经济的实质正义。“实质正义主张在所有不平等的经济关系之间进行不同程度的倾斜式分配原则，从而导致一系列权利和义务不对等的立法即经济法和其他社会法的产生。所以，经济法和其他社会立法成为实质正义的制度载体。”〔3〕在这里，笔者主要通过讨论财税法中的转移支付制度和税法上的公平原则来探索财税法对经济与法治的平衡与协调。

（一）财政转移支付制度

财政转移支付制度设立的初衷是在分税制的税收分配模式下，实现央地之间财权和事权分配的再平衡，消解由于经济发展不均衡与地区间公共服务供给水平均等化之间的张力。通过财政转移支付的模式，实现

〔1〕 参见刘剑文：《财税法功能的定位及其当代变迁》，载《中国法学》2015年第4期。

〔2〕 参见苏明、谢京华：《财税政策促进社会公平分配的总体思路》，载《财政研究》2006年第5期。

〔3〕 李昌麒主编：《经济法理念研究》，法律出版社2009年版，第278页。

资金从边际效用相对较低的发达地区转移到边际效用更高的欠发达地区,最终促进整个国民经济和公共服务的均衡发展。财政转移支付制度作为现代财政制度的重要内容,是国家和政府管理的重要手段,也是从宏观上提高经济效率的必要手段,更是国家从经济发展条件方面维护公平的重要途径。[1]

实现转移支付以弥补地区间经济发展的不平衡和实现公共服务水平的均等化,是一个效率与公平相辅相成的矛盾统一体。"效率和公平的税收制度是财政体制的重要基础。效率和公平的集中体现是公共服务均等化和地区间协调发展……效率和公平的税收制度必须隐含转移支付的合理要素。"[2]财政转移支付制度设立的初衷就在于在分税制的体制下对财政资金在各级政府间的合理分配创造条件。然而,大量的研究证明,财政转移支付制度是不能实现效率和公平的共同价值追求的,中央转移支付不但本身是相对低效率的,而且作为地方承接转移资金和项目的国有业通过对中央转移支付效率的"侵蚀效应,间接降低了资本效率"。[3]

中央政府在转移支付资金分配中除了考虑经济因素外,还可能会更多地考虑政治因素以及按照他们的偏好来分配。通过财政转移支付以均衡地方财政和调节阶层收入,体现了对公平正义价值的追求。需要指出的是,财政转移支付强调注重社会公平,同时还强调"促进效率提升前提下体现社会公平",反对平均主义。财政转移支付对社会公平的追求是建立在合理限度之上的,不能只讲公平而不顾效率。通过财政转移支付表现的财税法衡平发展功能,本质上是在社会公平发展与社会发展效率之间寻求最佳平衡点,是对公平与效率的动态平衡。[4]

---

〔1〕 参见张婉苏:《我国财税法中转移支付的公平正义》,载《政治与法律》2019 年第 8 期。

〔2〕 吴俊培、郭柃沂:《论效率与公平的税收制度》,载《税务研究》2016 年第 1 期。

〔3〕 楮敏、靳涛:《分税制后的中央转移支付有效率吗?——基于中央转移支付对地区间增长公平与效率的检验》,载《上海财经大学学报(哲学与社会科学版)》2013 年第 2 期。

〔4〕 参见张婉苏:《我国财税法中转移支付的公平正义——以运行逻辑与实现机制为核心》,载《政治与法律》2019 年第 8 期。

（二）税法上的公平与效率

税法意义上的社会公平价值不仅要关注国家对于税负的合理分配，还要从税收立法、执法、司法等各个方面维护公平。税法既要维护实体法意义上的公平，又要维护程序法意义上的公平。[1] 当然，税法上的公平也可以从经济公平、社会公平两个层次来解析。第一个层次的公平称之为经济公平，它是市场机制的内在要求，是在平等竞争的环境中，由市场机制所决定的分配原则来实现的，所以，各经济主体由于各种内外部条件的不同，其所得到的报酬会出现较大的差异，这种经济公平是一种较低层次上的公平；第二个层次的公平是社会公平，它强调的是将人们的收入差距保持在社会所能接受的合理范围之内。税收可以通过对纳税能力相同的人征收同样的税，对纳税能力不同的人征收不同的税，来调节分配关系，实现社会公平，缓和社会矛盾。[2] 税收公平是实现平等竞争的前提条件。从征税范围看，一切生产经营收入的单位和个人都应纳入征税范围；从负担能力看，负担能力大的多纳税，负担能力小的少纳税，没有负担能力的不纳税；从经营环境看，因客观环境优越而取得超额收入或级差收益的多纳税；从税负平衡看，不同地区、行业之间的实际税负应尽可能公平。与此同时，税法还应体现效率性，即从资源配置看，征税要促进资源的有效配置，并从资源利用中获得最大的经济利益；从运行机制来看，征税要有利于经济的有效运行，不断提高经济效益；从税务行政看，税法条款须简便，征纳费用须节省。[3]

税收效率是税法效率的实质内容和基础。税收效率一般包括经济效率和行政效率两方面。税收对资源的重新配置既会促进经济效率或效益提高，也会导致经济效率的损失。税收经济学中，税收效率是与税收公平并列的，其含义有两方面：一是要求税收的管理成本和纳税遵从成本最小化；二是超额负担最小化，尽可能保持和实现税收中性。[4] 因此，要实现

[1] 参见张美红：《我国税法的核心价值选择探究》，载《税务研究》2009 年第 2 期。

[2] 参见邢国辉：《论税法上的公平原则》，载《税务研究》2008 年第 12 期。

[3] 参见王曙光、李兰、张小锋主编：《税法学》，东北财经大学出版社 2019 年版，第 23 页。

[4] 参见孙玉霞：《公共经济学视阈的财税改革问题探究》，光明日报出版社 2016 年版，第 7 页。

税收的经济效率就要做到两方面的要求:一是尽量使税收保持中性,让市场经济机制发挥有效配置资源的调节作用。国家税收不要扭曲市场经济的这种调节作用,避免影响或干扰纳税人的生产和投资决策、储蓄倾向以及消费选择。二是国家税收除了使纳税人因纳税而损失或牺牲这笔资金外,最好不要再导致其他经济损失或额外负担。税收行政效率是指以最小的征税成本获取最大的税收收入。税收行政效率要做到两方面:一是采用先进的征税手段,节约成本费用,提高效率,堵塞漏洞,严厉打击偷税、骗税行为;二是尽可能简化税制,使税法通俗易懂,纳税程序简易透明,以降低纳税人的纳税成本。〔1〕

"高度收入不平等会带来许多破坏性影响。对低收入经济体来说,人们原本以为收入不平等所扮演的角色,是为了换取更快的经济增长而作出的一种不幸但必要的权衡,但这个神话,如今也被揭穿了。与发展经济学的创始理论相反,不平等并不会让经济增长得更快:它要么毫无作用,要么只会减缓经济发展的速度。"〔2〕中国目前仍处于社会主义初级阶段,"虽然经济总量巨大,但人均产值还不是很高,我们不能以牺牲经济效率来解决公平问题,而必须通过在发展中更加注重低收入者的利益来解决公平问题"。〔3〕 我国的经济体制改革是以完善收入分配机制、强化对经济主体的激励为切入点的,在经济发展的不同阶段,协调公平和效率的原则也有所不同,改革开放以来,中国就一直秉着"效率优先、兼顾公平部分地区、一部分人先富起来"的原则处理经济问题。党的十七大指出,"初次分配和再分配都要处理好效率和公平的关系,再分配更加注重公平"。把提高效率同促进社会公平结合起来,是我国收入分配制度改革的一条成功经验。〔4〕

〔1〕 参见张美红:《我国税法的核心价值选择探究》,载《税务研究》2009年第2期。

〔2〕 [英]凯特·拉沃斯:《甜甜圈经济学》,闾佳译,文化发展出版社2019年版,第137页。

〔3〕 杨斌主编:《财政学》(第3版),东北财经大学出版社2014年版,第60页。

〔4〕 参见高尚全:《有效市场和有为政府》,中国金融出版社2017年版,第85页。

第三节　交换与消费环节中的经济与法治平衡协调原则

交换指人们相互交换活动或交换劳动产品的过程,是人们将自己生活所需之外的多余的物品交换出去,换取自己所需物品的过程。在这一过程中,交换实现了同一物品从对其评价低的人手中转向评价高的人手中,也就是价值的提升。消费是社会再生产过程中的一个重要环节,也是最终环节,是社会产品用来满足人们各种需要的过程。交换和消费是社会生产活动的直接目的,经济法在这两个环节中往往是通过保护交换环节中经济能力上处于相对弱势的消费者群体和中小企业、新进入市场的企业,来实现经济与法治的平衡协调。

一、交换环节的效率与公平

经济法保障交易公平,它规范交易公平的法律体系主要由市场秩序法律体系中的《反不正当竞争法》《反垄断法》《消费者权益保护法》《产品质量法》《广告法》等法律构成,它们对促进公平交易发挥着重要作用。经济法要求在交换环节中经营者应诚信经营,公平对待每一位消费者,同时营造公平的市场竞争环境。例如,《反不正当竞争法》在第 2 条第 2 款规定,经营者在生产经营活动中,应当遵循自愿、平等、公平、诚信的原则,遵守法律和商业道德。

我国学者指出,交易不公平的实质是交易强势主体对交易弱势主体产生了外部性,经济法作为追求实质公平的法律,旨在保证交易双方合理的平等,经济法通过义务性规范中的命令性规范、数量性义务规范和禁止性规范使强势集团承担较多的义务。[1] 例如,《消费者权益保护法》第 18 条第 1 款、第 19 条规定:"经营者应当保证其提供的商品或者服务符合保障人身、财产安全的要求。对可能危及人身、财产安全的商品和服务,应当向消费者作出真实的说明和明确的警示,并说明和标明正确使用商品或接受服务的方法以及防止危害发生的方法。""经营者发现其提供的商品或服务存在缺陷,有危及人身、财产安全危险的,应当立即向有关

---

〔1〕 参见胡元聪:《交换领域外部性问题的经济法解决——以交易公平的经济法制保障为视域》,载《现代法学》2010 年第 6 期。

行政部门报告和告知消费者,并采取停止销售、警示、召回、无害化处理、销毁、停止生产或服务等措施。采取召回措施的,经营者应当承担消费者因商品被召回支出的必要费用。”经济法也往往通过赋予弱势群体以较多权利来平衡经济主体之间的能力,例如,《消费者权益保护法》第 8 条规定:“消费者享有知悉其购买、使用的商品或者接受的服务的真实情况的权利。消费者有权根据商品或者服务的不同情况,要求经营者提供商品的价格、产地、生产者、用途、性能、规格、等级、主要成分、生产日期、有效期限、检验合格证明、使用方法说明书、售后服务,或者服务的内容、规格、费用等有关情况。”第 9 条规定:“消费者享有自主选择商品或者服务的权利。消费者有权自主选择提供商品或者服务的经营者,自主选择商品品种或者服务方式,自主决定购买或者不购买任何一种商品、接受或者不接受任何一项服务。消费者在自主选择商品或者服务时,有权进行比较、鉴别和挑选。”第 10 条规定:“消费者享有公平交易的权利。消费者在购买商品或者接受服务时,有权获得质量保障、价格合理、计量正确等公平交易条件,有权拒绝经营者的强制交易行为。”

二、消费环节的效率与公平

消费环节的效率与公平实现的关键是消费者公平交易权中的商品或服务应得到质量保障,因为商品或服务反映的是使用价值。消费者通过交换获得商品或服务,其目的是获得与该商品或服务价格相符的使用价值,否则就是不公平的交易,不公平的交易就会带来经济效率的降低,轻则使消费者财产受到损失,重则使消费者健康和生命受到损害。公平原则是民事活动的基本原则,公平交易权是消费者的基本权利。经营者不得歧视消费者、不得搞差别待遇、不得搞国别待遇,要切实履行诚信义务。[1] 例如,《保险法》第 17 条规定,“订立保险合同,采用保险人提供的格式条款的,保险人向投保人提供的投保单应当附格式条款,保险人应当向投保人说明合同的内容。对保险合同中免除保险人责任的条款,保险人在订立合同时应当在投保单、保险单或者其他保险凭证上作出足以引起投保人注意的提示,并对该条款的内容以书面或者口头形式向投保人

---

〔1〕 参见中国消费者权益保护法学研究会:《消费者权益保护法学》,中国社会出版社 2017 年版,第 51 页。

作出明确说明；未做提示或者明确说明的，该条款不产生效力”。又如，《产品质量法》第 22 条规定，“消费者有权就产品质量问题，向产品的生产者、销售者查询；向市场监督管理部门及有关部门申诉，接受申诉的部门应当负责处理”。

大数据时代的到来使电子商务获得了一次腾飞的机会，在大数据的帮助下，电商经营者可以在其掌握的海量数据中挖掘到有价值的信息为其所用，获得更大的利润。价格歧视、网络商家的信用问题、用户信息泄露、“大数据杀熟”等一系列商家利用消费者的信息不对称对其进行无理由区别定价追求最大利益的行为引来人们争议。[1] 其实，在网络消费环境中，影响消费者和政府调节经济效率的关键在于网络安全，电子商务对网络安全有四个方面的要求：一是数据传输的安全性和可控制性，二是数据完整性与可用性，三是交易者身份的可确定性，四是交易的不可抵赖性。[2] 我国《电子商务法》第 5 条规定：“电子商务经营者从事经营活动，应当遵循自愿、平等、公平、诚信的原则，遵守法律和商业道德，公平参与市场竞争，履行消费者权益保护、环境保护、知识产权保护、网络安全与个人信息保护等方面的义务，承担产品和服务质量责任，接受政府和社会的监督。”但这种原则性的规定对规范错综复杂且形态多变的网络环境与服务仍显得捉襟见肘。经营者必须如实提供所出售商品或服务的信息，对商品和服务信息的变更也应当及时披露，向消费者提供清晰的、内容完整的交易的条款和条件，并使消费者有可能易于获知和保留足够的信息记录等。[3] 《平台反垄断指南》针对社会各方反映较多的“二选一”“大数据杀熟”等热点问题，《平台反垄断指南》明确，认定平台经济领域滥用市场支配地位行为，通常需要先界定相关市场，分析经营者在相关市场是否具有支配地位，再根据个案情况分析是否构成滥用市场支配地位行为。《平台反垄断指南》详细列举了认定或者推定经营者具有市场支配地位的

---

〔1〕 参见王恒睿：《大数据杀熟背景下的消费者公平交易权保护》，载《大数据时代》2018 年第 11 期。

〔2〕 参见张楚：《电子商务与交易安全——网络商务环境中的技术与法律问题》，中国法制出版社 2002 年版，第 18 页。

〔3〕 参见穆虹：《经济法价值研究》，山东大学出版社 2009 年版，第 233 ~ 234 页。

考量因素，包括经营者的市场份额、相关市场竞争状况、经营者控制市场的能力、经营者的财力和技术条件、其他经营者的依赖程度、市场进入难易程度等。同时，《平台反垄断指南》逐一细化滥用市场支配地位行为的表现形式，如不公平价格行为、低于成本销售、拒绝交易、限定交易、搭售或者附加不合理交易条件差别待遇等，促进平台经济领域各类市场主体依法合规经营。[1]

第四节 经济与法治平衡协调原则释义

经济与法治平衡协调原则出现在我国法治经济的建设过程中，并随着我国法治经济的进一步发展而愈加深刻地体现出来。我国自 20 世纪 80 年代以来大力发展市场经济，市场经济必然是有秩序的经济，不论这种秩序是靠市场规律自发而形成，还是靠人为的规则来维持，它都必然会呈现出一定的经验性。"市场经济的秩序也不是一成不变的，而是呈现出一种自发的扩展状态。在法律上对市场经济自发所形成的和处于扩展状态的秩序进行肯定和维护，便使市场经济变成了法治经济。市场经济的法治性，在保障财产的权利、确保对合法利润的追逐、确保经济活动中的选择自由和确保公平、公开的竞争方面都被充分地表现出来。"[2]我国的社会主义发展必然会经历三个阶段，而在当前，我们正在处于社会主义初级阶段，这个阶段的社会主义市场经济需要的是效率优先、兼顾公平。经济法要调整社会主义初级阶段的市场经济利益关系，就必须首先协调好经济利益与法治利益的关系，平衡公平和效率谁优先的问题。

一、经济与法治平衡协调原则的界定

经济与法治平衡协调原则从字义来看，就是经济法的法律制度、基本精神要努力实现经济发展与法治之间的平衡与协调，通过平衡经济发展中的各个主体之间的基本利益关系来实现经济发展与社会公平的价值目标。从具体内容来看，经济与法治平衡协调原则包含两个层次的内容：第

---

〔1〕 参见《平台经济领域反垄断指南发布》，载中央人民政府网，http://www.gov.cn/xinwen/2021-02/07/content_5585764.htm。

〔2〕 李金亮：《社会主义市场经济论纲》，中山大学出版社 2001 年版，第 28～29 页。

一个层次是基于社会主义初级阶段的现实国情,经济法的首要目的是确保经济发展的质量和效果,让市场主体拥有提升自己生存、发展能力和拥有优越的客观经济环境的机会;第二个层次是在促进经济效益的基础上,保障社会经济成果尽可能地公平分配。这两个层次不宜被理解成带有时间顺序的两个不同阶段,而是你中有我、我中有你的同步目标追求。所谓的"效率优先,兼顾公平"也从未将公平放在经济发展过后才去努力追求的下一阶段目标,社会公平目标不可停滞,它蕴藏在经济发展的效率成果之中,因而使"兼顾"的状态。"自古以来,先贤大哲对经济发展目的的探寻从未停止过,相关的学说理论也逐渐从单一走向多元化,并逐渐实现由物到人的终极转换。经济发展应服务于人的发展,这是目前包括经济学界和法学界的基本共识。该思想具体到法学层面,便是经济发展应当服务于人的权利。"[1]经济与法治平衡协调原则的关键在于处理经济发展与法治效果之间的关系,既要做到二者的平衡,又要根据现实社会的需求来对二者进行协调。从语义来看,经济发展与法治平衡协调原则至少包含了三个组成部分,一是经济发展原则,经济发展是经济法立法所要实现的直接效果,经济发展也一直是各国发展的重点;二是法治原则,这是我国社会主义市场经济建设过程中社会公平所必需的基本环境;三是二者的协调与平衡。笔者也将按这一常规思路,通过对经济发展原则、法治原则等概念分别进行辨析,再明确二者的平衡协调关系,从原则诞生的社会背景来界定原则的概念。

(一)经济发展原则

经济发展原则,是指党和国家在发挥社会整合功能的过程中,要充分注重生产力的发展、财富的增加、社会的繁荣,为实现社会的秩序和公正提供物质基础和保障。[2] 经济发展是各国发展追求的首要目标。经济发展之所以重要,以马克思的观点来看,就是社会存在决定社会意识,经济基础决定上层建筑。"利益矛盾和冲突,实质上是因人的利益无法全面

---

〔1〕 董宏伟:《社会权保障研究——以促进经济发展为视角》,东南大学出版社 2018 年版,第 20~21 页。

〔2〕 参见侯晋雄:《转型期执政党的整合功能》,国家行政学院出版社 2013 年版,第 103 页。

实现以及利益对象不足引起的矛盾和冲突。要解决这一矛盾和冲突，根本问题是发展社会生产力，提高全社会利益对象的有效供给水平。"[1]因此，经济发展是其他一切上层建筑得以提升和完善的基础和前提。中国共产党第十一届中央委员会《关于建国以来党的若干历史问题的决议》指出："在社会主义改造基本完成以后，我国所要解决的主要矛盾，是人民日益增长的物质文化需要同落后的社会生产之间的矛盾。""解决这个主要矛盾就是我们的中心任务。"[2]人民群众日益增长的物质文化需要同落后的社会生产之间的矛盾是社会主义初级阶段的主要矛盾，要解决这一矛盾，就必须去大力发展生产力，促进经济的高效、可持续、健康发展。经济效率是评价经济发展的重要指标，在社会主义初级阶段，效率优先就意味着把提高生产力、发展经济作为解决其他社会问题的前提条件。

(二)法治原则

我们这里所指的法治原则与传统意义上的法治原则强调的重心有所不同。例如，富勒所称的"法治原则"就是一个使法律成为优越法律的一系列基本原则。富勒认为，缺乏其中任何一个真正法律制度的前提，都不能算是真正的法律：一是法律的一般性原则。它要求在一个法治社会中，人类的行为要做到有规则可循，法律不是针对一部分人的，而是对所有人的，具有普遍的作用。同时，一般性也就意味着同样的情况应受同样的待遇，因而这也就包括了通常所说的法律面前人人平等。二是法律的公开性原则。法律需要公布于众，让人们广泛地去了解。三是不溯及既往原则。四是法律的明确性原则，这是法治的一条基本原则。富勒认为，保证法律明确性的最好办法，就是利用日常生活中使用的常识判断标准。五是法律的一致性原则，即避免法律中的矛盾。这项原则要求立法者注意法律本身与法律之间的矛盾。虽然这仅是一个逻辑问题，但在立法过程中有时会出现这样的矛盾，解决这一问题的公认原则是寻求可能协调互相冲突的方法。六是法律的可行性原则。亦即法律不应要求不可能实现的事情。法律的规定是社会中的人们可以遵循的规范，而不是人们不可

---

[1] 刘晓凯：《利益分化与政治稳定》，人民出版社2008年版，第171~172页。

[2] 《邓小平文选》(第2卷)，人民出版社1994年版，第182页。

能做到的事。七是法律的稳定原则。八是官方行为与法律的一致性原则。[1]

这确实是公认的良法所应具备的基本内容。但我们所强调的法治原则不只是法律系统内部的协调统一,法本身的良法善治,更多的是关注法治的社会效果。我们认为,法治原则具有重要的地位,主要原因是一方面,它为把法治观念转化为法治现实提供了需要遵守的基本准则;另一方面,它为构建与完善法律制度,乃至最终形成相应的法治秩序提供了基本指引。从价值层面来说,法治原则不仅仅是工具意义上的,还包含并彰显了对人的尊重的理念。[2] 本书中的法治原则是在以上基本内容的基础上,特别强调法治原则所要指向的社会公平的效果。经济法的法治原则就是要实现参与市场机会的公平和社会财富分配的公平。党的十八大报告提出,“初次分配和再次分配都要兼顾效率和公平,再分配更加注重公平”。[3]

(三)经济与法治平衡协调原则

经济与法治平衡协调原则是一个动态发展的原则,它涉及的两个侧面——经济发展效率和法治保障效果在具体的某一发展阶段应体现为总体平衡,根据社会经济发展的现实需要而略有倾斜性的调整。在社会主义初级阶段,经济与法治平衡协调原则虽然强调经济发展的效率优先,但必然以公平的法治保障作为经济制度运行的客观环境和结果。这两个侧面在本质上反映的是经济法要追求的经济效率与社会公平正义的统一,经济效率的核心是供需平衡,供需平衡在于社会成员能根据自身的需要有效吸收社会生产出来的物质财富,而保障社会成员能根据自身实际需要去吸收这些物质财富的能力则涉及社会公平分配的问题。这一问题很重要,经济的有效发展必然是带给了人们需求上的满足。M. P. 托达罗认为,经济发展具有三个方面的核心价值:生存,包括提供给人们以食物、住

---

〔1〕 参见吕世伦主编:《现代西方法学流派》(上)(第1卷),黑龙江美术出版社2018年版,第44页。

〔2〕 参见公丕祥主编:《社会主义核心价值观研究丛书·法治篇》,江苏人民出版社2015年版,第56页。

〔3〕 胡锦涛:《坚定不移沿着中国特色社会主义道路前进,为全面建成小康社会而奋斗——在中国共产党第十八次全国代表大会上的报告》,人民出版社2012年版,第36页。

房、健康等方面的基本需要；自尊，要使人们具有自我价值及自我尊重的感觉；自由，要将人从奴役中解放出来，扩大人们自我选择的范围。[1] 随着经济的进一步发展，人们的生存问题得到解决，但伴随经济发展所引发的各种社会问题也在不断加剧，贫富差距逐步被拉大，经济增长的受益面逐渐收紧，社会公正问题日益受到相关领域研究人员的关注和重视。社会公正问题的出现是经济发展中投资与收益规律作用的结果，却不是经济发展所欲追去的一个目标。相反，实现社会平等、追求社会公正是经济发展的一大重要任务，也是经济获得进一步发展的重要条件。为此，国家需要在经济发展中确立一个公平的机会，并在最大限度上使每个人获得与自己投入相称的收入。[2] 而社会公平正义的核心在于利益分配公平，进一步讲就是社会经济利益的分配公平，人们公平地享有从事市场活动的能力对于获得一个公平的财富结果而言只是诱因之一，因为市场机制的优胜劣汰，必然会导致因先天禀赋的不同而出现马太效应，因此，经济法就必须在保障市场发展的经济效率的前提下，通过财政政策、税收政策来尽可能地缩小由市场机制带来的这种贫富差距，实现社会再分配上的公平正义。

我们在论述经济发展与法治原则的基本概念时已经明确，经济发展与法治原则背后的价值指向分别是效率与公平。经济与法治平衡协调原则直接面对的是效率与公平孰轻孰重，孰先孰后的问题。“效率与公平并重和统一，就是在生产和经济领域要重视效率，在分配领域要重视公平。”[3]效率优先是为了提升经济基础，只有当经济基础提高的前提下，谈如何公平地分配社会财富才是有意义的。但公平也不是指将社会财富实现均等化分配，而是要给予市场主体一个公平地参与市场竞争和财富分配的机会和能力。

经济法对经济和法治的协调除体现在对公平与效率的平衡外，还综

---

[1] 参见[美]M.P.托达罗：《第三世界的经济发展》(上)，于同申、苏蓉生等译，中国人民大学出版社1988年版，第124～126页。

[2] 参见董宏伟：《社会权保障研究——以促进经济发展为视角》，东南大学出版社2018年版，第22～23页。

[3] 卫兴华：《我对公平与效率关系的理论见解》，载《山西大学学报(哲学社会科学版)》2007年第3期。

合反映了对不同类市场关系从经济和法治方向上的协调。市场经济中存在着不同类型的主体,这些市场主体依其在市场运行中的职能不同,可分为经营者、投资者、劳动者和消费者。它们在市场运行中的相互关系有两种形式,一种是组织关系,形成企业等社会组织;另一种是非组织关系,如交易关系、竞争关系等。在协调组织关系时,经济法旨在借助充分的对话与双向理解,努力提高信息的显示程度,降低交易成本,进而促进组织的良性运作并实现组织及其相关人的和谐发展。经济法协调非组织关系中的市场层面,主要是指调节、确保交易当事人之间,竞争对手之间,交易当事人、竞争对手与其相关人之间在市场运行中的地位平等、机会公平、选择自由和利益均衡。具体来看,有经营者与其他市场主体的关系、投资者与其他市场主体的关系、劳动者与其他市场主体的关系和消费者与其他市场主体的关系四个方面。

首先,在调节经营者与其他市场主体的关系方面,由于经营者需求的主要表现是营利欲望,因此,经济法的任务是帮助经营者实现自主决策、地位平等、契约自由和公平竞争,实现方式有独立实现和合作实现两种,前者如竞争,后者如交易。法律保障形式有积极和消极两种,前者如设定正当经营的行为模式和后果,以指引经营者在市场上如何进行正当的生产经营活动,企业法、合同法等都具有从正面保障经营者经营权利的功能;后者如设定不当经营的行为模式和后果,以制止经营者在市场上从事非正当经营活动,反不正当竞争法、反垄断法等主要是从反面明确经营者应如何实现其经营权利。

其次,在调节投资者与其他市场主体的关系方面,可分为投资准入关系和公司股东关系两大类。(1)限制国有资本投资范围,将其局限于自然垄断行业、优化经济结构和调节经济总量项目、外部经济项目和公共物品,为非国有资本留下广阔的投资领域,给予各种非国有投资者公平的投资机会。在我国现阶段,特别要调整国有资本的宏观布局,以减持国有股等方式退出了某些竞争性投资领域;即使在传统的自然垄断行业(如电信业),在保持国有资本控制力的前提下,也应当给非国有资本,无论是外资还是内资,以均等的进入机会。(2)衡平股东与债权人的利益,提供公司财产合理处分制度、重大事项公开制度、优先权制度、有限责任例外制度、债权人自治制度、从属公司债权人保护制度等,保护债权人利益;通过公司内部权力制衡、股东诉讼、经营管理者期权与年薪等制度，形成对经营管理者的激励与约束机制，以衡平股东与经营管理者的利益。

再次，在调节劳动者与其他市场主体的关系方面，可从不同角度进行理解，既可以理解为经济法要保障的是劳动者与资本拥有者之间的平等，也可以理解为不同劳动者的劳动权平等，包括男女劳动者平等、城乡劳动者平等、不同用工形式（如固定工、临时工、合同制工）劳动者平等、不同所有制劳动者平等、工会会员劳动者与非工会会员劳动者平等。要通过劳动力自由流动、政府就业促进、劳资双向选择、照顾特殊就业群体、社会保障等制度来实现劳动者的就业机会均等、劳动权利的享有等。

最后，在调节消费者与其他市场主体的关系方面，基于经营者与消费者之间的强弱不对称关系，经济法会倾向于保护消费者，对消费者实行权利本位，对经营者实行义务本位。其核心内容包括：（1）赋予消费者保障安全权、知悉真情权、自主选择权、公平交易权、依法求偿权、依法结社权、求教获知权、维护尊严权、监督批评权等各项权利，同时对经营者课以相应义务；（2）配套实行小额审判法庭、公益诉讼或支持起诉等便利消费者诉讼的举措；（3）对侵犯消费者权益的经营者适用惩罚性赔偿，加重其法律责任负担。

二、经济与法治平衡协调原则的理论基础

《中共中央关于制定国民经济和社会发展第十四个五年规划和二〇三五年远景目标的建议》为我们明确了现阶段我们经济发展的成果和现状，也指出了我们经济发展的问题和重心。该建议中指出，“我国已转向高质量发展阶段，制度优势显著，治理效能提升，经济长期向好，物质基础雄厚，人力资源丰富，市场空间广阔，发展韧性强劲，社会大局稳定，继续发展具有多方面优势和条件，同时我国发展不平衡不充分问题仍然突出，重点领域关键环节改革任务仍然艰巨，创新能力不适应高质量发展要求，农业基础还不稳固，城乡区域发展和收入分配差距较大，生态环保任重道远，民生保障存在短板，社会治理还有弱项”。

经济与法治平衡协调原则的理论基础有两个方面：其一，经济发展要服务于人的发展，而人的发展强调发展过程与形式的公平和自由。这一论题再次回到了效率与公平的矛盾与统一之上，我们可从福利经济学和发展经济学的角度对这一问题进行一个理论上的不同角度地探索。其

二,法治要成为经济发展的制度保障,也就是为经济发展服务:主要是促进经济发展和纠正偏差。

就福利经济学而言,其与社会权保障具有密切的内在联系,因为以社会权保障为基础的福利国家用于纠正市场作用的福利给付具有保障社会权的效果。[1] 从发展过程来看,经历了旧福利经济学与新福利经济学两个阶段。旧福利经济学以庇古为代表的,他所强调的社会福利要求是一种"最大多数人的最大福利",提出了国民收入越平均,社会福利就越大。新福利经济学以英国著名的经济学家卡尔多、希克斯、勒纳等人为代表,他们认为实现福利最大化要求政府在确保公民具有"合理的"收入分配的前提下,再保证个人具有自由选择权,以实现效率与公平的最佳结合,实现帕累托最优。福利经济学倡导收入分配公平、社会公正,并极力试图将公平与效率这两大经济学核心理念做到融合,以实现社会福利最大化的社会目标,从而促进社会权在最大限度上获得保障,显示了人们在追寻经济发展目的价值这一永恒话题上的进步。[2]

从发展经济学的研究来看,发展经济学区别了"经济增长"与"经济发展"之间的区别。经济增长只是经济发展的一个偏重于数量维度的局部表现,但经济增长不能代表经济发展,因为经济发展是一个既包括数量又包括质量的多维度概念。[3] "经济发展不仅仅要求在数量上实现经济增长,还要求国家在生态状况、居民收入、社会福利、文化教育等方面实现跨越,而这些都是公民的社会权的主要内容。"[4]印度学者阿马蒂亚·森将发展经济学的重点放到了人的发展之上,他认为,"发展可以看作是扩展人们享有的真实自由的一个过程"[5]。

---

[1] 参见丁开杰、林义选编:《后福利国家》,上海三联书店2004年版,第2~3页。

[2] 参见董宏伟:《社会权保障研究——以促进经济发展为视角》,东南大学出版社2018年版,第20~21页。

[3] 参见杨培雷主编:《当代西方经济学流派》,上海财经大学出版社2003年版,第410页。

[4] 董宏伟:《社会权保障研究——以促进经济发展为视角》,东南大学出版社2018年版,第21页。

[5] [印]阿马蒂亚·森:《以自由看待发展》,任赜、于真译,中国人民大学出版社2002年版,第1页。

经济与法治平衡协调的表现形式之一是,法治要成为经济发展的制度保障。它在维护社会主义基本经济制度和促进经济体制改革方面发挥了举足轻重的作用。社会主义的基本经济制度是生产资料的社会主义公有制,各尽所能、按劳分配的原则和制度,以及社会主义计划经济和商品经济的原则和制度。我国的经济法律法规以不同的形式积极地维护社会主义的基本经济制度,以保障社会主义经济制度的确立。与此同时,我国社会主义法律也促进我国经济体制的改革。经济法直接促进生产力的发展。经济法不仅通过它在确认和维护社会主义基本经济制度或促进经济体制改革方面的作用间接地促进社会生产力的发展,还直接地致力于促进生产力的发展。[1]

经济与法治平衡协调原则发挥效用,具体的表现方式就是:一方面,经济发展要为社会发展与社会福利奠定基础。这就要求生产力水平的提升和物质财富的增长能够推动社会性公共资源的增长与供给,也就是说要求经济主体有能力也有意愿持续地将经济产出的新增财富的部分转化为社会性公共资源供给。另一方面,社会性公共资源在其配置过程中,政府和社会主体有能力也有意愿将社会性公共资源配置和用于促进经济持续增长的相关事业和社会福利。[2] 经济法就是要通过平衡协调,既保持整个社会范围内的经济秩序,实现整体社会效益的增加和国家关于经济生活的意志,又保证民法调整范围内的意思自治。通过经济法的平衡协调,来创造并维护一个令自由市场机制和民法得以发挥作用的外部环境。[3]

经济发展意味着社会基础和福利水平就应相应得到提高;社会基础的提高,社会福利的公平分配,又会反过来促进经济发展。试想,如果在经济发展过程中,经济法不能有效保障社会财富的公平分配,那么就会导致贫富差距的拉大,社会不和谐因素就会因此而增加,从而进一步引发社会矛盾和更大的冲突。这势必会阻碍经济的进一步发展,导致经济水平

---

[1] 参见彭发祥、张云庭主编:《法学基础与行政法学》,中国人事出版社1992年版,第38页。

[2] 参见谭明方:《社会与经济"发展协调性"视角的社会管理研究》,载《社会科学研究》2012年第1期。

[3] 参见刘文华主编:《经济法》,中国人民大学出版社2017年版,第57页。

的停滞甚至下降。经济水平的下降又会造成社会福利水平的下降。如此一来,经济发展与社会发展就会处于一种恶性循环之中。"当然,我们也不能为了简单地谋求社会福利而超越现实的经济基础和发展水平,那样的社会福利更多的可能只是一种单纯的主观愿望和诉求。基于此,经济发展和社会基础以及社会福利的协调发展,构成了社会管理的一项基本准则。"[1]这时,我们可以更深刻地理解为什么社会主义初级阶段我们要"效率优先,兼顾公平",并且彻底了解效率优先的含义:它要求我们需要站在现实经济基础和能力上来看如何实现社会公平。

近年来,我国政府在简政放权方面不断努力,重新定位政府职能、重构政企关系,以期政府各部门机构行政能力和管理服务水平更加适应社会主义市场经济发展和社会管理与公共服务的需要,减少行政审批以及行政干预,避免权力寻租现象,激发市场和社会活力,实现经济与法治的平衡感协调。

本章小结

刘文华教授曾指出"平衡协调原则"是经济法的基本原则之一,因为这是由经济法的社会性和公私交融性所决定的一项普遍原则,是不同社会经济制度下的经济法所共同遵循的一项主导性原则。经济法以兼容并蓄的精神,消弭个体追求私人利益所生流弊,促进社会在竞争的基础上团结合作,以组织协调、平衡发展、公有精神的追求为己任。[2] 经济与法治平衡协调原则是在"平衡协调原则"基础上提炼出来的,更突出强调了经济发展与经济法治之间的关系,将经济法调节经济目标直接指向了公平与效率之间的平衡。

当下知识社会的收入分配,比过去任何时期都更容易受到随机冲击的影响。金融市场中的"黑天鹅"事件等,适用于任何因信息聚散而形成

---

〔1〕 宋瑞芝主编:《中西方社会管理体系生成基础的比较研究》,商务印书馆2019年版,第159页。

〔2〕 参见刘文华主编:《经济法》,中国人民大学出版社2017年版,第56～57页。

的商业机会,[1]分配的公平与效率成为缓解社会矛盾必须高度重视的问题。经济与法治平衡协调原则的意义在于协调经济发展与经济法治的关系,它要通过经济法律制度、经济法的基本精神来实现特定阶段经济利益的平衡与协调,经济利益直接体现于经济主体之间的利益关系,经济法要做的就是如何将特定阶段的经济利益在这些经济主体之间进行一种既有利于未来经济发展,又能确保当前的经济主体能公平地享有社会经济发展所带来的经济利益的平衡与协调。但某一阶段的经济利益具体应如何分配必然会涉及发展效率与社会公平孰先孰后的问题,社会主义初级阶段的效率优先、兼顾公平必然体现在现有的经济法律制度中。我们必须认清的是,我们的法治要为经济服务,也就是要通过法治来促进经济发展,纠正在经济快速发展过程中出现的一些偏差,这也是目前社会主义初级阶段我们效率优先,兼顾公平的具体表现。我们提出经济法的经济与法治平衡协调原则,其实质是国际和国内两个系统的双平衡,以经济法来促进我们国家进一步的改革开放,协调好国家、社会主体和行业组织之间的利益关系,做到公共经济利益与微观经济利益之间的平衡。

[1] 参见汪丁丁:《经济的限度》,中国计划出版社2017年版,第214页。

第六章　消费者福利最大化原则

消费者福利最大化原则是经济法的核心原则，经济法的立法目的在于保障市场经济有序发展，市场活动有序进行，从而使经济公共利益得到满足。纵观社会生产的全过程，可以发现社会生产的最终目的就是为了满足人类需求，也就是满足市场上消费者的消费需求。消费者利益是否能得到满足是衡量生产、交换、分配三环节所能提供产品或服务是否充分的最终标准，也即生产、分配和交换的最终目标是消费。我们所维护的企业之间公平而自由的竞争是为了满足消费者的需求，学界普遍认为20世纪的竞争是能源的竞争，而对21世纪的竞争则存在多种看法，或认为是人才的竞争、科技的竞争、数字能力的竞争……但事实上从过去到现在商业竞争的本质一直都未改变，从最终目的角度来看，都是实现消费者福利能力的竞争。最前沿的技术、最优秀的人才、最节约社会成本的产业安排、最优化的管理体制，都是为了能够在激烈竞争的市场上占有一席之地，进而得到消费者的认可，拥有固定的消费者市场并尽可能地扩大化就是企业盈利的关键，也是生产的直接目的。市场上的主体，谁能带给消费者更多的经济福利，谁就掌握了市场上相对的竞争优势，取得了市场的主动权。由此可见，市场经济的基本规律和发展目标都在于生产要满足消费需求。作为规范社会主义市场经济制度运行的部门法,经济法的目标和核心原则是促进并实现消费者福利最大化。

我国是人民当家作主的社会主义国家,消费者能作为人民利益的代表,因为从某种层面来看,消费者福利是人民利益的一部分,人民是我国消费者的主体。经济法素有经济宪法的称号,在保障当代中国经济发展的过程中必然以人民利益为先,具体的表现形式就是通过消费者福利最大化原则来引导社会生产、交换、消费、分配的各环节,平衡、协调商品或服务的提供者与消费者之间的利益,维护消费者的基本利益同时以消费者福利最大化来促进社会经济的持续发展。

本章由三节内容构成,第一节是对消费者福利最大化原则的概述,第二节是经济法具体制度中的消费者福利最大化,第三节是消费者福利最大化原则与其他三项原则的关系。

第一节 消费者福利最大化原则概述

一、消费者福利最大化原则的概念界定

有关消费者福利最大化的研究源自经济学,福利经济学是经济学科体系中的一个重要组成部分,它以研究社会经济资源的配置效率和国民收入分配的公平等问题为主题,对各种社会经济现象和经济活动展开规范分析。[1] 消费者福利最大化的概念就是作为经济学中衡量制度的重要标准出现的。福利经济学以社会福利最大化为宗旨。法国经济学家帕累托采用并发展了英国资产阶级经济学家埃奇沃思的无差异曲线分析方法,提出了判断社会福利最大化的标准——帕累托最优化原理,该原理是帕累托消费者福利最大化理论的核心,也是新福利经济学理论的出发点。帕累托改进的逻辑思路是:对于某种经济的资源配置,如果不存在其他生产上可行的配置,使该经济中的所有个人至少和他们在初始时情况一样良好,而且至少有一个人的情况比初始时变得更好,那么这个资源就是最

---

〔1〕 参见孙永伟、顾雅君主编:《新编西方经济学教程》,上海财经大学出版社 2018 年版,第 258 页。

优的。[1] 经济学就是以此打开了评判经济政策和相关法律制度方法的大门。但这并不意味着不以实现消费者福利最大化为目的的法律制度就是不好的，在我们进行市场经济体制改革的过程中，需要去进行尝试和不断调整，一些改革措施不一定能反映出明显的“帕累托改进”，而且事实上，在现实的政策选择中直接应用“帕累托最优”化原理也较为困难。“但它在社会政策选择中的基础地位却不容否定，因为它在理论上为我们提供了许多有关消费者利益、福利问题的原则性意见。帕累托消费者福利最大化理论至少给我们这样一个启示每项政策的推行要尽量兼顾各方的利益，要尽可能使每个人的福利通过改革都能有所提高或者至少在有些人的境况不坏下去的情况下使其他人的境况有所改善。否则，改革的阻力就较大，改革也将付出较为昂贵的代价。”[2]

反观国外的经济法律制度，它们较为重视对消费者福利的追求。以欧美为例，虽然在适用福利标准的表达上，欧盟和美国有明显不同，但都彰显出对消费者福利最大化的目的意识。欧盟在政策目标中没有直接提出要实现消费者福利最大化的目标，却隐含了要提高消费者福利的目标函数。例如，欧盟并购监管法规第 2.1 条有利于消费者的改善，这说明相对于社会整体福利的改善，他们首先选择的是去关注消费者福利的提高。而在纵向约束指南里面，则明确提出保护竞争是欧盟竞争政策的主要目标，也就是保护竞争会对消费者有利；在美国，并购案里面就比较明确关注消费者的福利。有学者评价这其中实际隐含了一个重要的逻辑——假如并购案是企业自己的选择，那对企业肯定是有利的。关注消费者福利，就要特别保护竞争，或者说阻止弱化竞争的任何行为。例如布朗鞋业一案中，就明确提出保护小企业。[3]

二、消费者福利与社会福利的关系：一个经济学的解释视角

全球 500 强企业在表面上得益于其拥有的资源、技术和能力，能做出

---

〔1〕 参见卜玉强：《消费的革命》，台海出版社 2018 年版，第 49 页。

〔2〕 许和木：《帕累托消费者福利最大化理论述评——兼谈我国体制变革中的利益问题》，载《福建师范大学学报（哲学社会科学版）》1993 年第 3 期。

〔3〕 参见钟鸿钧：《反垄断为了什么：消费者、中小企业，还是促进创新?》，载微信公众号“原子智库－腾讯新闻”2021 年 1 月 12 日，https://mp.weixin.qq.com/s/4XZAypwWqltaukP91atG3w。

高质量的产品,但实际上,他们也只是在根据用户的需求来做产品。商业是“因需而生”,企业生产的产品、提供的服务最终都要回到“需求”本身。如果你对消费者的需求是不清楚的,那么你很难做出让消费者满意的产品。

在福利经济学中,消费者福利和社会福利是两个概念。社会总福利的衡量指标是消费者和生产者剩余的总和,一般被直接称作总剩余。消费者剩余是买者从参与市场中得到的收益,而生产者剩余是卖者得到的收益。消费者的福利包括了消费者剩余,即消费者能从商品或服务中获得的满足,用经济学的话语来说,就是消费者的支付意愿,是人们所换取的东西对自己的效用,消费者作为理性个体,可结合自己的支付能力得出自己为购买该产品(服务)所能付出的最高价格。而消费者剩余是消费者为得到该产品(服务)所能付出的最高金额减去他们购买到该产品(服务)所实际支付的金额,可以用公式表示为:消费者剩余=买者愿意支付的最高价格-买者的实际支付价格,记作公式1,其意义是消费者所换取的东西对自己的效用货币化后的价值高于交易价格的那部分。因此,正常情况下,消费者福利不会小于消费者剩余,消费者福利包含了消费者剩余。

提及社会福利,它的内涵和外延始终是学术争论的焦点,学界对于“社会福利”概念始终难以给出一个共识性的概括。不过,在争论过程中,学者们对这一概念的内涵也达成了一定的共识。社会福利主要指国家和社会通过社会化的福利津贴、实物供给和社会服务,满足社会成员的生活需要并促使其生活质量不断得到改善的一种制度安排。[1] 也可以简单地理解为:社会福利是国家、集体和社会为保障全体公民的基本生活,提高人们的物质文化生活水平而提供的福利物质帮助、福利设施和社会服务。[2] 从福利经济学的角度来看,社会福利即社会总剩余,是生产者剩余和消费者剩余之和,从几何的角度看,它等于需求曲线之下、供给曲线之上的区域,用公式表示为:社会总剩余=(买者愿意支付的最高价格-买者的实际支付价格)+(卖者收益-卖者的成本),记作公式2。但实际

〔1〕 参见李皋编著:《变迁与启示:改革开放四十年化解社会矛盾经验研究》,中国民主法制出版社2018年版,第126页。

〔2〕 参见吴桂梅主编:《经济法》,北京理工大学出版社2017年版,第187页。

上，卖者的收益就是买者实际支付给他们的价格，因此这个公式可以进一步写作：社会总剩余＝买者愿意支付的最高价格－卖者的成本，记作公式3。在公式1中，我们将消费者的支付意愿（也就是消费者福利）记作买者愿意支付的最高价格。由此可见，福利经济学中社会福利和消费者福利之间的关系，如图6－1所示，消费者福利包含了社会剩余，也就是包含了社会福利在内。

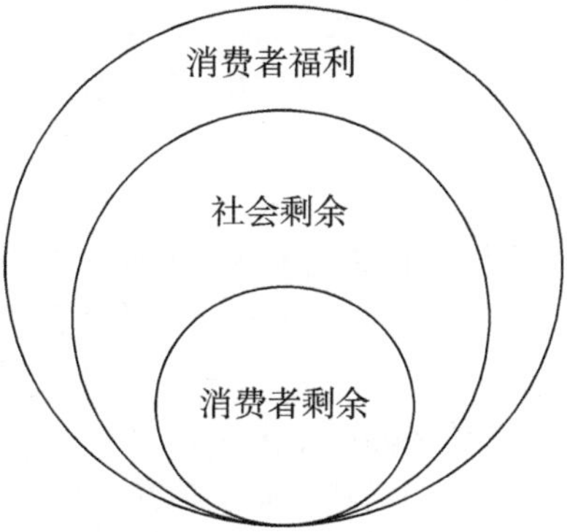

图6－1　消费者福利 vs. 社会剩余 vs. 消费者剩余关系

现实中，美国最高法院也将消费者福利与社会总福利做出区分，美国最高法院在 Brooke Group Ltd. v. Brown & Williamson Tobacco Corp 和 Weyerhaeuser Co. *v*. Ross-Simmons Hardwood Lumber Co. 案中，明确了消费者福利和总体福利的不同，并再次澄清反垄断法中的标准是消费者福利，并对消费者福利标准进行说明。[1]

三、作为制度经济学的重要衡量标准

孟庆春教授建立了消费者追求效用最大化的优化模型，在"K－T条件"下将该模型与政府追求社会福利最大化的优化模型的解连接起来，推理出国家在实现其所追求的社会福利最大化的目标（当然还包括资源消耗最小化这一目标）的同时，消费者也实现了个人效用的最大化，也就是通过数学推理，证明了国家在实现宏观目标的同时，也帮助消费者实现了

---

〔1〕 See Brooke Group Ltd. v. Brown & Williamson Tobacco Corp., 509 U. S. 209 (1993); Weyerhaeuser Co. v. Ross-Simmons Hardwood Lumber Co., 549 U. S. 312 (2007).

微观目标,他认为在一定条件下这一结果反之也成立。[1] 社会福利最大化是制度经济学用来评价经济制度效果的重要标准,而帕累托改进又是直接衡量社会福利是否已达到最大化的方法。但为何要以社会福利的改进来作为政府制定经济政策效果的判断标准进而来评价政府管理、服务效能呢?社会契约论为之提供了一种解释:政府权力来源于社会公众的让渡,政府以管理的方式向社会提供与社会经济相适应的公共服务或产品,这种服务(产品)应随着经济发展水平的提高而提升,因而政府是社会公共意志的执行机关,它的所有行为均应与社会福利最大化的目标相符合。[2]

经济法最初的主体内容是反垄断,垄断行为外观表现为企业在市场竞争中以不当方式人为损害消费者福利、限制消费者选择;而反垄断,尤其是数字经济领域的反垄断,究竟应该选择以社会福利为标准还是以消费者福利为标准,多数学者都认为没有一个完美的答案——消费者保护机制的缺乏,意味着应该更多倾向于消费者福利的标准;社会舆论和政策干预的可能性,意味着简单的消费者剩余标准可能更加简单可行;而创新和就业方面的考虑,则倾向于整体福利标准。[3] 学界支持社会总福利来作为判断制度是否优越标准的观点主要缘于以下理据:

其一,在资本市场发展比较充分的地方,很多股东其实就是消费者;其二,如果我们政策能够确保整体社会福利的提升,理论上我们可以采取其他的补贴措施去补偿可能受损害的消费者,也就是所谓的卡尔多-希克斯改进;其三,政策本身需要分工,反垄断政策应该保证整体社会福利或者效率的提升,而不应该关注社会分配,因为社会分配会有其他的公共政策来落地实施,包括税收、补贴等各方面的政策;其四,很多行业的消费者未必比企业的股东穷甚至可能富,比如,高端的豪车市场并购,如过度的消费者福利,可能会发现消费者更为富有,福利目标反而会违背整体的

---

〔1〕 参见孟庆春、刘家壮、安起光:《社会福利最大化与消费者效用最大化的关系研究》,载《经济数学》2002年第3期。

〔2〕 参见周义兴:《别忘了公共福利是扩大内需的助推器》,载《法人杂志》2007年第8期。

〔3〕 参见钟鸿钧:《反垄断为了什么:消费者、中小企业,还是促进创新?》,载微信公众号“原子智库-腾讯新闻”2021年1月12日,https://mp.weixin.qq.com/s/4XZAypwWqltaukP91atG3w。

社会福利。这几个方面的因素表明，在讨论社会福利标准的时候，总体的社会福利标准是一个合理的选择。

认为政策目标应该追求消费者福利最大化的学者主要基于以下理由：消费者比股东（企业所有者）收入更低，所以应该有更高的权重；消费者是分散的，缺乏企业那样有组织的游说力量（这是经济法一直以来关注的实质公平问题），等等。[1]

笔者支持第二种观点，也就是经济政策、法规的制定目标应是谋求消费者福利最大化，并以消费者福利最大化为标准来衡量、评价经济法律制度。但笔者认为，消费者福利最大化更适合于评判经济法效益的主要原因在于更宏观的层面：其一，从消费者福利与社会福利的关系来看（见图6－1），我们已用简单的数学公式推导出，消费者福利范畴要大于社会福利范畴——尽管消费者仅是社会不同群体中的一部分，很多学者由此认为消费者福利是社会福利的一种，进而得出消费者福利要小于社会福利的结论。但我们在前文的论证过程中可以发现，这种错误根源于对消费者福利与消费者剩余概念的混淆。在本书中，消费者福利和消费者剩余是完全不同的两个概念，我们作了严格区分，消费者福利在图形上是一条接近于消费者效用函数的曲线。消费者福利在数学公式中代表的是消费者意愿支付的价格，也即产品或服务在消费者个体心中的价值。根据公式3（社会总剩余＝买者愿意支付的最高价格－卖者的成本）假设卖者成本不变，消费者福利的增加也就意味着社会总剩余（社会总福利）增加，消费者福利最大化能带来社会总福利最大化，相反，在其他条件不变的情况下，社会总福利最大化也能带来消费者福利最大化。就这个角度来看，以社会总福利和消费者福利最大化为目标并没有什么实质上的区别。但从公式3可知，消费者福利受社会总福利和卖者成本两方面因素影响，是二者的加总，经济法确保经济的健康有序发展，必然要在促进社会总福利的同时通过法律制度降低各种交易费用，也就是发挥着消费者福利最大化的作用，因此，消费者福利最大化相较于社会总福利最大化而言更适合于作为评判经济法律制度的标准。其二，价格由市场决定，但价值源自效

---

〔1〕 参见钟鸿钧：《反垄断为了什么：消费者、中小企业，还是促进创新?》，载微信公众号“原子智库－腾讯新闻”2021年1月12日，https://mp.weixin.qq.com/s/4XZAypwWqltaukP91atG3w。

用,效用是由谁来评判？当然是消费者,消费者根据自己的实际需求和主观偏好来判断一件商品或者一项服务是否能满足自己。“需要的满足带给个人效用,个人或个体需要的满足决定着价值。对每个个人或个体而言,每个产品和服务的效用和价值也是不同的。”[1]每个人和个体获得的消费者剩余也不同。社会经济生产的各个环节的最终目的都是满足消费者效用,否则就是毫无意义的资源浪费(试想将大量的劳动力和资源安排去生产一些丝毫无法满足消费者需求的产品,或是过量生产某一产品)。消费者福利由此可直接或间接地作为标准评价社会生产各个环节是否有效率地进行。

四、消费者福利界定的法学视角

从经济学的角度来看,消费者福利是指消费者从商品或服务中获得的满足,而这种满足可通过消费者的支付意愿来衡量。那么法学上的消费者福利应如何界定呢？

法学对消费者福利的关注源自法院在审判经济类案件时对经济效率指标的考量。20世纪70年代末,消费者福利标准在美国兴起。法院通过对经济效率的分析扭转了传统经济法反垄断的态度,回应了经济和法律学者揭示的大企业规模和市场份额往往表明创造财富的效率,而不是糟糕的经济表现,法官开始对具体案件进行经济分析。1979年,最高法院在“Reiter *v.* Sonotone”案中强调了这一新的方法,指出“国会将《谢尔曼法》设计为一种‘消费者福利处方’”。随后的司法裁决阐明了法律标准,力求维护有利于消费者的商业行为的激励机制。这些决定也给了占主导地位的公司较大的回旋余地,使它们能够进行积极地竞争,以更好地满足消费者。[2]

由此可见,法学对消费者福利的关注和理解是从经济学中关于消费者福利的研究开始的,但法学对消费者福利的研究视角和意义又是不全然相同的。相对于经济学而言,法学的切入点在于消费者在经济生活中的基本权能能否实现。请注意,这里没有使用基本权利、基本权益,而是

---

[1] 戴明亮:《需求经济学》,中国发展出版社2015年版,第92页。

[2] 参见Alden Abbott & Tracy C. Miller:《反垄断应继续关注消费者福利》,载微信公众号“思想库报告”2021年4月15日,https://mp.weixin.qq.com/s/_pXd0s4PO5JjfW0HWGhCUA。

使用了基本权能的概念。也就是说,法学重视保障消费者在经济生活中拥有自主、自由的行动的基本能力。经济法尤为强调这一点,因此才被冠之以伸张实质正义之法的头衔。法学视角的消费者福利内涵非常广,但可把它大致划分为两种层次:第一种层次是消费者的基本经济权能,是经济法等社会法为保障消费者参与社会经济生活,通过规则设置来保障消费者能实现正常经济交往的能力。这个层次囊括的消费者的基本权利和权益有很多。例如,消费者作为人所应享有的基本人权——生存权,体现在经济法领域中,是消费者的人身安全权、财产安全权、信息安全权;平等权,直接体现在经济法领域中,是公平交易权、受尊重权,当然,真情知悉权也是从平等权演化而来的权利;自决权,体现为自主选择权;社会保障权,部分体现为结社权、监督权,但最主要是表现为消费者享有被救济的权利;环境权,即享有的在健康、舒适和优美的环境中生存和发展的权利,这一环境不只是生态自然环境,也包括社会环境,社会环境由人创造,生态自然环境因人改变,经济活动中的生产、运输、仓储、交易、消费各个环节都会对环境造成影响,这使其中的各个主体,政府、市场上的生产者、运输者、仓储租赁者、经营者甚至是消费者本人都是自身环境权的义务人。第二种层次是建立在第一种层次之上,是实现了第一种层次权能之后为确保消费者能更好地享有经济权利,改变消费者在知识、技能等能力相对弱势的第一种权利实现状态的经济权能。例如,消费者的受教育权,消费者有权获得有关消费产品或服务,以及消费者权益保护方面的知识的权利。消费者有权要求经营者给予必要的使用指导和售后服务,受教育权从知情权中引申而来,[1]只有保障消费者在消费品知识上的相对权利,才能使消费者更好地掌握所需商品或服务的知识和实用技能,从而拥有实质上相对平等的交易地位和能力。

尽管在以上界定消费者福利的过程中,我们集中于分析交易环节中经济法对消费者利益的保障,但这仍是狭义上的消费者福利,广义的消费者福利不是仅仅保护消费者在消费环节的基本权益,而是从社会经济的生产、分配、交换和消费各个方面来确保消费者的经济权能。也即,消费

---

〔1〕 参见中国消费者权益保护法学研究会:《消费者权益保护法学》,中国社会出版社2017年版,第57页。

者福利受整个社会经济运行环节的影响，而消费者福利比消费者权益大，并非只是发生在消费者购买消费品之后才涉及，很多经济制度都体现了对消费者福利的追求。生产者责任延伸制度就是消费者福利最大化的体现。社会发展要满足消费者多功能、多层次的需求才是真正的进步。因此，仅靠《消费者权益保护法》并不能说明并保障消费者福利，必须要通过经济法和其他社会法中的各种法律、法规来直接或间接地促进消费者福利最大化，反食品浪费、节约能源……这些都与消费者福利息息相关。我国以满足人民对美好生活的向往作为奋斗目标，而消费者福利是人民美好生活中的核心组成部分。经济法追求的是国民经济全面协调可持续发展，经济法中的各项制度都在围绕着这个核心，因此经济领域的所有相关立法都要考虑消费者福利最大化原则。

第二节 经济法具体制度下的消费者福利最大化

经济法通过调整社会经济关系，一方面按市场供求关系配置生产和经营要素与资源，提升资源使用效率，促进消费者福利最大化；另一方面最大限度地减弱市场调节的盲目性和滞后性。本节按社会经济生产的生产、分配、交换和消费环节对经济法中的主要法律、法规进行分类梳理，选取各环节中典型的法律、法规中的具体制度进行解读，探寻经济法制度所指向的消费者福利最大化原则。本节中部分法律可能反复出现，例如《产品质量法》《食品安全法》《药品管理法》《农产品质量安全法》《消费者权利保护法》《反不正当竞争法》《广告法》等，其中产品、食品、药品、农产品、化妆品、旅游服务等相关法律、法规往往以产品（服务）的生命（使用）周期为质量保障的关注重点，因此相关的制度往往会贯穿从生产到消费的四个环节，而消费者权利保护法、反不正当竞争法和广告法则从各环节对产品或服务的生产者、提供者的行为规制，以确保消费者福利最大化。

一、消费者福利最大化原则在涉及生产环节的经济法律制度中的具体体现

经济法从“质”和“量”两个方面确保消费者的消费需求得到满足，其中的“质”，主要是指经济法要求生产者在产品的生产过程中要对生产材料和成品进行严格把关，按对消费者所展示的产品功能去设计产品，从而

确保产品在消费环节中能满足消费者的基本需求,实现消费者福利最大化。归纳经济法在生产环节中的基本制度,主要有安全生产制度、产品抽查制度、追溯制度、产品召回制度和相关利益者监督制度。

(一)安全生产制度

安全生产是生产出符合消费者需求产品的基本前提,也是当消费者因产品质量问题而蒙受损失时生产者责任自查的关键环节。安全生产制度一般包括生产许可制度、安全生产责任制度、生产检查制度、安全风险分级管控制度、安全教育管理制度、职业病防护制度等,从各个方面确保产品的安全生产,做到对产品风险的积极防控,确保消费者利益。有关安全生产的基本制度统一规定于《安全生产法》中,其他经济法律、法规中也会根据自己主要针对的内容对象进行规范。例如,《药品管理法》是专门针对药品生产、经营管理的法律,该法第 43 条规定,“从事药品生产活动,应当遵守药品生产质量管理规范,建立健全药品生产质量管理体系,保证药品生产全过程持续符合法定要求”。而在生产责任制度上,规定“对药品生产企业的法定代表人、主要负责人对本企业的药品生产活动全面负责”。《农产品质量安全法》是专门确保农产品质量安全的法律,该法第 9 条规定,“国家支持农产品质量安全科学技术研究,推行科学的质量安全管理方法,推广先进安全的生产技术”。

(二)产品抽检制度

1985 年,我国首次实行国家监督性质的产品抽查制度,当年第三季度,原国家标准局组织了 30 多家国家质量监督检验中心对几百家企业的 17 类产品实施了首次国家监督抽查,并向社会公布抽查结果。产品质量监督抽查制度由此正式作为我国政府质量监管的一项重要手段延续下来。1986 年,国务院发布《工业产品质量责任条例》(已废止),原国家经济贸易委员会发布《国家监督抽查产品质量的若干规定》,进一步明确建立了国家监督抽查制度。[1]

产品抽检制度的意义在于有效率地检查生产者的产品质量保义务是否履行。凡是以物质形态呈现的产品,在进入我国市场进行流通之前,均

---

〔1〕 参见施京京:《创新监管方式 严守安全底线——我国持续推进产品质量监督抽查制度改革》,载《中国质量技术监督》2019 年第 4 期。

可能被抽检。《产品质量法》第 15 条规定,"国家对产品质量实行以抽查为主要方式的监督检查制度,对可能危及人体健康和人身、财产安全的产品,影响国计民生的重要工业产品以及消费者、有关组织反映有质量问题的产品进行抽查。抽查的样品应当在市场上或者企业成品仓库内的待销产品中随机抽取。监督抽查工作由国务院市场监督管理部门规划和组织。县级以上地方市场监督管理部门在本行政区域内也可以组织监督抽查。法律对产品质量的监督检查另有规定的,依照有关法律的规定执行"。为了兼顾经济效率,该法规定,"国家监督抽查的产品,地方不得另行重复抽查;上级监督抽查的产品,下级不得另行重复抽查。根据监督抽查的需要,可以对产品进行检验。检验抽取样品的数量不得超过检验的合理需要,并不得向被检查人收取检验费用"。与其他产品不同,食品、农产品的抽检不仅要对其成品本身进行抽检,在投入生产阶段,还需要对相关添加物、肥料等进行抽查。例如,《食品安全法》第 110 条第 2 项规定,县级以上人民政府食品安全监督管理部门履行食品安全监督管理职责,有权对生产经营的食品、食品添加剂、食品相关产品进行抽样检验;《农产品质量安全法》第 21 条第 2 款规定,国务院农业行政主管部门和省、自治区、直辖市人民政府农业行政主管部门应当定期对可能危及农产品质量安全的农药、兽药、饲料和饲料添加剂、肥料等农业投入品进行监督抽查,并公布抽查结果。

(三)追溯制度

如何保证我国农产品、食品的质量安全早已成为政府和学界关注的热点问题。在食品质量安全领域,我国已建立了相对成熟的追溯制度。在部分农产品领域,我国多年来也一直在积极尝试建立并完善农产品追溯制度。2004 年至 2019 年中央一号文件连续 16 次提出对农产品的质量安全工作的要求;2007 年至 2019 年连续 13 次提到有关农产品的可追溯问题。2019 年中央一号文件直接规划了 2019 年和 2020 年两年的基本任务,提出"实施农产品质量安全保障工程,健全监管体系、监测体系、追溯体系",旨在通过建立全程追溯平台来监督农产品生产、加工、流通、消费的每一环节,从而确保国民身体素质健康。

我国从 2001 年就开始提出对农产品质量追溯体系进行研究、引进。我国推行建立了以《食品安全法》《农产品质量安全法》为核心的国内法律体系。《食品安全法》对农产品质量安全可追溯管理中的主体责任管理、生产档案管理及包装标识管理等核心内容提供基本法律依据。2015年修正案第42条规定:“国家建立食品安全全程追溯制度。食品生产经营者应当依照本法的规定,建立食品安全追溯体系,保证食品可追溯。国家鼓励食品生产经营者采用信息化手段采集、留存生产经营信息,建立食品安全追溯体系。国务院食品药品监督管理部门会同国务院农业行政等有关部门建立食品安全全程追溯协作机制。”继《农产品质量安全法》后,我国发布了《农产品包装和标识管理办法》等法规、规章。此外,国家发改委批复国家农产品质量安全追溯管理信息平台建设项目,在四川、山东、广东3个省开展试运行。2016年原农业部发布《关于加快农产品质量安全追溯体系建设的意见》,进一步推动农产品质量安全追溯管理法治化。但总的来看,当前我国主要农产品还没有建成覆盖全国的追溯系统,已经建立的部分农产品追溯系统也与国际标准存在较大差异,追溯效果不甚明显。从消费者角度来看,可供消费者查询的信息量偏少;从生产环节来看,农户或大部分涉农企业缺乏建立追溯系统的动力;从流通环节看,缺乏流通环节追溯技术的有效应用。为了应对欧盟自2005年开始实施水产品贸易可追溯制度,原国家质检总局出台了《出境水产品溯源规程(试行)》,我国物品编码中心会同有关专家在借鉴了欧盟国家经验的基础上,编制了《牛肉制品溯源指南》。但我国目前在相关标准及体系的建设上较为被动,仍然缺乏主动对接国际标准的意识,这与我国在农产品国际贸易中的地位并不匹配。截至2019年,我国与60多个国家和国际组织签署了120多份粮食和农业多双边合作协议、60多份进出口粮食检疫议定书,这些协议、协定的有效实施,将有赖于相关农产品制度的有效实施。

除了食品、农产品的生产要建立全程追溯制度外,我国在药品和化妆品的生产管理上也建立了药品追溯制度。《药品管理法》第12条第1款规定:“国家建立健全药品追溯制度。国务院药品监督管理部门应当制定统一的药品追溯标准和规范,推进药品追溯信息互通互享,实现药品可追溯。”第36条规定,药品上市许可持有人、药品生产企业、药品经营企业和医疗机构应当建立并实施药品追溯制度,按照规定提供追溯信息,保证药品可追溯。《化妆品监督管理条例》第31条规定:“化妆品注册人、备案人、受托生产企业应当建立并执行原料以及直接接触化妆品的包装材料进货查验记录制度、产品销售记录制度。进货查验记录和产品销售记录应当真实、完整,保证可追溯,保存期限不得少于产品使用期限届满后1年;产品使用期限不足1年的,记录保存期限不得少于2年。化妆品经出厂检验合格后方可上市销售。”

(四)召回制度

产品召回制度在我国首先出现于汽车产品领域,《缺陷汽车产品召回管理条例》(2012年10月22日国务院令第626号公布,2019年修订)第3条规定召回,是指汽车产品生产者对其已售出的汽车产品采取措施消除缺陷的活动,而缺陷,是指由于设计、制造、标识等原因导致的在同一批次、型号或者类别的汽车产品中普遍存在的不符合保障人身、财产安全的国家标准、行业标准的情形或者其他危及人身、财产安全的不合理的危险。之后,召回制度被应用于食品等关键领域。《消费者权益保护法》(1993年第八届全国人民代表大会常务委员会第四次会议通过,2009年第一次修正,2013年第二次修正)规定,采取召回措施的,经营者应当承担消费者因商品被召回支出的必要费用。《食品召回管理办法》(2015年3月11日国家食品药品监督管理总局令第12号公布,2020年修订)规定了不安全食品的定义和适用,由国家市场监督管理总局负责指导全国不安全食品停止生产经营、召回和处置的监督管理工作。《医疗器械召回管理办法》(国家食品药品监督管理总局2017年第29号令)规范了对正常使用情况下存在可能危及人体健康和生命安全的不合理风险的产品、不符合强制性标准、经注册或者备案的产品技术要求的产品、不符合医疗器械生产、经营质量管理有关规定导致可能存在不合理风险的产品等采取警示、检查、修理、重新标签、修改并完善说明书、软件更新、替换、收回、销毁等方式进行处理的行为。《药品管理法》(2019年8月26日修订)在第82条、第135条也规定了药品的召回制度,对药品存在质量问题或者其他安全隐患的,药品上市许可持有人应召回已销售的药品,并及时公开召回信息,将药品召回和处理情况向省、自治区、直辖市人民政府药品监督管理部门和卫生健康主管部门报告,并直接规定了拒不召回的药品上市许可持有人的惩罚性赔偿责任,对在省、自治区、直辖市人民政府药品监督管理部门责令其召回后,拒不召回的,应处召回药品货值金额5倍以上10倍以下的罚款;货值金额不足10万元的,按10万元计算……药品生产企业、药品经营企业、医疗机构拒不配合召回的,处 10 万元以上 50 万元以下的罚款。

2019 年《消费品召回管理暂行规定》(国家市场监督管理总局令第 19 号)发布,从整体上明确了所有消费品的召回制度,并在该规定第 3 条明确了召回的概念:召回是指生产者对存在缺陷的消费品,通过补充或者第 3 款修正警示标识、修理、更换、退货等补救措施,消除缺陷或者降低安全风险的活动。召回制度针对的是因设计、制造、警示等原因,致使同一批次、型号或者类别的消费品中普遍存在的危及人身、财产安全的不合理危险的消费品,从质上保障消费者福利。

(五)相关利益者监督制度

相关利益者监督制度是经济法要在生产领域明确的一项基本制度。虽然目前来看,经济法的法律条款并无直接规定生产环节中相关利益者监督制度,学界也没有学者论述该项制度在经济生产中的意义,但不可否认的是,该项制度在经济法中是扎扎实实存在的,并且也在相关产业实践中得到了认可和推广。相关利益者监督制度的概念从管理学中来,1984 年,弗里曼在《战略管理:利益相关者管理的分析方法》提出了利益相关者管理的理论,认为公司的发展离不开各个利益相关者的投入与参与。在法学领域中,利益相关者的相关管理制度主要应用于公司法。在公司法中,相关利益者观点的展开源于对公司、企业的本质的思考,企业的本质是利益相关者的契约集合体,利益相关者是所有在公司真正拥有某种形式的投资并处于风险之中的人,包括股东、经营者、员工、债权人、顾客、供应商、竞争者以及国家等。契约的不完备性,使得利益相关者共同拥有企业的剩余索取权和剩余控制权,进而共同拥有企业的所有权。对所有权的拥有是利益相关者参与公司治理的基础,也是利益相关者权益得到应有保护的理论依据。[1] 之后,在环境法等领域,利益相关者也成了较为常见的法律主体。

经济法之所以要将利益相关者监督制度引入生产环节的管理活动中去,主要原因在于多数场合下的产品生产,无论是出自商业秘密的考虑,

---

〔1〕 参见马亚明主编:《现代公司金融学》,中国金融出版社 2016 年版,第 13 页。

或是生产卫生安全的考虑，生产过程都是封闭式的，消费者出于某种信任选择购买产品，在《消费者权益保护法》《广告法》等经济法律、法规的保障下，消费者可以相信产品标签上显示的基本信息，但这并不代表消费者的合法利益不会受到侵害，事实上，我国每年"3·15"消费者维权日都有爆出各式各样的产品欺诈现象。生产工艺可以作为商业秘密，生产过程也可以继续保持封闭，但不能因此而阻碍了消费者作为利益相关者对企业生产本应享有的监督权利。生产者有义务确保为消费者提供监督企业生产的途径，从宏观上看，这么做的意义在于增强社会信任度，从而间接促进消费和生产；从微观上看，这么做也能同时帮助企业尽早发现问题，避免资源错误配置，减少消费者需求矛盾，降低消费者需要维权的次数，避免司法资源浪费。

相关利益者监督制度是消费者福利延伸的具体制度，消费者福利不仅出现在交换和消费领域中，从纵向上还应延伸到产品的生产环节，从横向上也可以拓展到消费者消费时的相关环境。以药品、化妆品生产为例，为了生产出更适合消费者个体的产品，生产者可以通过遴选试用者，征求消费者及相关群体的意见，根据他们的实际反应和需求来提高产品的性能，以此设计产品、方案。例如，在现实生活中可以发现，现在儿童服用的药剂已出现水果口味，形态上也呈现出多种形式，这是根据消费者消费的实际需求来做出的产品提升。换成通俗的说法：邀请消费者走进后厨进行监督，才能及时发现问题，针对产品问题做到以预防为主。

二、分配环节中的消费者福利最大化

分配是劳动者取得物质回报的关键环节，马克思认为，交换只是生产以及由生产决定的分配一方和消费一方之间的媒介要素。[1] 社会总产品经过分配分解为两个部分，一部分在数量上相当于转移价值，用作补偿基金；另一部分相当于新创造的价值，形成国民收入。[2] 参与社会经济生活的每一个人都拥有着消费者的身份，社会产品分配直接影响到每一个消费者的福利。具体而言，分配直接决定消费者的购买能力，也就影响

---

〔1〕 参见马克思：《〈政治经济学批判〉导言》，载《马克思恩格斯选集》第2卷，人民出版社1995年版。

〔2〕 参见闻潜：《社会主义经济概论》，中国财政经济出版社1985年版，第265页。

到为了获取满足的支付意愿，更何况，消费者（绝大多数本身也是劳动者）对个人利益的关心，是社会主义生产的潜在动力。列宁曾强调："从个人利益上的关心，能够提高生产。"〔1〕

涉及分配环节的主要是经济法中的税法和财政法。税法可以调配消费者的个人收入，同时也是国家财政收入的重要来源；财政法则是要保障取之于民的国家收入用之于民，通过综合运用财政规划、国债、转移支付、补贴等财政手段来促进消费者福利，提高消费者在国防安全、医疗卫生、文化娱乐、科技教育、生活环境和经济生活等各个领域的满足感。在这里，笔者仅列举转移支付制度来说明经济法在分配环节中是如何促进消费者福利的。

在联合国《1990年国民账户制度修订案》中对转移支付的解释是：货币资金、商品、服务或金融资产的所有权由一方向另一方的无偿转移。目前对转移支付的广泛理解是：各级政府之间为了解决财政失衡而通过一定的形式和途径转移财政资金的活动，是用以补充公共物品而提供的一种无偿支出，是政府财政资金的单方面的无偿转移，体现的是非市场性的分配关系。〔2〕我国《预算法》《预算法实施条例》对转移支付进行了一般性规定。一般而言，转移支付包含了政府间财政转移和财政补贴，财政学理论认为："以财政支出是否与商品和服务相交换为标准，可将全部财政支出分为购买性支出和转移性支出两类。"〔3〕财政转移支付可以通过弥补地方财政收支、调整地方"溢出"利益和特殊救济等方面实现各地公共服务水平均等化、确保实现宏观调控目标。通过转移支付，帮助一些经济或资源利用相对落后的地方，或者扶持一些新兴的绿色产业，改善这些地区的营商环境、生态环境或帮助这些产业，以此间接地促进、提高消费者福利。

三、消费者福利最大化原则在涉及交换环节的经济法律制度中的具体体现

在交换环节，消费者福利主要体现在市场能保证消费者可以买到满

---

〔1〕列宁：《十月革命四周年》，载《列宁选集》第4卷，第572页。

〔2〕参见赵兴军：《财政转移支付制度研究》，九州出版社2018年版，第1页。

〔3〕陈共主编：《财政学》，中国人民大学出版社2000年版，第6页。

足自己需求的产品或服务。“可以买到”意味着市场上的产品或服务必须满足三个条件：一是市场生产、提供了这些能满足消费者需求的产品或服务，二是市场上供应的这些产品或服务是足量的，三是市场上供应的产品或服务的售价是消费者能承受的。第一个条件体现在法律制度上仍然是要求生产者和经营者对市场上流通的产品要有“质”的保障。第二个条件则是对产品供应“量”的要求，具体于经济法而言，既可以是对某些特殊产业的规划，也可以是对囤积居奇等行为的限制，但对“量”的平衡应以市场需求为标准，而市场需求需要实际的经验观察，难以形成固定的制度，因此经济法往往通过临时性的政策规定来刺激生产者的供应量，这方面在本书中不做细致讨论。第三个条件则是对产品的“价”的要求，在反垄断法框架中，消费者利益集中表现为以价格为核心的“消费者福利”，市场自由竞争的结果之一是消费者可实现自由选择权。因此，消费者福利是否满足成了判断垄断行为的主要标准，从而使价格限制消费者选择成了对消费者福利的损害。按马克思政治经济学的观点，商品的价值是凝结在产品中的无差别的人类劳动；而产品或服务在市场上的价格则是受供需关系影响的。经济法虽然不会过度干预产品的“价”，但会通过最高价限制等措施来稳定特殊时期人们生活的必需品价格，通过《价格法》来约束政府定价行为，也会关注倾销问题，通过《反倾销条例》等法律、法规来规制以不合理低价来排挤竞争对手的行为；而在日常生活中，消费者最为关注的是产品或服务的性价比，性价比越高，消费者剩余就越大，消费者获得的满足感就越强。综上，经济法消费者福利最大化原则之于交换环节，最关键的问题是要满足消费者对产品“质”“量”“价”的需求，但本书中仅着重分析经济法如何通过保障交换环节产品之“质”和合理促进交换环节产品之“价”真实反映市场客观规律来确保消费者福利的实现。

（一）保障交换环节产品之“质”

1. 产品进场销售抽查制度

一直以来，产品（尤其是农产品或食品）的成分欺诈都是市场监管的重点和难点所在。由此发展而来的抽样检验（抽检）制度，即借助化学分析等科学方法，对终产品进行检测，以判断其是否符合强制性的产品标准抑或生产经营者的自我声明，进而打击产品成分的掺假掺杂和标识的信息错误。相应地，对于可以作为处罚依据的检测报告及相关的科学工作，也有针对实体和程序的法定要求，以保证执法的科学性和合法性。[1]

以农产品在进入市场流通前的抽检为例，《农产品质量安全法》第 34 条第 1 款规定："国家建立农产品质量安全监测制度。县级以上人民政府农业行政主管部门应当按照保障农产品质量安全的要求，制定并组织实施农产品质量安全监测计划，对生产中或者市场上销售的农产品进行监督抽查。监督抽查结果由国务院农业行政主管部门或者省、自治区、直辖市人民政府农业行政主管部门按照权限予以公布。"第 37 条规定："农产品批发市场应当设立或者委托农产品质量安全检测机构，对进场销售的农产品质量安全状况进行抽查检测；发现不符合农产品质量安全标准的，应当要求销售者立即停止销售，并向农业行政主管部门报告。农产品销售企业对其销售的农产品，应当建立健全进货检查验收制度；经查验不符合农产品质量安全标准的，不得销售。"又如食品方面，《食品安全法》第 64 条规定，食用农产品批发市场应当配备检验设备和检验人员或者委托符合本法规定的食品检验机构，对进入该批发市场销售的食用农产品进行抽样检验；发现不符合食品安全标准的，应当要求销售者立即停止销售，并向食品安全监督管理部门报告。第 87 条规定，县级以上人民政府食品安全监督管理部门应当对食品进行定期或者不定期的抽样检验，并依据有关规定公布检验结果，不得免检。进行抽样检验，应当购买抽取的样品，委托符合本法规定的食品检验机构进行检验，并支付相关费用；不得向食品生产经营者收取检验费和其他费用。

2. 产品标签制度

《消费者权益保护法》第 21 条规定："经营者应当标明其真实名称和标记。租赁他人柜台或者场地的经营者，应当标明其真实名称和标记。"这是确保消费者真情知悉权的必然要求。从真实标记的目的出发，可以进一步扩展到产品标签制度。关心产品质量和功能的消费者们，往往很难追溯他所购买的产品究竟是在什么条件下生产和运输的，产品的主要成分又是源自何处，做了什么样的加工，这些都无从得知，标签制度由此

---

[1] 参见孙娟娟：《食品抽检制度的实务进展和域外经验》，载微信公众号"中国食品药品监管杂志"2018 年 9 月 2 日，https://mp.weixin.qq.com/s/WvmJbq54jsxm_BVcHZ5pLQ。

出现,为消费者提供了一种简单的辨识方法,弥补市场信息不对称给消费者福利最大化带来的阻碍。例如,《化妆品监管条例》第36条规定了化妆品标签应标明的基本内容,其中全成分、使用期限、使用方法以及必要的安全警示和法律、行政法规和强制性国家标准规定应当标注的其他内容,都是涉及化妆品使用安全的硬性标准,必须明确标注在化妆品标签上。除此之外,该条例还明确了化妆品标签禁止标注的内容(如明示或者暗示具有医疗作用的内容和虚假或者引人误解的内容),而这些内容被禁止标注的主要原因还是在于标签的作用是减少市场信息的不对称性,而这种扩大产品功能或引起消费者对产品功能、效用误解的标签,对消费者福利只减不增。又如,《农产品质量安全法》第28条规定,农产品生产企业、农民专业合作经济组织以及从事农产品收购的单位或者个人销售的农产品,按照规定应当包装或者附加标识的,须经包装或者附加标识后方可销售。包装物或者标识上应当按照规定标明产品的品名、产地、生产者、生产日期、保质期、产品质量等级等内容;使用添加剂的,还应当按照规定标明添加剂的名称。

3. 质量认证制度

我国的质量认证制度主要分为企业质量体系认证和产品质量认证。《产品质量法》规定,根据国际通用的质量管理标准,推行企业质量体系认证制度。企业可以自愿向国务院市场监督管理部门认可的或者国务院市场监督管理部门授权的部门认可的认证机构申请企业质量体系认证。经认证合格的,由认证机构颁发企业质量体系认证证书。国家参照国际先进的产品标准和技术要求,推行产品质量认证制度。企业根据自愿原则可以向国务院市场监督管理部门认可的或者国务院市场监督管理部门授权的部门认可的认证机构申请产品质量认证。经认证合格的,由认证机构颁发产品质量认证证书,准许企业在产品或者其包装上使用产品质量认证标志。

质量认证制度的优势在于:第一,可以通过相对节省成本的方式让消费者产生更多对企业及其提供的产品的质量的信任,促进产品流通和消费。第二,有利于企业朝着国际标准来严格要求自己的生产工艺。虽然我国的质量认证制度是企业自愿申请的,但一个企业要想站稳市场,获得更多的消费者和社会支持,必然需要考虑提高自己的产品技艺,以更高、更严格的标准要求自己，进而从整体上推动整个社会产品质量的进步。第三，促进消费者福利最大化。首先，消费者通过质量认证标志节省了自己搜寻合适产品的标准，节约了时间和认知成本；其次，标有质量认证标志的产品本身要求更为严格，因而质量存在问题的情况少，维护了消费者福利。

4. 社会监督制度

社会监督制度在产品流通环节显得尤为重要。单独的消费者个体在面临产品质量问题时，往往会做一个比较选择：多数人会觉得把时间浪费在纠纷解决上不划算，除非在产品质量问题十分严重，消费者已经受到了严重的财产或者人身损害时，他们才会去主动维权。而这种“理性”的选择却无形中助长了不法行为商家的气焰，因为对他们而言，生产不合格产品所要付出代价的机会很小，成本就相对较低。社会监督制度在产品流通环节主要表现在通过代表消费者利益的社会组织来就消费者发现的问题进行社会反馈，曝光一些不良商家的违法行为，引起社会的足够关注，同时也给消费者群体发出信号：市场上流通的哪一家产品容易出现问题，哪一个销售商对消费者的服务态度和售后能力差。通过社会监督将信号传递给消费者，通过市场淘汰消费者福利能力差的生产者、销售者。《消费者权益保护法》第 6 条明确：保护消费者的合法权益是全社会的共同责任，国家鼓励、支持一切组织和个人对损害消费者合法权益的行为进行社会监督。大众传播媒介应当做好维护消费者合法权益的宣传，对损害消费者合法权益的行为进行舆论监督。《产品质量法》第 22 条、第 23 条规定了消费者有就产品质量问题，向产品的生产者、销售者查询、向市场监督管理部门及有关部门申诉的权利。保护消费者权益的社会组织有权就消费者反映的产品质量问题向有关部门建议处理，支持消费者对因产品质量造成的损害向人民法院起诉。

（二）合理促进交换环节产品之“价”真实反映市场客观规律

1. 明码标价

为确保经营者制定的售价符合市场客观规律，《价格法》明确了经营者定价的公平、合法和诚实信用原则，指出经营者定价的基本依据是生产经营成本和市场供求状况。其中，“明码标价”的规范性要求是诚实信用原则的直接体现，“明码标价”要求经营者要注明收费标准，尤其不得在标价之外加价出售商品,不得收取任何未予标明的费用。对消费者而言,明码标价是进行消费者剩余衡量的一个标准,如果商家没有做到明码标价,那么消费者只能预估自己能为得到该产品或服务支付多少价格,却无法确知产品或服务能够带来多少消费者剩余,没有被明码标价的商品可能面对的是顾客望而却步的局面,不利于市场交易的效率。《制止牟取暴利的暂行规定》将不按规定明码标价列入通过价格非法牟利的手段。《消费者权益保护法》规定,消费者有权根据商品或者服务的不同情况,要求经营者提供商品的价格和服务费用。

2. 价格监督与举报制度

《制止牟取暴利的暂行规定》中归纳出了5种生产经营者通过价格非法牟利的手段:(1)不按照规定明码标价或者在明码标示的价格之外索要高价;(2)谎称削价让利,或者以虚假的优惠价、折扣价、处理价、最低价以及其他虚假的价格信息,进行价格欺诈;(3)生产经营者之间或者行业组织之间相互串通,哄抬价格;(4)违反公平、自愿原则,强迫交易对方接受高价;(5)其他价格欺诈手段。《价格法》则列出了8项不正当价格行为:(1)相互串通,操纵市场价格,损害其他经营者或者消费者的合法权益;(2)在依法降价处理鲜活商品、季节性商品、积压商品等商品外,为了排挤竞争对手或者独占市场,以低于成本的价格倾销,扰乱正常的生产经营秩序,损害国家利益或者其他经营者的合法权益;(3)捏造、散布涨价信息,哄抬价格,推动商品价格过高上涨的;(4)利用虚假的或者使人误解的价格手段,诱骗消费者或者其他经营者与其进行交易;(5)提供相同商品或者服务,对具有同等交易条件的其他经营者实行价格歧视;(6)采取抬高等级或者压低等级等手段收购、销售商品或者提供服务,变相提高或者压低价格;(7)违反法律、法规的规定牟取暴利;(8)法律、行政法规禁止的其他不正当价格行为。这些价格禁止性规定是价格监督与价格举报制度的依据。

价格监督检查机构依法享有价格监督检查权,但要保障有效监督,就必须提高监督检查的频次和执法力度,但检查频次与行政成本成正比,行政执法成本高,而执法力度再强也难免有漏网之鱼。公众监督就可以很好地弥补这些问题,群众监督、社会监督与价格举报制度是公众监督在市场价格领域的主要制度形式。《消费者权益保护法》将消费者购买商品或接受服务时享受合理价格作为消费者享有公平交易权利的具体表现。《价格法》第37条规定了价格的社会监督与群众监督制度，市场价格的社会监督主体有消费者组织、职工价格监督组织、居民委员会、村民委员会等组织以及消费者，政府价格主管部门应当充分发挥群众的价格监督作用，新闻单位有权进行价格舆论监督。第38条则规定了对价格违法行为的举报制度，任何单位和个人均有权对价格违法行为进行举报，政府价格主管部门有义务为举报者保密，并对举报者给予鼓励。

3. 稳定物价

《价格法》规定稳定市场价格总水平是国家重要的宏观经济政策目标。国家根据国民经济发展的需要和社会承受能力，确定市场价格总水平调控目标，列入国民经济和社会发展计划，并综合运用货币、财政、投资、进出口等方面的政策和措施予以实现。为保障消费者在特定时期的基本生存权利，经济法也会突破保障产品价格完全真实反映市场现状的自我约束，《价格法》中提到的相关制度主要有：保护价格制度、重要商品储备制度、价格监测制度。《价格法》第29条规定，政府在粮食等重要农产品的市场购买价格过低时，可以在收购中实行保护价格，并采取相应的经济措施保证其实现。除此之外，政府也可以建立重要商品储备制度，设立价格调节基金，调控价格，稳定市场。当重要商品和服务价格显著上涨或者有可能显著上涨，国务院和省、自治区、直辖市人民政府可以对部分价格采取限定差价率或者利润率、规定限价、实行提价申报制度和调价备案制度等干预措施。《价格法》第31条规定，当市场价格总水平出现剧烈波动等异常状态时，国务院可以在全国范围内或者部分区域内采取临时集中定价权限、部分或者全面冻结价格的紧急措施。为适应价格调控和管理的需要，政府价格主管部门应当建立价格监测制度，对重要商品、服务价格的变动进行监测。

四、消费者福利最大化原则在消费等环节经济法制度中的具体体现

消费者福利最大化在消费环节中主要表现在两个方面，一是正常地享受产品或服务带来的满足，在这一过程中可能包括生产者、销售者提供的各项售后维护、维修、升级服务和其他配套服务；二是当消费者在消费环节中福利受到损害时享有获得赔偿的权利，是因合法权益受损而被动

享有的权利。从这两个方面出发,正常享受产品或服务带来的满足,主要通过确保最基本的产品质量安全、为消费者提供真实信息以便其消费、基本功能保障来满足消费者需求。赔偿方面,法律制度需要通过赔偿来使消费者福利回归到未受损害之前的状态,但惩罚性赔偿制度作为特殊情况下可能适用的制度,显然有可能超出这一范围。惩罚性赔偿制度成为近年经济领域、生态环境领域研究的热点,其存在的合理性也是我们主要分析的一个重点。

(一)满足需求的保障

从《消费者权益保护法》来看,保障消费者福利,主要通过确保质量安全、向消费者说明产品真实情况、确保产品正常发挥功能三个方面来满足消费者的使用需求。其中,在质量安全方面,《消费者权益保护法》规定,经营者发现其提供的商品或者服务存在缺陷,有危及人身、财产安全危险的,应当立即向有关行政部门报告和告知消费者,并采取停止销售、警示、召回、无害化处理、销毁、停止生产或者服务等措施。在真实说明方面,《消费者权益保护法》规定经营者向消费者提供有关商品或者服务的质量、性能、用途、有效期限等信息,应当真实、全面,不得作虚假或者引人误解的宣传。经营者对消费者就其提供的商品或者服务的质量和使用方法等问题提出的询问,应当作出真实、明确的答复。在保障产品的功能方面,《消费者权益保护法》规定,经营者应当保证在正常使用商品或者接受服务的情况下其提供的商品或者服务应当具有的质量、性能、用途和有效期限;但消费者在购买该商品或者接受该服务前已经知道其存在瑕疵,且存在该瑕疵不违反法律强制性规定的除外。经营者以广告、产品说明、实物样品或者其他方式表明商品或者服务的质量状况的,应当保证其提供的商品或者服务的实际质量与表明的质量状况相符。

(二)惩罚性赔偿制度

法律制度落实的关键在于责任制度(奥斯丁甚至认为责任是法的本质),赔偿责任制度是保障消费者福利的一根重要支柱。损害赔偿,作为一种重要的救济方式,在一般民事侵权的情况下,赔偿仅是让被告停止侵权后对于实际损失的一种经济补偿,其“亡羊补牢”的本质决定了其不具备惩罚性赔偿的威慑作用。[1] 民法对被侵权人所蒙受的损失，往往通过这种“同质补偿”（或称作“填平式”补偿）来弥补被侵权人的实际损失，以试图使被侵权人的利益有恢复至侵权行为发生前状态的可能。“同质补偿”的目的在于救济被侵权人的利益，方式是将被侵权人的利益损失转移到侵权人身上，由侵权人负担，从某种角度来看，侵权人和被侵权人进行了一场“平行交易”。在一般情况下，这种“平行交易”是可以完全补偿受损一方的利益损失，但现在，民法也看到了“同质补偿”就无法完成弥补被侵权人利益损害的正常功能，借鉴经济法在食品等重要领域采用的惩罚性赔偿责任，突破了过去制度的束缚。

惩罚性赔偿也是以一种“私对私”形式（发生在平等民事主体间的，由一方对另一方承担责任的形式）承担法律的。惩罚性赔偿内容本身由补偿性赔偿部分加惩罚性赔偿部分组成，因此，它除具有传统民法意义上的赔偿损失的功能外，还有对被侵权人的超损失赔偿功能和对侵权者的惩罚、遏制功能，它的目的是惩罚加害人的严重不法行为，并预防本人或其他人发生类似行为而判定其在向受害人承担实际损失后，作为对加害人的惩罚与威慑而由其向受害人额外承担的赔偿金，惩罚性赔偿不同于精神损害赔偿，精神损害赔偿的基本功能是对受害人精神痛苦的损失填补，而惩罚性赔偿的适用则要求加害人主观上具有恶意，对其实施惩罚性赔偿，就是要遏制其将来重复类似行为，同时对社会上的其他人亦起到示范警戒。[2]

经济法对一些重要商品、服务领域采取适用惩罚性赔偿，是因为这些领域关系到的是消费者福利的第一个层次，同质补偿难以对不法生产者和经营者形成威慑，必须通过加倍赔偿来加大他们的违法成本。目前经济法中适用惩罚性赔偿的领域和法律条款具体如表6－1所示：

---

〔1〕 参见李捷：《域外专利侵权惩罚性赔偿法律制度研究与借鉴》，中国政法大学出版社2018年版，第26页。

〔2〕 参见李敏：《侵权责任法律制度研究》，陕西人民出版社2012年版，第224页。

表6-1 经济法中适用惩罚性赔偿的领域和法律条例

法律名称	惩罚性赔偿适用情形	惩罚性赔偿责任	发生环节	条款
《食品安全法》(2021年)	生产不符合食品安全标准的食品或者经营明知是不符合食品安全标准的食品(不包含食品的标签、说明书存在不影响食品安全且不会对消费者造成误导的瑕疵的情形)	价款10倍或者损失3倍的赔偿金;增加赔偿的金额不足1000元的,为1000元	生产、交换、消费	第148条第2款
《民法典》(2020年)	故意侵害他人知识产权,情节严重	惩罚性赔偿	生产、交换	第1185条
	明知产品存在缺陷仍然生产、销售,造成他人死亡或者健康严重损害的	惩罚性赔偿	交换、消费	第1207条
《商标法》(2019年)	恶意侵犯商标专用权,情节严重的	权利人因被侵权所受到的实际损失、(实际损失难以确定的)侵权人因侵权所获得的利益或(权利人的损失或者侵权人获得的利益难以确定的)该商标许可使用费的倍数的1倍以上5倍以下确定赔偿数额	生产、交换	第63条第1款
《药品管理法》(2019年)	生产假药、劣药或者明知是假药、劣药仍然销售、使用的	支付价款10倍或者损失3倍的赔偿金;增加赔偿的金额不足1000元的,为1000元	交换、消费	第144条第3款
《旅游法》(2018年)	旅行社具备履行条件,经旅游者要求拒绝履行合同,造成旅游者人身损害、滞留等严重后果	旅行社支付旅游费用1倍以上3倍以下的赔偿金	消费	第70条

续表

法律名称	惩罚性赔偿适用情形	惩罚性赔偿责任	发生环节	条款
《反不正当竞争法》(2018年)	经营者恶意实施侵犯商业秘密行为,情节严重	实际损失或(实际损失难以计算的)侵权人因侵权所获得的利益的1倍以上5倍以下确定赔偿数额	生产、交换	第17条
《电子商务法》(2018年)	恶意发出错误通知,造成平台内经营者损失的	加倍承担赔偿责任	交换	第42条第3款
《消费者权益保护法》(2013年)	经营者提供商品或者服务有欺诈行为; 经营者明知商品或者服务存在缺陷,仍然向消费者提供,造成消费者或者其他受害人死亡或者健康严重损害的	按照消费者的要求增加赔偿其受到的损失,增加赔偿的金额为消费者购买商品的价款或者接受服务的费用的3倍;增加赔偿的金额不足500元的,为500元。法律另有规定的,依照其规定。 所受损失2倍以下的惩罚性赔偿	交换、消费	第55条第1款

由表6－1可知,适用惩罚性赔偿的范围往往是影响国民经济生活的关键领域,并且要求责任承担者在主观上有着明知而故意的心态,甚至是恶意的。由于这些领域最直接地影响着消费者福利最基础的层次,因而必须严防不法者对消费者福利的威胁。从法经济学的角度来看,惩罚性赔偿能鼓励市场交易,原因在于它能使潜在侵权人认识到交易比侵权合算,激励潜在侵权人选择自愿交易。根据科斯定理,在补偿性赔偿金低于侵权人非法获利而又不能完全补偿受害人损失情况下,一个潜在侵权人就会从事侵权行为,而潜在的受害人则会将尽可能防止侵权行为的发生,考虑通过购买使潜在侵权人放弃侵权行为,因而它具备保护市场交易、提高效率、增进社会财富积累的功能。[1]

〔1〕 参见冯玉军:《法律与经济推理:寻求中国问题解决》,经济科学出版社2008年版,第370页。

第三节 消费者福利最大化原则与其他原则的关系

笔者认为,消费者福利最大化原则是经济法四个基本原则中的核心原则。它联系着责权利效相统一原则、发展中国特色的公平竞争原则和经济与法治平衡协调原则,是其他三项原则的最终目标和检验标准。

一、消费者福利最大化原则与责权利效相统一原则

虽然责权利效相统一原则是经济法最基本的原则,也是检验经济制度的标准,但消费者福利最大化原则却可以检验责权利效相统一原则是否被落实。责权利效相统一是指市场经济的相关主体(包括商品或服务的提供者、消费者、政府)的经济责任、享有的经济权利(权力)、涉及的利益和产生的社会效益和经济效率都必须合理安排,协调一致。从表面来看,消费者福利最大化原则仅涉及责权利效相统一原则中三分之一的主体——消费者的"责""权""利""效",但事实上,责权利效相统一原则所涉及的另外两个主体商品或服务的提供者和政府的"责""权""利""效"相统一也都是为了实现消费者福利最大化。因此,消费者福利最大化原则与责权利效相统一原则在内容上是贯通的,消费者福利最大化原则是责权利效相统一原则的目的。

首先,消费者"责""权""利""效"的直接意义是促进消费者福利最大化。以消费者的受教育权为例,消费者有权要求经营者提供有关商品或者服务的质量、性能、用途、有效期限等真实信息,有权要求经营者回答有关其提供的商品或者服务的质量和使用方法等问题,这是消费者在消费产品或服务,满足自己利益所必然的途径,也是实现消费者福利的必需环节;这既是消费者的一项权利,也是消费者为实现自身福利最大化的一项义务,消费者福利是否得到满足是"效"的衡量标准,消费者的受教育权充分体现了消费者的"责""权""利""效"相统一是如何以消费者福利最大化为目标的。

其次,商品或服务的提供者"责""权""利""效"间接保障了消费者福利最大化。商品或服务的提供者从事市场经济活动的主要目的当然不是为了谋求消费者福利。就像亚当·斯密的经济人论述,现实生活中每个人都为了自己的利益在生活,例如,面包商生产面包是为了盈利,而不

是为了满足他人口腹之欲,但当社会上所有人都这么做时,总体上却出现了相互有利于对方的结果,"有看不见的手把他们调整到促进社会总福利增加的角度去"。当每个人都能自由地选择某种方式追求自己的最大利益时,"一只看不见的手"会将他们对个人利益的追求引导到能够为公共利益做出最大贡献的途径上去。换成通俗的说法:在市场力量的推动下,就造就了市场上的个体主观为自己,客观为社会的结果。市场上商品或服务的提供者在追求自己利益的同时又不得不考虑消费者的利益,否则就难以实现自己的利益,亚当·斯密认为恰恰是这一点确立了交易的意义,这也说明了市场上商品或服务的提供者在无意中是如何促进消费者福利最大化。一个不考虑消费者利益的经营者,在设计产品、提供产品时不以消费者需求为先,而只是自顾自地出售产品,那么它必将被市场淘汰。尽管市场会引导商品或服务的提供者不自觉地去向着消费者福利最大化靠拢,却无法回避短期利益者破坏消费者福利的行为。经济法通过明确经营者的"责""权""利""效"来约束经营者的短期行为,促进消费者福利最大化的实现。以召回制度为例,《消费者权益保护法》规定,经营者发现其提供的商品或者服务存在缺陷,有危及人身、财产安全危险的,应当立即向有关行政部门报告和告知消费者,并采取停止销售、警示、召回、无害化处理、销毁、停止生产或者服务等措施。可见,召回制度是经济法为了保障消费者福利而给经营者附加的"责",但这个"责"也是为了经营者更长远的利益,经营者为了长期有效地站稳市场,必须为自己的产品和行为负责,以提高客户满意度,获得更多忠实客户,为企业带来更多的利益。经营者有权通知消费者,召回不良产品以挽救、维护企业的声誉和形象。企业产品召回服务的效果和态度直接影响到消费者对企业的评价。召回制度充分体现了经济法对消费者福利最大化的追求。

最后,政府的"责""权""利""效"以实现消费者福利为最终目标。政府在市场中扮演着多个角色:和其他主体一样平等的市场参与者、市场主体行为的监督者、引导者、管理者、市场经济的服务者、整体经济活动的调控者……但政府不论以何种角色出现在市场中,均要求其遵守市场规则,以消费者福利最大化为目标和角色行为效果的检验标准。作为平等的市场参与者,以政府采购为例,政府也像其他市场主体一样需要购买、置办物资,以正常完成本身工作职责——为人民服务、为群众办事,这当然也包含了为消费者谋福利。政府采购是政府的权,但权在行使的过程中,仍要受到各种限制,政府采购应公开、应接受审计监督,还应绿色采购,[1]原因在于政府采购的资金源于预算支出,取之于民,就必须接受使用监督,而绿色采购本身又有利于增强人民幸福感。作为市场主体行为的管理者,以网络平台管理为例,为保障消费者福利,政府相关部门有权对平台的网络经营活动进行监督管理,但同时,也要平等对待线上线下商务活动,促进线上线下融合发展,各级人民政府和有关部门不得采取歧视性的政策措施,不得滥用行政权力排除、限制市场竞争,如此一来,政府的责权利效相统一原则再次得到体现,也保障了网络消费者的福利。

二、消费者福利最大化原则与发展中国特色的公平竞争原则

发展中国特色的公平竞争原则虽然主要针对的是企业之间的关系——让所有市场主体都有同等机会和能在同等条件下参与市场活动,并根据市场规则、市场秩序,在市场竞争中优胜劣汰。竞争政策则是为了保证市场竞争机制的有效运转。发展中国特色的公平竞争原则看似并未涉及消费者层面,但其根本目的是通过促进市场经济主体之间的公平竞争来提高经济发展效率,促进消费者福利。

我国经济改革与发展是为了提高经济实力,保障消费者福利,建立一个公平竞争的市场秩序。发展中国特色的公平竞争原则强调整体利益,因此,政府对经济的干预更多地体现在扶持新兴产业和小微企业参与竞

---

〔1〕 我国的《政府采购法》和《清洁生产促进法》从法律层面初步对政府采购的节能环保要求作出原则性规定,《政府采购法实施条例》进一步明确了节约能源、保护环境的政府采购目标,而《节能产品政府采购实施意见》,财政部、原国家环保总局《关于环境标志产品政府采购实施的意见》为政府绿色采购搭建起实施框架,与两份意见相配套的《节能产品政府采购清单》《环境标志产品政府采购清单》,具体调整了政府绿色采购的范围。2019 年,我国调整了产品目录清单管理、认证机构等政府绿色采购的执行机制。2020 年以来发布的一系列文件,诸如财政部、住房和城乡建设部《关于政府采购支持绿色建材促进建筑品质提升试点工作的通知》,财政部办公厅会同生态环境部办公厅、国家邮政局办公室《商品包装政府采购需求标准(试行)》,《快递包装政府采购需求标准(试行)》等文件,尝试以政府采购需求标准的形式,将生产和流通环节的绿色环保要求纳入采购管理过程中,推动行业绿色发展,体现出政策面对绿色采购的支持。2021 年国务院发布了《关于加快建立健全绿色低碳循环发展经济体系的指导意见》和《关于进一步深化预算管理制度改革的意见》(国发〔2021〕5号),进一步指导政府绿色采购。

争,通过补贴、税收减免来促进经济创新,以经济创新、经济发展带给消费者实惠。

三、消费者福利最大化原则与经济与法治平衡协调原则

消费者福利最大化原则也是经济与法治平衡协调原则的目的价值。经济与法治平衡协调原则是要通过经济法律制度、经济法的基本精神来实现特定阶段经济利益的平衡与协调,经济法的职能是将特定阶段的经济利益在市场经济主体之间进行一种既有利于未来经济发展,又能确保当前的经济主体能公平地享有社会经济发展所带来的经济利益的分配。把握经济与法治平衡协调原则的关键在于平衡经济与法治两个方面,这两个方面与消费者福利联系紧密,且平衡经济与法治的本质在于平衡经济利益——协调消费者、商品或服务供应者和政府这三类市场主体的经济利益,平衡当代市场主体与下代市场主体之间的经济利益。

从发展历史来看,经济法最初诞生的目的就是帮助政府来协调竞争关系,减少消费者福利损失,消除经济危机下消费者的不满情绪。经济与法治平衡协调原则在平衡协调国家与商品或服务供应者的经济利益过程中,最后为平衡协调行为与结果买单的是消费者,而在平衡国家与消费者、商品或服务供应者与消费者的经济利益时,经济法的价值天秤明显向着消费者倾斜,因此,从内容来看,经济与法治平衡协调原则与消费者福利最大化原则关系紧密。从经济与法治平衡协调原则指导经济制度的效果来看,经济法律制度是否能取得好的经济效果,需要通过消费者福利来检验。如果经济法没有平衡协调好上述三类市场主体的利益关系,那么经济运行过程中就会出现阻滞,最直接地表现在消费者的需求得不到满足,消费者福利受损。

综上所述,消费者福利最大化原则是经济法四个基本原则中的核心原则,它贯穿责权利效相统一原则、发展中国特色的公平竞争原则和经济与法治平衡协调原则,责权利效相统一原则、发展中国特色的公平竞争原则和经济与法治平衡协调原则之间,也因消费者福利最大化原则使彼此之间的相互联系愈加深刻。社会发展中的产业公平、地区公平、资源公平和竞争公平的价值理念要求参与经济生活的所有经济主体的权利(力)、义务、责任应当一致,不能失衡、畸轻畸重,要平衡协调,以期最终实现社会经济的公平有序发展;发展公平中的产业公平、地区公平、资源公平和

竞争公平又需要经济与法治的平衡协调原则对其促成和维持,发展公平本身即是平衡协调的直接结果。[1] 消费者福利最大化要求市场上的经济主体责权利效相统一,也需要发展中国特色的公平竞争原则来激励企业不断创新、为消费者提供更好的产品和服务,更需要经济法对各方经济利益的平衡来保障市场经济的有序运行,消费者福利最大化原则的实现需要依赖其他三项原则,它本身也是其他三项原则设置的目标和制度检验的标准。

本章小结

法学对消费者福利的关注和理解是从经济学的消费者福利概念而来的,但法学对消费者福利的研究视角和意义又是不全然相同的。法学视角的消费者福利内涵非常广,可将之划分为两种层次:消费者的基本经济权能和为确保消费者能更好地享有经济权利,改变消费者在知识、技能等能力相对弱势的第一种权利实现状态的经济权能。因此,在谈及消费者福利时,人们直接联想到的《消费者权益保护法》仅仅涉及消费者权益,而消费者权益只是消费者福利的一部分,消费者福利最大化必须依托于经济法的整个部门才能实现。消费者福利不是仅仅保护消费者在消费环节的基本权益,而是从社会经济的生产、分配、交换和消费的各个方面来确保消费者的经济权能。社会发展要满足消费者多功能、多层次的需求才是真正的进步。经济法通过调整社会经济关系,一方面,按市场供求关系配置生产和经营要素与资源,提升资源使用效率,促进消费者福利最大化;另一方面,最大限度地减弱市场调节的盲目性和滞后性。经济法的各项制度在社会经济生产的各个环节从"质"和"量"两个方面确保消费者的消费需求得到满足。消费者福利最大化原则是经济法四个基本原则中的核心原则,它贯穿责权利效相统一原则、发展中国特色的公平竞争原则和经济与法治平衡协调原则,使其他三项原则之间的相互联系愈加深刻,也是经济法各项制度运行效果的检验标准。

---

[1] 参见邱彦、刘成伟:《经济法基本原则层次论》,载《政法论丛》2002 年第 1 期。

参考文献

中文著作:

1. 高桂林、李帅:《经济法总论》,中国法制出版社2012年版。

2. 刘文华:《中国经济法基础理论》(校注版),法律出版社2012年版。

3. 刘文华:《走协调结合之路》(刘文华文集),法律出版社2012年。

4. 白云龙:《基于经济权力结构视角的包容性增长研究》,南开大学出版社2015年版。

5. 陈新民:《德国公法学基础理论》上册,山东人民出版社2004年版。

6. 陈新民:《宪法基本权利之基本理论》(上),三民书局1992年版。

7. 程宝山:《经济法基本理论研究》,郑州大学出版社2003年版。

8. 程宝山:《中国经济法基本理论》,郑州大学出版社2013年版。

9. 褚江丽:《中国宪法公共利益原则研究》,中国社会科学出版社2013年版。

10. 慈继伟:《正义的两面》(修订版),三联书店2014年版。

11. 单飞跃:《经济法理念与范畴的解析》,中国检察出版社 2002 年版。

12. 丁开杰、林义选编:《后福利国家》,上海三联书店 2004 年版。

13. 董辅礽:《用辩证的眼光看市场经济》,三联书店 2002 年版。

14. 董宏伟:《社会权保障研究——以促进经济发展为视角》,东南大学出版社 2018 年版。

15. 冯宪芬:《社会公共利益的经济法保障研究》,西安交通大学出版社 2011 年版。

16. 冯玉军:《法律与经济推理:寻求中国问题解决》,经济科学出版社 2008 年版。

17. 高尚全:《有效市场和有为政府》(修订版),中国金融出版社 2017 年版。

18. 高志宏:《公共利益:界定、实现及规制》,东南大学出版社 2015 年版。

19. 顾肖荣:《经济法的理念与运作》,上海人民出版社 2005 年版。

20. 郭婧:《政府干预、终极股权结构与公司治理效率》,立信会计出版社 2019 年版。

21. 郭明瑞:《民法总则通义》,商务印书馆 2018 年版。

22. 韩世远:《合同法总论》,法律出版社 2001 年版。

23. 韩耀、张春法、曹宝明等:《网络经济学:基于新古典经济学框架的分析》,南京大学出版社 2006 年版。

24. 何佳馨、李明倩:《法的国际化与本土化》,商务印书馆 2018 年版。

25. 江必新:《最高人民法院指导性案例裁判规则理解与适用(合同卷 1 合同原则、履行、解除、违约责任)》,中国法制出版社 2018 年版。

26. 江山:《中国法理念》,中国地质大学出版社 1989 年版。

27. 蒋安:《经济法理论研究新视点》,中国检察出版社 2002 年版。

28. 蒋冬梅:《经济立法的生态化理念研究》,中国法制出版社 2013 年版。

29. 蒋茜:《资本主义劳资关系与国家调节研究》,上海三联书店 2017

年版。

30. 金硕仁:《政府经济调控与市场运行机制》,经济管理出版社 2000 年版。

31. 匡安荣:《经济之道:道法自然与经济自由》,上海人民出版社 2007 年版。

32. 李昌麒:《经济法——国家干预经济的基本法律形式》,四川人民出版社 1995 年版。

33. 李昌麒:《经济法理念研究》,法律出版社 2009 年版。

34. 李昌麒:《寻求经济法真谛之路》,法律出版社 2003 年版。

35. 李金亮:《社会主义市场经济论纲》,中山大学出版社 2001 年版。

36. 李力:《宏观调控法律制度研究》,南京师范大学出版社 1998 年版。

37. 李其瑞:《法学原理》,知识产权出版社 2018 年版。

38. 李双元、徐国建:《国际民商新秩序的理论建构 国际私法的重新定位与功能转换》,武汉大学出版社 2016 年版。

39. 李小明:《滥用市场支配地位法律规制研究》,知识产权出版社 2008 年版。

40. 李鑫:《法律原则适用的方法模式研究》,中国政法大学出版社 2014 年版。

41. 李阳春:《制度正义论》,广东人民出版社 2016 年版。

42. 梁成意:《中国公民基本权利》,中国政法大学出版社 2016 年版。

43. 刘平:《立法原理、程序与技术》,学林出版社 2017 年版。

44. 刘瑞复:《经济法学原理》,北京大学出版社 2000 年版。

45. 刘少军:《法边际均衡论经济法哲学》(修订版),中国政法大学出版社 2017 年版。

46. 刘晓凯:《利益分化与政治稳定》,人民出版社 2008 年版。

47. 刘星:《法理学导论 时间的思维演绎》,中国法制出版社 2016 年版。

48. 刘叶深:《原则效力与法律的概念》,中国政法大学出版社 2018

年版。

49. 刘作翔:《法律的理想与法治理论》,西北工业大学出版社 1995 年版。

50. 吕志祥、辛万鹏:《经济法基本问题研究》,甘肃人民出版社 2003 年版。

51. 穆虹:《经济法价值研究》,山东大学出版社 2009 年版。

52. 漆多俊:《经济法基础理论》,武汉大学出版社 2000 年版。

53. 邱本:《经济法的权利本位论》,中国社会科学出版社 2013 年版。

54. 沈玮玮、叶开强:《人民司法　司法文明建设的历史实践 1931 - 1959》,中山大学出版社 2016 年版。

55. 沈仲衡:《价值衡量法律思维方法论》,暨南大学出版社 2014 年版。

56. 沈宗灵:《现代西方法理学》,北京大学出版社 1992 年版。

57. 孙天法:《理性竞争:市场经济的制度缺陷与调整》,经济管理出版社 1999 年版。

58. 孙笑侠:《法律对行政的控制》,山东人民出版社 1999 年版。

59. 孙玉霞:《公共经济学视阈的财税改革问题探究》,光明日报出版社 2016 年版。

60. 陶广峰等:《构建与创新:经济法哲学研究》中国检察出版社 2017 年版。

61. 汪丁丁:《经济的限度》,中国计划出版社 2017 年版。

62. 汪丁丁:《经济学思想史讲义》,上海人民出版社 2012 年版。

63. 汪沛、武阳:《程序正义均衡论》,武汉大学出版社 2017 年版。

64. 王保树:《经济法原理》,北京社会科学文献出版社 1999 年版。

65. 王方玉:《经济权利的多维透视》,知识产权出版社 2009 年版。

66. 王俊豪:《政府管制经济学导论——基本理论及其在政府管制实践中的应用》,商务印书馆 2017 年版。

67. 王蕾:《政府监管政策绩效评估研究》,首都经济贸易大学出版社 2012 年版。

68. 王全兴:《经济法基础理论专题研究》,中国检察出版社 2002 年版。

69. 王伟光:《利益论》,人民出版社 2001 年版。

70. 王小丽:《商标法功能性原则研究》,武汉大学出版社 2017 年版。

71. 魏杰:《走进深水区的中国经济》,中国发展出版社 2014 年版。

72. 项波、孟春阳:《区域经济协调发展的经济法保障研究》,知识产权出版社 2019 年版。

73. 徐孟洲:《耦合经济法论》,中国人民大学出版社 2010 年版。

74. 薛克鹏:《经济法基本范畴研究》,北京大学出版社 2013 年版。

75. 阎学通:《中国国家利益分析》,天津人民出版社 1997 年版。

76. 杨建崇:《现代法律适用问题研究》,吉林人民出版社 2019 年版。

77. 杨力:《社会学视野下的法律秩序》,山东人民出版社 2006 年版。

78. 杨小军:《中国法制建设》,国家行政学院出版社 2013 年版。

79. 杨晓超、等编著:《经济效益评价指标新论——现代企业经济效益评价与分析》,航空工业出版社 1995 年版。

80. 杨忠明:《经济正义法理原则研究》,经济日报出版社 2016 年版。

81. 张初霞:《现实公平制度研究》,中国社会科学出版社 2016 年版。

82. 张楚:《电子商务与交易安全——网络商务环境中的技术与法律问题》,中国法制出版社 2002 年版。

83. 张恒山:《法理要论》,北京大学出版社 2006 年版。

84. 张钧涛:《新时期我国民法研究》,中国商务出版社 2018 年版。

85. 张乃根:《西方法哲学史纲》,中国政法大学出版社 1993 年版。

86. 张维迎:《市场的逻辑》,西北大学出版社 2019 年版。

87. 张银杰:《市场经济理论与市场经济体制改革新论》,上海财经大学出版社 2006 年版。

88. 中国消费者权益保护法学研究会:《消费者权益保护法学》,中国社会出版社 2017 年版。

89. 周昀:《反垄断法新论》,中国政法大学出版社 2016 年版。

90. 周志成:《最优边界》(第 1 卷),复旦大学出版社 2019 年版。

91. 卓泽渊:《法的价值论》,法律出版社 1999 年版。

译著:

92. [阿根廷]普雷维什:《外围资本主义危机与改造》,商务印书馆 2015 年版。

93. [奥]凯尔森:《法与国家的一般理论》,商务印书馆 2017 年版。

94. [澳]柯武刚、[德]史漫飞、[美]贝彼德:《制度经济法学　财产、竞争、政策》(第二版),商务印书馆 2018 年版。

95. [德]黑格尔:《法哲学原理》,范扬,张企泰译,商务印书馆 1961 年版。

96. [德]拉德布鲁赫:《法学导论》,米健等译,中国大百科全书出版社 1997 年版。

97. [德]路德维希·艾哈德:《大众福利》,商务印书馆 2017 年版。

98. [德]瓦尔特·欧肯:《国民经济学基础》,商务印书馆 2017 年版。

99. [德]魏德士:《法理学》,丁晓春,吴越译,法律出版社 2005 年版。

100. [德]乌尔里希·施瓦尔贝、丹尼尔·齐默尔:《卡特尔法与经济学》,顾一泉、刘旭译,法律出版社 2014 年版。

101. [美]A. J. M. 米尔恩:《人的权利与人的多样性》,夏勇,张志铭译,中国大百科全书出版社 1995 年版。

102. [美]E·博登海默:《法理学——法哲学及其方法》,姬敬武译,华夏出版社 1987 年版。

103. [美]R·A·波斯纳:《法理学问题》,中国政法大学出版社 1994 年版。

104. [美]保罗·萨缪尔森、威廉·诺德豪斯:《经济学》(上),第 19 版,商务印书馆 2017 年版。

105. [美]保罗·萨缪尔森:《经济学》(上),商务印书馆 1980 年版。

106. [美]博登海默:《法理学:法律哲学与法律方法》,邓正来译,中国政法大学出版社 1998 年版。

107. [美]理查德·A. 波斯纳:《法律的经济分析》,中国大百科全书出版社 1997 年版。

108.［美］理查德·A·波斯纳：《法理学问题》，苏立译，中国政法大学出版社2002年版。

109.［美］刘易斯：《发展计划》，何宝玉译，北京经济学院出版社1988年版。

110.［美］罗尔斯：《正义论》，何怀宏，何包钢，廖申白译，中国社会科学出版社1988年版。

111.［美］帕森斯：《现代社会的结构与过程》，梁向阳译，光明日报出版社1988年版。

112.［美］庞德：《通过法律的社会控制》，商务印书馆1984年版。

113.［美］史蒂文·J·伯顿：《法律和法律推理导论》，张志铭，解兴权译，中国政法大学出版社2000年版。

114.［美］托达罗：《第三世界的经济发展》（上），于同申，苏蓉生，等译，中国人民大学出版社1988年版。

115.［美］托马斯·索维尔：《经济学的思维方式》，吴建新译，四川人民出版社2017年版。

116.［美］约翰·罗尔斯：《正义论》，何怀宏，等，译，中国社会科学出版社2003年版。

117.［美］约翰·罗尔斯：《作为公平的正义》，姚大志译，生活·读书·新知三联书店2002年版。

118.［美］约拉姆·巴泽尔：《国家理论——经济权利、法律权利与国家范围》，上海财经大学出版社2006年版。

119.［法］弗朗索瓦·魁奈：《魁奈经济著作选集》，商务印书馆1981年版。

120.［法］莱昂·瓦尔拉斯：《纯粹经济学要义》，商务印书馆2017年版。

121.［法］卢梭：《社会契约论》，何兆武译，商务印书馆1980年版。

122.［法］孟德斯鸠：《论法的精神》（上册），张雁深译，商务印书馆1961年版。

123.［法］孟德斯鸠：《论法的精神》（下册），张雁深译，商务印书馆

1982 年版。

124. [古希腊]柏拉图:《理想国》,郭斌和,张竹明译,商务印书馆 2009 年版。

125. [古罗马]查士丁尼:《法学总论——法学阶梯》,张企泰译,商务印书馆 1989 年版。

126. [古希腊]亚里士多德:《政治学》,吴寿彭译,商务印书馆 1965 年版。

127. [加]大卫·戴岑豪斯:《合法性与正当性　魏玛时代的施米特、凯尔森与海勒,》,商务印书馆 2013 年版。

128. [日]川岛武宜:《现代化与法》,中国政法大学出版社 1994 年版。

129. [日]金泽良雄:《经济法概论》,甘肃人民出版社 1985 年版。

130. [以]Y. 巴泽尔:《产权的经济分析(第 2 版)》,费方域,钱敏,段毅才译,格致出版社,上海人民出版社 2017 年版。

131. [意]阿奎那:《阿奎那政治著作选》,马清槐译,商务印书馆 1963 年版。

132. [印]阿玛蒂亚·森:《以自由看待发展》,任赜,于真译,中国人民大学出版社 2002 年版。

133. [英]彼罗·斯拉法主编:《李嘉图著作和通信集》,郭大力,王亚南译,商务印书馆 1965 年版,第 1 卷。

134. [英]彼得·斯坦、约翰·香德:《西方社会的法律价值》,王献平译,中国人民公安大学出版社 1989 年版。

135. [英]伯特兰·罗素:《权力论》,商务印书馆 2017 年版。

136. [英]大卫·李嘉图:《政治经济学及赋税原理》,郭大力,王亚南译,商务印书馆 1962 年版。

137. [英]哈耶克:《经济、科学与政治——哈耶克思想精粹》,冯克利译,江苏人民出版社 2000 年版。

138. [英]哈耶克:《自由秩序原理》(上),三联书店 1997 年版。

139. [英]霍布斯:《利维坦》,黎思复,黎廷弼译,商务印书馆 1985 年版。

140. [英]洛克:《政府论》(下篇),瞿菊农,叶启芳译,商务印书馆1982年版。

141. [英]密尔:《论自由》,许宝癸译,商务印书馆1998年版。

142. [英]亚当·斯密:《国民财富的性质和原因研究》(上卷),郭大力,王亚南译,商务印书馆1983年版。

143. [英]詹姆斯·米德:《效率、公平与产权》,施仁译,北京经济学院出版社1992年版。

144. [苏]莫伊谢耶夫:《人和控制论》,三联书店1987年版。

期刊论文:

145. 高桂林、杜晓成:《论经济法的根本价值追求:社会效益》,载《社会科学家》2009年第12期。

146. 高桂林、黄诗卉:《从不平衡、不充分现状看中国现代财政法治化》,载《广西社会科学》2018年第6期。

147. 高桂林、李帅:《责权利效相统一是经济法的总原则》,载《广西社会科学》2013年第4期。

148. 高桂林、肖彦山:《反垄断法的经济学和法理基础》,载《广西社会科学》2005年第2期。

149. 高桂林:《论我国反垄断法中行政垄断之界定》,载《石家庄经济学院学报》2000年第3期。

150. 高桂林:《涉外不正当竞争侵权的法律适用与中国立法完善》,载《学术论坛》2003年第3期。

151. 刘文华、徐孟洲:《中国经济法学产生和发展的十年》,载《法律学习与研究》1989年第1期。

152. 刘文华:《中国经济法"干预论"之批判》,载《首都师范大学学报(社会科学版)》,2017年第6期。

153. 刘文华、郭飞飞:《包容性发展与经济法的耦合》,载《政法论丛》2013年第5期。

154. 刘文华、王长河:《经济法的本质:协调主义及其经济学基础》,载《法学杂志》2000年第3期。

155. 曹建峰:《人工智能治理:从科技中心主义到科技人文协作》,载《上海师范大学学报(哲学社会科学版)》2020 年第 5 期。

156. 陈景辉:《原则、自由裁量与依法裁判》,载《法学研究》2006 年第 5 期。

157. 陈泽宪:《论市场经济的刑法调控原则》,载《法学》1994 年第 3 期。

158. 程信和、李挚萍:《可持续发展——经济法理念的更新和制度的创新》,载《学术研究》2001 年第 2 期。

159. 楮敏、靳涛:《分税制后的中央转移支付有效率吗? 基于中央转移支付对地区间增长公平与效率的检验》,载《上海财经大学学报(哲学与社会科学版)》2013 年第 2 期。

160. 单飞跃:《经济法的法价值范畴研究》,载《现代法学》2000 年第 1 期。

161. 范进学:《定义"公共利益"的方法论及概念诠释》,载《法学论坛》2005 年第 1 期。

162. 冯果:《经济法的价值理念论纲》,载《经济法研究》2014 年第 2 期。

163. 高少丽:《公平竞争视域下优化营商环境研究》,载《价格理论实践》2020 年第 5 期。

164. 顾功耘:《略论经济法的理念——基本原则与和谐社会的构建》,载《法学》2007 年第 3 期。

165. 管仲:《经济法的价值理念和基本原则》,载《产业创新研究》2018 年第 8 期。

166. 郭锐、张士元:《试论经济法的基本原则》,载《法学评论》1983 年第 2 期。

167. 何文龙:《经济法理念简论》,载《法商研究(中南政法学院学报)》1998 年第 3 期。

168. 胡建淼、邢益精:《公共利益概念透析》,载《法学》2004 年第 10 期。

169. 胡元聪:《交换领域外部性问题的经济法解决——以交易公平的经济法制保障为视域》,载《现代法学》2010 年第 6 期。

170. 贾海燕:《经济法的价值分析》,载《法学论坛》2002 年第 6 期。

171. 江平等:《贯彻七中全会精神　加快经济法制建设——民法学、经济法学者一席谈》,载《中国法学》1991 年第 2 期。

172. 江帆:《经济法的价值理念和基本原则》,载《现代法学》2005 年第 5 期。

173. 赖达清、李文军:《论经济法的公平价值》,载《南京社会科学》2002 年第 3 期。

174. 雷磊:《法律规则的逻辑结构》,载《法学研究》2013 年第 1 期。

175. 李昌麒、岳彩申、叶明:《论民法、行政法、经济法的互动机制》,载《法学》2001 年第 5 期。

176. 李德顺:《"价值"与"人的价值"辨析》,载《天津社会科学》1994 年第 6 期。

177. 李金泽、丁作提:《经济法定位理念的批判与超越》,载《法商研究(中南政法学院学报)》1996 年第 5 期。

178. 李君:《本质的经济法与经济法的基本原则》,载《当代法学》2002 年第 4 期。

179. 李双元等:《法律理念及其现代化取向》,载《湖南政法管理干部学院学报》1999 年第 1 期。

180. 李晓安:《经济法价值取向与基本原则的内在逻辑探讨》,载《法学杂志》2002 年第 2 期。

181. 梁慧星:《从近代民法到现代民法——二十世纪民法回顾》,载《中外法学》1997 年版第 2 期。

182. 梁上上:《公共利益与利益衡量》,载《政法论坛》2016 年第 6 期。

183. 林晓:《税收公平的四种体现与重塑我国税收公平体制》,载《税务研究》2002 年第 4 期。

184. 刘大洪:《论经济法效益》,载《法学》1998 年第 7 期。

185. 刘光:《经济法的调整对象及其基本原则探析》,载《山东社会科学》2004 年第 12 期。

186. 刘剑文、魏建国:《也论经济法和行政法的关系》,载《华东政法学院学报》2003 年第 5 期。

187. 刘剑文:《财税法功能的定位及其当代变迁》,载《中国法学》2015 年第 4 期。

188. 刘剑文:《收入分配正义的财税法路径》,载《中共中央党校学报》2013 年第 6 期。

189. 刘连泰:《“公共利益”的解释困境及其突围》,载《文史哲》2006 年第 2 期。

190. 刘水林、雷兴虎:《论经济法的社会经济功能》,载《法学评论》2004 年第 2 期。

191. 刘水林、李永宁:《经济法与行政法关系之精神透视》,载《法律科学(西北政法学院学报)》2001 年第 5 期。

192. 刘水林:《经济法基本原则的经济学及法哲学解释》,载《法商研究(中南政法学院学报)》1998 年第 5 期。

193. 刘思萱、徐明华:《现代自由主义:经济法思想溯源》,载《电子科技大学学报(社科版)》2004 年第 1 期。

194. 鲁篱、苏明:《经济法价值新论》,载《西南民族学院学报(哲社版)》2001 第 3 期。

195. 鲁篱:《经济法基本原则新论》,载《现代法学》2000 年第 5 期。

196. 吕志祥、辛万鹏:《再论经济法的基本原则》,载《理论月刊》2004 年第 5 期。

197. 吕忠梅、陈虹:《论经济法的工具性价值与目的性价值》,载《法商研究(中南政法学院学报)》2000 年第 6 期。

198. 吕忠梅、竺效、巩固、刘长兴、刘超:《“绿色原则”在民法典中的贯彻论纲》,载《中国法学》2018 年第 1 期。

199. 马洪:《试论经济法产生和发展的思想基础》,载《中南政法学院学报》1988 年第 2 期。

200. 邱本:《论经济法的基本原则》,载《法制与社会发展》1995 年第 4 期。

201. 邱彦、刘成伟:《经济法基本原则层次论》,载《政法论丛》2002 年第 1 期。

202. 施正文:《分配正义与个人所得税法改革》,载《中国法学》2011 年第 5 期。

203. 石英、王勇:《经济法视野下公共利益保护的法律限度》,载《当代法学》2012 年第 4 期。

204. 史际春、邓峰:《经济法的价值和基本原则刍论》,载《法商研究(中南政法学院学报)》1998 年第 6 期。

205. 史际春、李青山:《论经济法的理念》,载《华东政法学院学报》2003 年第 2 期。

206. 史际春:《政府与市场关系的法治思考》,载《中共中央党校学报》2014 年第 6 期。

207. 苏明、谢京华:《财税政策促进社会公平分配的总体思路》,载《财政研究》2006 年第 5 期。

208. 谭明方:《社会与经济"发展协调性"视角的社会管理研究》,载《社会科学研究》2012 年第 1 期。

209. 王保树:《经济体制转变中的经济法与经济法学的转变》,载《法律科学(西北政法学院学报)》1997 年第 6 期。

210. 王传丽:《中国反倾销法——立法与实践》,载《中国法学》1999 年第 6 期。

211. 王国征:《"法的价值"与"法的价值取向"概念研究述评》,载《东方论坛》2009 年第 6 期。

212. 王恒睿:《大数据杀熟背景下的消费者公平交易权保护》,载《大数据时代》2018 年第 11 期。

213. 王克稳:《行政法学视野中的"经济法"——经济行政法之论》,载《中国法学》1999 年第 4 期。

214. 王黎黎:《论经济法与社会公共利益》,载《西部经济管理论坛》2013 年第 1 期。

215. 王琦:《中国经济法基础理论反思——兼论经济法基本理念的形

成》,载《吉林大学社会科学学报》2000 年第 3 期。

216. 王启友:《论公共政策与可持续发展的关系》,载《江南社会学院学报》2004 年第 2 期。

217. 卫兴华:《我对公平与效率关系的理论见解》,载《山西大学学报(哲学社会科学版)》2007 年第 3 期。

218. 吴俊培、郭柃沂:《论效率与公平的税收制度》,载《税务研究》2016 年第 1 期。

219. 吴晓锋:《公序良俗的经济法分析——民法与经济法的契合》,载《西南民族大学学报》2004 年第 10 期。

220. 肖克瑾、刘家启:《经济法基本原则初探》,载《湖北财经学院学报》1981 年第 2 期。

221. 肖顺武:《论经济法的基本原则》,载《社会科学家》2007 年第 2 期。

222. 徐孟洲:《论中国经济法的客观基础和人文理念》,载《法学杂志》2004 年第 4 期。

223. 谢次昌、卞耀武:《对经济法基本原则的探讨》,载《法学研究》1982 年第 5 期。

224. 邢国辉:《论税法上的公平原则》,载《税务研究》2008 年第 12 期。

225. 许石慧:《论经济法视野中的公共利益原则》,载《政法学刊》2006 年第 8 期。

226. 薛克鹏:《论经济法的社会本位理念及其实现》,载《现代法学》2006 年版。

227. 薛克鹏:《误读行政法及其对经济法的危害》,载《现代法学》2009 年第 5 期。

228. 杨春平、雷涵:《关于我国经济立法的理论思考》,载《法律科学》1989 年第 4 期。

229. 杨东、臧俊恒:《数字平台的反垄断规制》,载《武汉大学学报(哲学社会科学版)》2021 年第 2 期。

230. 杨洁:《经济法的价值理念》,载《法制与社会》2015 年第 3 期。

231. 姚建宗:《法哲学批判与批判的法哲学》,载《吉林大学社会科学学报》1998 年第 1 期。

232. 袁达松:《经济法研究中的思想史视角》,载《政法论坛》2013 年第 3 期。

233. 昝淑珍:《论经济法理念缺失与对策》,载《政治与法律》2003 年第 5 期。

234. 张美红:《我国税法的核心价值选择探究》,载《税务研究》2009 年第 2 期。

235. 张乃根:《论市场经济的立法取向》,载《法学》1993 年第 5 期。

236. 张千帆:《"公共利益"的构成—对行政法的目标以及"平衡"的意义之探讨》,载《比较法研究》2005 年第 5 期。

237. 张守文:《经济法基本原则的确立》,载《北京大学学报(哲学社会科学版)》,2003 年第 2 期。

238. 张婉苏:《我国财税法中转移支付的公平正义》,载《政治与法律》2019 年第 8 期。

239. 张永清:《经济法基本原则刍议》,载《当代法学》2002 年第 5 期。

240. 卓泽渊:《法的价值的诠释》,载《苏州大学学报(哲学社会科学版)》2005 年第 5 期。

241. 卓泽渊:《法的价值思考笔谈(一组)》,载《苏州大学学报(哲学社会科学版)》2005 年第 5 期。

集刊论文:

242. 高桂林:《"经济行政法"驳论》,载《经济法学家》第 11 卷,北京大学出版社 2015 年版。

243. 何力:《垄断资本主义时期经济法制的发展与凯恩斯经济学说》,载《外国法制史论文集》,中山大学出版社 1990 年版。

244. 李永成:《论社会整体利益的经济法调整》,载《经济法学家》,北京大学出版社 2008 年版。

245. 漆多俊:《经济法价值、理念和原则》,载《经济法论丛》第 2 卷,中国方正出版社 1999 年版。

246. 王保树:《关于经济法概念的考察》,载《经济法论丛》第 2 卷,中国方正出版社 1999 年版。

247. 郑少华:《社会经济法散论》,载《中国经济法治的反思与前瞻》,法律出版社 2001 年版。

学位论文:

248. 雍灵:《经济法视野中的公平》,西南政法大学博士 2006 年毕业论文。

249. 卓泽渊:《法的价值总论》,中国社会科学院 2000 年博士毕业论文。

教材:

250. 刘文华、徐孟洲:《经济法》,法律出版社 2009 年版

251. 刘文华:《经济法》,中国人民大学出版社 2017 年版。

252. 刘文华:《经济法概论》,中国财政经济出版社 2004 年版。

253. 刘文华:《经济法》(第 5 版),中国人民大学出版社 2017 年版。

254. 刘文华:《新编经济法学》,高等教育出版社 1993 年版。

255. 冯玉军:《法经济学》,中国人民大学出版社 2013 年版。

256. 何自力、张俊山、刘凤义:《高级政治经济学》,经济管理出版社 2010 年版。

257. 胡智强、颜运秋:《经济法》,清华大学出版社 2011 年版。

258. 黄河、王兴运:《经济法学》,中国政法大学出版社 2013 年版。

259. 李昌麒:《经济法学》,中国政法大学出版社 1999 年版。

260. 李清伸:《当代资本主义经济论》,辽宁大学出版社 1997 年版。

261. 龙观水、王德民:《社会主义市场经济概论》,中共中央党校出版社 1996 年版。

262. 史际春、邓峰:《经济法总论》,法律出版社 1998 年版。

263. 宋瑞芝:《中西方社会管理体系生成基础的比较研究》,商务印书馆 2019 年版。

264. 孙永伟、顾雅君:《新编西方经济学教程》,上海财经大学出版社

2018 年版。

265. 王曙光、李兰、张小锋:《税法学》,东北财经大学出版社 2019 年版。

266. 肖兴志、宋晶:《政府监管理论与政策》,东北财经大学出版社 2006 年版。

267. 谢国保:《中国市场经济法通论》,法律出版社 1998 年版。

268. 徐孟洲、孟雁北:《竞争法》(第 2 版),中国人民大学出版社 2014 年版。

269. 徐孟洲:《经济法简明教程》,经济科学出版社 1997 年版。

270. 杨斌:《财政学》(第 3 版),东北财经大学出版社 2014 年版。

271. 杨培雷:《当代西方经济学流派》,上海财经大学出版社 2003 年版。

272. 杨紫烜:《经济法》,北京大学出版社,高等教育出版社 2006 年版。

273. 殷孟波:《货币金融学》(第 2 版),中国金融出版社 2014 年版。

274. 尹伯成:《经济学基础教程》,格致出版社,上海人民出版社 2017 年版。

275. 张守文:《经济法概论》,北京大学出版社 2009 年版。

276. 张守文:《经济法学》,高等教育出版社 2018 年版。

277. 张文显:《法理学》,高等教育出版社、北京大学出版社 2007 年版。

278. 种明钊:《竞争法学》,高等教育出版社 2002 年版。

279. 周萍:《经济法》,武汉大学出版社 2016 年版。

会议论文:

280. 刘文华:《"经济行政法倾向"根源何在?》,2013 年第八届中国经济法治论坛学术研讨会会议论文。

外文文献:

281. American Safety Table Co *v.* Schreiber, 269 F 2d 255, 271 – 272 (2dCir. 1959).

282. J. B. Moyle. *The Institute of Justinian* [M]. Oxford: The Clarendon Press, 1949.

283. Pound. *Interpretations of Legal History* [J]. Harv. Law. Rev, 1916(29).

后记:“仙人指路”的师生缘*

2020年3月12日清晨,在天津工业大学任教的师弟付大学教授给我打来电话,说刘文华老师走了!泪水顿时模糊了我的双眼。那一刻,和刘老师的人生初见如梦再现。

初见不相识

1981年9月,时年17岁的我怀着一个热血青年对真理的执着,进入河北大学哲学系攻读马克思主义哲学。经过四年苦读,我被分配到河北地质学院教马克思主义哲学原理。工作一段时间后,为拓展研究领域,我在认真考虑之后做出了抉择:开辟新专业,以经济法为首选。

1995年深秋,我一路打听着来到中国人民大学人文楼5楼法学院办公室,从一位年长的老师处购买了内部资料——近三年的考研真题。后来才知道他是办公室主任曹重三,民国时期朝阳大学的毕业生。我想既然来了,一定要拜访经济法教材的主编刘文华教授,便向曹老师打听刘老师的电话。虽百般乞求,但曹老师却恪守原则不肯告知。后来,他看我态度诚恳、求学心切,便对我说:“小伙子,刚才在我对面看信的那个胖老头,你认识吗?”我说:“不认识!”曹老师

* 后记原刊载于《中国科学报》2020年5月12日,第8版。

说:“他就是你要找的刘老师!”

听完曹老师的话后,我赶紧夺门而出,追上了刚要下楼的刘老师。没有想到,刘老师态度非常和蔼。他耐心地解答了让我困惑的人大学派经济法理论问题,并鼓励哲学出身的我报考人大法学院,然后递给我一张名片,上面既有通信地址也有家庭电话。我心里充满感激。

“不唯外,不唯上,不唯书,只唯实”

从此,我满怀信心追随刘老师研读经济法,经常讨教读书中遇到的问题。我的人生轨迹由此改变。

常言道:“读万卷书不如行万里路,行万里路不如阅人无数,阅人无数不如仙人指路。”我虽未读万卷书,也没有行万里路,但在我人生的节点却有刘老师的“仙人指路”。

经过两年的努力,我在 1997 年考入人大法学院,在刘老师的门下读研。刘老师和弟子们一起吃饭时,多次谈到初创中国经济法的艰辛与困难。

中国经济法从 20 世纪 70 年代末改革开放之初诞生以来,就命运多舛:与民法学界和行政法学界调整对象的论争,商法独立对经济法的挑战,各级法院经济审判庭的取消与大民事审判格局对经济法生存空间的压缩,经济法纲要、宏观调控法的立法艰难,从计划经济到有计划的商品经济再到市场经济的社会变革带来的冲击……每到理论穷尽时,刘老师总是在马克思主义原理指导下,系统地创新具有中国特色的经济法理论。此外,他还在北京市法学会的支持下,组建了我国第一个地方学术研究团体——北京市法学会经济法研究会。

在我研究生临近毕业时,他问我是否想读博,对未来的人生规划如何。我当时不是不想考博士,而是报考的人太多,有时报考刘老师的博士考生达六十多人。我告诉他,如果我能在他门下读博,我将终生从事教学研究工作,虽不能发展其理论,但能尽力传播其思想。

2001 年 9 月,经过三年的努力,我如愿以偿又回到熟悉的校园,继续师从刘文华教授攻读经济法理论。他认为,中国经济法理论应当立足于中国改革开放的实践,既不能抄袭西方发达国家经济法理论,也要防止计划经济思想的干扰,特别是要注重市场主体的合法权益的保护。

他多次在不同场合强调,“不唯外,不唯上,不唯书,只唯实”应当成为中国经济法理论研究的指南。读博期间，他多次鼓励我把自己研究经济法理论的心得写成论文发表，不要顾忌学术权威的影响，要勇于学术争鸣和创新。

"只有创新才能进步"

博士毕业后，我又回到大学讲坛。尽管后来兼攻环境法，但我一直沿用刘老师主编的教材给本科生和研究生授课。2012 年，中国法制出版社出版了我和我的弟子李帅博士撰写的 30 余万字的《经济法总论》，并作为刘老师 80 诞辰的献礼，他亲自作序并建议作为经济法专业研究生的必读书。

2020 年元旦前，我带 2019 级新入学的博士生和硕士生到人大看望刘老师。他在病床上给我和我的弟子讲了一个多小时的研究心得，对经济法理论研究的未来表示出深深的忧虑，并说他当年怕影响学界的和谐关系没有发表批判性论著，以至于现在经济法理论研究偏离了我国实际。"对此，我是有责任的。"他谆谆教导我和我的弟子，要敢于质疑权威（包括他的学术观点），只有创新才能进步。

1 月 15 日，我和北京市法学会同仁一起拜会刘老师，提前送去了新春的祝福。他对我正在撰写的《经济法基本原则研究》一书（打算作为刘老师 90 华诞的献礼）提出了建设性意见。在分别之际，他还从病床上坐起来和我们一起合影，对自己成为"90 后"充满信心。

没有想到的是，书还未出，恩师仙逝，这给我留下了深深的遗憾。我会完成刘老师审阅的写作计划，尽快出版此书，作为对他培养之恩的永久纪念。

高桂林